LA CORSA IN

LA CORSA INFINITA

ISBN: 9781080286515 / 9798706662943
ebook ISBN: 9788834123119

Progetto grafico: Andrea Colombo & Gabriele Maci
Editor: Andrea Carlo Ripamonti

Foto cover: Lorenzo Maria dell'Uva
Foto autore: Francesca Magnani

Scritto ed impaginato con Scrivener
Mappe realizzate con Footpath

Centinaia di chilometri sono stati macinati correndo durante la realizzazione di questo libro

www.maratona.nyc - 19.21.4 / pdf

LA CORSA INFINITA

La guida completa alla New York City Marathon: la storia, la gara, le info, i consigli e le curiosità sulla maratona più famosa del mondo.

Lorenzo Maria dell'Uva

A Orlando, il mio bimbo, per avermi regalato infinite risate ed anche il titolo di questo libro.

"The marathon is a charismatic event. It has everything: it has drama, it has competition, it has camaraderie, it has heroism. Every jogger can't dream of being an Olympic champion, but he can dream of finishing a marathon."

"La maratona è un evento affascinante. C'è tutto: c'è il dramma, c'è la competizione, c'è la solidarietà, c'è l'eroismo. Non tutti i runner possono sognare di diventare un campione olimpico, ma ciascuno può sognare di completare una maratona."

Fred Lebow, New York City Marathon co-founder

Start

Nel novembre del 2008 ero diretto a Chicago per un reportage fotografico sull'evento politico più atteso (ed allo stesso tempo più incredibile) di quel periodo: la possibile vittoria alle elezioni presidenziali americane di Barack Obama.

Già da qualche anno, tuttavia, mi sembrava impossibile andare negli Stati Uniti e non passare per New York: trovavo la città troppo bella ed affascinante per non cercare di scoprirne un pezzettino in più ad ogni occasione. Detto fatto, mi sono così ritrovato con un "praticissimo" itinerario di viaggio Bologna - New York - Chicago - New York - Bologna da consumarsi nel giro di pochissimi giorni.

Per fortuna la tappa newyorkese capitava proprio nel weekend. Non avevo minimamente idea, allora, che la prima domenica di novembre, a New York, volesse dire semplicemente "maratona".

Cosi, quando la sera del sabato un amico mi ha chiesto: "Domani c'è la maratona, ti va di andare a fare delle foto?", sono rimasto totalmente spiazzato dalla notizia ed ho accettato subito volentieri pensando anche "Certo! Quando mi ricapita di essere qui proprio nel giorno della maratona?"

Beata ingenuità.

La mattina dopo, con la reflex al collo e sulla base dell'itinerario dei punti giusti per vedere la gara, mi sono così ritrovato prima nel Queens e poi a Manhattan a fotografare questa coloratissima moltitudine di persone. Migliaia di runner, un numero eccezionale di spettatori festanti, poliziotti (persino) sorridenti, centinaia di volontari: una marea di persone. Felici. Entusiaste. Ed una carica di energia incredibile ed impossibile da raccontare a parole oppure, ahimè, in fotografia.

"Sono solo a metà del percorso, non può davvero essere tutto così" ho pensato ed abbiamo così deciso di andare prima su First Avenue e poi a Central Park per assistere alla fine della gara.

Non saprò mai se sia stata la giornata con un clima (quasi) primaverile, il manto autunnale di Central Park, il fiume di persone vestite nei modi più improbabili (allora ci si poteva ancora travestire). Non so se sia stata la carica di chi assisteva, cantava, incitava, o la forza (e lo sforzo, come direbbe Mel Brooks) che traspariva dai volti dei tantissimi runner felici che mi scorrevano incessantemente davanti agli occhi. Ma mi sono innamorato. Subito. Istantaneamente.

Ricordo, con chiarezza, che mentre Michael, e non certo completamente a torto, diceva "Ma è assurdo! Sono completamente pazzi!", io, tra me e me, riuscivo solo a pensare: "È un evento incredibile, devo provare a partecipare anche io. Assolutamente. Devo farlo, anche solo una volta nella vita." E per dare una idea di quanto, sinceramente, fossi a digiuno assoluto di running e di informazioni in materia ho chiesto: "Quanti chilometri hai detto che sono?"

Ma da quell'istante in poi sono scivolato in questa incredibile avventura, inesorabilmente, come Alice nella tana del Bianconiglio. Senza più riuscire (e nemmeno volere) venirne fuori.

Se dopo questa premessa temete ora un lunghissimo racconto autobiografico del tipo "Come da zero ho corso la mia prima Maratona di New York" potete stare tranquilli: non è questo, minimamente, lo scopo di questo libro. Il racconto della mia storia personale finisce praticamente qui.

L'idea alla base de *La corsa infinita*, invece, è quella di fornire una guida completa e dettagliata a chi è interessato a questa incredibile gara e sogna di correrla una, cinque o, magari, "cento" volte.

L'obiettivo, in sostanza, è quello di fornire al "me stesso innamorato" di oltre 10 anni fa tutte le informazioni sulla gara, la città, la storia, il percorso, le curiosità e gli stratagemmi che ho avuto la fortuna di apprendere (ed annotare) in questi anni, correndo la maratona diverse volte e (per caso, ma nemmeno troppo) diventando, nel medesimo arco di tempo, "quasi" un New Yorker a tutti gli effetti, avendo ormai l'occasione di passare diversi mesi all'anno nella mia adorata Brooklyn.

Come usare questa guida

Questo libro non è destinato ad un solo tipo di lettore. È probabile che chi lo sfoglia sia un runner che sogna, o meglio ancora progetta, di correre la Maratona di New York già nella prossima edizione. Tuttavia potrebbe anche trattarsi di un podista che, invece, la gara l'ha già corsa. Magari più di una volta. O anche solo chi, semplicemente, non immagina (né ora, né mai) di correrla, ma pianifica invece di accompagnare qualcuno in questa incredibile avventura. O, perché no, chi ne ha sempre sentito parlare e vuole semplicemente saperne di più. E magari restarne folgorato.

Qualunque tipo di lettore siate, questa guida è per voi: cerca di raccogliere in modo organico tutte le informazioni su questo evento affascinante: la gara, la sua storia e la città in modo da fornire un quadro completo (e, nelle intenzioni, esaustivo) sulla New York City Marathon. Completo ma non imparziale, però: non posso certo nascondere di essere un fan vero di questa gara e di New York e credo sinceramente che tutti, se ne hanno la possibilità, dovrebbero provare a vivere nella vita un'avventura come la Maratona di New York. Magari anche solo da spettatori.

Questa guida non è un romanzo e non è stata scritta per essere letta tutta d'un fiato.

Il miglior modo per sfruttarla è, probabilmente, quello di leggerla tutta e poi ritornare, a seconda dei momenti e delle esigenze specifiche, ad approfondire alcuni capitoli. Insomma: pensate più ad una *Lonely Planet* dedicata alla Maratona di New York che ad un romanzo di Montalbano.

Il libro è diviso in tre sezioni: nella prima parte ("La Gara") si affronta in maniera completa il tema della competizione vera e propria e si approfondiscono, tra le varie tematiche, la storia della gara, il suo percorso, la strategia per correrla al meglio, il racconto delle esperienze di alcuni runner noti, i consigli per il giorno della competizione.

Nella seconda parte ("New York") viene, invece, dedicato spazio al viaggio ed alla città (sempre tenendo in primo piano le esigenze dei runner). Troverete in questa sezione una lista (abbastanza essenziale) di posti imperdibili da visitare, arricchita da alcune destinazioni curiose o atipiche. A completare le informazioni fornite, troverete anche indicazioni su come trascorrere i giorni pre-gara in città, una serie di info su dove fare shopping, dove mangiare e dove celebrare la maratona, magari davanti ad un panorama mozzafiato.

La terza ed ultima parte ("Run and the City") è integralmente dedicata al correre a New York e potreste voler leggere solo questa sezione, anche se non progettate di partecipare alla maratona, ma pensate semplicemente di passare qualche giorno di vacanza nella Grande Mela e siete alla ricerca di posti "giusti" dove allenarvi. Con trentasei percorsi differenti (per tipologia e lunghezza) nei cinque distretti, dovreste trovare il giro adatto alle vostre esigenze.

Ciascun capitolo della guida è totalmente "autonomo" rispetto agli altri, quindi se siete lettori *shuffle* potrete saltare da una parte all'altra senza imbattervi in particolari problemi.

Mi piace sottolineare che alcuni capitoli di questa guida sono il frutto della collaborazione editoriale e del lavoro di altri autori. Credo profondamente nel valore della competenza e nella specializzazione di ciascuno, anche solo per immaginare di invadere campi di cui so poco (o, spesso, niente). Così, per alcune sezioni più specifiche, ho chiesto aiuto ad amici e professionisti di argomenti più "verticali".

Il risultato è un libro con un autore primario ma con alcune *guest stars* che scoprirete, di tanto in tanto, tra le pagine di questo libro. Il più noto, e non me ne vogliano gli altri, è sicuramente il coach Fulvio Massini che ha accettato (con mio grande orgoglio) di partecipare a questo progetto editoriale e scrivere il capitolo dedicato alla "Strategia di gara", che trovate nella prima parte di questa guida. Le altre *performance* le scoprirete man mano che vi avventurerete tra le pagine di questo libro. Pronti? Via!

/ La Gara

"If you want to run, run a mile. If you want to experience a different life, run a marathon."

"Se vuoi correre, corri un miglio. Se vuoi sperimentare una vita diversa, corri una maratona."

Emil Zátopek

Una gara come nessun'altra

C'è un momento di silenzio assoluto pochi istanti prima che inizi la NYC Marathon. È un silenzio "interiore". Un istante profondo di riflessione, di carica, di coraggio e, sicuramente, anche di paura.

Ciascun runner si appella, in quel momento, al motivo per il quale si trova lì. Ed i motivi possono essere svariati: c'è chi corre questa gara per una sfida, chi per una scommessa, chi per vivere un sogno. C'è chi lo fa per ricordare una persona importante, chi per raccogliere fondi per una buona causa. Chi per gioco. Chi per hobby. Chi per battere un record. Chi per follia. Chi perché, ormai, non può più farne a meno. E ancora: c'è chi lo fa perché non avrebbe mai pensato di arrivare a vivere un momento così. C'è chi lo fa per il proprio figlio, chi lo fa con il proprio figlio. Chi per collezione. Chi per vantarsene con gli amici. Chi per dimostrare di essere ancora giovane. Chi perché deve restare giovane, comunque, per sempre.

Ci sono oltre 53000 persone che si affollano alla linea di partenza delle TCS NYC Marathon e ci sono (almeno) altrettanto validi motivi affinché tutti questi runner, ogni anno, arrivino fin lì.

Mi piace sempre provare ad immaginare tutti questi atleti in un giorno qualsiasi, appena un mese prima della maratona. Raccontano l'incredibile varietà e diversità del genere umano. Sparsi praticamente dappertutto sulla Terra, questi 53000 runner sono come una "mini capsula" d'umanità: assieme è probabile che coprano tutti i campi dell'ingegno umano. Tutte le religioni. Tutte le classi sociali. Tutte le età. Tutte le sfumature di colore possibile. Tutti gli orientamenti. Tutti i gusti. Assieme hanno probabilmente vissuto tutte le esperienze, le avventure, i problemi e gli eventi che possano capitare nell'arco della vita ad un uomo.

Eppure tutte queste persone, così tanto diverse tra loro, sono accomunate tutte da un unico, medesimo, obiettivo. Un sogno uguale, per tutti. Per il quale tutti hanno fatto incredibili sacrifici, corso un numero imprecisato di ore e di chilometri, sofferto per dolori improvvisi e gioito per progressi cercati ed ottenuti con molta fatica.

Per circa quattro mesi, la vita di migliaia di persone è stata scandita, modificata e proiettata verso un unico, medesimo e preciso istante: la partenza della NYC Marathon sul Verrazzano-Narrows Bridge, la prima domenica di novembre.

All'improvviso quel giorno arriva e si ritrovano tutti assieme a Staten Island. A corricchiare. A fare stretching. A fare "colazione". Ad analizzare il vento oppure a scrutare il cielo. Silenziosi, loquaci, allegri, tesi, persi dentro chissà quale pensiero.

Stesi su un prato gelido ad aspettare impazientemente: da soli, con amici fidati, con compari di viaggio, con la compagna o il compagno, spesso con perfetti sconosciuti il cui consiglio *last minute* vale, in quei momenti, come quello dell'amico di una vita.

Di colpo, poi, la parola passa agli altoparlanti.

Poche parole, di solito, che comprendono sempre il vero concetto: "Today the City is all yours!" ("Oggi la città è tutta vostra!"). Segue l'inno nazionale degli Stati Uniti. Poi un colpo di cannone. Frank Sinatra intona *New York, New York.* E poi ha inizio.

Un fiume umano, interminabile, con facce, scarpe e divise di tutti i colori, si avvia su per il ponte, verso Brooklyn. E si snoda per 42195 metri lungo le strade dei cinque *borough,* dove comincia una festa di strada da milioni di persone che va avanti per tutto il giorno. Non importano le condizioni climatiche: caldo, freddo, vento o pioggia. Saranno tutti lì. Non c'è stanchezza che tenga. I runner verranno celebrati tutti, dal primo all'ultimo.

Ogni metro del percorso, ogni passo avanti, ogni *block* di questa incredibile città, offrirà ai runner un ricordo indelebile, un cartello surreale, un incitamento inatteso, una parola incomprensibile, una ovazione, un aiuto, una canzone, un ballo, un "cinque" di un bimbo, una barretta energetica o anche solo un semplice sorriso.

In questo lungo percorso in cui i runner si trovano soli, a volte persino persi dentro sé stessi, davvero "soli" non si sentiranno mai: ci saranno due milioni di persone per strada a fargli compagnia ed oltre 10000 volontari ad aiutarli. E altre migliaia di runner, davanti e dietro di loro, che all'occorrenza li tireranno (o li spingeranno) verso il traguardo.

La NYC Marathon è il frutto dell'intuizione e della scommessa di un manipolo di appassionati e di un uomo geniale, Fred Lebow, che sognava di portare il running nella vita delle persone e che scoprì di poterci riuscire portandoglielo, letteralmente, davanti casa.

Nel 1976, lo stesso percorso fu affrontato per la prima volta da 2090 persone (di cui solo 88 donne). La scommessa di Lebow fu che la città di New York, allora in una crisi economica profonda, si sarebbe tirata su anche grazie a questo evento (allora) strampalato. Che si sarebbe unita e ritrovata lungo il percorso di questa improbabile gara che collegava (non solo idealmente) i cinque distretti della città da Staten Island a Manhattan (passando "persino" per il Bronx).

La città e la maratona (in generale) non sarebbero state più le stesse dopo quel giorno.

Quei 2090 runner del 1976 sono stati come i primi esploratori di un pianeta nuovo, vergine. Da allora tutto è cambiato: eppure le motivazioni, i valori ed i sogni di quei pochi partecipanti della prima edizione non devono essere stati così tanto diversi (o lontani) da quelli che ogni anno, ancora oggi, si affollano nella mente dei runner che si presentano al cospetto del Verrazzano.

La maratona è qualcosa di più di una gara di corsa "qualsiasi": sono necessari, certamente, l'allenamento, la forza ed una preparazione adeguata. Ma, come vi diranno tanti maratoneti esperti, con questi elementi si arriva "solo" al trentesimo chilometro o poco più. Il resto lo devono mettere il cervello ed il cuore.

Degli oltre 53000 runner che partono ogni anno da Staten Island, solo quattro atleti sono destinati a vincere la gara: un uomo ed una donna per il running, un uomo ed una donna per la gara in carrozzina olimpica. Eppure tutti gli altri presenti, o quasi, quando giungeranno al traguardo a Central Park si sentiranno vincitori. E lo saranno davvero in questa incredibile gara con e contro sé stessi.

Le persone lungo le strade di New York li aiuteranno a sentirsi vincitori tutto il tempo. Specie quando le gambe vorranno mollare e la testa avrà davvero bisogno di convincerle a proseguire.

Non è una esagerazione, è la verità di questa incredibile gara.

Nell'edizione 2018, 53121 runner hanno iniziato la gara ed in 52813 l'hanno completata. Ovvero: il 99.42% dei partecipanti è arrivato a tagliare il traguardo. Praticamente nessuna maratona al mondo può vantare un percentuale di *finisher* così alta. E dopo New York, molti *first timer* (ben 27477 nel 2018, ovvero quasi il 52% del totale) prendono il *bug* della maratona e decidono di correrne altre in giro per il mondo. Del resto come canta Frank Sinatra alla partenza: "If I can make it there, I'll make it anywhere...". Ed è proprio così.

Il percorso di gara
routes.run/nycmarathon

Il percorso della Maratona di New York si snoda attraverso i cinque distretti (o *borough*, come si dice da quelle parti) della città di New York: The Bronx, Brooklyn, Manhattan, Queens, Staten Island, che, assieme, ospitano circa 8,3 milioni di persone.
Ciascun distretto ha una propria forte personalità, una storia specifica, moltissime caratteristiche uniche ed è popolato da persone provenienti da tutto il mondo: basti pensare che, si stima, a New York si parlano circa 800 lingue diverse.

In effetti la traduzione "distretto" in italiano può risultare ingannevole: ciascun *borough* è una città vera e propria. Giusto per rendere l'idea si pensi che Brooklyn, il distretto più popoloso conta, circa 2 milioni e 700 mila abitanti, quasi come Roma. Se Brooklyn fosse una città autonoma, sarebbe la terza città americana per popolazione. Persino il "fanalino di coda" Staten Island, con "appena" 500 mila abitanti è enorme rispetto agli standard europei: è infatti solo poco meno abitata di Genova ma decisamente più di Bologna.
Ovviamente i *borough* possono anche essere sterminati: Queens, per esempio, si estende per circa 281 chilometri quadrati, grosso modo il triplo di Barcellona.

Da Staten Island a Central Park

Uno degli aspetti più caratteristici della NYC Marathon è proprio quello di attraversare i 5 distretti della città.
Immaginare un percorso non deve essere stato facilissimo: ma il risultato è davvero stupefacente. Si passa da un *borough* all'altro, attraversando decine di *block*, quartieri e strade lungo un percorso poco tortuoso ma molto ondulato.
Inoltre, essendo la città costituita da gigantesche isole, il passaggio tra un distretto ed un altro implica sempre il passaggio su un ponte: ben cinque sono i ponti che i runner si trovano ad affrontare durante la gara, sempre in concomitanza con il cambio di *borough*.

Un altro aspetto del percorso che colpisce alcuni runner è che molti luoghi chiave, almeno dal punto di vista turistico, di Manhattan non vengono nemmeno sfiorati: nessuna vista del Brooklyn Bridge, niente passaggio al Village o nei pressi dell'arco di Washington Square, nessun miglio corso sotto l'Empire State Building o il Chrysler Building, nessun giro vicino Ground Zero o in mezzo alle luci di Times Square, niente sbirciata alle meraviglie ospitate dal MoMA. Il punto più a sud di Manhattan che si tocca è la 59th Street. E molte delle mete turistiche più note sono decisamente più a sud. Di fatto, l'unica icona turistica che i runner incontrano è proprio Central Park (e di sfuggita i musei Guggenheim e Metropolitan). Poco male: si attraversa la "vera" città e ci sarà tempo di pellegrinare, durante il resto del soggiorno, tra le mete più famose ed in alcuni casi anche troppo note.

Lo spazio dedicato a ciascun quartiere non è in alcun modo equo: Brooklyn la fa da padrona (qui si corrono circa 19 km di gara), segue Manhattan (con circa 17 km), poi il Queens (circa 3 km), The Bronx (poco più di 2 km) ed infine Staten Island (poco più di 2 km), che però ha l'onore di ospitare la partenza. In totale ben 4,5 km, circa, si corrono sui ponti che si attraversano lungo il percorso. Anche le velocità nei *borough* sono diverse: è Brooklyn il distretto dove il passo dei runner è mediamente più sostenuto, Manhattan dove invece è più lento.
Tentare di raccontare questi enormi *borough* ed i numerosi quartieri che si attraversano durante la gara, anche solo per sommi capi, è una impresa impossibile. Non farlo, tuttavia, vorrebbe dire non rendere omaggio ad una delle caratteristiche più uniche e speciali di questa maratona e della città che la ospita: la sua incredibile diversità.

L'idea alla base di questo capitolo è proprio quella di raccontare la città facendosi guidare dal percorso della gara, miglio dopo miglio (che equivale circa ad 1.6 km), un po' per uniformarsi all'unità di misura più utilizzata durante la gara ed un po' per raccontare variazioni sensibili nelle zone che si attraversano. In questo modo si riesce davvero ad andare alla scoperta di un percorso unico e di questa metropoli magica, seguendo anche idealmente la linea "blu maratona" che nella nella notte prima della gara viene dipinta sulle strade della città e che guida i runner sul tragitto corretto, fin dalla prima edizione nei cinque distretti del 1976.

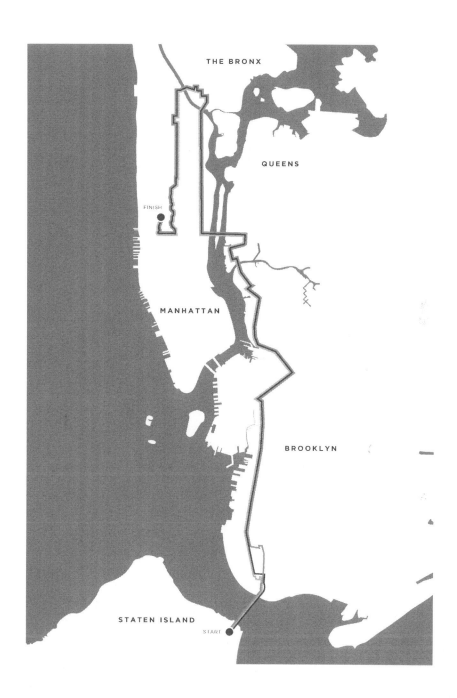

THE BRONX

QUEENS

FINISH

MANHATTAN

BROOKLYN

STATEN ISLAND

START

Miglio 1 / Fort Wadsworth e Verrazzano-Narrows Bridge (Staten Island)

Fort Wadsworth, con il grande parco che lo circonda, è il punto di partenza dalla competizione. Questo forte militare, dal 1663, è a guardia del passaggio chiamato Narrows, il punto più stretto della New York Bay compresa tra Brooklyn e Staten Island.

Fort Wadsworth è dove tutto ha inizio. Qui si arriva la mattina con il bus (o traghetto + bus), qui ci si stende, si fa stretching, colazione. Qui nascono amicizie, monta l'ansia, ci si gela, si ride, si scherza. Qui si molla la propria borsa. Qui si ripassa la strategia di gara, o si sogna di averne una. Qui ci si veste, sveste, riveste alla ricerca dell'outfit giusto per la temperatura che, inesorabilmente, è differente da quel che ci si aspettava.

Qui si fa la (lunga) coda per uno degli oltre 1600 bagni chimici. Qui, inevitabilmente, si aspetta che arrivi la propria partenza.

I runner sono divisi in tre gruppi di colore diverso (blu, arancio e verde) ed in quattro "ondate" (*wave*) di partenza (in diversi orari).

Il colore determina il "dove" si partirà: i blu partono sul lato destro (sud) del ponte al livello superiore, gli arancio sul lato sinistro (nord) del ponte al livello superiore, i verdi sul lato sinistro del ponte al livello inferiore.

La *wave* determina, invece, il "quando" si parte: la prima *wave* inizia alle 9:40, l'ultima alle 11:00. Le *wave* sono distanziate, precisamente, venticinque minuti l'una dall'altra.

Per via di questa partenza a ondate i runner finiranno per accumularsi in zona ed occupare letteralmente tutto il parco intorno a Fort Wadsworth, in alcuni casi per ore. Questa zona di Staten Island, nelle prime ore della prima domenica di novembre, si popola quindi di oltre 60000 persone tutte impegnate, per un motivo o per un altro, nelle fasi di partenza della gara.

Dei cinque *borough*, Staten Island è l'unico solo sfiorato dalla maratona da un punto di vista puramente chilometrico: si parte già sul ponte (subito dopo i caselli del pedaggio) e quando si arriva dall'altro lato si è già a Brooklyn.

Eppure è "la" partenza. È il luogo ed il momento più atteso dai runner. Qui viene sparato il colpo di cannone. Qui viene suonata *New York, New York*. Ed è sempre qui che viene scattata la fotografia più popolare di questa gara.

Le migliaia di persone che corrono sulle due corsie del Verrazzano sono, a ragione, una delle immagini più memorabili di questa gara. E non raccontano nemmeno tutta la verità. Infatti, chi parte con il pettorale verde, correndo nella parte inferiore del ponte, resta praticamente invisibile in tutte le immagini aeree riuscendo a far capolino, solo alla fine, dal lato di Brooklyn.

Il primo miglio lo si corre tutto sul ponte, è in salita e come se non bastasse è anche la salita più impegnativa di tutta la gara. Ma la voglia di partire, l'energia accumulata, il flusso incredibile di persone impedisce di accorgersene. Si sale costantemente, poco importa però: il panorama da lassù è da perdere il fiato; Manhattan sembra ed è lontanissima, circa 10 km in linea d'aria, e la vista dalla sommità del ponte è un privilegio riservato solo a chi corre la maratona: a differenza di tutti gli altri ponti, il Verrazzano, essendo attraversato da una *highway* (cioè una superstrada), è infatti l'unico che non ha una corsia pedonale o per bici. Ed è aperto ai runner solo in occasione della maratona.

È tutto per voi. Godetevelo.

Miglio 2 / Ancora Verrazzano e giù verso Brooklyn

Il Verrazzano è la "collina" più pesante di tutto il percorso della maratona. Non che il resto del tracciato sia pianeggiante (anzi proprio per niente), ma la salita del primo miglio che termina proprio a metà del ponte è fortunatamente seguita anche dalla discesa più veloce. Durante il secondo miglio infatti si scende e basta. Durante la discesa, oltre alla vista che ci offre dei nuovi spunti su Brooklyn che si avvicina molto rapidamente, c'è da segnalare la presenza di indumenti di tutti i generi che i runner ormai scaldatisi gettano con anche troppa disinvoltura lungo il percorso e la lunga fila di pipì panoramiche che si regalano, prevalentemente, i maschietti del gruppo. Questa pratica è super proibita (direi giustamente) e l'organizzazione minaccia in tutte le lingue del mondo di squalificare i runner colti... in flagranza di "reato".

Miglio 3 / Ciascun colore per la sua strada (Bay Ridge, Brooklyn)

"Welcome to Brooklyn!". È questo, probabilmente, quello che si sentiranno gridare dall'avanguardia dei primi supporter cittadini i runner appena arrivati dall'altro lato del Verrazzano.

Ma non c'è nemmeno il tempo di rendersi conto di essere già nel secondo *borough* della gara e subito i tre percorsi si separano, anche se solo temporaneamente.

Trattandosi infatti di un ponte per sole auto, i percorsi sono necessariamente obbligati a seguire gli svincoli autostradali e per poter garantire un percorso di pari lunghezza a tutti, dalla fine del ponte in poi (ovvero dal terzo chilometro circa) i tre flussi di podisti si separano per poi riunificarsi alcuni chilometri ed in momenti diversi più avanti su Fourth Avenue.

Il percorso blu, dopo aver occupato la corsia di destra del ponte, è il primo a lasciare la superstrada passando per pochi metri su Dahlgren Place e voltando a sinistra sulla 92nd Street per poi raggiungere la corsia di destra di Fourth Avenue.

I runner arancioni, fanno invece una specie di inversione ad U per poi ritrovarsi subito su Fourth Avenue, all'altezza di 92nd Street, nella corsia di sinistra.

I podisti con il pettorale verde invece, dopo aver corso nella parte inferiore-sinistra del ponte, proseguono per un qualche tempo in più sulla *highway* (Gowanus Expressway), escono alla altezza della 79th Street, continuano su Seventh Avenue, svoltano su 74th Street, prendono Sixth Avenue verso sud per un solo blocco, voltano ancora verso ovest e si ricongiungono (finalmente!) sul lato destro di Fourth Avenue, all'incrocio con la 75th, dopo 3,5 miglia circa. In sostanza ci sono quasi 5 km in esclusiva per i podisti con pettorale verde prima di fondersi con il flusso dei blu e degli arancioni.

Miglio 4 / Bay Ridge

Indipendente dal colore e dal percorso, il quarto miglio è dove la vera festa ha inizio. Fourth Avenue è una strada molto larga, mediamente tre corsie per senso di marcia, e lunga (in totale si corrono qui circa 5 miglia, 7,5 km) e non c'è vento o freddo che tenga: ai due lati della Avenue migliaia di persone si affollano per salutare, festeggiare, cantare e suonare per i runner.

Qui, probabilmente, i runner penseranno per la prima volta "tutto questo è incredibile". E lo è.

Ad essere onesti, sarà probabilmente (già) la seconda volta: la prima è sul Verrazzano, ammirando il flusso di migliaia di runner. Ma sul ponte è ancora "solo" una corsa. Mai visti tanti podisti tutti assieme. E si resta, giustamente, sbalorditi. Ma su Fourth Avenue non è più una gara, qui diventa una festa di strada. Ed i runner, tutti, ne sono i protagonisti indiscussi.

Il quartiere di Bay Ridge è stato la casa, per moltissimi anni, di irlandesi, greci, italiani (il Tony Manero protagonista di *Saturday Night Fever* era di queste parti) e norvegesi. Le tante insegne di ristoranti, alternate a tanti concessionari d'auto, lo testimoniano ancora. Il cibo molto meno. Ma negli ultimi anni queste prime generazioni di immigrati hanno lasciato posto ad arabi, asiatici e russi. Il risultato è quello di un melting pot incredibile, un antipasto di quello che i runner incontreranno per (tutti) i chilometri successivi. Le bandiere ed i cartelli e le urla di gioia per i runner (spesso in lingue incomprensibili) non fanno che sottolineare questa moltitudine di culture. Non è un caso, nemmeno, che in questi primi chilometri si susseguano lungo Fourth Avenue luoghi di culto di tutte le religioni. Una accanto all'altra.

Benvenuti (davvero) a Brooklyn.

Miglio 5 / Un parco al tramonto (Sunset Park)

Poco dopo essere passati davanti alla fermata della metro Bay Ridge Avenue e sotto il Gowanus Express Way ci si ritrova, sempre su Fourth Avenue, nel quartiere di Sunset Park.

Questa zona prende il nome dal piccolo parco panoramico considerato uno dei tesori nascosti di questa parte della città. Dal punto più alto di Sunset Park si riesce a vedere la baia di New York, la Statua della Libertà e si possono scorgere persino le colline di Staten Island. E come suggerisce il nome, le viste migliori si hanno al tramonto.

Durante la gara però il parco è solo sfiorato dai runner: compreso tra la 44th Street e la 41st Street, Sunset Park si affaccia su Fifth Avenue. Ma può essere una ottima meta per chi è venuto fin qui per ammirare i podisti passare, magari approfittando della vicina fermata della *subway* (linee N, R - fermata 45th Street) proprio su Fourth Avenue.

Sunset Park è in buona parte ispanica e questa sua natura si rivive, immediatamente, nei cartelli e nelle bandiere che i tanti spettatori, sempre più numerosi man mano che si procede verso il cuore di Brooklyn, mostrano ai runner. L'altra metà del quartiere, invece, è abitata da cinesi: il risultato è una successione di negozi e chiese con insegne scritte in lingue e caratteri diversissimi.

Se si vuole avere una idea dell'incredibile flusso di persone che passano durante la gara in questo tratto di strada, qualche anno fa il fotografo Benjamin Norman ha prodotto un video dal titolo *The Marathon in a Minute* con un *timelapse* del passaggio dei runner in questa parte del percorso. La trovate tra le pagine del New York Times a questo link: link.maratona.nyc/nyTVideo. Non perdetelo.

Miglio 6 / Il Paradiso può attendere (Greenwood Heights)

Il cimitero di Greenwood Heights, che i runner incontrano alla propria destra all'altezza della 35th Street, dà il nome a questo quartiere che si sviluppa intorno a questo altro tratto di Fourth Avenue. Idealmente è una perfetta prosecuzione della strada percorsa a Sunset Park e Bay Ridge. L'aspetto più interessante è che, andando avanti, un altissimo palazzo con un curioso orologio in cima, il Williamsburg Savings Bank Tower, in fondo al rettilineo di tanto in tanto fa capolino e si "avvicina".
In linea d'aria a questo punto si è ancora circa a 4 chilometri e mezzo dalla torre. Ma è un buon riferimento visivo per capire quando si abbandonerà definitivamente Fourth Avenue.

In questo tratto di Greenwood Heights molte band suonano per i runner e per le migliaia di spettatori che cantano (e spesso ballano) ai bordi della Avenue. Le urla che incitano i runner mescolano sempre più lingue del mondo in quella che diventa un buona sintesi dell'incredibile diversità degli abitanti di questo quartiere. Dato il percorso decisamente ondulato, questo tratto è anche un buon posto per voltarsi a guardare dietro ed ammirare l'interminabile serpentone di podisti lungo il tracciato.
I runner più svegli quando raggiungeranno la 24th Street potranno, guardando alla loro sinistra, scorgere per qualche istante la Statua della Libertà, in fondo nella baia di New York.
Qui, pochi metri prima di passare sotto lo svincolo della Prospect Expressway, i runner raggiungono anche il primo traguardo numerico della gara: 10 km. Un buon momento per controllare i tempi desiderati e fare un check della condizione fisica. Mancano, del resto, "solo" 32 km e 195 metri!

Miglio 7 / Brooklyn al suo meglio (Gowanus e Park Slope)

Una delle tante sorprese che offre New York a chi la visita, è quella della rapidità con cui la città possa cambiare. Pochi blocchi, spesso, rappresentano la distanza e la differenza tra un quartiere popolare ed uno decisamente più *posh*.
È per questo che quando si percorre questo tratto di strada di Fourth Avenue, compreso tra Prospect Avenue e Flatbush Avenue, si taglia Brooklyn, davvero, a metà. Alla sinistra dei runner, scorre Gowanus, zona industriale ed ancora (per fortuna) popolare che si affaccia sull'omonimo canale; alla destra, invece, sorge "sua maestà" Park Slope, zona di residenza di scrittori, artisti,

professionisti e celebrità. Non a caso Park Slope, con i suoi bellissimi *brownstone* (le piccole case di pietra bruna con scala esterna) che salgono verso Prospect Park, è stato votato ed è tuttora considerato uno dei migliori quartieri di New York e di tutti gli Stati Uniti.

Gowanus, in linea d'aria a sole poche centinaia di metri, risponde con un aspetto decisamente più *industrial*: magazzini, co-working, bar, edilizia popolare, affitti ancora "accettabili" ed una metropolitana che gli passa sopra invece che sotto.
A proposito di metropolitana, la fermata di Ninth Street è un ottimo posto per chi vuole venire a guardare la gara da queste parti. È uno dei pochi posti dove è comodo attraversare Fourth Avenue, altrimenti impossibile a causa del flusso continuo dei runner. Inoltre le tante linee che qui convergono (F, G ed R) permettono di spostarsi velocemente in altri punti del percorso o della città per (ri)vedere i podisti passare.

Miglio 8 / Alla fine di Fourth Avenue (Downtown Brooklyn)

Prima o poi tutto finisce, e così durante l'ottavo miglio si abbandona, definitivamente, Fourth Avenue proprio nei pressi della Williamsburg Savings Bank Tower, pochi metri prima della quale i runner voltano a sinistra su Flatbush Avenue.
L'orologio della torre è sicuramente un *landmark*: uno degli elementi d'architettura più noti di Brooklyn, occupa la sommità e le quattro facciate della torre che fino al 2010 era il più alto di tutto il *borough*. Al pian terreno di questo *building*, sito in One Hanson Place, c'era la sede di una banca. Oggi è luogo di mostre, mercatini, incontri, nonché set indiscusso della maggior parte delle scene di film e serie TV che necessitano proprio di una banca come ambientazione. Al piano interrato c'è persino, ancora, il locale delle cassette sicurezza con tanto di porta blindata.

Svoltando verso ovest in Flatbush Avenue, guardando subito sulla destra, si può scorgere il gigantesco Barclays Center, il nuovo palazzetto dello sport sede di concerti e casa dei Brooklyn Nets. Su Flatbush sorge uno degli Apple Store più *cool* di New York ed immediatamente dopo una repentina svolta a destra su Lafayette Avenue si passa dinanzi al celebre Brooklyn Academy of Music (BAM).

Ma tutto questo i runner non lo potranno notare più di tanto. Saranno semplicemente storditi dall'ovazione che li attende in questo passaggio che ha pochi confronti in tutta la gara. Letteralmente migliaia di persone sono qui ad acclamare e caricare i runner che passano in questa stranissima chicane, con tanto di palco e mega screen, che i podisti compiono nell'arco di poche centinaia di metri. Una festa di strada che prosegue, alla grande, nel miglio successivo.

Miglio 9 / Come Rocky Balboa (Fort Green e Clinton Hill)

Nemmeno il tempo di lasciarsi alle spalle il BAM che Lafayette Avenue si stringe decisamente mentre si insinua tra lunghe file di *brownstone*, che sono un vero proprio marchio dell'architettura di Brooklyn.
Qui, complice la strada più stretta, la facilità con cui si raggiunge il Downtown Brooklyn, gli orari più comodi in cui arrivano i runner ed il cuore dei residenti della zona, c'è uno dei passaggi più emozionanti di tutto il percorso.

Le persone si accalcano letteralmente ai bordi della strada, traboccando e spesso e volentieri creando uno strettissimo corridoio, contornato da alberi con manto autunnale, nel quale i runner corrono estasiati ed increduli. In questo tratto rettilineo si attraversano i quartieri di Fort Green (dove c'è un bellissimo parco, se possibile da non perdere) e Clinton Hill, senza praticamente accorgersene.
Moltissime band suonano in questo tratto e, grazie anche alla strada stretta, si crea un frastuono incredibile e che poco le parole possono raccontare.
Tra tutte le performance musicali di questo tratto di strada, precisamente all'altezza di Clemont Avenue, la più celebre è senz'altro quella della Bishop Loughlin Memorial High School Band, che tutti gli anni dal 1979 e per tutto il giorno della maratona suona, ininterrottamente, sempre e solo il tema di *Rocky* (*Gonna Fly Now*).
A ciascuno la sua maratona.

Miglio 10 / Un assaggio di Bedford-Stuyvesant

Proseguendo lungo Lafayette Avenue, i runner giungono nel quartiere di Bedford-Stuyvesant (o Bed-Stuy, come lo chiamano tutti). Un tempo uno dei quartieri più popolari e difficili di tutta Brooklyn, negli ultimi anni è stato al centro di un fenomeno che ha coinvolto diversi quartieri di quest'area di Brooklyn: la cosiddetta gentrificazione, dubbia traduzione di *gentrification* in inglese, ovvero la trasformazione urbana e socio-culturale attraverso la quale un quartiere tradizionalmente povero viene abitato e trasformato, in poco tempo, dall'arrivo di una parte di popolazione giovane e benestante con conseguente allontanamento dei residenti originari.

Un tempo considerato la Harlem di Brooklyn, questo quartiere è ancora a fortissima influenza afro-americana, ma ai residenti originari si è affiancata una folta popolazione di origine caraibica ed africana.
Per Bed-Stuy la gentrificazione è stata così tanto veloce che i runner che corrono attraverso Lafayette Avenue, per poi girare a sinistra su Bedford Avenue, avrebbero davvero difficoltà a credere che negli anni '70 questo tratto di gara, insieme al Bronx, era considerato dagli organizzatori e dagli abitanti tra i più pericolosi di tutto il percorso della maratona. I bellissimi e curati *brownstone*, i tanti alberi, le tantissime persone in festa raccontano oggi una storia molto diversa dell'aria che si respirava solo fino a qualche anno fa.

Praticamente dove Lafayette incontra Bedford Avenue i podisti raggiungono il quindicesimo chilometro di gara. In questa fase la stanchezza è ancora poca e l'energia degli spettatori lascia credere che si potrà arrivare al traguardo praticamente spinti dalla forza di chi li incita. Ma pochi metri dopo li aspetta una (strana) sorpresa.

Miglio 11 / All'improvviso il silenzio (South Williamsburg)

La diversità di New York si manifesta in tantissimi modi: nella lingua, nelle tradizioni, nei colori, nelle passioni. Ed ovviamente anche nella religione.
Accade così che mentre corrono i primi chilometri su Bedford Avenue, i runner si sentano come trascinati in un'altra dimensione e, se possibile, in un altro tempo.
All'improvviso, la folla, la musica, la festa sembrano (quasi) del tutto spariti. Un silenzio, a tratti irreale, li accoglie senza peraltro dare alcun preavviso.

Benvenuti a sud Williamsburg: cuore della comunità ebrea ortodossa chassidica.
Tra i valori di questa comunità uno dei più forti è quella della modestia e la maratona è guardata con sopportazione ma anche qualche fastidio. Quando viene guardata. Uno degli aspetti più strani è, infatti, il totale ignorare l'evento da parte della popolazione. I runner passano, i residenti vanno avanti con le loro faccende quotidiane (tra l'altro domenica non è giorno festivo e quindi

25

ciascuno ha gli impegni di un giorno qualsiasi). Il papà della maratona, Fred Lebow (al secolo Fishel Lebowitz), era anch'egli di origini ebree ortodosse proprio come la maggior parte degli abitanti di South Williamsburg. E dovette sudare non poco per ottenere dal rabbino la necessaria autorizzazione ad attraversare il quartiere con il percorso della gara. Si racconta che quando Fred passava di qui a bordo del veicolo in testa alla gara, davanti ai top runner, chiedesse in ebraico alle persone di incitare chi passava, non sempre avendo successo nell'impresa. NYRR rispetta fortemente le tradizioni della comunità che risiede in quest'area e, di conseguenza, non ci sono palchi ed altoparlanti lungo questo tratto di gara.

Man mano che si corre verso nord, sempre lungo Bedford Avenue, avvicinandosi al ponte di Williamsburg, il silenzio tende a scomparire. Williamsburg, se possibile, è il quartiere più in evoluzione di tutta Brooklyn. L'incessante costruzione di nuovi edifici, dal design sempre più avveniristico e dai prezzi sempre più esorbitanti, sta modificando profondamente gli equilibri anche di questa enclave apparentemente immutabile. Ed i runner se ne accorgeranno metro dopo metro.

Miglio 12 / Il Ponte e gli Hipster (Williamsburg)

Poco dopo aver incrociato Broadway (spiacente, niente a che vedere con l'omonima - e più celebre - strada di Manhattan) si esce dalla "zona silenzio" e si passa nei pressi del ponte di Williamsburg.
Questo bellissimo ponte grigio e rosa, inaugurato nel 1903, unisce Brooklyn con il Lower East Side di Manhattan. È uno dei tre ponti che collegano le due sponde dell'East River tra Brooklyn e Manhattan.

Il più celebre è senz'altro il Brooklyn Bridge, l'altro - altrettanto noto - è il Manhattan Bridge. Eppure i runner nel loro percorso vedranno solo il Williamsburg Bridge. E non avranno nemmeno la possibilità di attraversarlo, considerato che ci passeranno dritti sotto, proseguendo lungo Bedford Avenue Eppure la passeggiata pedonale (a sinistra del ponte, ovvero lungo il lato sud) che collega le sponde del fiume è forse una delle più belle di tutta New York. Il passaggio della subway accanto alla corsia pedonale (o a quella delle bici, che corre invece sul lato nord del ponte) rende il percorso di circa 2,2 km ancora più suggestivo e "newyorkese". La vista dal ponte è mozzafiato (difficile solo decidere se sia più bello il panorama che si scorge a nord del ponte... o a sud!). I runner non potranno correrci durante la maratona: ma una passeggiata nei giorni successivi è assolutamente consigliata.

Appena passato il ponte, si ritorna istantaneamente nel clima di festa già visto a Downtown Brooklyn. I runner sono accolti, in quello che viene considerato il cuore di Bedford Avenue, da una folla festante e rumorosissima. Bedford Avenue è una strada lunghissima (circa 16 km!): inizia sull'oceano (non lontano da Coney Island) e termina proprio a nord di Williamsburg. Eppure, nel dire comune, quando ci riferisce a "Bedford", implicitamente si parla proprio di questo piccolo tratto, di poco più di un chilometro, compreso tra il Williamsburg Bridge e Manhattan Avenue.

Bedford Avenue è considerata, da molti, la sede mondiale ed ufficiale degli hipster (se la gioca solo con Portland, Oregon): giovani, per lo più benestanti, che vivono alla moda, spesso di idee e tendenze "di sinistra", dotati di una incredibile attenzione per tutto quello che è biologico (da queste parti si dice *organic*), sostenibile, riciclabile. Anche il look non è trascurato, anzi c'è anche in questo caso una attenzione maniacale nella ricerca di abiti ed accessori, spesso vintage, come la (caratteristica) cura per la barba.

Come tutte le tendenze anche gli hipster, di tanto in tanto, sfociano in versioni esagerate del medesimo concetto con effetti spesso incredibili (ed anche esilaranti) per chi visita questa zona come turista.

Bedford Avenue è una festa enorme: persone, band, negozi, cartelli, suoni, rumori, urla. Anche qui gli spettatori "stringono" sensibilmente la zona riservata ai runner. I tantissimi negozi e ristoranti che si susseguono su Bedford (destinazione serale di migliaia di ragazzi) letteralmente spariscono dietro il muro di persone che si affollano a tutti gli angoli delle strade.

Nello spazio di pochi centinaia di metri i runner passano davanti alla piscina ospitata nel Metropolitan Recreation Center all'angolo con Metropolitan Avenue, un Apple Store tutto in mattoni, un nuovo e super fornito Whole Foods, la celebre fermata della linea L destinazione di tutti i visitatori della zona, fino a ritrovarsi sulla destra McCarren Park, piccolo ma curato parco della zona dotato anche di una nuovissima pista di atletica. Qui si allenano, tra i tantissimi runner, anche i membri del club North Brooklyn Runners.

Giusto il tempo di passare davanti al famoso Five Leaves, consigliatissimo locale per brunch del fine settimana ed hamburger di qualità, ed il percorso gira a sinistra su Manhattan Avenue.

Miglio 13 / Casa dolce casa (Greenpoint)

Ogni chilometro di questa gara è speciale. Ma alcuni chilometri sono "più speciali" di altri, Per me — e mi si conceda un nota strettamente personale — è proprio questo. Questo tratto del percorso, che collega Williamsburg a Greenpoint, attraversa il "mio" quartiere. Le strade, i negozi, le persone che i runner vedono scorrere lungo Manhattan Avenue (l'arteria commerciale di questa zona) sono i miei luoghi di (quasi) tutti gli allenamenti quando sono in città. Difficile descrivere come correre in queste medesime strade nel giorno della maratona sia, allo stesso tempo, diverso ed uguale. Il quartiere è vestito a festa anche qui. Ma l'atmosfera è esattamente quella tipica di questa zona: pace, relax e tanto entusiasmo in un quartiere che, negli ultimi anni, si contende lo scettro di zona più *upcoming* addirittura con la celeberrima Williamsburg.

Un tempo enclave assoluta della comunità polacca a New York, negli ultimi anni Greenpoint si è trasformata in maniera sostanziale. Le insegne dei ristoranti e dei negozi fanno ancora trasparire l'anima mitteleuropea, ma inesorabilmente si vanno mescolando con culture ed immigrati di tutto il mondo.

Greenpoint è il quartiere più a nord di Brooklyn. Dopo aver lasciato Manhattan Avenue, voltando a destra su Greenpoint Avenue (e la omonima fermata della "famigerata" metro G), i runner si ritroveranno, voltando a sinistra, su McGuinness Boulevard. Un rettilineo, lungo qualche centinaio di metri, che porta verso un piccolo ponte in lontananza.

Mentre si punta verso il Pulaski Bridge, le strade che qui si susseguono hanno nomi che scorrono in ordine alfabetico... Kent, Java, India, Huron, Green, Freeman, Eagle, Dupont, Clay, Box ed Ash. Uno scioglilingua in salsa Greenpoint. E gradualmente i runner cominciano la loro salita sul ponte mobile dedicato al generale polacco Kazimierz Pułaski, che solo nel 2019 si è scoperto che in realtà potesse essere una donna. Dal ponte, per la prima volta in tutta la gara, si potrà ammirare (era ora!) il panorama di Manhattan con l'Empire State Building ed il Chrysler Building in bella mostra. La vista è maestosa, ma spesso, soffia un bel vento teso che si infila nel sottostante canale Newton Creek.

Miglio 14 / Quasi Manhattan (Long Island City, Queens)

La prima parte del Pulaski Bridge è (ovviamente) in salita, non particolarmente impegnativa in verità, ma a questo punto della gara comincia a sentirsi. I chilometri si sommano nelle gambe (ma anche nella testa) ed è proprio qui che i podisti raggiungono il tanto atteso traguardo della mezza maratona. Tempo di fare bilanci sui tempi fin qui raccolti, pensare che da questo punto in poi "si fa prima" a finire che a tornare indietro al Verrazzano. E salutare, un volta per tutte, Brooklyn. Dall'altro lato del ponte, infatti, è arrivato il momento del Queens.

Long Island City, o LIC come è abbreviato un po' dovunque, in origine era un quartiere a stragrande maggioranza di italiani ed irlandesi. Di origini industriali e sede di magazzini e fabbriche (sui moli sull'East River restano ancora delle gru da carico per le navi a testimoniarlo), ha subito una vera e propria rivoluzione dal 1976, primo anno in cui la maratona passò da queste parti. Secondo alcune statistiche ha persino battuto Park Slope nella crescita (verticale) del reddito medio di chi la abita oggi.

Sede di gallerie d'arte e locali alla moda, LIC ospita anche il MoMA PS1, succursale del celebre MoMA a Manhattan, che i runner sfiorano appena scesi dal Pulaski Bridge.
Adagiati sul fiume, un fitto gruppo di grattacieli (con davanti un bel parco da visitare in un giorno non di gara) si affaccia sull'East River e guarda i dirimpettai nel palazzo dell'ONU, che da qui sembra a portata di mano (poco più di un chilometro, oltre il fiume).
L'aria che si respira è già quella di Manhattan. Ristoranti (in buon numero italiani) e tanti bar si affacciano su Vernon Boulevard dove centinaia di persone urlano costantemente "Welcome to Queens!", nella zona che, in verità, è quella che sembra meno del Queens... di tutto il (gigantesco) Queens. Vernon Boulevard è una strada molto larga, c'è tutto lo spazio per i podisti di seguire il proprio ritmo e raccogliere le energie mentre cominciano a scorgere il profilo, apparentemente minaccioso, del Queensboro Bridge che si avvicina.

Miglio 15 / A spasso per LIC (LIC, Queens)

Il ponte sembra tuttavia svanire quando i runner da Vernon Boulevard voltano a destra sul lungo e largo rettilineo di 44th Drive. Da quando i runner abbandonano Vernon Boulevard, finché non arrivano all'imbocco del ponte, incontreranno un incessante susseguirsi di cantieri enormi di palazzi... enormi. È la nuova LIC che sta nascendo, complice anche la vicinanza di due fermate della Subway di grande interscambio: Court Square e Queens Plaza. Un rinnovamento che non ha risparmiato nemmeno il celeberrimo Five Pointz, un bellissimo complesso industriale per molto tempo abbandonato, che negli anni era stato completamente ricoperto di graffiti e teatro, tra l'altro, della scena finale di *Now You See Me*. Al posto di Five Pointz oggi sorge un bel complesso di edifici qualsiasi. Una occasione persa per questa zona per ricordare ed omaggiare le proprie radici industriali.

Dopo essere passato sotto il ponte che ospita la metro (linea 7) proprio nei pressi dell'edificio della Citibank, il percorso di gara abbandona 44th Drive, piega a sinistra su Crescent Street, puntando inesorabilmente verso il bridge tanto temuto. Più che su una strada sembrerà di correre in un cantiere, ma Il ponte ormai è vicinissimo. Per fortuna pochi metri prima di imboccarlo c'è un ristoro. Ed è probabilmente il momento giusto per rifocillarsi.

Miglio 16 / Prepararsi al decollo (Ed Koch Queensboro Bridge)

L'Ed Koch Queensboro Bridge, altresì noto come Queensboro Bridge, anche detto 59th Street Bridge è possibilmente, dopo il Brooklyn Bridge, il ponte più noto di New York.
Non c'è film sci-fi, thriller o di super eroi ambientato in città che non lo abbia: distrutto, spezzato, annientato, congelato, fatto esplodere. Eppure è ancora lì. Dal 1909. In tutto il suo splendore. In piedi. Nella fattispecie è sotto i piedi di migliaia di runner che lo affrontano durante la maratona quando ormai sono giunti circa al venticinquesimo chilometro.

Il Queensboro Bridge è un ponte a due piani che collega il Queens a Manhattan, sorvolando allo stesso tempo la piccola Roosevelt Island. Durante la maratona il piano inferiore è chiuso al traffico ed è riservato ai podisti. Non sono ammessi spettatori. L'effetto è abbastanza surreale: una specie di galleria, sufficientemente buia, silenziosa ed in salita, in cui i runner si ritrovano all'improvviso. All'improvviso ma dopo averlo aspettato per 25 km.
Durante le prime edizioni per evitare di chiudere il ponte al traffico, si correva nella parte esterna del ponte su una sorta di passerella di metallo, che in seguito venne coperta con un lunghissimo tappeto per le proteste dei runner che lamentavano scarpe rotte e fastidio ai piedi.

La salita del Queensboro non è in realtà super impegnativa. Ma per una specie di incantesimo, e per la stanchezza fin qui accumulata, sembra non finire mai. Sulla sinistra del ponte scorrono i Silvercup Studios, praticamente la Hollywood di New York. Moltissimi film e serie TV sono state girate in questi magazzini, un tempo sede della Silvercup Bakery. Giusto per dare una idea: *Sex & the City, The Sopranos, Gangs of New York, Mad Men, Elementary, Highlander, Il Diavolo veste Prada, White Collar.*

Man mano che si sale si apre una vista incredibile verso Manhattan, sempre alla sinistra (ovvero il lato sud) del ponte. Non è raro che i runner si fermino qui per fare delle foto. Non è nemmeno troppo raro che si fermino qui presi dalla stanchezza. La pausa tuttavia non dura molto: pochi secondi fermi ed immancabile arriverà un "Come on!" ("Dai, dai!") oppure un "You've got this!" ("Ce le fai!") di incitamento di qualche altro runner in movimento. E le gambe, di solito, obbediscono in automatico. Sulla destra del bridge (lato nord), ad un certo punto, potrebbe far capolino anche la celebre teleferica che collega Manhattan a Roosevelt Island. Una esperienza da fare, magari nei giorni prima della gara, per vedere il ponte da vicino, sentirsi come Spider-Man e fare un giro sulla piccola isola, in larga parte solo residenziale e sede, da pochi anni, dell'avveniristico Cornell Tech College.

La versione per i runner di "non può piovere per sempre" è "non può salire per sempre": il Queensboro Bridge, suo malgrado, obbedisce ed inizia la sua veloce discesa verso Manhattan. Man mano che ci si avvicina, il silenzio del ponte lascia posto ad una specie di brusio crescente. Che diventa sempre più forte. E poi ancora più forte. Non è la stanchezza. È Manhattan.

Miglio 17 / Come una rockstar su First Avenue (Upper East Side, Manhattan)

Frank Shorter, vincitore di due medaglie olimpiche e di tre NYC Marathon ha detto: "Se quando raggiungi First Avenue [durante la Maratona di New York] non ti viene la pelle d'oca, c'è qualcosa in te che non va". Ed è una sintesi veritiera.

Il brusio che si sente sul ponte, man mano che ci si avvicina al più celebre *borough* di New York, diventa un vero e proprio boato. Costante. Crescente. Quando lo svincolo del ponte scende rapidamente sulla sinistra e fa una inversione di 270 gradi per ripassare sotto il ponte e collegarsi a First Avenue, la curva lunga qualche centinaio di metri che i runner compiono è una specie di "giro d'onore". Letteralmente migliaia di persone sono assiepate in questa zona del percorso per il più caloroso "Benvenuto a Manhattan" che qualsiasi runner possa desiderare.

La festa che attende i runner, con le parole, difficilmente si può raccontare. E l'energia che trasmette sembra compensare la fatica, appena passata, del ponte. I runner "semplici" qui dovranno far attenzione a non farsi spingere troppo su First Avenue dalla carica ricevuta dal pubblico. I top runner, invece, è in questo tratto di First Avenue che cominciano a fare le prime mosse di strategia per tentare di vincere la gara. Da questo punto in poi diventa semplice contare in blocchi. I runner scendono al ponte all'altezza della E 59th Street, e lungo First Avenue, corrono verso nord per un lunghissimo rettilineo (verso il Bronx) che li porterà fino alla 126th Street.

Miglio 18 / Tutti in fila indiana (First Avenue, Manhattan)

Questo tratto del percorso è una prosecuzione dei primi metri di First Avenue che i runner percorrono appena scesi dal Queensboro Bridge. La folla si accalca ai bordi delle strade facendo un frastuono davvero incredibile, anche perché si incanala tra le facciate degli alti edifici che si susseguono lungo First Avenue. Non è raro che la folla si affacci anche alle finestre ed ai balconi di questi palazzi, di fatto "a picco" sulla strada sottostante.

Il percorso è anche molto ondulato e permette ai runner, guardandosi avanti o dietro, di ammirare la lunghezza del flusso dei podisti che si snoda in questo tratto di strada. First Avenue rappresenta l'anima commerciale dell'Upper East Side (o UES). L'UES è considerata, non a caso, una delle zone più eleganti della città, specialmente nella sua parte più ad ovest: qui sorgono le residenze della maggior parte dei consolati, alcune *townhouse* imponenti, la celeberrima Park Avenue, tantissime strade alberate di una bellezza indicibile e sulla Fifth Avenue alcuni dei palazzi più prestigiosi di tutta New York con una vista in prima fila su Central Park.

La numerazione delle strade può aiutare ad orientarsi sul lungo rettilineo: questo tratto comincia all'altezza della E 77th Street e prosegue fino alla E 96th Street, ovvero 20 blocchi rispettando e confermando la regola per la quale a New York ogni blocco è lungo circa 80 metri (la larghezza, invece, varia a seconda delle Avenue).

Miglio 19 / Che cavolo stai dicendo Willis? (East Harlem, Manhattan)

Arrivati a questo punto della gara i runner dovrebbero essersi ormai abituati a cambiamenti repentini nel tratto di città che stanno attraversando.

Non dovrebbero essere sorpresi, quindi, di sapere che quando sorpassano la E 97th Street hanno temporaneamente abbandonato il ricchissimo UES per entrare nel povero East Harlem, detto anche "El Barrio" per la popolazione a stragrande maggioranza di origine sudamericana.

Se esistesse un confine in città sarebbe, purtroppo, proprio alla E 97th Street: a sud, nell'Upper East Side, circa il 90% della popolazione è bianco, il reddito medio si aggira sui 110000 dollari annui e "solo" il 6.5% della popolazione vive sotto la soglia di povertà. A nord della E 97th i dati cambiano bruscamente: circa il 53% della popolazione è composta da *latinos*, oltre il 36% da afroamericani e purtroppo anche i dati economici parlano chiaro: il reddito medio precipita a 32000 dollari/anno e circa il 34% della popolazione vive sotto la soglia di povertà. La celebre serie TV degli anni 80 *Il mio amico Arnold* (*Diff'rent Strokes*) provava, non a caso, a raccontare in maniera esilarante l'effetto di mescolare mondi, all'epoca ancora più diversi e lontani di oggi.

Questa incredibile contraddizione economica e sociale ha anche un riflesso sull'edilizia. Di colpo, lungo First Avenue, scompaiono (o quasi) i palazzi di lusso ed i grattacieli e cominciano a susseguirsi case molto meno sfarzose alternate con edilizia popolare, che da queste parti si chiamano *projects* (abbreviazione di *housing projects*).

Il clima del tifo invece, se possibile, migliora. Il calore, l'entusiasmo, i balli, i cori... ci sono decisamente meno persone per strada, ma il livello di festa è ancora più grande! East Harlem sarà pure un quartiere con qualche difficoltà in più, rispetto ad altre zone, ma la prima domenica di novembre dimostra ai runner di tutto il mondo la sua vera e caldissima anima latina.

Una carica di energia che serve tutta: in questo tratto si raggiunge il trentesimo chilometro di gara (all'incirca quando i runner alla loro destra trovano il piccolo Jefferson Park). Dodici chilometri alla fine. Come non finire la gara ormai?

Miglio 20 / Il ponte di Willis Avenue (Manhattan)

First Avenue scorre veloce e relativamente pianeggiante man mano che si attraversa Harlem e si punta verso il Bronx. La fatica, inevitabilmente, in questo tratto si fa sentire sul serio e cominciano a vedersi tanti runner camminare. Niente di disonorevole a meno che non siate come Murakami che, come racconta nel suo celebre *L'arte di correre*, sulla sua tomba sogna di vedere scritto "Haruki Murakami, 1949-20**, scrittore (e runner). Almeno non ha mai camminato."

Quando i podisti raggiungono la E 124th Street e passano sotto lo svincolo dell'Harlem River Drive si trovano davanti la piccola salita del Willis Avenue Bridge. Qui potrebbero avere davvero voglia di camminare. O di mollare.

Eppure la vera gara si corre da qui in poi.

I 31 chilometri precedenti sono serviti "solo" a portare i runner all'imbocco del Willis Avenue Bridge. La "vera" maratona, quell'incredibile gioco di equilibrio tra forza e volontà, inizia proprio qui. Qui, in questo tratto di salita lungo poco più di 600 metri, per i runner "normali" inizia la gara contro se stessi, mentre gli elite runner possono pensare di tentare la fuga verso un traguardo ancora lontano.

Il ponte passa sul fiume Harlem e, molto gradualmente, scende sulla riva opposta.

Verso il "muro" e verso il Bronx.

Miglio 21 / Il muro ed il Bronx (Mott Haven, The Bronx)

"Weeeeelcome to the Bronx!!!!". Sono pronto a scommettere che questo è quello che sentiranno urlare i runner mentre completano l'ultimo tratto di ponte e si apprestano a voltare a sinistra sulla E 135th Street.

Il quartiere di Mott Haven, nella zona sud occidentale del *borough*, è l'unico quartiere di tutto il Bronx che viene toccato dalla maratona. Se vi sembra poco sappiate che il percorso originale del 1976, per il timore di disordini e problemi che il solo nome "Bronx" suscitava nella mente di organizzatori e podisti, si limitava a scendere dal ponte, girare intorno ad un lampione e tornare indietro subito verso Manhattan sul medesimo ponte.

Oggi, per fortuna, il percorso si snoda, anche se solo per poco più di 2 km, tra le strade di questo quartiere in continua trasformazione. Il Bronx, scrollatosi di dosso molti dei problemi degli anni '80, sta vivendo un periodo di trasformazione. E questa zona, la più vicina di tutto il quartiere a Manhattan, è al centro di molti cambiamenti.

Se il passaggio sul Willis Avenue Bridge dovesse darvi l'idea di essere finiti su un'isola sappiate che è l'esatto contrario: il Bronx è, a tutti gli effetti, l'unico *borough* di New York ad essere parte del continente: sono gli altri *borough* (tutti!) ad essere ospitati su isole.

Questo tratto del Bronx è anche il pezzo di gara dove i runner potrebbero incontrare il "muro". Il condizionale è davvero d'obbligo. Non tutti i maratoneti hanno questo "crollo" improvviso. Non sempre, almeno. Ed a volte è solo poco più di un rallentamento. I fattori che possono contribuire sono molteplici (e certamente fuori dallo scopo di questo capitolo). Ad ogni modo, un aiutino non guasta: con o senza muro, la fatica a questo punto della gara è tanta. Se avete un amico a New York in quei giorni che vi chiede "dimmi come posso darti una mano" chiedetegli di prendere la metro 6 fino alla fermata "3 Avenue-138 Street Station" e venire a fare il tifo per voi.

Tra le persone, in verità qui meno numerose, che incitano i podisti, scorgere all'improvviso una faccia ed una voce amica in questo tratto può fare tutta la differenza del mondo. Insieme alle banane che qui vengono distribuite dai volontari ai runner, con enorme gioia e sollievo di tanti (e sicuro del sottoscritto).

Miglio 22 / Verso casa (Harlem, Manhattan)

Ancora poche curve al Bronx, un ultimo passaggio sul ponte di Madison Avenue ed i runner si ritrovano a scendere verso Harlem su Fifth Avenue. Ritornare a Manhattan trasmette una strana sensazione di certezza.

Come a dire "ho passato il muro, ho finito i ponti, sono tornato a Manhattan, vuoi che ora non finisca la gara?" Non ha molto senso da un punto puramente razionale, tenuto conto che mancano ancora circa sette chilometri e mezzo. Ma è esattamente così che ci sente. E conviene aggrapparsi a questo pensiero con tutte le (poche) forze residue.

Questo tratto di Fifth Avenue insegna un altro aspetto importante di New York, sottolineando un errore che caratterizza tanti che la visitano per la prima volta: i nomi delle strade per indicare una parte della città non hanno purtroppo alcun senso. Fifth Avenue infatti, nasce a Washington Square Park, nel cuore del Greenwich Village, e attraversa larga parte di Manhattan su un rettilineo di oltre 10 chilometri: nel suo lungo tragitto passa davanti alla New York

University, sfiora Union Square, accarezza lo spigolo del Flatiron Building, si trasforma in una brutta strada commerciale a Korea Town, passa sotto l'Empire State Building, saluta la New York Public Library, offre la sfilza di negozi più eleganti della città, passa davanti al celebre cubo di Apple, costeggia tutto il bordo est di Central Park e finalmente attraversa tutta Harlem fino al ponte di Madison Avenue. Dove, probabilmente esausta, si ferma.

Il tratto di Fifth Avenue che in questa parte di gara i runner si trovano ad affrontare è quella di Central Harlem. L'atmosfera è incredibile. I runner non potranno fermarsi un istante senza essere incitati a proseguire. Le urla si sommano "Almost there!" ("Quasi arrivati!"), "Just few more miles!" ("Ancora poche miglia!"), "You can do it! ("Puoi farcela!"), "Keep Going" ("Continua a correre!"), "You're looking good!" ("Sei in splendida forma!") sono tutte vere e sono tutte approssimate per eccesso.
Ma va bene così.

I runner si sentono e sono i protagonisti di questa festa. E quando "incrociano", lungo il loro percorso, la celebre 125th Street passano nel cuore vero di Harlem: qui l'Apollo Theatre, qui il vero *soul food*, qui tante chiese che tutte le domeniche offrono la messa con coro gospel ad uso (e ormai un pochino troppo consumo) dei turisti che hanno l'ardire di spingersi fin qui.
Fifth Avenue prosegue verso sud dritta, ma i runner sono costretti a girare attorno al piccolo e grazioso Marcus Garvey Park prima di ritornare sulla Avenue. Central Park si avvicina.

Miglio 23 / Almost there (Fifth Avenue & Central Park, Manhattan)

Passato il Marcus Garvey Park, Fifth Avenue punta, di nuovo, decisa verso sud e verso il parco. Man mano che ci si avvicina alla 110th Street (anche chiamata Central Park North) Harlem gradualmente si trasforma. La vicinanza del parco è un segno inequivocabile del valore crescente degli edifici in questa zona. Ogni blocco che si corre, le quotazioni immobiliari salgono in modo vertiginoso.

Arrivando alla 110th i runner escono "formalmente" da Harlem e rientrano nell'Upper East Side, attraversano il piccolo Duke Ellington Circle e lungo Fifth Avenue affrontano uno dei tratti più impegnativi di tutto il percorso. Subito dopo essere passati davanti alla statua del jazzista, infatti, inizia un lungo rettilineo di circa un chilometro e mezzo. Porta i runner dalla E 110th fino alla E 90th Street. Il tratto di strada è bellissimo. Sulla destra dei runner scorre la maestosità di Central Park, sulla sinistra si sussegue una serie di edifici elegantissimi che, a partire dalla E 105th Street, diventano musei (non a caso questo tratto di Fifth Avenue si chiama anche Museum Mile).

Sarebbe tutto perfetto. Se non fosse che questo tratto è costantemente in salita. Una salita snervante: per i tanti chilometri fin qui accumulati, per la pendenza (non toppo decisa, ma nemmeno impercettibile), per la voglia di entrare nel parco e sentirsi, definitivamente sulla via di casa. Per fortuna gruppi organizzati per la raccolta fondi a favore delle *charity* si riuniscono in questo tratto di strada e riservano una festa speciale ai podisti.

Miglio 24 / Verso il Guggenheim (Fifth Avenue, Manhattan)

La salita continua per tutta la lunghezza di questo tratto del tutto simile al chilometro o poco meno appena percorso.
In questo pezzo di strada bisogna, davvero, perdersi nei propri pensieri. Ammirare il parco. Chiedersi quando finalmente si entrerà. E continuare a correre.
Un po' come le pecore per prendere sonno, in questo tratto di gara i runner possono cominciare a contare le strade alla loro sinistra. Obiettivo: arrivare a 90. Pensare che ogni blocco che si completa sono circa 80 metri fatti. E andare avanti. Senza contare che, ormai, da qui mancano solo 5 chilometri alla fine. Una distanza, che chiunque si sia preparato per una maratona e che è arrivato a correre in questo tratto di strada, considera solitamente irrisoria.

Mentre i runner si perdono in calcoli sui chilometri percorsi, finalmente si arriva alle E 90th. Appena un blocco prima di raggiungere il favoloso Guggenheim Museum, meraviglia dell'architettura di Frank Lloyd Wright, il percorso di gara volta verso destra (ovest) ed entra finalmente nel parco più celebre della città (e probabilmente del mondo) all'altezza del famosissimo lago Jacqueline Kennedy Onassis Reservoir. Bacino che, tuttavia, i runner durante la gara non vedono, ma è un fantastico posto per gli allenamenti di rifinitura nei giorni immediatamente precedenti la maratona. Appena entrati nel parco, infatti, il percorso dei runner vira immediatamente verso sinistra (direzione sud) lungo East Drive. In questo punto del parco, di solito, c'à una statua dedicata a Fred Lebow intento a scrutare il proprio cronometro. Nel giorno della maratona viene spostata sulla Finish Line. Un modo per onorare i runner e la memoria di Lebow stesso.

Miglio 25 / Una passeggiata al parco (Central Park)

Quando il conto dei chilometri è inferiore a quello delle dita di una mano il cuore si fa leggero. E se non bastasse, l'indescrivibile bellezza del manto autunnale degli alberi di Central Park e le due ali di folla ai bordi della strada completano lo spettacolo. In questo istante i runner, arrivati fin qui, sanno di avercela "già" fatta. Manca ancora strada e fatica. Ma è impossibile essere nel flusso di runner che transitano in questo pezzo di percorso e non arrivare in fondo — salvo sfighe madornali, ma valgono gli opportuni gesti scaramantici.
Questo tratto di strada, costantemente ondulato, passa davanti al Guggenheim, alle spalle del Metropolitan Museum, accanto ad un obelisco chiamato (guarda caso) L'obelisco (*The Obelisk*, o anche *L'ago di Cleopatra*, *Cleopatra's Needle*) che è il manufatto umano più antico di tutto il parco (si stima sia del 1450 a.C.).

La strada passa proprio davanti (i runner la trovano sulla destra) a uno dei riferimenti più noti per chi corre nel parco: la *Still Hunt* ovvero la statua in bronzo di un puma che adagiato su una roccia vera si affaccia sulla strada, un tempo spaventando chi correva nel parco.
La statua ha dato il nome a questo tratto di parco che ormai è noto a tutti come Cat Hill (esiste anche un nome meno gentile, in effetti), ma, per fortuna, il percorso della maratona in questo tratto scende invece che salire. Alla fine della discesa, alla loro destra i runner possono scorgere il bellissimo Loeb Boathouse, noto ed elegante ristorante che si affaccia su un bel laghetto dove è possibile noleggiare una piccola imbarcazione per chi ha voglia di un romantico in giro in barca a remi. Magari un altro giorno.

Miglio 26 / Dentro e fuori dal parco (Central Park South, Manhattan)

Le tantissime persone che sono assiepate a fare il tifo nel parco continuano ad urlare "Almost there!" ("Ci sei quasi!"). Ed incredibilmente, ormai, è vero. L'ultimo (da leggersi UL-TI-MO) miglio di gara è piuttosto mosso. Mentre East Drive procede su e giù, i podisti incontrano una piccola salita (che più o meno a questo punto sembra l'Everest) e poi una decisa discesa che invece può essere percepita come il ritorno sulla Terra da una qualche orbita lontana. E poi, con sorpresa di alcuni, ci si ritrova fuori da Central Park.

Nemmeno il tempo di protestare "ma io avevo capito che si finiva in Central Park" che subito il percorso piega verso ovest e corre lungo Central Park South (un altro nome per la 59th Street).

Central Park South è il "bordo" sud del parco. I runner si trovano, di nuovo, con il parco alla loro destra ed una sequenza di eleganti palazzi alla loro sinistra. Il primo è il famosissimo Plaza Hotel. E poi ancora, hotel di lusso ed edifici super fighi, in rapida sequenza. Su Central Park South i runner corrono, tendenzialmente ancora leggermente in salita, per mezzo miglio (la larghezza di Central Park) tra due ali enormi di pubblico ed arrivati a Columbus Circle voltano a destra e rientrano (spoiler: questa volta definitivamente) a Central Park. L'entusiasmo delle persone e dei runner a questo punto si fa semplicemente incontenibile. Una onda sonora spinge decisamente i runner dentro il parco.

E ... 385 yards (Tavern on the Green, Central Park)

Poco dopo essere rientrati nel parco i runner sorpassano il segnale Mile 26. Ma il cartello che apre veramente il cuore è quello che dice "400 meters to go" ("400 metri alla fine"). Non resta che "adagiarsi" su West Drive, direzione nord, farsi "trainare" dalle urla degli spettatori, cominciare a sentire in lontananza lo speaker ufficiale (qualunque cosa dica, va bene), vedere apparire all'orizzonte gli spalti stracolmi di spettatori (paganti). Poco importa se questo tratto sia ancora in salita. Poco importa se le gambe a questo punto vorrebbero disconoscere il proprietario. La Finish Line è in vista. Proprio difronte al ristorante Tavern on the Green.

Quando Shalane Flanagan, campionessa americana e vincitrice dell'edizione 2017 ha percorso questo ultimo tratto di gara ha sintetizzato tutta la gioia di questo tratto in un (famosissimo) "Fuck yes!", pronunciato in diretta mondiale, quando ha visto il nastro della vittoria a poco più di 20 metri davanti ed ha capito d'aver vinto la gara.

Gli ultimi metri di questo incredibile percorso sono un'emozione costante e, sincerante, indescrivibile. Migliaia di runner arrivano praticamente in contemporanea. C'è chi spinge per guadagnare qualche secondo, c'è chi cerca il *personal best*, c'è chi si gode lo spettacolo e saluta tutti, c'è chi fa foto, selfie o si fa fotografare, c'è chi cammina, lacrime agli occhi o abbraccia un amico. C'è chi alza le braccia in cielo. C'è chi ride. C'è chi sembra che non arriverà mai. C'è chi sfreccia come se fosse al primo chilometro. C'è chi vuole solo arrivare in fondo a questo incredibile percorso.

42195 metri di mondo

Nel corso del tragitto della NYC Marathon, i runner hanno la fortuna di esplorare il mondo intero in una unica corsa. Non c'è lingua, colore, tradizione, religione, musica, odore e tratto somatico che non si possa ritrovare nei tanti chilometri di questa gara e nella festa che oltre due milioni di persone regalano a chi la corre. È la vera magia di questa gara. E di un percorso unico.

Si parte da un forte su un'isola lontana che sembra tutto tranne che la New York dei film o dei grattacieli, si passa su un ponte più lungo (di pochissimo) persino del celebre Golden Gate Bridge, si corre per chilometri su un rettilineo che sembra non cambiare e non finire, ma che si colora di decine di bandiere e voci diverse, si è acclamati come una rockstar nel cuore di Brooklyn passando accanto ad edifici maestosi, ci si infila in lunghe file di eleganti *brownstone* quasi storditi dal volume della musica che accompagna ogni passo. Ci si immerge in un silenzio irreale mentre si ammirano gli incredibili abiti di un popolo con tradizioni antichissime, si finisce in una festa di strada che non sembra dover finire mai, si passa all'improvviso per la "Polonia", dopo un piccolo ponte ed una vista magnifica si finisce tra locali italiani e irlandesi e mille cantieri, si prende un lungo ponte che sembra salire fino al cielo. Si ridiscende verso Manhattan e ci si sente come sul palco del Live Aid, si corre, soffrendo, tra due ali di pubblico che non sembrano mollare, si viene incitati in tutte le lingue, in tutti i modi, ogni singolo metro. Sconosciuti offrono un cinque, un kleenex, una banana, un biscotto, cartelli incredibili, sorrisi, coraggio, forza. Diecimila volontari passano otto ore ad aiutare oltre 50000 sconosciuti in maniera incessante. Il Bronx accoglie i runner a braccia aperte e poi li rispedisce oltre il "muro", quasi immediatamente, verso Manhattan. Fifth Avenue diventa la via di casa, offre il cuore di Harlem e la meraviglia di Central Park. Il parco ti porta alla fine. Il Guggenheim, il Metropolitan, gli alberi in mille tonalità di giallo e rosso, migliaia di persone. Impossibile arrendersi. Gli ultimi saliscendi sono tutti nelle gambe. Il cuore e la testa sono già alla fine. Appena passato Columbus Circle, è fatta. "400 meters to go". "200 meters to go".

La Finish Line più famosa del mondo aspetta migliaia di *finisher* nel cuore della città più bella del mondo.

Steve Jobs diceva "The journey is the reward" ("Il viaggio è la ricompensa").

È la sintesi migliore possibile per la TCS NYC Marathon.

Come partecipare

Quando racconto di aver corso la Maratona di New York ricevo inevitabilmente, a seconda dell'interlocutore, le seguenti domande:

Dalla maggior parte delle persone: "Ma sei pazzo?! Ma chi te lo fa fare?"
Dagli sportivi (evidentemente non runner): "Davvero? Che figata! E quanti chilometri sono?"
Dai runner normali: "Dai! E per quanto ti sei allenato? E il muro? E il percorso?"
Dai top runner (et similia): "Grande! E ci hai messo più o meno di 2 ore e 30 minuti?" (sgrunt...)

Ma, invariabilmente, la maggior parte delle persone poi chiede: "E come si fa a partecipare alla Maratona di New York?".
Per molti, infatti, la NYC Marathon è un vero e proprio sogno. E prenderne parte è una specie di "mistero" alimentato da racconti sommari, esperienze di tutti i tipi e leggende di vario genere. Per fortuna esistono tanti modi per poter partecipare. Questo capitolo cerca di elencare, con la massima completezza possibile, le tante possibilità e le opzioni a disposizione dei runner.

Numero chiuso e finestra di iscrizione

Uno degli elementi che genera la maggiore sorpresa tra molte persone, quando si affronta il tema della partecipazione alla TCS New York City Marathon, è la scoperta che si tratta di un evento a numero chiuso. In verità non è l'unica maratona con questo tipo di limitazione, anzi praticamente tutte le manifestazioni principali come Londra, Berlino, Chicago e Boston fanno altrettanto. Ma per molti neofiti è una vera sorpresa, spesso inattesa.
Il numero chiuso di fatto obbliga chi voglia partecipare a procurarsi un pettorale utilizzando uno dei numerosi modi che NYRR (New York Road Runners) mette a disposizione dei runner. Non esiste, purtroppo, come per tante gare meno note o minori, la semplice possibilità di andare sul sito ed iscriversi alla gara.

Uno degli aspetti fondamentali da tenere bene a mente è che, per iscriversi, i runner hanno a disposizione solo ed esclusivamente i modi (sotto riportati) e possono utilizzarli solo durante una stretta finestra temporale, che resta aperta per un mese esatto ed è solitamente compresa tra metà gennaio e metà febbraio. Ad esempio, per l'edizione 2019 della gara il periodo di iscrizione si è aperto il 14 gennaio 2019 e si è chiuso il 14 febbraio 2019. Tutte le iscrizioni devono avvenire durante questo finestra temporale.

Il costo di partecipazione aggiornato all'edizione 2019 è stato:

- 255 dollari per i residenti negli Stati Uniti e membri di NYRR;
- 295 dollari per i residenti negli Stati Uniti non membri di NYRR;
- 358 dollari per i non residenti negli Stati Uniti.

Questi prezzi si applicano a tutti i runner indipendentemente dalla modalità di partecipazione alla gara, ad eccezione dei runner che accedono tramite raccolta fondi o tramite un International Tour Operator, per i quali si applicano cifre notevolmente diverse (ed anche la finestra di partecipazione cambia). Per maggiori info si veda oltre.

Lotteria

Uno dei modi più popolari per tentare di partecipare alla Maratona di New York è quello di ricorrere ad una lotteria.
Ogni anno, infatti, tutti i runner, indipendentemente dalla loro residenza, possono partecipare ad una estrazione a sorte, in cui i fortunati vincitori ottengono il diritto a partecipare alla competizione, comunque a pagamento.
Per iscriversi basta seguire la procedura indicata - in inglese - sul sito ufficiale (www.tcsnycmarathon.org) nel mese in cui sono aperte le iscrizioni. Il sorteggio viene effettuato pochi giorni dopo la chiusura della finestra delle iscrizioni. Nell'ultima edizione è avvenuto, ad esempio, il 27 febbraio 2019.

Al momento dell'iscrizione sarà necessario creare un account con New York Road Runners (gratuito) ed inserire i dati di una carta di credito valida. Al momento dell'iscrizione non si paga assolutamente niente.
Qualora si venga estratti, tuttavia, viene immediatamente addebitato il costo dell'iscrizione (utilizzando la carta già collegata al proprio account). La cosa è talmente contemporanea che solitamente i runner scoprono di aver vinto la lotteria proprio a causa della notifica di addebito sulla propria carta di credito, che anticipa l'email ufficiale di NYRR anche di qualche ora.
Il pagamento è completamente automatico e avviene senza alcuna azione ulteriore da parte di chi si è iscritto. Attenzione però: se si viene estratti ed il

pagamento dovesse essere rifiutato per qualsiasi motivo (carta scaduta, fondi insufficienti, problema di sicurezza) si perde immediatamente il diritto a partecipare e non c'è alcun diritto di appello.

Inoltre, come per tutti i metodi di partecipazione, il diritto non è in alcun modo trasferibile e nemmeno rimborsabile. Quindi quando ci si iscrive al sorteggio, si deve essere davvero convinti di voler partecipare. Va tenuto conto che si saprà già a fine febbraio se si è stati ammessi e quindi c'è tutto il tempo di allenarsi / prepararsi per bene per la gara, che si corre la prima domenica di novembre.

Vincere la lotteria è molto difficile ma non impossibile. Nel 2019 hanno partecipato 117.709 runner e ne sono stati estratti 10510, pari all'8.9% di coloro che hanno tentato la sorte.

Con questi numeri vincere può sembrare davvero una possibilità remota: ma tanti amici runner, negli anni, l'hanno vinta anche al primo tentativo. Qualche amico fortunato persino tre volte!

Fino al 2015 se un runner non vinceva la lotteria dopo averla tentata per tre volte consecutive al quarto anno acquisiva automaticamente diritto al posto. Oggi questa possibilità purtroppo è sparita, principalmente a causa di alcune azioni legali (al tempo si pagavano 10$ a fondo perduto per partecipare all'estrazione).

Un vero peccato perché era senz'altro una soluzione "onesta" per quelli che tentavano la sorte e rimanevano fuori troppe volte dal sorteggio.

Annullamento partecipazione

Chi fosse stato accettato, in qualche modo, all'edizione dell'anno precedente e dovesse aver annullato la propria partecipazione in tempo (effettuando una opportuna procedura online o persino annullando la partecipazione nei giorni dell'Expo ad un apposito stand) ha diritto di partecipare all'edizione dell'anno successivo.

Il runner detiene, tuttavia, solo il diritto a partecipare: dovrà nuovamente registrarsi alla gara nel periodo in cui è aperta la finestra delle iscrizioni l'anno successivo e dovrà nuovamente pagare la quota d'iscrizione. A differenza di quanto accade con il sorteggio, tuttavia, il pagamento verrà effettuato immediatamente ed il runner avrà subito conferma della sua (prossima) partecipazione.

Purtroppo questa possibilità non è offerta per i runner dell'edizione dell'anno precedente che avevano ottenuto il diritto a partecipare tramite un International Tour Operator (ITO).

Tempi in gara

I runner che detengono dei tempi veloci (certificati) possono qualificarsi a partecipare alla New York City Marathon per meriti sportivi. A titolo di riferimento queste le tabelle dei tempi di qualificazione richieste per poter accedere all'edizione 2019. Le tabelle potrebbero essere soggette ad una revisione annuale. Per età si intende gli anni che il podista avrà alla data dello svolgimento della Maratona di New York, nell'anno in cui si richiede l'iscrizione.

Tempi Riferimento - Uomini

Età	Maratona	Mezza Maratona
18-34	2:53:00	1:21:00
35-39	2:55:00	1:23:00
40-44	2:58:00	1:25:00
45-49	3:05:00	1:28:00
50-54	3:14:00	1:32:00
55-59	3:23:00	1:36:00
60-64	3:34:00	1:41:00
65-69	3:45:00	1:46:00
70-74	4:10:00	1:57:00
75-79	4:30:00	2:07:00
80+	4:55:00	2:15:00

Tempi Riferimento - Donne

Età	Maratona	Mezza Maratona
18-34	3:13:00	1:32:00
35-39	3:15:00	1:34:00
40-44	3:26:00	1:37:00
45-49	3:38:00	1:42:00
50-54	3:51:00	1:49:00
55-59	4:10:00	1:54:00
60-64	4:27:00	2:02:00
65-69	4:50:00	2:12:00
70-74	5:30:00	2:27:00
75-79	6:00:00	2:40:00
80+	6:35:00	2:50:00

Si tratta certamente di tempi importanti (specie quelli della maratona addirittura più selettivi della "temutissima" Boston) ma per fortuna non da alieni. E tanti runner, ogni anno, riescono ad entrare proprio in questo modo.

Purtroppo non tutte le gare sono ammesse (lo sono, per fortuna, tutti gli eventi principali e tutte le gare organizzate di NYRR) ed accettate come comprovanti del tempo ottenuto, ma, se avete un tempo negli standard definiti ottenuto in una gara certificata, potete ottenere il diritto a partecipare in questo modo.

Il periodo per iscriversi è lo stesso in cui è aperta la finestra della iscrizioni (gennaio-febbraio), ma essendo i posti riservati agli atleti che accedono con questa modalità molto limitati conviene iscriversi nei primissimi giorni.

9+1

Una modalità molto diffusa tra i residenti newyorkesi per ottenere il diritto a partecipare alla Maratona di New York è il programma "9+1" gestito proprio da New York Road Runners.

L'idea di base è molto semplice ed efficace: NYRR, durante l'anno, organizza decine di altre competizioni: 1 miglio, 4 miglia, 5k, 10k, diverse mezze maratone e persino una 60k.

Con il programma 9+1 chi si iscrive e completa effettivamente nove di queste gare, durante l'anno solare, e svolge la mansione di volontario in almeno una gara (maratona esclusa) acquisisce il diritto a partecipare alla maratona l'anno successivo (o quello dopo ancora). Tra le gare qualificanti vale anche la maratona corsa l'anno precedente.

Ovviamente ci sono dei "ma".

Innanzitutto bisogna correre nove gare a New York, quindi è un programma pensato e che funziona per chi vive o passa molto tempo in città (ma in poco meno di tre mesi densi di gare si può fare). Inoltre le singole gare hanno un costo (in alcuni casi basso, in altre decisamente più sostenuto) e quindi il costo totale della partecipazione sale (il pettorale acquisito con il "9+1" bisognerà ancora pagarlo a prezzo pieno).

A differenza della lotteria, però, se si completano le gare si ha la certezza di aver diritto al posto molto prima. Inoltre le gare da correre durante l'anno sono sempre molto partecipate (circa 10000 runner ogni volta). Ed anche l'esperienza di fare il volontario è molto divertente (e consigliata a tutti); si vive la gara da un punto di vista differente e si conoscono moltissimi altri runner (quasi tutti interessati al 9+1... ovviamente!).

Per partecipare al programma "9+1" si deve essere iscritti alla NYRR. L'iscrizione è aperta a tutti e costa circa 40 dollari l'anno. Il periodo per reclamare l'accesso (sfruttando il credito ottenuto con il 9+1) coincide con la finestra delle iscrizioni come nel caso di tutte le altre modalità.

9+1K

Dal 2019 ha fatto capolino un nuova versione del programma "9+1", chiamata "9+1k".
In sostanza si devono ancora correre nove gare, ma, se per qualche motivo non si può (o non si vuole) fare il volontario, si può sopperire alla propria mancanza versando 1000 dollari a NYRR.
Va ricordato che NYRR è una no-profit e quindi il contributo viene utilizzato per supportare una delle tantissime attività che il club fa sul territorio, spesso destinate ai più giovani ed i più deboli.
Questa nuova modalità mette anche in luce quanto importante sia il lavoro dei volontari per NYRR e quanto valga davvero. L'impegno medio di un volontario, di solito, richiede intorno alle 4/5 ore (tranne le gare con percorsi più lunghi): in un certo senso, NYRR valuta il contributo dei volontari circa 200 dollari all'ora. Niente male!

15+ NYC Marathoners

Tutti i runner che hanno partecipato e completato almeno quindici edizioni precedenti della NYC Marathon (non necessariamente tutte di fila) acquisiscono il diritto, a vita, a partecipare ad ogni edizione della Maratona di New York.
Questi "15+ Marathoners", come li chiama ufficialmente NYRR, non devono far altro che iscriversi alla gara nel periodo in cui è aperta la finestra di partecipazione, pagando la quota, e sono automaticamente ammessi. Un bel modo, da parte di NYRR, di onorare l'impegno e la devozione di un manipolo di circa 1000 runner che ogni anno corrono la gara. Una curiosità: tra i "15+ Marathoners" figura anche Michael Capiraso, CEO di NYRR, che ha già corso ventisette edizioni della gara, tutte di seguito.

NYRR Team for Kids

Uno dei metodi certi, ed allo stesso tempo più onorevoli, per partecipare alla Maratona di New York è quello di accedere tramite il programma "NYRR Team for Kids" (TFK). Chiunque può iscriversi al team versando 100 dollari di iscrizione annuale ed impegnandosi a raccogliere (obbligatoriamente) altri 2650 dollari entro una certa data (per l'edizione 2019 entro il 2 ottobre). L'idea è quella di raccogliere fondi tra amici e parenti ed allo stesso tempo diventare "ambasciatore" delle attività di TFK.

Iscrivendosi tramite TFK si supportano le attività di NYRR destinate all'infanzia tramite l'iniziativa "Rising New York Road Runners".

Inoltre, iscrivendosi alla NYC Marathon tramite TFK, si ha diritto ad una serie di materiali di training esclusivi, possibilità di contattare i coach di NYRR, meeting speciali ed il trattamento VIP il giorno della gara che comprende bus privato fino a Staten Island, tenda riservata e riscaldata alla partenza, servizio bagagli ed uscita anticipata a Central Park, all'arrivo, tramite un percorso riservato.

I posti per accedere tramite TFK sono ovviamente limitati e si esauriscono, solitamente, intorno a maggio ed inizio giugno.

Corri per una associazione (Run with a Charity)

Accedere tramite TFK è solo uno dei circa 400 altri modi per accedere sostenendo una *charity*. NYRR propone, infatti, centinaia di associazioni benefiche con *mission* nei campi più disparati.

La lista (lunghissima) è disponibile sul sito NYRR qui: www.tcsnycmarathon.org/plan-your-race/run-for-charity

Le associazioni sono divise in 4 gruppi (Gold, Silver, Bronze e Community) e per ciascun livello sono offerti una serie di servizi riservati ai runner. Tutti i partner Gold (di cui fa parte proprio TFK) e Silver offrono tenda riscaldata alla partenza e trasporto riservato. Le *charity* Bronze e Community sono, solitamente, associazioni più piccole.

La quota che ciascuna associazioni richiedere varia, ma si attesta in ogni caso intorno ai 2500 dollari di raccolta fondi (cui va aggiunto il costo del pettorale che ha i costi riportati nelle pagine precedenti). Chi fosse interessato deve contattare la *charity* direttamente e seguire le indicazioni ed i requisiti di partecipazione indicati sul sito dell'associazione stessa. Solitamente ciascuna *charity* ha pochissimi pettorali a disposizione.

Per i cittadini statunitensi l'accesso tramite *charity* è uno dei pochi metodi di entrata "a pagamento" nella gara. Ed è estremamente popolare.

Run with NYRR Community Champions

È un altro programma di raccolta fondi pensato per finanziare altre attività di NYRR: "Rising New York Road Runners", "NYRR Striders" (programma per podisti avanti con l'età), "Area of Greatest Need" e "NYRR Race Free". Il costo è, grosso modo, il medesimo di altri metodi di iscrizione via *charity* (così come i benefit che si ricevono nel giorno della gara) e la procedura completa si trova qui:
webapps.tcsnycmarathon.org

NYRR Virtual Racing

Nel tentativo di spingere verso gare virtuali ed, allo stesso tempo, allargare i confini delle proprie attività oltre lo spazio fisico della città di New York, nel corso del 2018 NYRR ha lanciato numerose gare "virtuali" (riservate agli utenti Strava) proponendo di correre certe distanze in determinati giorni per conto proprio, accorpando poi i risultati come in una gare reale sul popolare social sportivo. Le gare virtuali sono considerate anche qualificanti per partecipare alla vera edizione della Brooklyn Half, pagando un piccolo contributo (Programma "Virtual 6"). Il giorno della NYC Marathon (edizione 2018) NYRR ha la lanciato la stessa idea proponendo agli utenti di Strava di correre una maratona "contemporaneamente" allo svolgimento della gara a New York (esclusi proprio i runner che correvano la competizione vera). I runner che hanno partecipato a questa gara virtuale hanno così avuto diritto di accesso all'edizione 2019 della TCS NYC Marathon. La stessa modalità (con iscrizioni aperte a metà giugno 2019) è stata confermata anche per l'edizione 2020 indicando un trend che NYRR intende evidentemente mantenere vivo.
Tutte le info qui:
www.nyrr.org/races/tcsnewyorkcitymarathonvirtual262m

International Tour Operator (ITO)

Per tutti i runner che risiedono al di fuori degli Stati Uniti, la modalità più tipica di partecipazione alla TCS NYC Marathon è quella di rivolgersi ad uno dei (pochi) tour operator partner di NYRR operanti nel proprio paese, chiamati ufficialmente International Tour Operator - ITO.

Si tratta sicuramente della soluzione più semplice ed anche più flessibile: di fatto è l'unico modo per iscriversi e partecipare alla maratona anche dopo che sono scaduti i termini della finestra di partecipazione: ci si può iscrivere fino a poche settimane prima dell'evento se si riesce a reperire un pettorale disponibile.

Gli operatori sono obbligati da NYRR ad associare alla partecipazione un "pacchetto di viaggio" che solitamente è composto da:

- pettorale + volo (ma questa opzione sta diventando piuttosto rara e spesso non è pubblicizzata);
- pettorale + albergo;
- pettorale + volo + albergo.

Ciascun paese ha un (ridotto) numero di ITO che, va ribadito, sono gli unici operatori autorizzati a vendere i pacchetti e dispongono di pettorali per accedere alla gara.
I residenti in un paese dove sono disponibili ITO devono obbligatoriamente acquistare il pacchetto da uno degli operatori ufficiali. Qualora si fosse residenti in un paese in cui non sono disponibili ITO ufficiali ci si può rivolgere ad una agenzia operante in un altro paese.
Gli International Tour Operator approvati per l'Italia sono cinque e sono sparsi su tutto il territorio nazionale: Born2Run (Reggio Emilia), Effetto Sport (Roma), Rosa & Associati (Brescia), Terramia (Ferrara), Victory (Milano).

Ogni operatore ha un set limitato di pettorali, che spesso terminano intorno a maggio-giugno, e offre diversi pacchetti, anche con offerte last minute. Se si è sicuri di voler correre la gara, il consiglio è quello di muoversi prima possibile; le offerte migliori si riescono ad ottenere, di solito, iscrivendosi durante, o addirittura prima, dell'apertura della finestra di iscrizione e del sorteggio.
Inoltre, poiché si tratta di agenzie di viaggio specializzate, con team sinceramente appassionati, spesso sono in grado di ritagliare delle offerte sulle esigenze specifiche di ciascuno.
Tra i servizi offerti e consigliati c'è anche l'assicurazione medica (che in USA è più che necessaria) ed una serie di possibilità di annullamento in caso di problemi, anche last minute.

Il pacchetto di viaggio spesso include trasferimento dall'aeroporto, accompagnamento, allenamenti di rifinitura di gruppo con qualche runner molto noto (ed anche alcuni vincitori delle edizioni precedenti): insomma un servizio completo, serio e professionale che può essere utile, o addirittura necessario, se non si mastica l'inglese "alla grande".

L'unico vero svantaggio rispetto ad altri metodi di partecipazione è il prezzo: ricorrendo alle agenzie, un pacchetto tutto compreso rischia di aggirarsi, facilmente, intorno ai 1300 euro, per 4 giorni a New York, incluso pettorale volo e albergo. E se si parte con amici e figli il costo aumenta (e di molto).

Purtroppo i runner che si iscrivono tramite un ITO non mantengono il diritto a partecipare all'edizione successiva qualora, per qualche motivo, dovessero decidere di annullare la propria partecipazione alla gara. Ma praticamente tutti gli ITO offrono delle assicurazioni di viaggio che coprono il costo dell'iscrizione e del resto in caso di annullamento del viaggio.

Nella sezione "Appendici" di questa guida trovate un capitolo dedicato alle peculiarità di ciascuno degli International Tour Operator per l'Italia.

Crowdrise

Indipendentemente dal modo in cui si sia ottenuto il diritto di partecipazione, NYRR mette a disposizione una piattaforma di crowdfunding in cui ciascuno, se vuole, può raccogliere fondi per una causa a lui cara e "legarla" alla sua NYC Marathon. Un modo intelligente per rendere ancora più speciale la propria gara ad un evento unico.

Qui le informazioni:

www.crowdrise.com/2019tcsnewyorkcitymarathon

Come correre la maratona... non correndola!

Il modo più singolare per partecipare alla Maratona di New York... è quello di non correrla! La NYRR ricorre ogni anno all'aiuto di migliaia di volontari (nel 2018 sono stati oltre 15000) per i giorni immediatamente precedenti alla maratona (Expo ed eventi collaterali) e per quello della gara stessa.

È un modo diverso ed emozionante per far parte di un evento così importante. Ed è un modo unico per vedere e vivere New York in giornate davvero speciali.

Se per qualche motivo sognate di partecipare alla Maratona di New York ma non potete correrla... fare il volontario può essere il modo migliore per avvicinarsi alla gara ed è molto probabile che l'anno dopo vorrete partecipare.

Va detto che fare il volontario può essere molto faticoso: l'impegno è di circa 8 ore, spesso al freddo ed è richiesto di svolgere piccole mansioni, fondamentali però per la riuscita di un evento così importante. È un modo meraviglioso di fare parte dell'evento e lo sforzo viene ampiamente ripagato da migliaia di "grazie" pronunciati in tutte le lingue del mondo da parte di runner di tutti i tipi. Se siete incuriositi da questa opportunità trovate i dettagli ed il racconto, in prima persona, di questa esperienza più avanti in questa parte della guida.

La storia della NYC Marathon

La Maratona di New York è un evento che, nella memoria di tanti, esiste "da sempre". Probabilmente questa percezione è dovuta alla dimensione ed alla notorietà di questa competizione.

Una gara così tanto popolare da essere considerata "la" maratona per eccellenza da tantissime persone, il sogno di milioni di appassionati di running e non, il motivo per cui, addirittura, in molti cominciano a correre o decidono di affrontare la temuta distanza dei 42 km... un evento che determina tutte queste reazioni, spesso anche contemporaneamente, non può essere "giovane". Deve esistere da "sempre". Deve affondare le radici in un passato lontano, come accade per la prestigiosissima Maratona di Boston, che infatti si corre dal 1896.

Invece no. La NYC Marathon è un evento relativamente "giovane". La "vera" prima edizione, che si è corsa nei cinque *borough*, è appena del 1976. Moltissimi lettori di questa guida, vista anche la tendenza ad avvicinarsi alla maratona in età leggermente più avanzata, saranno probabilmente coetanei, se non più "stagionati", di questo evento di fama e notorietà planetaria.

La storia della Maratona di New York è interessante per tanti motivi, e tutti questi si intrecciano in un modo unico che ha contribuito, probabilmente, a far divenire la gara uno degli eventi sportivi più popolari, conosciuti e seguiti di sempre.

Dal punto di vista sportivo, la gara ha vantato, per un breve periodo, anche dei record del mondo e portato alla ribalta atleti che hanno fatto, spesso proprio dopo aver corso New York, la storia di questo sport.

Dal punto di vista cronologico, la nascita e la crescita di questo evento, hanno coinciso perfettamente con il boom del fitness e del running in generale.

Dal punto di vista dei protagonisti, le idee folli e rivoluzionarie di pochi hanno cambiato per sempre la storia di questo sport, da moltissimi considerato di nicchia anche per alcuni buoni motivi.

Dal punto di vista della percezione dell'evento, l'arrivo degli sponsor e della televisione hanno dato una visibilità senza precedenti ad una gara anche difficile da raccontare e decisamente lontana dai tempi televisivi.

Dal punto di vista sociale, la città di New York, negli anni '70 sull'orlo del fallimento, si è trasformata, anno dopo anno e gara dopo gara, in una metropoli ricca, accogliente e fiera della propria multiculturalità e della propria diversità intellettuale.

Tutti questi ingredienti, mescolati all'accoglienza che i *New Yorker* hanno riservato e riservano a tutti i runner che la corrono, hanno fatto sì che dai 2090 runner che hanno affrontato il percorso nel 1976 si sia arrivati ai 52381 del 2018 (oltre ad alcune altre decine di migliaia di runner che avrebbero partecipato volentieri ma sono rimasti fuori per via del numero chiuso).

Il risultato è una storia avvincente, di appena 49 anni, che racconta di nomi, volti, persone, record e tempi, ma soprattutto racconta un percorso, incredibile ed unico, un'idea rivoluzionaria ed il coraggio e la forza di realizzarla, portandola, nello stesso tempo, sul tetto del mondo.

Come una startup

Negli ultimi anni, una delle parole che maggiormente ha occupato le pagine di quotidiani e dei siti web è stata, senza alcun dubbio, startup.

Piccolissime aziende, nate dal nulla o quasi. Senza soldi, senza sede, ma con una grande idea (o presunta tale) alla base. Il tutto condito, spesso, con un team di giovanissimi *founder* pronti a gettarsi a capofitto in questa avventura.

Il mito nemmeno troppo romanzato della piccola società, nata in un garage da qualche parte nella Silicon Valley con un manipolo di *founder* geniali e diventata leader mondiale in qualche mercato, ha alimentato ed alimenta, ancora oggi, i sogni e le speranze di milioni di startupper in tutto il mondo. Ed è giusto così.

Molte startup di successo, che hanno rivoluzionato il nostro mondo, hanno alcuni fortissimi elementi in comune: un gruppo di fondatori eccezionale, un leader carismatico, una missione vera (e spesso "alta"), un progetto grandioso (e spesso troppo ambizioso) da realizzare, una incredibile capacità di esecuzione e — che non guasta mai — la giusta dose di fortuna spazio / temporale, insomma l'essere al posto giusto al momento giusto.

A guardarla bene, la storia della Maratona di New York è proprio questo: il percorso di una startup che in poco più di 60 anni, partendo da un gruppo di pochissime persone appassionate, ha immaginato e creato uno degli eventi sportivi più popolari del mondo. Portando alla ribalta, nello stesso tempo, leggende sportive, inventando soluzioni tecnologiche, proponendo sfide epiche, cambiando la storia di una città, la vita di milioni di persone e popolando, per sempre, i sogni di milioni di runner.

1958: New York Road Runners

La startup dietro la Maratona di New York si chiama New York Road Runners, di solito abbreviata in NYRR. NYRR (che al tempo però si chiamava Road Runners New York Association) è nata nel 1958 nel Bronx. All'inizio aveva appena 40 iscritti appassionati di corsa (oggi ne vanta oltre 60000) ed il suo primo presidente è stato Ted Corbitt, campione olimpico, precursore del running e leggenda della corsa endurance negli Stati Uniti.

La storia di NYRR cammina, chiaramente, di pari passo con quella della Maratona di New York ed, in questi 60 anni, NYRR è diventata ambasciatrice e punto di riferimento del running nella città di New York. In questo capitolo vengono affrontati principalmente gli aspetti relativi alla NYC Marathon e di riflesso come NYRR sia cambiata negli anni.

1959-1970 / Cherry Tree Marathon

Il 22 febbraio 1959 si corse, organizzata proprio da NYRR, la prima edizione della Cherry Tree Marathon. Il percorso della maratona consisteva in cinque giri lungo un percorso che dal Macombs Dam Park, nei pressi dello Yankee Stadium, proseguiva su Sedgwick Avenue, verso nord, lungo l'Harlem River. Si correva esclusivamente al Bronx tra macchine, passanti e traffico. Sul percorso si incontrava di tutto: buche, tombini, curve strettissime, salite improvvise e discese ripide. E si racconta che i ragazzini del Bronx tirassero persino pietre ai runner che passavano.

Parteciparono 12 persone, la completarono in sei e vinse Ted Corbitt con oltre 25 minuti di margine sul secondo classificato.

La Cherry Tree Marathon è considerata, a tutti gli effetti, l'evento precursore della Maratona di New York. È stata, nel suo piccolo, in grado di dimostrare l'esistenza di un minuscolo gruppo di persone disposto a correre in una città una distanza di 42 km, anche tra mille difficoltà. La piccola startup aveva, in qualche modo, validato la propria idea.

Questa gara si è corsa, ogni anno, fino al 1970, quando ha poi passato il testimone alla prima edizione della NYC Marathon.

Se da un lato i ragazzi di NYRR si allenavano al Bronx tra l'indifferenza generale, dall'altro l'attenzione per il mondo del fitness cresceva con l'avvicinarsi degli anni '70. Così, nel 1966, la scelta della città di New York di chiudere al traffico Central Park nei weekend permise agli abitanti di riappropriarsi gradualmente del parco, allora anche molto pericoloso, ed il numero di persone che cominciarono a sfruttare il grande polmone verde della città per fare attività fisica all'aperto iniziò ad aumentare sensibilmente.

Nel 1968, nel tentativo di migliorare le proprie scarse performance tennistiche, aveva cominciato ad allenarsi, facendo jogging proprio a Central Park, Fred Lebow. Egli stesso racconta che il suo primo giro fu proprio intorno al Reservoir tentando di battere il suo amico e rivale di tennis Brian Crawford.

Fred Lebow

Fred Lebow, al secolo Fishel Lebowitz, nato nel 1932, era un ebreo rumeno originario della Transilvania, che da bambino era fuggito insieme al fratello dall'Europa per salvarsi dalle persecuzioni dei nazisti prima e dei sovietici poi.

Dopo una adolescenza piuttosto movimentata (ha vissuto anche in Cecoslovacchia, Belgio ed Irlanda), Fred, come scelse di farsi chiamare una volta arrivato negli Stati Uniti nel 1951, dopo tanto girovagare si era stabilito a New York ed aveva cominciato a lavorare, con crescente successo, nel mondo della moda a Manhattan, nel famoso Garment District.

Qui, con incredibile senso pratico, studiava i capi d'alta moda appena presentati e trovava delle soluzioni di produzione per riprodurli, ma riuscendo a rivenderli a prezzi decisamente più abbordabili. Ma il running, dopo il primo giro "esplorativo" al Reservoir, assunse un ruolo sempre decisamente più importante nella sua vita.

Fred iniziò ad allenarsi con costanza, allontanandosi persino dal lavoro a metà attività con sua stessa sorpresa, per sfruttare una bella giornata ed andare a correre a Central Park.

Proprio a Central Park, parlando con un altro runner, scoprì dell'esistenza di un gruppo di appassionati che, ogni domenica, si riuniva al Bronx per correre alcune gare su strada (al tempo le gare si correvano quasi esclusivamente solo su pista d'atletica). Poche settimane dopo, ad una gara di 5 miglia (circa 8 km), in cui si correva per undici volte intorno allo Yankee Stadium, partecipò anche Lebow ed arrivò penultimo.

Come racconta Lebow stesso: «Mentre correvamo intorno allo stadio mi sorpassarono tutti. Tutti tranne un uomo che avrà avuto forse 65 anni. Riuscii a battere solo quell'unico runner. Ho sempre pensato che, se non avessi battuto quell'uomo, non ci sarebbe mai stata la NYC Marathon. Perché se fossi arrivato ultimo mi sarei così tanto scoraggiato che avrei, probabilmente, abbandonato il running.»

Per fortuna Fred Lebow arrivò penultimo e nel 1969 divenne un membro attivo di New York Road Runners. L'arrivo di Fred Lebow nella piccolissima comunità dei runner del Bronx di NYRR rappresenta uno degli eventi più importanti della storia della Maratona di New York e, probabilmente, nel mondo del running in generale. Quando Fred Lebow cominciò a frequentare i membri di NYRR, fu considerato subito, da molti, un tipo strano, una specie di "marziano".

In quegli anni i runner erano veri e propri nerd: praticavano uno sport poco diffuso, correvano tendenzialmente "in mutande", erano in larga maggioranza uomini. Ed i nerd di NYRR si allenavano nel Bronx: una distanza siderale dagli sfarzi di Manhattan in cui si muoveva Fred, con vestiti eleganti, la sua caratteristica e curatissima barba, sempre circondato da ragazze avvenenti.

Tuttavia l'effetto "Fred" su NYRR fu più che dirompente: questo ragazzo quasi quarantenne era un innovatore ed un sognatore vero.

Di colpo NYRR poteva contare sulle idee ambiziose e su un leader visionario ma anche geniale e spregiudicato. Nel 1969 NYRR ha trovato il suo "Steve Jobs".

1970: la prima New York City Marathon

Nelson Mandela diceva: "Sembra sempre impossibile da farsi finché non è stato fatto".

Così quando Fred Lebow propose di spostare la Cherry Tree Marathon a Central Park e trasformarla nella "New York City Marathon" moltissimi membri di NYRR opposero una serie di motivi (in maggioranza concreti e razionali) per i quali non sarebbe stato (mai) possibile: i vincoli dell'ente parco, il disinteresse di tutti, la sicurezza dei runner, i costi da sostenere, l'impossibilità di ottenere il (necessario) supporto dalla polizia.

Ma Fred Lebow, coadiuvato da Vince Chiappetta, che era divenuto nel frattempo presidente di NYRR, non si perse d'animo. Ed affrontò, uno ad uno e con "destrezza", le varie problematiche (persino finanziando di tasca propria l'impresa) e riuscì così in una missione considerata impossibile: la maratona venne spostata a Central Park.

L'evento fu ignorato pressoché da tutti (esclusi i membri di NYRR ovviamente) ed il numero di partecipanti sembrava destinato a rimanere molto basso. Fin quando, pochi giorni prima della gara, Lebow non si presentò nella sede del New York Times, con il suo caratteristico outfit sportivo ed il suo immancabile cappellino da ciclista, raccontando della sua iniziativa ed annunciando che il campione olimpico Ted Corbitt (che aveva dato anche una mano ad individuare il percorso) avrebbe partecipato. Funzionò. Il New York Times ne parlò il giorno dopo ed il numero di partecipanti aumentò.

Così il 13 settembre 1970, "ben" 127 persone (126 uomini ed sola una donna) pagarono la quota di iscrizione di un dollaro per partecipare alla prima New York City Marathon. Il percorso consisteva in un giro ridotto e quattro giri completi di Central Park, lungo le strade principali del parco. La partenza e l'arrivo erano presso Tavern-on-the-Green. Il budget totale fu di circa 1000 dollari. Tutto funzionò a meraviglia, grazie anche alla bassa partecipazione e la scarsa affluenza di un qualsiasi pubblico.

Vinse il vigile del fuoco Gary Muhrcke in 2 ore 31 minuti e 38 secondi. L'unica donna iscritta, Nina Kuscsik, abbandonò circa a metà gara, regalando agli annali, per sempre, il "mito" che la prima edizione della NYC Marathon non ebbe alcuna donna arrivata al traguardo. Il totale dei finisher di questa prima edizione fu di appena 55 persone. Lo stesso Lebow corse la maratona e la completò in 4:12:09, piazzandosi quarantacinquesimo.

I "premi" per i vincitori furono degli orologi da 15 dollari, acquistati dallo stesso Lebow, ed altri premi riciclati da gare di baseball e bowling. Il ristoro fu a base di panini donati dal vicino Tavern-on-the-Green e di bibite comprate da Lebow e Chiappetta il giorno prima nel Village, dove si recarono, di proposito, per risparmiare qualche centesimo a lattina.

Chi era nel parco quel giorno guardò passare questo piccolo gruppo di runner e ne rimase per lo più sorpreso. Nessuno sapeva di cosa si trattasse esattamente, del resto gli unici annunci pubblici erano stati l'articolo sul New York Times di qualche giorno prima ed uno (scarno) comunicato stampa ufficiale dell'Ente Parco della Città di New York.

Per Lebow, invece, quel giorno fu la prova "finale" della bontà del proprio sogno e della propria idea: bisognava portare la maratona ed il running tra le persone.

1971-1975

Tra il 1971 ed 1975 diversi eventi favorirono la crescita della NYC Marathon. La gara, nonostante il maggiore interesse del pubblico, rimaneva a tutti gli effetti un evento per lo più artigianale, destinato ad un piccolo bacino di runner e di pubblico.

Nel 1971 la gara ebbe finalmente una vincitrice femminile, Beth Bonner, che completò il percorso in 2:55:22 davanti a "ben" altre quattro donne. Il numero di partecipanti, inoltre, raddoppiò: 245 iscritti con 145 finisher. Tra gli uomini il primo posto fu di Norman Higgins in 2:22:54 e fissò il nuovo record del percorso.

Nel 1972 ci furono due eventi che ebbero un impatto fondamentale nel destino della Maratona di New York: in primo luogo, la leadership indiscussa di Lebow lo portò ad essere eletto Presidente di NYRR.

Lebow era già noto per il suo stile molto personale e diretto di gestione della maratona (e per questo anche in conflitto con alcuni membri del club), in qualità di suo co-fondatore e race director, ma quell'anno divenne anche il capo, indiscusso e carismatico, dell'associazione. Ruoli che avrebbe poi ricoperto fino a poco prima sua scomparsa, avvenuta nel 1994.

In secondo luogo, sempre nel 1972, Frank Shorter vinse la medaglia d'oro alla Maratona delle Olimpiadi di Monaco: l'impatto sul pubblico americano fu incredibile. Di colpo la maratona divenne un argomento di discussione, uno sport (quasi) da prima pagina. All'improvviso, questi personaggi "strani", che correvano in giro per il parco, erano riconosciuti come membri di qualcosa di importante.

L'edizione della maratona del 1972 fu così la più partecipata fino ad allora: 284 iscritti totali di cui sei donne, che però inscenarono una clamorosa protesta, sedendosi a terra subito dopo la partenza, contro la federazione di atletica AAU che aveva imposto che partissero dieci minuti prima degli uomini. Vinse Nina Kuscsik (3:08:41): unica donna ad aver partecipato all'edizione originale del 1970. Sheldon Karlin vinse tra gli uomini con un modesto 2:27:52, ma, ancora studente, ottenne nel suo campus una incredibile popolarità derivante dalla sua vittoria.

Nel 1973 Nina Kuscsik vinse ancora: completò la sua gara in 2:57:07. Le donne raddoppiarono: ben 12 partecipanti. Tra gli uomini vinse Tom Fleming (2:21:54), primo dei 394 uomini che presero parte alla gara. Il premio divenne più cospicuo: un biglietto aereo per il giro del mondo, grazie alla sponsorizzazione che Lebow era riuscito ad ottenere dalla Olympic Airways di Onassis.

Nel 1974 la gara contava 527 iscritti, ma il problema fu il clima: una pioggia torrenziale e temperature elevate, nonostante si corresse il 30 settembre, convinsero moltissimi ad abbandonare la gara ed addirittura il personale del parco a non presentarsi alla partenza supponendo che la gara fosse stata annullata. Vinsero Norbert Sander (2:26:30) e Kathrine Switzer (3:07:29), atleta già celebre per la sua partecipazione "pirata" alla Maratona di Boston del 1967. Switzer vinse con 27 minuti e 54 secondi di vantaggio sulla seconda classificata: il più ampio gap della storia della NYC Marathon.

Nel 1975 Tom Flemming (2:19:27) e Kim Merritt (2:46:14) capitanarono un gruppo di 534 iscritti totali (490 uomini, 44 donne). Entrambi stabilirono il primato del percorso e non sapevano (come nessuno del resto) che il loro record sarebbe rimasto valido "per sempre".

Il 1975 fu infatti l'ultimo anno che la gara si corse in Central Park. Proprio quell'anno infatti, George Spitz, uno dei membri più attivi di NYRR, convinse Lebow ad invitare Percy Sutton, presidente del distretto di Manhattan, alla linea di partenza ed alla premiazione. Era un piccolo riconoscimento ufficiale del peso che la NYC Marathon stava acquisendo ed allo stesso tempo mise il seme per la sua più importante trasformazione. Lebow stava per "inciampare" nel suo sogno più grande.

1976: la prima "Five borough" New York City Marathon

Fred Lebow è considerato, universalmente, il padre della Maratona di New York ed è un dato difficile da obiettare. L'ha praticamente creata lui: con il suo intuito, il lavoro, i suoi soldi, i colpi di genio e di teatro, la sua incredibile perseveranza, uno sconfinato amore per il running ed una missione, profonda, di rendere "alla portata di tutti" la maratona.

L'aspetto meno noto della vicenda è, tuttavia, come la paternità dell'idea di una maratona che attraversasse i cinque distretti della città di New York non sia stata sua, bensì frutto addirittura di un malinteso.

Così lo stesso Lebow racconta la genesi del progetto nel suo libro "Inside the World of Big-Time Marathoning":

«La 5-borough Marathon *non è stata una idea che è maturata nel tempo. È in realtà il frutto di colossale fraintendimento ed, una volta chiarito, il merito della sua idea non può essere dato a me, anche perché io ero contrario. Nel corso del 1975 George Spitz, che mi aveva spinto ad invitare Percy Sutton alla gara di quell'anno, finì a parlare con Ted Corbitt di una gara speciale. Corbitt da un po' di tempo stava ragionando sulla possibilità di creare una maratona che spingesse maggiormente sulla partecipazione cittadina. Il progetto che Corbitt aveva in mente era quello di creare delle squadre, una per ciascuno dei cinque borough, che competessero tra loro, durante una maratona, insieme a runner di tutto il mondo invitati come partecipanti. Per qualche motivo Spitz pensò che Corbitt stesse parlando di una gara che si corresse attraverso i cinque* borough *della città e la ritenne una idea fantastica. Poco dopo la maratona del 1975, Spitz venne da me con la sua percezione dell'idea di Corbitt: una maratona attraverso i cinque distretti. Io fui subito contrario. Era già difficile abbastanza mettere su una maratona in Central Park.»*

Spitz non accettò il "no" di Lebow. Fissò un incontro con Sutton, al quale Lebow rinnovò le sue perplessità sui tanti problemi che una gara del genere avrebbe comportato: permessi della città, chiusura di tantissime strade, polizia, costi.

Ma Sutton, contrariamente a Lebow, era entusiasta anch'egli dell'idea, e propose di affrontare e risolvere lui stesso tutte le questioni burocratiche a patto che Lebow si occupasse dell'organizzazione della gara. Sutton tenne fede alla propria promessa e risolse le tante e spinose questioni tecniche, riuscendo a semplificarne alcune inserendo la gara tra i festeggiamenti del bicentenario della indipendenza degli Stati Uniti, e trovò anche un finanziatore per i 20000 dollari che Lebow, in maniera quasi casuale, aveva stimato che l'organizzazione di una gara del genere potesse richiedere. Il primo sponsor fu una ricca famiglia di filantropi, i Rudin, che decise di finanziare la gara per onorare la figura di Samuel Rudin, padre di Jack e Lewis, che era scomparso da poco ed era stato un appassionato runner. The Rudin Family, che figura ancora oggi tra gli sponsor ufficiali della maratona, offrì 25000 dollari. Più di quel che Fred aveva immaginato. Molti meno di quel che sarebbero serviti in realtà.

George Hirsch racconta:

«*Nel 1976 dopo l'incredibile lavoro e la pressione quasi asfissiante di George Spitz e l'intervento provvidenziale di Percy Sutton che, in pratica risolse tutte le questioni burocratiche, Fred finalmente si convinse della possibilità di correre davvero la gara. E da quel momento in poi ne divenne il sostenitore più grande, anche se sottostimò pesantemente, con il suo usuale ottimismo, i costi necessari all'organizzazione dell'evento.*»

Così nel dicembre del 1975 Fred Lebow, Ted Corbitt, Joe Kleinerman, Kurt Steiner, Harry Murphy e Paul Milvy, cominciarono a studiare il possibile percorso con gli unici due vincoli di partire da Staten Island ed arrivare a Central Park. In mezzo, milioni di possibili percorsi e nessun Google Maps a portata di mano.

La ricerca del percorso non fu fatta cercando la folla più numerosa oppure i quartieri più interessanti: l'idea era quella, soprattutto, di evitare più possibile problemi ed intoppi. Il piccolo gruppo considerò moltissime possibilità: un passaggio sul Brooklyn Bridge o nel Brooklyn-Battery tunnel, una galleria lunga circa 3 chilometri che passa sotto l'East River collegando Brooklyn a Manhattan, furono considerate come ipotesi. Fortunatamente il tunnel fu scartato, oggi avrebbe annientato i tracciati GPS di migliaia di persone ogni anno.

Corbitt, ed altri membri del team, corsero e misurarono (anche con una bici calibrata in un modo speciale dallo stesso Corbitt) i vari spezzoni del percorso. Immaginando problemi, trovando strade alternative, prevenendo problemi logistici. Alla fine fu scelto un percorso simile ma non identico al tracciato di questi giorni.

Lebow, sempre nel suo libro, lo racconta così:

«Alla fine ci accordammo su un percorso. Saremmo partiti dal lato di Staten Island del Verrazzano-Narrows Bridge, lì Fort Wadsworth sarebbe servito come area di partenza; saremmo saliti lungo Lower Brooklyn e raggiunto il vecchio Brooklyn Navy Yard dove non ci sarebbero stati troppi attraversamenti e nemmeno tanto traffico. Circa al tredicesimo miglio saremmo entrati nel Queens ed al quindicesimo miglio avremmo attraversato il Queensboro Bridge verso Manhattan. Da qui saremmo andati verso nord, proprio accanto al fiume, usando la pensilina pedonale che corre lungo l'East River Drive. Saremmo passati nel Bronx utilizzando il passaggio per pedoni su Willis Avenue Bridge e continuato per poche iarde fino al segnale delle 20 miglia, dove avremmo fatto una inversione ad U intorno ad una palo della luce e saremmo tornati indietro, nuovamente attraverso il ponte, a Manhattan. Ci saremmo quindi diretti verso sud su First Avenue, arrivati alla 106th Street avremmo voltato verso Fifth Avenue lungo la quale avremmo raggiunto 102nd Street dove poi saremmo entrati in Central Park. Le ultime tre miglia sarebbero state corse dentro il parco, lungo Central Park East Drive, intorno alla parte sud del parco, e poi di nuovo verso nord su West Drive, fino alla linea del traguardo a Tavern-on-the-Green. In totale avremmo dovuto chiudere circa 220 intersezioni ed usare quattro ponti. Ed avevamo bisogno di più di 400 poliziotti per coordinare il traffico.»

Fu scelta anche una nuova data, 24 ottobre, nel tentativo di non sovrapporsi con altre maratone e cercando così anche di evitare il caldo afoso ed umidissimo che aveva colpito alcune precedenti edizioni.

Man mano che si andava avanti con l'organizzazione fu chiaro che i 25000 dollari stimati da Fred erano largamente insufficienti a coprire le spese della gara.

Lebow non si perse d'animo e riuscì a trovare altri sponsor: George Hirsch, anch'egli un appassionato maratoneta, partecipò con 5000 dollari con il suo magazine New Times. Finnair contribuì con 5000 dollari, e fornì anche le t-shirt ai partecipanti. Infine una banca, la Manufacturers Hanover Trust Company, partecipò con circa 10000 dollari (accettando anche di accorciarsi il nome pur di metterlo sui pettorali). In totale si erano raggiunti 45000 dollari. Alla fine ne servirono 65000 e Lebow dovette metterne anche di tasca propria per coprire la differenza.

C'era praticamente ormai tutto: il budget, il percorso, una stima di 450 volontari necessari, gli sponsor, le autorizzazioni, una data precisa. Mancavano solo i runner. Bisognava vendere la gara al pubblico e soprattutto alla stampa: e vendere era una delle principali skill di Fred Lebow.

L'idea della maratona che attraversava la città stava conquistando il favore dei runner: le iscrizioni erano arrivate ben oltre le 1000 persone, quasi il doppio dell'anno prima.

Dopo una conferenza stampa ad inizio estate, andata completamente deserta, Lebow capì che la chiave era l'interesse dei media. E con un colpo di genio invitò a partecipare sia Frank Shorter (il campione olimpico) che Bill Rodgers (detentore del record americano) in una sfida pubblica per le strade di New York.

Shorter accettò l'invito soprattutto per curiosità: «Volevo proprio vedere se gli organizzatori riuscivano davvero a chiudere tutte le strade necessarie nei cinque *borough* di New York, in una domenica!» ha dichiarato in più di una occasione.

La competizione tra le due figure di primo piano dell'atletica degli Stati Uniti funzionò: intorno alla gara cominciò a crescere l'interesse anche dei media. Anche le iscrizioni aumentarono in maniera sensibile. Al punto che Lebow dovette, per la prima volta, passato un certo limite temporale, rifiutare la partecipazione a circa 500 podisti.

Nei giorni immediatamente antecedenti alla gara, Lebow si occupò di trovare, tra gli iscritti a NYRR, dei volontari che potessero dare una mano nelle prime 15 miglia di percorso per distribuire l'acqua (cosa che gli era passata di mente tra le mille scadenze) e fece dipingere una linea blu lungo tutto il percorso, per indicare la strada ai runner.

L'idea della linea fu dello stesso Lebow: qualche anno prima correndo la Maratona di Atlanta, a causa della scarsissima partecipazione, si era trovato in un punto del percorso completamente da solo. Arrivato ad un incrocio aveva sbagliato strada, a causa di un cartello rimosso, compromettendo così la sua gara. Terrorizzato che i "suoi" runner potessero perdersi nelle strade di New York, specialmente in certe zone, Lebow volle ed ottenne di dipingere una linea blu che indicasse il percorso della gara sull'asfalto.

La linea blu, nata da quella disavventura di qualche anno prima, sarebbe poi diventata una delle caratteristiche peculiari della NYC Marathon ed è, ancora oggi, oggetto di attenzione dei media nel momento della sua creazione. Nel 1976 per completarla ci volle circa una settimana, a causa anche dei passaggi in certe zone solo pedonali; oggi richiede solo qualche ora, la notte prima della gara.

Un ultimo intoppo fu risolto poco prima della partenza: ci si rese conto che sul Verrazzano i punti di intersezione metallica tra le varie componenti del ponte erano troppo larghi e potevano essere pericolosi per i runner — erano così larghi da poterci rimanere incastrati con un piede. Fu in tutta fretta trovata una soluzione: coprirle con dei pannelli di legno. Anche questa soluzione è tutt'oggi ancora in uso.

Il 24 ottobre 1970, 2090 runner di cui 88 donne, si presentarono alla partenza della prima edizione della 5-borough New York City Marathon. Tra loro atleti provenienti da 35 stati americani e 12 paesi stranieri: Giappone, Finlandia, Olanda, Italia, Polonia, Germania ovest, Norvegia, Irlanda, Inghilterra, Canada, Filippine e Swaziland. La temperatura era di appena 4 gradi Celsius e c'era una leggera pioggerellina.

Alle 10:30, la gara ebbe inizio: Percy Sutton sparò il colpo di pistola che diede il via ufficiale. Sul veicolo di testa, per tutto il tempo Fred Lebow guardò avanti per cercare di capire ed anticipare eventuali problemi lungo il tracciato di gara. Man mano che andava avanti lungo il percorso, tuttavia, non potè non notare che non solo tutto stava andando per il meglio, ma anche che la città stava reagendo alla grande: migliaia di persone erano per strada, i volontari si davano da fare al loro posto, le forze di polizia stavano svolgendo il loro compito secondo quanto stabilito — eccezion fatta per un incidente sul Pulaski Bridge nel quale Lebow rischiò quasi l'arresto per alcuni insulti rivolti alla polizia, colpevole di voler modificare il percorso sul ponte. Per fortuna, tutto filò liscio.

I quartieri più duri, Bed-Stuy ed East Harlem, tanto temuti da Lebow, furono attraversati senza problemi; gli atleti, seguendo la linea blu del percorso, non si persero nemmeno nel Bronx (come Lebow temeva), ma arrivarono dritti al traguardo in Central Park, dove gli spettatori e la stampa rischiarono di bloccare l'arrivo dei runner, per la troppa ressa.

Vinse Bill Rodgers in 2:10:10, Frank Shorter arrivò secondo in 2:13:12. Tra le donne la vittoria fu di Miki Gorman in 2:39:11. In totale ci furono ben 1549 *finisher*. La gara fu un successo clamoroso ed una sorpresa per quasi tutti. Dick Shaap di NBC News commentò così in TV la fine della gara: «26 miglia e

385 yard, nessuno è stato accoltellato, nessuno è stato investito da un taxi, per Bill Rodgers e la città New York la maratona è stato un successo eccezionale.» Era chiaro che quello che doveva essere un esperimento, ovvero una gara da corrersi una sola volta lungo quel tracciato per celebrare i 200 anni della nascita degli USA, era diventato già un evento di importanza mondiale: la Maratona di New York, quel giorno, diventò grande. E la città, tutta, si riunì intorno a quell'evento, come Lebow aveva creduto, previsto e sperato.

1977

A Lebow fu subito chiaro che l'edizione del 1976, nonostante il successo, fosse stata molto fortunata: tante cose erano andate per il verso giusto, ma molte sarebbero potute andate male se la fortuna avesse deciso di voltare improvvisamente le spalle agli organizzatori.

Per tale motivo assunse un ruolo ancora più importante nell'organizzazione della gara Allan Steinfeld.

Steinfeld era un docente di scienze del liceo ed un runner appassionato; il suo contributo era già stato fondamentale per il successo dell'edizione del 1976 ed il suo acume tecnico e tecnologico avrebbe consentito alla NYC Marathon di diventare grande e fare da apripista in tanti aspetti negli anni a venire: dalle partenza, al riconoscimento dei runner, dalla modalità di partecipazione, alle comunicazioni via radio.

Lebow e Steinfeld assieme erano un po' come Jobs e Wozniak di Apple: leader, geniale, visionario ed ossessionato il primo; meticoloso, scientifico, razionale ed innovativo il secondo. Una coppia geniale e vincente.

Dal punto di vista del percorso nel 1976 si era cercato di evitare più possibile zone complicate, ma dopo il successo della prima edizione qualcosa era cambiato: la risposta delle persone chiedeva un percorso più nel cuore della città. Lebow ed il suo team si rimisero al lavoro sul percorso.

A Brooklyn il percorso venne spostato dal Brooklyn Navy Yard verso il cuore di Williamsburg, nel bel mezzo del quartiere ebreo ortodosso chassidico. Lebow si confrontò, parlando in yiddish, con i leader della comunità ebraica, li informò delle sue origini, del ruolo di suo fratello Schlomo, rabbino in un'altra zona di Williamsburg ed ottenne così il permesso a far passare "la sua gara" lungo Bedford Avenue. Il tortuoso passaggio sul Queensboro Bridge, che si correva lungo una passerella metallica che correva sul lato sud del ponte, fu ricoperta da un lunghissimo tappeto nel tentativo di alleviare il fastidio ai piedi dei podisti, segnalato non solo dai top runner.

A Manhattan il passaggio sulla passerella pedonale lungo l'East River Drive fu completamente modificato: la gara sarebbe passata su First Avenue. Nel Bronx, dopo le proteste dei residenti che si era sentiti ignorati, più spazio fu dato al distretto. Tornando a Manhattan si sarebbe passati nel cuore di Harlem lungo Fifth Avenue per poi raggiungere Central Park. Le intersezioni da chiudere in questo nuovo percorso salirono a 360. Di fatto, nel 1977, la gara assunse in larga parte la fisionomia del percorso attuale.

Dopo il successo della prima edizione Lebow si trovò ad affrontare anche dei problemi imprevisti: in due occasioni fu visitato da membri di giovani gang (di Bed-Stuy e del Bronx) che, venuti a conoscenza del nuovo tracciato di gara, fecero capire che era necessaria la loro protezione per passare dalla loro zona. Lebow, furbo ma anche preoccupato, li portò dalla sua parte, "accettando" la protezione ed offrendogli in cambio t-shirt, giacche a vento... trasformandoli, di fatto, in volontari aggiuntivi per quella edizione.

La gara del 1977 fu un altro successo. E molte delle difficoltà della prima edizione furono superate proprio grazie all'apporto tecnico di Seinfeld.

Parteciparono 4823 runner, di cui 228 donne, e completarono la gara 3664 atleti. La Maratona di New York era già divenuta la maratona con il maggior numero di partecipanti al mondo.

Vinsero nuovamente Rodgers (2:11:28) e Gorman (2:43:10). Tuttavia, nessuno dei due riuscì a migliorare il tempo dell'anno precedente. Il nuovo percorso si era rivelato forse più impegnativo. Tra le varie novità ed innovazioni va segnalato che fu questa la prima edizione della maratona dove, al termine della gara, fecero la loro comparsa le famose copertine metalliche in mylar.

1978-1983

Con il passare degli anni il peso ed il valore della NYC Marathon crebbe costantemente. E così anche la pressione sull'organizzazione.

Nel 1978 ci fu una battaglia legale piuttosto articolata tra NYRR e un gruppo di runner disabili che fecero di tutto per partecipare alla gara, in maniera ufficiale.

La posizione di Lebow era ferma ma davvero poco condivisibile: non voleva in alcun modo che partecipassero, ciò fu oggetto di sacrosante critiche e la questione si trascinò per diversi anni, portando anche ad uno scontro con il sindaco Ed Koch. Nel capitolo "La maratona e gli atleti con disabilità" si affronta in maniera approfondita anche questo particolare aspetto della storia e di come per fortuna fu superato, tuttavia non senza difficoltà.

Con oltre 11.000 iscritti (e 5000 "rifiutati") l'edizione del 1978 fu la più partecipata fino ad allora. E costrinse l'organizzazione a dividere sulle due corsie del ponte i runner: da un lato i "veterani" della gara, dall'altro donne e *first-timers*. I due flussi si sarebbero ricongiunti poco dopo la fine del Verrazzano. I pettorali dei podisti per la prima volta avevano un codice a barre e furono previste diverse *finish line*.

Vinse, per la terza volta consecutiva, Bill Rodgers (2:12:12), ma la vera star della gara fu la runner norvegese Grete Waitz, insegnante 25 enne di Oslo, alla sua prima esperienza in maratona, che in un solo colpo fissò il record della gara per le donne (2:32:30) ed il record del mondo in maratona con più di due minuti di margine rispetto al record precedente. Waitz fu anche la prima concorrente non statunitense a vincere la NYC Marathon.

Grete Waitz entrò nella storia della maratona e, quasi per caso, divenne l'icona della NYC Marathon, vincendo da quel giorno la gara un totale, tuttora inarrivato, di 9 volte in carriera. Niente male, considerando che prima di correre New York stava pensando di ritirarsi dal mondo delle gare.

La più sorpresa dalla vittoria fu Waitz stessa che raccontò che le prime parole dopo la gara rivolte al marito furono "non la farò mai più".

Nel 1979 vinsero ancora Bill Rodgers (2:11:42) per la quarta volta consecutiva — record ancora imbattuto tra gli uomini — e Grete Waitz vinse in 2:27:33, migliorando di circa 5 minuti il suo tempo dell'anno prima e di conseguenza il record del mondo. Ben 10477 runner (su quasi 12000 iscritti) completarono la gara. A Staten Island per quell'edizione arrivarono runner da 50 stati americani e da 56 paesi del mondo.

L'interesse dei media per il mondo della maratona continuava a crescere in maniera sensibile.

Così quando a Boston una tale Rosie Ruiz vinse la gara ma fu poi subito squalificata per aver preso la metropolitana, Lebow scoprì che Ruiz si era qualificata per Boston proprio correndo ed imbrogliando a New York nel 1979, con un tempo ufficiale dichiarato proprio da NYRR di 2:56:29. E ne fu devastato.

Lebow e tutto il team di NYRR erano appassionati e, non riuscivano nemmeno lontanamente ad immaginare che qualcuno potesse completare la maratona imbrogliando.

Ma in quegli anni, anche se sotto banco per delle incomprensibili regole della federazione di atletica americana, vincere una gara significava anche guadagnare tanti soldi. E la popolarità che se ne traeva era diventata notevole. Non era più il tempo dei soli appassionati. Lebow dovette prenderne atto e con i suoi immaginare sistemi di controllo e verifica dei runner più accurati e sofisticati.

Il 1980 fu l'anno di Alberto Salazar, notissimo atleta dei 10000 metri, che alla vigilia dichiarò, in modo molto prepotente, di essere in grado di finire la maratona in 2 ore e 10 minuti. Riuscì a completarla in 2:09:41, vincendo la gara ed abbassando ulteriormente il record del percorso. Tra le donne vinse ancora Grete Waitz, che migliorò ancora il suo tempo (2:25:42) abbassando ulteriormente il record. I partecipanti furono oltre 14000.

Nel 1981 Salazar (2:08:13) vinse nuovamente la gara, per la prima volta trasmessa in diretta nazionale sul network televisivo nazionale ABC. Waitz dovette fermarsi per un problema fisico e così vinse l'atleta Allison Roe (2:25:29), della Nuova Zelanda. Entrambi i runner migliorarono il record del mondo: fu un successo clamoroso e per di più in diretta TV. Purtroppo, i record furono annullati entrambi, perché controllando il percorso i commissari scoprirono che mancavano all'appello 155 metri, ovvero quasi 27 secondi (al passo di Salazar). Non una bellissima figura per Lebow e NYRR. Per gli standard attuali si tratta comunque di una difformità accettabile.

Dal punto di vista dei partecipanti, i record, invece, continuavano ad aumentare: 14496 runner partirono da Staten Island in questa edizione; di questi ben 13205 arrivarono alla *finish line*.

Nel 1982 vinse ancora la coppia Salazar (terza vittoria consecutiva) in 2:09:29 — questa volta impegnato in una lotta fino all'ultimo metro con il messicano Rodolfo Gomez — e Grete Waitz (2:27:14) per la quarta volta consecutiva.

Nel 1983, per la prima volta, la gara degli uomini fu vinta da un atleta non Statunitense: Rod Dixon (2:08:59), neozelandese, riuscì ad interrompere, per sempre, la sfilza di vittorie di Salazar. Grete Waitz, invece, celebrò la sua quinta vittoria nella gara in 2:27:00 con poco meno di cinque minuti di vantaggio sull'italiana Laura Fogli che pure era di sei anni più giovane.

Gary Muhrcke, il vincitore della prima edizione in assoluto, si misurò per l'ennesima volta con la competizione e riuscì ad ottenere, praticamente, lo stesso tempo (2:31:00) che solo pochi anni prima gli era valso la vittoria. Peccato che, in questo caso, si classificò solo alla 196esima posizione.

1984-1991

Nel 1984, a sorpresa, un podista italiano, Orlando Pizzolato, vinse la gara. Le condizioni atmosferiche erano pessime (caldo ed umidissimo) e la corsa di Pizzolato ne fu molto pesantemente penalizzata. Nonostante tutto, riuscì a vincere in 2:14:53, con un tempo che rimane, ad oggi, come il più lento di un vincitore da quando esiste la gara nei cinque *borough*, un testamento all'incredibile sforzo dell'atleta italiano accanto al quale vinse "ovviamente"

Grete Waitz che chiuse la gara in (2:29:30). L'edizione del 1984 resta una delle gare con il maggior numero di atleti che non completarono la gara.

Nel 1985, Pizzolato ripetè il suo successo, questa volta correndo in 2:11:34 a sottolineare, ancora una volta, quanto le avverse condizioni avessero pesato sulla performance dell'anno precedente. Grete Waitz arrivò ancora prima (sette vittorie) in 2:28:34. I partecipanti furono 16705 (di cui 2606 donne). 15737 atleti riuscirono a raggiungere il traguardo quell'anno.

Nel 1986, un altro atleta italiano arrivò primo: Gianni Poli in 2:11:06. Accanto a lui arrivò ancora Grete Waitz (2:28:06). Con 20502 partecipanti, provenienti da oltre 80 paesi, e 19571 finisher l'edizione fu, di gran lunga, la più partecipata fino a quel momento. In questo stesso anno furono introdotti controlli antidoping per i top runner. L'era degli "amatori" era tramontata per sempre.

Bob Weiland, un veterano della guerra del Vietnam, che 17 anni prima, proprio in guerra, aveva perso entrambe le gambe, corse la maratona sulle mani. Impegnando 98 ore e fermandosi lungo il percorso a parlare con altri veterani, i senza tetto e tutti quelli che facevano il tifo per lui.

Quella del 1986 fu anche la prima gara a corrersi in novembre. La motivazione principale ed ufficiale fu cercare di evitare giornate che rischiavano di essere ancora troppo calde ed umide. La nuova data, inoltre, allontanava anche di qualche giorno sul calendario la Maratona di New York da quella concorrente di Chicago. La rivalità tra i due eventi autunnali andava crescendo e si combatteva a tutti i livelli: sponsor, partecipanti, copertura mediatica e partecipazione dei top runner (a colpi di premi). In più di una occasione Bob Bright, *race director* di Chicago, riuscì a strappare a Lebow la partecipazione di qualche concorrente di primo piano (tra cui anche Bill Rodgers) e Lebow commentò infastidito e sarcastico «New York crea le stelle, non le compra».

Negli anni a seguire, nonostante Bright avesse pronosticato che New York avrebbe avuto la necessità di spostarsi in primavera proprio per evitare la lotta impari con Chicago (che si auto definiva "America's Marathon"), il peso di New York crebbe talmente tanto da rendere impensabile ed inutile spostare ulteriormente la data. Ad oggi la Maratona di Chicago, pur essendo considerata tra gli eventi più importanti del settore e parte del circuito World Marathon Majors, ha un peso sicuramente minore rispetto a New York e si corre a metà ottobre, tre settimane prima di New York.

Nel 1987 Ibrahim Hussein, runner del Kenya, vinse la gara in 2:11:01. Per la prima volta, un runner proveniente dal continente africano si aggiudicò la prestigiosa maratona americana. La storia avrebbe poi insegnato che, di lì a pochi anni, sarebbe diventata la "normalità" e non solo a New York.

Tra le donne prevalse la quarantaduenne ed ex fumatrice Priscilla Welch del Regno Unito in 2:30:17. 22523 runner iniziarono la loro gara a Staten Island e 21117 la completarono. Il "muro" dei 20000 finisher fu finalmente superato. Ovviamente per sempre.

Nel 1988 vinse ancora Grete Waitz (2:28:07); fu questa la sua nona ed ultima vittoria nella NYC Marathon. Tra gli uomini prevalse un militare del Regno Unito, Steve Jones in 2:08:20. 22322 runner completarono la gara. Per la prima volta nella storia furono utilizzati entrambi i piani del Verrazzano per far posto ai 23463 runner che affollarono Fort Wadsworth alla partenza.

L'edizione del 1989 sfiorò un nuovo record: 24996 partirono da Staten Island ed arrivarono in 24572 (il 98.3%)! Davanti a tutti (in 2:08:01) arrivò, fissando il nuovo record del percorso, Juma Ikangaa della Tanzania. Tra le donne Ingrid Kristiansen, norvegese, raccolse l'eredità di Grete Waitz, vincendo in 2:25:30

Due furono gli eventi che pesarono sulla gara del 1990. Da una parte un caldo fuori norma che fece tornare in mente il 1984 con la sofferta vittoria di Pizzolato e che costrinse gli organizzatori ad aumentare la disponibilità di acqua e Gatorade del 30%, con il risultato record di utilizzare oltre un milione e mezzo di bicchieri di carta per l'evento. Dall'altro la notizia della battaglia che Fred Lebow aveva da poco iniziato con un tumore al cervello.

Per la prima volta, dopo anni di opposizione, Lebow aprì finalmente la gara alla partecipazione di *charities*: la prima fu proprio la raccolta fondi per una associazione di lotta contro il tumore.

La sua malattia fu solo indirettamente collegata alla decisione, attesa da anni ed invocata da tanti. Lo stesso Lebow raccontò al New York Times: «Un giorno, mentre mi allontanavo dall'ospedale dopo il trattamento, uscendo sono passato accanto a due bambini malati di cancro. Erano bambini così tanto piccoli che all'istante decisi che avremmo dovuto fare qualcosa per contribuire.»

La gara del 1990 fu dedicata alla lotta di Fred Lebow ed il tema per tanti fu: "Fred, This Run's for You." ("Fred, questa gara è per te.")

Vinsero Douglas Wakiihuri, del Kenya, per gli uomini in 2:12:39 e Wanda Panfil, Polonia, in 2:30:45 per le donne. 25012 runner parteciparono alla gara. Dopo due anni di infortuni, Grete Waitz provò ad aggiudicarsi la decima vittoria ma arrivò soltanto quarta. Poco dopo annunciò il suo ritiro dalle competizioni.

Nel 1991 vinse Salvador García, primo messicano della storia ad aggiudicarsi la gara di New York. Completò la sua gara in un tempo di tutto rispetto (2:09:28) e si presentò alla premiazione vestito con l'abito tradizionale messicano, sombrero compreso. Tra le donne vinse Liz McColgan, del Regno Unito, in 2:27:32: fu il tempo più veloce di un vincitore debuttante alla maratona, risultato ancora più straordinario considerando che solo un anno prima aveva dato alla luce una bambina.

Sempre nel 1991, il celebre scrittore e runner appassionato Haruki Murakami partecipò per la prima volta alla NYC Marathon.

1992

L'edizione del 1992 rimarrà, per sempre, come una delle gare che ha suscitato le emozioni più intense nella storia di questa competizione.

Fred Lebow, nel pieno della sua battaglia contro il tumore, decise di regalarsi, per il suo sessantesimo compleanno, la partecipazione alla gara che lui più di tutti aveva contribuito a creare.

Così il primo novembre 1992, Fred Lebow, con il pettorale numero 60 come i suoi anni, corse accanto all'amica Grete Waitz (pettorale F 39), la runner norvegese che tanto doveva della sua carriere proprio a Lebow. Lebow era visibilmente provato dalla malattia e rischiò anche di non partire perché, per la prima volta, ci fu una falsa partenza. Waitz lo convinse a correre e, lentamente, Lebow si avviò lungo il percorso che egli stesso aveva immaginato e che tante volte aveva fatto a bordo del veicolo di testa.

Milioni di persone, lungo le strade della città, invocarono Lebow che, circondato da tanti del team di New York runner, provò l'emozione che aveva regalato a centinaia di migliaia di runner prima di lui.

La gara fu un completo tributo alla forza ed alla genialità di Fred Lebow. I tanti video di quel momento raccontano di una incredibile emozione e commozione. Le parole, possono riuscire solo parzialmente a raccontare l'intensità di quei momenti.

Fred Lebow e Grete Waitz arrivarono, mano nella mano, alla Finish Line in 5:32:34, tra gli abbracci e le lacrime di tutto lo staff di NYRR.

La NYC Marathon del 1992 fu l'ultima maratona che Lebow corse nella sua vita. Nella sua carriera Fred Lebow ha corso un totale di 69 maratone in giro per il mondo. E sembra appropriato pensare che la sua carriera di runner sia iniziata con un semplice giro a Central Park e terminata alla Finish Line della gara da lui creata, nel medesimo parco.

La gara se la aggiudicò il runner sudafricano Willie Mtolo (2:09:29) che celebrò così la fine dell'apartheid: Mtolo fu anche il primo sudafricano di sempre a completare la NYC Marathon ed anche ad aggiudicarsela. Tra le donne vinse l'atleta australiana Lisa Ondieki in 2:24:40, che fissò anche il nuovo record del percorso.

1993

La speranza di vedere trionfare un runner americano, incentivata anche da premi aggiuntivi, andò delusa anche nel 1993. La striscia di runner non-US vittoriosi cominciava a diventare lunga ed era destinata a crescere, ancora di più. Il patriottismo USA potè parzialmente consolarsi però grazie a due atleti di Chicago, Pam Kezios e Tom Young, che si fermarono durante la gara all'ottavo miglio per sposarsi proprio davanti al Brooklyn Academy of Music. E poi completarono la corsa. Un matrimonio con oltre 28140 invitati.

La data della gara fu spostata, per cercare un clima più mite, addirittura al 14 novembre (nessuna edizione è mai andata così avanti). La competizione fu vinta nuovamente da un messicano, Andrés Espinosa in 2:10:04 e, tra le donne, prevalse Uta Pippig, tedesca, in 2:26:24. Dopo la vittoria a New York, la runner riuscì a vincere tre edizioni della Boston Marathon. I *finisher*, ancora in crescita, furono 26588.

L'edizione del 1993 fu l'ultima ad essere trasmessa in diretta TV. Il *broadcast* dell'evento fu poi ripreso nel 2013 da ESPN.

1994

Il 9 ottobre 1994, appena quattro settimane prima della venticinquesima edizione della New York City Marathon, Fred Lebow morì. Il papà della gara più popolare del mondo era morto, ma per fortuna la competizione era diventata grande abbastanza da poter continuare il proprio cammino, anche senza l'incredibile motore di forza ed innovazione che era stato Lebow, sin dai primi timidi passi di questo evento.

Il posto di CEO e Presidente di NYRR e *race director* della NYC Marathon fu preso da Alan Steinfeld. E proprio durante questa prima edizione della gestione Steinfeld avvenne uno degli episodi più curiosi della storia della gara.

Nel corso di un emozionante testa a testa finale tra due runner messicani, Germán Silva e Benjamin Paredes, lungo il rettilineo di Central Park South, Silva seguì per errore il veicolo che aveva a bordo Steinfeld, una telecamera ed alcuni fotografi, che stava abbandonando il tracciato di gara, invece che quello di testa, sbagliando così percorso e perdendo metri e circa 13 secondi importanti rispetto a Paredes.

Silva si accorse dell'errore, ritornò indietro, e negli ultimi 800 metri di gara riuscì nell'impresa di riprendere e sorpassare Paredes completando la gara in 2:11:21, con appena due secondi di vantaggio.

Vinse la maratona e, per sempre, anche il soprannome di "Wrong Way Silva".

Tra le donne la vittoria andò alla keniota Tegla Loroupe (2:27:37), prima vincitrice africana della storia della gara (e ovviamente non l'ultima). Con 31129 runner alla partenza, ancora una volta, la gara fu la più partecipata fino a quel momento.

Il 4 novembre, in onore di Fred Lebow, fu anche ufficialmente rilasciata a Central Park una statua dedicata al fondatore della NYC Marathon e creata dall'artista Jesus Ygnacio Dominguez. La statua raffigura Lebow, con il suo tipico outfit sportivo, il cappello da ciclista ed intento a controllare un cronometro.

Alla cerimonia di presentazione erano presenti 23 vincitori delle edizioni precedenti della gara, la famiglia e gli amici di Lebow, lo staff di NYRR e centinaia di runner. In origine la statua, la cui creazione e realizzazione fu tanto complessa al punto che un libro è dedicato solo a questa storia, fu installata nei pressi della finish line della maratona. Dal 2001, invece, la statua di trova nei pressi dell'entrata est di Central Park (nei pressi di E 90th Street). Ma ogni anno viene riportata sulla finish line ad accogliere i maratoneti.

1995

Nel 1995 la gara fu vinta nuovamente dalla coppia dell'anno precedente. Germán Silva (2:11:00) impiegò 21 secondi in meno rispetto all'anno precedente, in qualche modo dando una "misura" all'entità della sua svista del 1994. Tra le donne fu prima ancora Tegla Loroupe (2:28:06), che invece peggiorò la sua performance di quasi un minuto. I due runner furono senz'altro sorpresi dalle pessime condizioni climatiche: appena 4 gradi centigradi e venti intorno a 40 km/h, che portarono la temperatura percepita intorno ai -7 °C, per via della pioggia mista a vento e neve.

Il totale dei partecipanti fu un totale tondo di 29000 runner, di cui più di 26000 arrivarono al traguardo. Le cattive condizioni climatiche ebbero il loro effetto sull'elevato numero di "DNF" (did not finish) per l'edizione 1995.

Il 1995 fu anche l'anno di nascita del "Fred's Team", un programma ed un team di raccolta fondi per la lotta contro il cancro. Il programma portato avanti dal Memorial Sloan Kettering Cancer Center (MSK) scelse il nome proprio in onore di Fred Lebow che al MSK aveva combattuto la propria lotta contro il tumore e che aveva iniziato il primo programma ufficiale di fund raising proprio a favore dell'istituto.

La figura di Lebow fu scelta anche perché, durante la sua convalescenza nel 1991, Fred correva nei corridoi del MSK, dove aveva persino segnato le distanze per poter misurare il proprio allenamento.

1996

Nel 1996 un altro italiano, Giacomo Leone, si aggiudicò la gara in 2:09:54 con le ultime due miglia corse a tempo di record. Leone dichiarò di essersi ispirato alle vittorie di Pizzolato e Poli degli anni '80.

Giacomo Leone è, tutt'ora, l'ultimo europeo ad essersi aggiudicato la Maratona di New York. Dopo la sua vittoria hanno vinto la gara esclusivamente runner africani ad eccezione di un solo statunitense, Meb (eritreo naturalizzato), e Marílson Gomes dos Santos, brasiliano, con due vittorie.

Tra le donne vinse la rumena Anuta Catuna, probabilmente l'unica vincitrice di maratona al mondo con il nome palindromo. Catuna, chiuse la gara in 2:28:18 e la sua vittoria fu celebrata da moltissimi anche come un omaggio a Lebow, rumeno e transilvano d'origine anch'egli.

Catuna arrivò con poco meno di 30 secondi di vantaggio (e secondo il New York Times fu "aiutata" da un uomo che le fece da *pacer* involontario) davanti all'italiana Franca Fiacconi.

Il 1996 segna anche l'introduzione della lotteria per potersi aggiudicare la partecipazione alla NYC Marathon. Il sistema, introdotto parzialmente già nel 1983, divenne così la modalità obbligatoria per poter ottenere accesso alla competizione.

1997

John Kagwe, Kenya, vinse l'edizione del 1997 in 2:08:12. Appena 11 secondi peggio del record del percorso. Record che avrebbe potuto tranquillamente battere se non si fosse fermato ben tre volte durante la gara per allacciare le scarpe, nuove, acquistate appena due giorni prima della gara all'expo. Un errore da maratoneti di primo pelo il suo, che lo costrinse a tagliare il traguardo con le scarpe ancora slacciate. Tra gli italiani fece il suo esordio nella gara di New York anche Stefano Baldini, che si classificò terzo, arrivando poco più di un minuto dopo Kagwe in 2:09:31. Al primo posto tra le donne, arrivò la svizzera Franziska Rochat-Moser in 2:28:43.

I runner totali furono 31400 alla partenza e 30501 (di cui 8418 donne) arrivarono a Central Park, raggiungendo un nuovo record di partecipazione, nonostante la pioggia, il vento e l'umidità fortissima. Pioggia che, da quel giorno, non si è più rivista durante la NYC Marathon, fino a quella, peraltro leggerissima, comparsa del 2017.

1998

Nel 1998 l'italiana Franca Fiacconi riuscì finalmente nell'impresa di vincere la gara (2:25:17) dopo i due anni precedenti in cui si era classificata seconda e terza. La vittoria della Fiacconi fu netta. Con il suo stile deciso prese la testa della gara e staccò la Loroupe (vincitrice nel 1994 e 1995) nella prima salita seria di Central Park, regalando alla Fiacconi una passerella di alcuni chilometri corsi in totale solitudine, che l'atleta romana fece regalando sorrisi al pubblico. Ad oggi, il tempo di quella edizione della NYC Marathon è il miglior tempo in maratona della runner italiana che raccontò (e racconta ancora) di quel giorno come del più bello della propria vita.

John Kagwe bissò il successo dell'anno precedente (2:08:45), senza problemi di lacci questa volta, ma non riuscendo a migliorare il proprio tempo combattendo fino agli ultimi metri in un testa a testa a tre (Chebet e Bayo i due runner battuti). Nei primi dieci posti in graduatoria, ben sei podisti erano del Kenya. Il predominio dei runner africani sulla Maratona di New York cominciava a farsi sentire sul serio.

Incredibile a dirsi, ma per gli atleti in sedia a rotelle (ancora considerati di "seconda classe") ci fu un imprevisto impensabile: furono fermati dalla polizia per circa 30 minuti all'altezza del Queensboro Bridge per far passare avanti i top runner uomini e donne. Con il passare degli anni la gestione degli atleti con disabilità continuava a rappresentare una brutta pagina ed una spina nel fianco, per NYRR.

Maggiori dettagli è possibile trovarli nel capitolo "La maratona e gli atleti con disabilità".

1999

Joseph Chebet (Kenya) si aggiudicò l'edizione del 1999 della gara in 2:09:14. Per le donne la vittoria fu di Adriana Fernandez, prima donna messicana a vincere una maratona internazionale, che chiuse in 2:25:06.

Entrambi i vincitori si aggiudicarono 100.000 dollari a testa di premi. Una cifra enorme che dava, finalmente, anche la misura della popolarità raggiunta da questo sport e dal volume di affari che, ormai, girava intorno ad un evento di queste dimensioni. 31905 runner raggiunsero il traguardo in questa edizione della gara.

Steinfeld, sempre più al comando della manifestazione, diede dei numeri sull'evento: il runner arrivato al posto 10000 aveva un tempo di 3:59:53, il 20000esimo 4:38:46 ed il 30000esimo 5:56:13.

I numeri erano diretta conseguenza dell'impiego, per la prima volta, del Championchip, un piccolo chip che i runner dovevano legare ai lacci delle proprie scarpe (arrotolandolo ma facendo attenzione non piegarlo). Durante la gara i runner passavano su degli appostiti tappeti che "sentivano" il passaggio e memorizzavano l'orario effettivo del passaggio del podista. Finalmente era possibile calcolare il tempo netto che un atleta impiegava a completare la corsa e si era potuto mettere fine alla calca sulla linea di partenza per cercare di partire più possibile a ridosso del colpo di cannone.

2000

Nel venticinquesimo anniversario della maratona attraverso i cinque *borough*, si aggiudicò il podio il runner marocchino Abdelkader El Mouaziz in 2:10:09, completando la prima parte di gara in solo un'ora e tre minuti. Tra le donne vinse Lyudmila Petrova (2:25:45), un'atleta russa per la prima volta nella storia della NYC Marathon; arrivò sul gradino più alto del podio davanti a Franca Fiacconi. La Petrova era di recente rientrata nel giro del professionismo dopo sette anni d'assenza durante i quali aveva cresciuto due figlie e la sua fu una vittoria a sorpresa.

Il podio nel 2000 fece spazio, per la prima volta anche ufficialmente, ai runner in *wheelchair*.

Tra gli uomini la vittoria fu del Tunisino Kamel Ayari (1:53:50), mentre per le donne vinse l'atleta neozelandese Jo-Ann O'Callaghan (3:47:26). Anche se in un modo decisamente tardivo, la Maratona di New York cominciò così a riconoscere e premiare l'incredibile impresa atletica dei runner in *wheelchair*. Allo stesso tempo fu stabilita anche una classifica per gli atleti in *handbike*.

I finisher di questa edizione furono 29474. La più lenta di tutti fu, per la quattordicesima volta Zoe Koplowitz, una runner di New York malata di sclerosi multipla, che completò questa edizione della NYC Marathon nel tempo record di 33 ore e 59 minuti correndo con le stampelle. Alle 3 del mattino un McDonald's al Bronx aprì appositamente per lei per offrirle la colazione. In tutta la sua carriera Zoe ha completato 25 edizioni della NYC Marathon, arrivando sempre ultima.

2001

Con un gigantesco striscione "United We Run" (preparato dal team della Maratona di Berlino, corsa pochissimi giorni dopo il tragico attentato del 9/11), prese il via la ventiseiesima edizione della NYC Marathon. Il consueto cordone di poliziotti e pompieri abbracciati che, da sempre, aiutava a tenere i runner fermi prima del via ufficiale, quell'anno stringeva nelle mani le foto di tanti colleghi scomparsi l'11 settembre o nei giorni immediatamente successivi.

Inevitabilmente appena poche settimane dopo 9/11, il dolore, il dramma, gli odori e le conseguenza nella vita della città, la Maratona di NY provò a ravviare (come già nell'edizione del 1976) una città profondamente scossa, ma che cercava già di reagire in tutti i modi — da qui la volontà del sindaco Rudy Giuliani e degli organizzatori di non cancellare questa edizione.

Dal ponte di Verrazzano i runner, tutti, ammirarono attoniti il panorama sfregiato della parte meridionale di Manhattan. Il clima, teso e preoccupato, aveva portato a numerose cancellazioni con conseguente ridotta partecipazione di runner. Si temeva, ed in parte ci fu, un evento più modesto rispetto agli standard raggiunti fino a quel giorno: 24057 furono i runner che partirono da Staten Island.

Le misure di sicurezza aggiuntive furono importanti ed imponenti. Tanti protagonisti delle edizioni precedenti decisero di correre la gara portando così il loro sostegno ad una città cui dovevano un momento importante della loro carriera. La città rispose al meglio: Steinfeld dichiarò: "Non ho mai visto così tante bandiere americane durante la gara". Fu nonostante tutto una festa della città.

Il primo vigile del fuoco a raggiungere il traguardo, Tim McCauley (3:07:46) della compagnia 78 di Staten Island, fu accolto da una vera e propria ovazione.

Tra gli elite runner l'etiope Tesfaye Jifar arrivò primo in 2:07:43, tra le donne vinse la keniota Margaret Okayo in 2:24:21. Entrambi i runner africani fecero registrare il tempo record per la gara beneficiando di condizioni climatiche molto favorevoli e di un cambio di percorso che sacrificava un tratto di gara decisamente collinoso in Central Park, con un passaggio più lineare (in salita, ma costante) su Fifth Avenue.

L'italiana Francesca Porcellato si aggiudicò il podio tra le atlete disabili (2:11:57). Accanto a lei, Saúl Mendoza (1:39:39), messicano. Anche in questo caso i due atleti migliorarono il record del percorso.

L'edizione del 2001 fu la prima in cui furono riconosciuti premi in denaro anche ai vincitori delle categorie riservate ai disabili (un uomo ed una donna per la categoria *handbike*, un uomo ed una donna della categoria carrozzina olimpica), raggiungendo, con colpevole ritardo, una parità di trattamento tra gli atleti indipendentemente dalla modalità di partecipazione.

2002

All'edizione del 2002 fece il suo debutto un atleta, eritreo d'origine ma dal 1998 naturalizzato americano, che negli anni a venire sarebbe diventato la vera bandiera della maratona statunitense: Meb Keflezighi.

Meb, come lo chiamano un po' tutti, si classificò "solo" al nono posto dopo aver tentato uno sprint, troppo intenso, su First Avenue intorno al 18esimo miglio. Meb pagò la sua inesperienza. Ma avrebbe, in futuro, fatto tesoro di questa prima avventura ufficiale nella maratona.

Arrivò primo il keniota Rodgers Rop in 2:08:07. Anche tra le donne trionfò un'atleta keniota, Joyce Chepchumba, in 2:25:56. L'atleta sud Africano Krige Schabort (1:38:27) si aggiudicò il primo posto per la competizione in carrozzina olimpica, tra le donne la vincitrice fu la statunitense Cheri Blauwet (2:14:39).

Passato parzialmente il trauma dell'11 settembre il numero dei partecipanti riprese a salire: 32349 runner partirono da Staten Island (circa 10000 da New York, 10000 da altri Stati e circa 10000 da 98 paesi) e ben 31933 arrivarono al traguardo, un nuovo record. Nel settembre del 2002 NYRR aveva organizzato una seconda lotteria per invitare ulteriori 2000 runner alla competizioni rimasti fuori dalla lotteria originale che si era tenuta in giugno. Molti atleti internazionali avevano infatti rinunciato, in maniera inaspettata ma motivata dai timori del post 11 settembre, alla propria partecipazione. Steinfeld decise così di dare una seconda possibilità agli oltre 5000 runner US rimasti esclusi.

Il 2002 segnò anche l'inizio (o sarebbe meglio dire il "ritorno") della partenza differenziata per l'elite delle donne, tanto contestata negli anni '70. Le esigenze di spettacolo e televisive dettarono questa innovazione, partita come esperimento ma in vigore ancora oggi.

Le top runner, da allora, partono 35 minuti prima dell'elite maschile (e soli 10 minuti dopo gli elite disabili), avendo così la possibilità di essere protagoniste della gara e giungere al traguardo poco prima dei colleghi uomini, evitando, nel contempo, anche "giochi" di pacing che si erano verificati in qualche occasione.

2003

La novità più "visibile" del 2003 fu, senz'altro, l'arrivo di un *title sponsor* per la gara: la New York City Marathon divenne, dal 2003 in poi, la ING NYC Marathon, "colorandosi" anche di arancio nella comunicazione e in uno dei tre gruppi di runner allo start, che era stato fino ad allora rosso.

Le temperature più che primaverili (16 gradi alla partenza, oltre 18 all'arrivo) di quel giorno si rilevarono un ostacolo per la coppia di kenioti in testa che battagliarono lungamente, staccandosi da un gruppo di testa di 25-30 altri runner.

Alla fine al vittoria fu di Martin Lel in 2:10:30 (davanti al vincitore dell'edizione dell'anno precedente Rodgers Rop che arrivò in 2:11:11). Lel, dopo aver corso fianco a fianco con Rop per quasi tutta la gara, riuscì a staccarsi solo nell'ultimo mezzo miglio del percorso, durante il quale riuscì ad accumulare un vantaggio di ben 200 metri.

Il predominio keniota sulla gara, divenne sempre più evidente. Tra i primi 10 atleti arrivati, ben 7 erano del Kenya (e nelle prime quattro posizioni), due italiani (Alberico di Cecco ed Ottavio Andriani) ed un runner del Marocco. Il migliore atleta statunitense si classificò solo diciassettesimo.

Leggermente più variegata la classifica femminile che, in ogni caso, vide trionfare l'atleta keniota Margaret Okayo in 2:22:31, alla sua seconda vittoria a New York, e che fissò anche il nuovo record del percorso, migliorando il suo stesso record del 2001 di oltre due minuti. Vittoria e record le fruttarono oltre 160.000 dollari, parte dei quali sarebbero stati destinati agli orfani. Il record del percorso di Margaret Okayo è tuttora imbattuto.

Tra gli atleti con disabilità il primo posto maschile fu nuovamente del sudafricano Krige Schabort (1:32:19), mentre tra le donne vinse ancora Cheri Blauwet in 1:59:30.

34856 atleti completarono la gara nel 2003, di cui 11737 donne. Il totale dei partecipanti salì a 35286.

Tra gli uomini, Sir Ranulph Fiennes e Michael Stroud portarono a completamento una delle più bizzarre imprese nella storia del running: finire sette maratone diverse nei sette continenti in sette giorni consecutivi. A complicare la loro impresa, la necessità di portare durante le gare un defibrillatore a causa del doppio bypass cui era stato sottoposto Fiennes. Completarono la gara (e la loro pazza impresa) a New York in 5 ore, 25 minuti e 46 secondi. Un tempo di tutto rispetto anche considerando i viaggi, il jet-lag, la fatica e le vesciche accumulate nei giorni precedenti. Il loro programma fu: Patagonia lunedì (al posto della prevista Antartide, non raggiunta per problemi logistici), le Isole Falkland il martedì, mercoledì a Sydney, giovedì Singapore, Londra il venerdì, Sabato al Cairo a mezzanotte davanti alle piramidi, seguito da un volo per arrivare a correre domenica mattina a New York.

2004

Appena tre secondi, nel 2004, separarono la runner britannica Paula Radcliffe dalla keniota Susan Chepkemei. Ancora oggi è il risultato più prossimo che sia mai verificato tra due atlete nella storia della NYC Marathon. Radcliffe, vinse in 2:23:10, confermandosi astro nascente della maratona, dopo le vittorie dell'anno precedente ottenute a Londra e Chicago.

Il sudafricano largamente autodidatta Hendrick Ramaala vinse la gara tra gli uomini completando la sua performance in 2:09:28. «Sono noto per essere un pessimo maratoneta,» commentò Ramaala che, prima di allora, non era mai andato oltre un quinto posto in maratona. E all'arrivo non tagliò nemmeno il nastro come da tradizione.

Meb Keflezighi si classificò secondo, arrivando meno di 30 secondi dietro al runner sudafricano, con il quale battagliò a lungo fino alla fine della gara. Meb conquistò così il miglior risultato di uno statunitense dal secondo posto di Bob Kempainen nel 1993.

Il messicano Saúl Mendoza bissò il successo del 2004 e si aggiudicò il primo posto della gara in *wheelchair*: arrivando in 1:33:16 migliorò il suo tempo di oltre 6 minuti. Tra le donne la svizzera Edith Hunkeler chiuse la gara in prima posizione in 1:53:27 e fissò un nuovo record per il percorso.

I 37257 runner che partirono da Staten Island erano stati selezionati dagli oltre 78000 podisti che avevano provato ad accedere alla gara, tra cui tantissimi residenti della città che, tuttavia, cominciavano a lamentare i pochi posti disponibili per i newyorkesi. Una massa enorme di runner che superò ogni record di finisher fino ad allora: 36513 di cui 24696 uomini e 12017 donne. Come era avvenuto negli ultimi anni, il pool di runner era grosso modo equamente diviso in tre blocchi uguali: residenti a New York, cittadini US di altri stati e runner internazionali.

L'impatto della gara sulle economia della città continuava a diventare sempre più imponente: nel 2004 si stimò che il contributo alla economia locale fosse di oltre 150 milioni di dollari.

2005

L'edizione del 2005 verrà probabilmente ricordata come una delle maratone con il finale più emozionante di sempre dal punto di vista agonistico. Dopo l'intera gara passata a battagliare, Paul Tergat (Kenya) e Hendrick Ramaala (Sud Africa) regalarono agli spettatori della finish line un finale di gara incredibile. Negli ultimi 300 metri della competizione corsero spalla a spalla e perfettamente allineati in uno sprint finale degno dei migliori centometristi. La gara fu, di fatto, decisa negli ultimi metri della gara, quando Ramaala (il vincitore dell'edizione dell'anno precedente) tentò persino di allungarsi verso la finish line e Tergat (detentore del record del mondo di categoria) riuscì a raggiungere il traguardo con meno di un secondo di anticipo rispetto all'atleta sudafricano.

Fu un finale epico tra due atleti eccezionali e che tutt'oggi è ricordato come il distacco più basso di sempre tra due atleti in maratona.

Tergat completò la gara in 2:09:29.90, seguito da Ramaala in 2:09:30.22. La differenza a cronometro fu di 32 centesimi di secondo. Meb Keflezighi, medaglia d'argento alle olimpiadi di Atene ed astro crescente della maratona USA, si classificò terzo in 2:09:56.

Tra le donne vinse Jelenia Prokopcuka, 29 enne atleta della Lettonia, in 2:24:41, con "ben" 14 secondi di vantaggio sulla keniota Susan Chepkemei. Un'enormità rispetto alla gara degli uomini. Prokopcuka portò la Lettonia sotto i riflettori dello sport internazionale e vinse ben 160.000 dollari. Per la prima volta il premio per le donne superò quello per gli uomini, grazie ad un premio speciale di 30000 dollari destinato dal main sponsor ING.

La maggiore attenzione alle donne derivò anche dal nuovo presidente e *race director*, Mary Wittenberg, prima donna ad assumere tale ruolo tra le principali competizioni internazionali.

La gara toccò un nuovo record di partecipanti: 37597, di cui ben 37011 raggiunsero il traguardo. Tra questi l'uomo più anziano a completare la gara fu Jonathan Mendez, 85 anni, che chiuse la gara in 8:03:03. La donna più anziana a chiudere la gara fu Vivian Lowery, 81 anni, che completò la competizione in 8:09:26.

Il sudafricano Ernst van Dyk si aggiudicò il primo posto in *wheelchair* nel tempo record di 1:31:11. Tra le donne prevalse nuovamente l'atleta svizzera Edith Hunkeler (1:54:52).

2006

L'atleta brasiliano Marílson Gomes dos Santos interruppe il dominio africano di dieci anni sulla NYC Marathon nel 2006, arrivando primo al traguardo in Central Park in 2:09:58, divenendo anche il primo atleta sudamericano della storia ad aggiudicarsi la competizione.

Nessuno si aspettava che il ventinovenne atleta brasiliano, con solo quattro maratone in carriera alle spalle e nessuna vittoria, potesse vincere la competizione a New York. Fu invitato dagli organizzatori principalmente per rendere più internazionale la platea dei top runner. E l'atleta brasiliano, che era stato indeciso se correre a New York o Chicago fino a sole poche settimane prima, vinse inaspettatamente e con un tempo di tutto rispetto. Gomes dos Santos si portò così a casa circa 15000 dollari per la partecipazione (molto meno di quanto pagato agli elite runner che si pensava potessero vincere), 130000 dollari per la vittoria, 25000 dollari per il time bonus ed una automobile Smart.

Tra le donne vinse nuovamente Jelenia Prokopcuka in 2:25:05, peggiorando anche se di poco la prestazione dell'anno precedente. L'atleta australiano Kurt Fearnley vinse la gara in *wheelchair* in 1:29:22, guadagnandosi anche il record del percorso. L'atleta Amanda McGrory regalò agli statunitensi la soddisfazione di salire nuovamente sul podio femminile grazie al tempo 1:54:19, appena due secondi più veloce della seconda classificata.

38368 atleti partirono da Staten Island alla volta di Central Park, e di questi ben 38039 riuscirono nell'impresa. Tra gli atleti cominciarono a comparire orologi GPS sempre più sofisticati (con Garmin a fare da apripista), fasce cardio e smartphone di primissima generazione, agganciati alle braccia degli atleti. Il running gradualmente si stava trasformando anche grazie all'apporto delle tecnologia. L'iPod, introdotto nel 2001, era ormai ovunque, compagno di allenamento e di competizione per tantissimi runner, anche se la gara di New York certamente non necessitava di una colonna sonora aggiuntiva.

La tecnologia, tuttavia, si fece notare anche durante la gara. Per la prima volta fu possibile controllare e seguire la posizione di cinque runner prescelti e vederli direttamente in video (formato francobollo) live in tre location al momento del passaggio: il Pulaski Bridge, l'incrocio tra la E 110th Street e First Avenue e la Finish Line. Il servizio sperimentale costava cinque dollari ed era utilizzabile solo da PC.

Una vera celebrità corse e concluse la gara nel 2006: Lance Armstrong, che completò la gara in 2:59:36. Armstrong, che al tempo non era stato ancora travolto dallo scandalo del doping e portava avanti i valori della sua fondazione Livestrong per la lotta ai tumori, dichiarò: «È stato in assoluto lo sforzo fisico più grande che abbia mai fatto. Nemmeno nei giorni più duri del Tour de France ho mai provato niente di così difficile, niente che mi abbia fatto provare quel che provo ora.»

Nel 2006 la ING NYC Marathon si unisce ufficialmente al circuito delle World Marathon Majors, di cui facevano già parte Boston, Chicago, Londra e Berlino. Le Majors diventeranno poi sei nel 2013 con l'arrivo della Maratona di Tokyo.

Accanto ai tradizionali bus da Manhattan per raggiungere la partenza, NYRR comincia ad offrire anche la possibilità di raggiungere Staten Island con il ferry:

nel 2006 sono 2500 i runner che sperimentano questo nuovo modo, che si rivelerà uno strumento fondamentale per poter far crescere ancora di più la partecipazione in termini di podisti. Nel 2018 circa 25000 runner hanno optato per il traghetto.

2007

Martin Lel, Kenya, vinse per la seconda volta la gara in 2:09:04. Anche Paula Radcliffe si prese la sua seconda medaglia a New York in 2:23:09, appena un secondo in meno della sua prima vittoria del 2004. Sull'umore degli atleti pesò, indubbiamente, la scomparsa avvenuta appena 24 ore prima di Ryan Shay, podista ventottenne degli Stati Uniti, che collassò durante le Olympic Trails per la maratona che si correvano proprio a New York in Central Park ed erano organizzati da NYRR. I finisher totali della competizione furono 38730 su 39265 iscritti. A pochissimo dalla fatidica soglia dei 40000 iscritti. L'australiano Kurt Fearnley vinse nuovamente in *wheelchair* in 1:33:58, andando tuttavia lontano dal record dell'anno precedente. La svizzera Edith Hunkeler guadagnò la sua terza vittoria alla ING NYC Marathon e fissò anche il record del percorso per le donne.

2008

Il 2008 è stato un importante anno di crescita per la NYC Marathon ed in generale per NYRR. Nell'anno della suo cinquantesimo anniversario la associazione no-profit riuscì a raggiungere nuovi importanti traguardi: 45600 iscritti e programmi di supporto ed avvicinamento al running per oltre 55000 bambini nella sola città di New York. Per la maratona l'innovazione più importante è sicuramente stata l'introduzione del sistema a *wave* (onda), che, in pratica, ha spalancato da quel momento in poi la possibilità di far crescere in maniera decisa il numero delle partenze. La mente dietro il *Wave Start Program* è Peter Ciaccia, già da molti anni in NYRR, fautore dell'utilizzo del ferry come mezzo di trasporto d'avvicinamento alla partenza e costantemente al lavoro, alla ricerca di metodi migliori e più efficienti per far funzionare la gigantesca macchina organizzativa dietro la ING NYC Marathon.
Il vincitore della gara fu, di nuovo, il brasiliano Marílson Gomes dos Santos, non più una sorpresa per gli osservatori dopo la vittoria del 2006, anche se riuscì ad agguantare la vittoria solo nell'ultimo chilometro di gara. Gomes dos Santos vinse la gara in 2:08:43 migliorando di oltre un minuto il suo record

precedente. Tra le donne vinse ancora Paula Radcliffe in 2:23:56, con circa due minuti di vantaggio su Ludmila Petrova, cominciando un dominio che ricordava quello di Grete Waitz. Proprio all'atleta norvegese fu dedicata la medaglia di quella edizione che nel retro recitava "Grete Waitz, the greatest Champion in New York City Marathon History" ("Grete Waitz, la più grande campionessa nella storia della New York City Marathon"). Tra gli atleti disabili si confermò imbattibile la "coppia" di vincitori Fearnley (1:44:51) e Hunkeler (2:06:32), alla sua quarta vittoria consecutiva. Entrambi gli atleti si scontrarono con venti molto forti lungo tutto il tracciato di gara facendo registrare tempi sensibilmente più lenti rispetto alle vittorie ottenute negli anni precedenti.

2009

43659 finisher totali (28485 uomini, 15174 donne). Così si presenta l'edizione del 2009 che raggiunse un record che annullava tutti i precedenti risultati ottenuti dalla NYC Marathon e divenne pressoché inarrivabile per qualsiasi altra maratona del mondo. Il vero traguardo celebrato fu, tuttavia, la vittoria di Meb Keflezighi, l'atleta eritreo naturalizzato statunitense, che dopo ben quattro tentativi nelle edizioni precedenti riuscì finalmente ad aggiudicarsi la competizione. E lo fece in grande stile: riuscì ad imporsi in 2:09:15 con oltre 40 secondi di vantaggio sul keniota Chereuiyot. La vittoria di Meb fu la prima vittoria di un atleta statunitense a New York dal 1982, un digiuno durato 27 anni e che riporta la memoria alla gara di Alberto Salazar. Meb vinse, fissò il suo *personal best* sulla distanza e siglò anche la sua prima vittoria in carriera in maratona, dopo anni di tentativi in giro per il mondo. Il racconto di questa vittoria, contenuto nelle pagine dell'autobiografia "26 Marathons" di Keflezighi, è la testimonianza della perseveranza e della forza di questo atleta straordinario, che quel giorno iniziò una carriera travolgente.

Per le donne la vittoria andò a Derartu Tulu (2:28:52), prima etiope della storia ad aggiudicarsi la competizione, che riuscì a vincere lottando fino alla fine con l'atleta russa Petrova, già vittoriosa nel 2000. Paula Radcliffe arrivò "solo" quarta in 2:29:27. In *wheelchair* Fearnley (1:35:58) e Hunkeler (1:58:15) si confermarono leader indiscussi della competizione anche nel 2009. Alla ricerca costante di una esperienza di corsa migliore, nel 2009 il Championchip da legare ai lacci delle scarpe fu sostituito dalla tecnologia D-Tag. Il chip D-Tag è inserito nel pettorale, pressoché invisibile e non può essere danneggiato incidentalmente dai runner, contrariamente al Championchip che rischiava di essere rotto in fase di montaggio. Per maggiore sicurezza, i pettorali della NYC

Marathon includono ora due chip D-Tag, che altro non sono che sottili strisce di plastica attaccate nella parte posteriore del pettorale.

Il 2009 segna anche l'ultima partecipazione alla competizione di George Hirsch che, come promesso alla moglie, si è ritirato dalla competizione, ma non dal running e nemmeno dal suo ruolo di *head of Board* di NYRR. Hirsch ha salutato in grande stile la maratona, completando la gara in 4:06:14 e classificandosi primo nel suo gruppo d'età (all'epoca aveva 75 anni).

2010

Quando l'atleta etiope Gebre Gebremariam tagliò il traguardo della ING NYC Marathon in 2:08:14 (il sesto tempo più veloce di sempre nella storia della competizione), non potè far altro che ringraziare il suo connazionale Gebrselassie, che, infortunato intorno al ventiseiesimo chilometro, lo aveva lanciato verso il traguardo. Gebremariam corse con una progressione impressionante negli ultimi cinque chilometri di gara ed andò a vincere così la prima maratona in carriera. Tra le donne la keniota Edna Kiplagat chiuse in 2:28:20, con ben venti secondi vantaggio su un altro astro nascente dell'atletica US: Shalane Flanagan. Al terzo posto arrivò, un pochino in sordina, l'atleta Mary Keitany, destinata tuttavia a riscrivere le regole della NYC Marathon negli anni a venire. Proprio come l'atleta Tatyana McFadden, che in 2:02:22 si aggiudicò per la prima volta (di molte a venire) la gara in *wheelchair*. Per gli uomini in carrozzina vinse il britannico David Weir in 1:37:29. Il dominio Fearnley-Hunkeler era terminato per sempre. I partecipanti toccarono una nuova cifra record: 45350 persone partirono da Staten Island ed arrivarono alla finish line 45106 atleti. Tra loro anche Edison Pena, balzato alle cronache per essere rimasto intrappolato per oltre due mesi con altri 32 colleghi in una miniera del Cile fino poche settimane prima della gara. Pena completò la sua maratona in 5:40:51, probabilmente cantando le canzoni di Elvis, di cui era fan sfegatato, come dimostrò in una memorabile conferenza stampa all'Expo della NYC Marathon.

2011

Due ore, cinque minuti, sei secondi: è il tempo incredibile e tuttora imbattuto con il quale Geoffrey Mutai (Kenya) chiuse la sua NYC Marathon. Mutai, che aveva vinto solo pochi mesi prima la Maratona di Boston in 2:03:02, annientò il record del percorso, firmato da Jifar, migliorandolo di due minuti e trentasei secondi. Un'enormità. La giornata con il clima ideale ed una selezione di top runner spinsero verso altri record: persino il secondo classificato (Emmanuel Mutai, 2:06:18) ed il terzo (Tsegaye Kebede, 2:07:14) riuscirono a battere il record del percorso. Tra le donne la favorita Mary Keitany dominò metà gara con tempi da record del mondo, poi non riuscì a tenere il ritmo ed arrivò terza in 2:23:38, dopo Dado (2:23:15) e Deba, che vivendo nel Bronx fu anche sostenuta dal pubblico di casa e chiuse in 2:23:19.

Il podio per gli uomini disse: Kenya, Kenya, Etiopia. Quello delle donne: Etiopia, Etiopia, Kenya. Per fortuna nella competizione *wheelchair* vinsero il giapponese Masazumi Soejima (1:31:41) e la statunitense Amanda McGrory (1:50:25). Nella categoria *handbike* vinse Alex Zanardi alla sua seconda esperienza a New York (nella prima del 2007 si era classificato quarto). L'atleta bolognese completò la sua gara in 1:13:58, fissando il nuovo record del percorso per le *handbike* ma allo stesso tempo spingendo NYRR, negli anni successivi, ad adottare una politica più conservativa nei confronti delle *handbike* considerate troppo veloci in rapporto all corsa tradizionale ed anche alla carrozzina olimpica. La NYC Marathon fece registrare un nuovo record di *finisher*: 47381 (30097 uomini e 17284 donne).

2012

Per la prima volta nella storia della competizione, l'edizione del 2012 della New York City Marathon fu cancellata. La settimana prima della gara, l'uragano Sandy e la super tempesta che si portava dietro colpirono pesantemente la costa nord-est degli Stati Uniti, proprio nel New Jersey e nello stato di New York. Moltissimi *newyorkers* rimasero isolati e senza i servizi essenziali (elettricità compresa). La situazione era particolarmente grave a Staten Island dove la gara sarebbe dovuta partire. Dopo qualche incertezza la gara fu prima confermata e, di conseguenza, migliaia di runner da tutto il mondo raggiunsero tra mille disagi New York, e poi, solo nel pomeriggio del venerdì pre-gara, annullata ufficialmente su decisione del sindaco Bloomberg, che rivalutò la situazione e rivide la sua (fino ad allora ferma) decisione di correre in ogni caso. Una nuova tempesta, stavolta mediatica, si abbatté su New York ed in particolare su New York Road Runners, che aveva dato l'impressione di sottovalutare le drammatiche conseguenze sulla popolazione tentando di forzare lo svolgimento della gara. La tempesta, anche orchestrata ad arte per ragioni squisitamente politiche, ebbe però effetto. NYRR fece una marcia indietro precipitosa e dovette gestire un "non evento" che mai prima si era verificato. Molti runner si riunirono la mattina della gara in Central Park e corsero nel parco, tra qualche contestazione dei cittadini esasperati. Molti altri runner si misero a disposizione della città e diedero una mano nelle aree più colpite tra cui Coney Island e Staten Island. NYRR donò alla città un milione di dollari e beni per oltre 1,2 milioni di dollari. La famiglia Rudin donò 1,1 milioni di dollari, così come il title sponsor della gara ING che fece una donazione di 500.000 dollari alla città di New York. Negli anni successivi NYRR è stata costretta ad intensificare l'attività già sostanziale sul territorio per ricucire lo strappo con la città ed i suoi abitanti verificatosi in quei primi giorni di novembre 2012. Nel tentativo di gestire meglio la spiacevole situazione che si era verificata, NYRR offrì agli atleti un parziale rimborso del prezzo del pettorale oppure la possibilità di garantirsi la partecipazione in una edizione successiva. Ovviamente le spese di viaggio di chi si era già recato a New York non sono state rimborsate.

2013

50266 (30697 uomini e 19569 donne) giunsero al traguardo dell'edizione del 2013, dopo la inaspettata pausa dell'anno precedente. Per poter gestire i 50740 runner alla partenza fu introdotta una quarta *wave* in modo così anche da poter distribuire meglio i podisti in gruppi più omogenei e meno densi. La NYC Marathon, complici anche gli eventi dell'anno precedente, fu ancora più del solito al centro dell'attenzione dei media nei giorni immediatamente precedenti la manifestazione ed il canale sportivo ESPN decise di trasmettere la diretta della gara in televisione. Non succedeva dal 1993. Le misure di sicurezza furono incrementate anche in conseguenza degli attentati alla Maratona di Boston avvenuti nell'aprile del 2013.

Il primo ad arrivare sul traguardo fu ancora Geoffrey Mutai che vinse, stavolta comodamente, in 2:08:24. Tra i primi dieci classificati solo due runner non erano africani: Masato Imai, giapponese, giunto sesto, e l'atleta italiano Daniele Meucci, classificatosi decimo. Tra le donne vinse Priscah Jeptoo del Kenya (2:25:07), che riuscì con il suo stile peculiare a recuperare un divario enorme di oltre tre minuti e sorpassare la ancora una volta seconda classificata Deba (2:25:56). In *wheelchair* vinse, nuovamente, Tatyana McFadden in 1:59:13, che nel 2013 si era già aggiudicata le maratone di Londra, Boston e Chicago. Tra gli uomini lo svizzero Marcel Hug vinse in 1:40:14 con meno di due secondi di vantaggio in uno sprint che coinvolse cinque atleti.

2014

Dopo dieci anni la NYC Marathon cambia *main sponsor*, lasciando la banca ING ed il suo caratteristico colore arancione a vantaggio della Tata Consultancy Services (TCS) ed un ben più serioso blu notte; il colore dei pettorali, tuttavia, rimase arancione. I *finisher* di questa edizione furono 50530 (provenienti da oltre 130 paesi) e tutti dovettero affrontare una delle giornate più ventose che la storia della gara ricordi. Per evitare problemi con il vento nell'area partenze a Fort Wadsworth, furono smontate tutte le tende di supporto per i runner e la partenza degli atleti disabili fu spostata all'ultimo minuto a Brooklyn, oltre il Verrazzano per paura che le forti raffiche di vento potessero ribaltare gli atleti sul ponte.

Gli oltre cinquantamila *finisher* dell'edizione del 2014 contribuirono a portare il numero totale di coloro che hanno completato la gara dal 1970 oltre la soglia del milione di runner. Un numero enorme che fu celebrato anche dalla stessa NYRR. Dal punto di vista agonistico tutti gli atleti risentirono del forte vento e la gara fece registrare tempi meno altisonanti rispetto alle edizioni degli anni immediatamente precedenti. Vinse Wilson Kipsang (2:10:59), Kenya, tra gli uomini (con sette secondi di vantaggio su Desisa, Etiopia) e Mary Keitany (2:25:07), Kenya, con appena tre secondi di vantaggio sulla seconda atleta. Solo due secondi separarono il vincitore Kurt Fearnley (1:30:56) dal quinto classificato in *wheelchair* (1:30:57). Tra le donne il vantaggio di McFadden fu più netto, chiuse la gara in 1:42:16, circa un minuto in meno della seconda classificata.

Tra i *finisher* dell'edizione 2014 va citata Katherine Singluff di Brooklyn, che fu la milionesima atleta ad aver completato la NYC Marathon. NYRR le offrì anche il diritto, a vita, di partecipare alla competizione.

2015

Nel 2015 si verifica un importante cambio nelle gerarchie di NYRR: Mary Wittenberg, presidente e CEO di NYRR nonché *race director* della TCS NYC Marathon lascia dopo dieci anni. La sua posizione che viene occupata da due membri di NYRR, che scelgono di lavorare in tandem: Peter Ciaccia, che diviene *race director* e co-presidente di NYRR, e Michael Capiraso, che assume il ruolo di co-presidente e CEO di New York Road Runners I due iniziano un'importante opera di cambiamento nell'associazione e nella gara introducendo nuove idee, partnership e strumenti per i runner. L'obiettivo dichiarato è quello di far crescere ancora di più la TCS NYC Marathon e le tante gare che NYRR organizza sul territorio (con focus particolare per le competizioni che costituiscono le Five-borough Series).

Il keniota Stanley Biwott si aggiudicò la gara in 2:10:34, lottando con Kamworor e Desisa, e correndo gli ultimi dieci chilometri di gara in appena 28:35. Mary Keitany, riuscì a difendere il titolo dell'anno precedente, vincendo in 2:24:25 in una gara apparentemente senza storia. Dieci anni dopo la sua vittoria, il sudafricano Ernst van Dyk riuscì a conquistare nuovamente il primo posto in 1:30:54. Tra le donne, Tatyana McFadden chiuse al primo posto in 1:43:04, vincendo la dodicesima maratona del circuito major di fila e abbassando il record del percorso di oltre sette minuti.

2016

Con il suo 2:07:51, il runner eritreo Ghirmay Ghebreslassie si aggiudicò il primo posto ed anche il record del più giovane vincitore della TCS NYC Marathon: appena 20 anni. Mary Keitany, vinse per la terza volta di fila completando la sua gara in 2:24:26, poco meno di quattro minuti di vantaggio sulla seconda classificata: un divario impressionante.

Tra le conferme anche la quinta vittoria consecutiva della McFadden in *wheelchair* (1:47:43), lontano dal record dell'anno precedente. Tra gli uomini in carrozzina olimpica prevalse lo svizzero Marcel Hug (1:35:49), alla sua seconda vittoria dal 2013. Hug riuscì a tagliare il traguardo con appena sei centesimi di secondo di vantaggio rispetto al quattro volte campione australiano Kurt Fearnley. Gli iscritti totali per questa edizione furono 51999, di questi 51394 riuscirono a raggiungere il traguardo a Central Park.

2017

"Fuck Yes": così si riesce a leggere, facilmente, sul labiale di Shalene Flanagan, quando a pochi metri dalla *finish line* si rese conto di aver finalmente vinto (in 2:26:53) la sua TCS NYC Marathon. Un ritorno alla vittoria alla Maratona di New York per gli Stati Uniti dopo addirittura 40 anni: ovvero la vittoria di Miki Gorman nel 1977. La Flanagan portò a termine una gara perfetta riuscendo persino ad arrivare oltre un minuto avanti a Mary Keitany, che tuttavia accusò qualche problema durante la gara. Tra gli uomini, invece, il dominio africano continuò a sembrare impossibile da interrompere: il keniota Geoffrey Kamworor vinse in 2:10:53 seguito da Kipsang (Kenya) appena tre secondi dopo.

Per le gare in *wheelchair*, invece, arrivò un podio tutto svizzero con il primo posto di Marcel Hug (1:37:21) e Manuela Schar (1:48:09). L'edizione 2017 fu anche l'ultima competizione di Meb Keflezighi: l'unico atleta ad aver vinto la Boston Marathon (2014), la Maratona di New York (2009) ed una medaglia olimpica ad Atene (2004). Meb, che proprio a New York aveva debuttato sulla distanza, chiuse la sua carriera classificandosi undicesimo, nella ventiseiesima maratona corsa da professionista.

2018

Le perfette condizioni atmosferiche dell'edizione del 2018 hanno spinto in alto le prestazioni dei runner. L'etiope Lelisa Desisa si è aggiudicato il primo posto chiudendo la gara in 2:05:59, il tempo più veloce dal record forse imbattibile di Mutai del 2011. Tra le donne, Mary Keitany è tornata inevitabilmente alla vittoria (la quarta a New York), con il suo personal best di 2:22:48.

Per gli atleti in *wheelchair*, il ventenne Daniel Romanchuk è stato il primo statunitense nella storia della competizione ad aggiudicarsi il titolo in 1:36:21. Tra le donne in carrozzina olimpica il primo posto è andato, nuovamente, alla elvetica Manuela Schar che ha chiuso la gara in 1:50:27. L'edizione del 2018 è anche quella che ha raggiunto il risultato record di partecipanti (53315) con il numero sbalorditivo di 52813 finisher di cui 30658 uomini e 22155 donne.

La maratona del 2018 è stata l'ultima gara diretta da Peter Ciaccia, che subito dopo aver accolto, come da sua abitudine, l'ultimo runner sulla *finish line* in Central Park, ha lasciato NYRR per una meritata pensione, allontanandosi a bordo di un sidecar. Ciaccia è stato uno dei *race director* più illuminati ed innovativi della storia della NYC Marathon ed ha lasciato il suo posto al suo vice degli ultimi anni, Jm Heim, che sarà il *race director* nell'edizione 2019 della TCS NYC Marathon.

Tra gli altri eventi che si ricordano dell'edizione del 2018 c'è da segnalare la vera impresa sportiva ed umana di Hannah Gavios, una giovane atleta venticinquenne newyorchese, che ha completato la gara in undici ore correndola con l'ausilio di stampelle. La giovane donna, rimasta paralizzata a seguito di una aggressione avvenuta durante un viaggio nel 2016, ha voluto portare a termine la gara per dare un esempio, straordinario, a tutti coloro che sono stati colti da un destino crudele.

Strategia di gara
Fulvio Massini

Ecco come si articola in genere la conversazione fra una persona che corre ed una che non corre: "Sai ho cominciato a correre! - Davvero? Hai corso anche la Maratona di New York? - Ancora no, ma presto lo farò". Chi non corre collega la pratica della corsa alla partecipazione alla Maratona di New York. In effetti ogni anno sono moltissimi i nostri connazionali che vi prendono parte, nel 2018 sono stati ben 3125. I dati della maratona del 2018 riportano dei numeri da capogiro: 52813 gli arrivati al traguardo di cui 30659 uomini e 22154 donne.

Per moltissimi dei nostri connazionali, ma in generale per tutti i runner del mondo, correre la Maratona di New York rappresenta il coronamento di un sogno. Trascorrere qualche giorno a "zonzo" per la più viva e stimolante città del mondo per poi correre per i cinque distretti della Big Apple, senza traffico, con una folla di persone che tifa per il primo come per l'ultimo è una emozione che un runner prima o poi deve vivere.

Ecco alcune indicazioni su come vivere nel miglior modo possibile quella fantastica avventura che si chiama NYC Marathon. Prima di tutto dovete scegliere al momento dell'iscrizione se portare alla partenza gli indumenti per cambiarvi dopo l'arrivo oppure no. Nel secondo caso dovrete recarvi in zona partenza con indumenti da gettare. All'arrivo vi daranno un bellissimo poncho che vi terrà caldo e vi consentirà di raggiungere l'hotel o la vostra destinazione. La scelta dipende dalla distanza fra zona di arrivo ed il punto di alloggio e dalla vostra dimestichezza nel muovervi a New York in questo giorno particolare. Se alloggiate a Manhattan, orientativamente fra la 30th Street e la 120th Street, vi conviene prendere il poncho. Se invece dovrete andare più lontano, allora meglio se dopo l'arrivo vi cambiate ed indossate gli abiti che avete lasciato in zona partenza e che ritroverete poco dopo la Finish Line. Considerate che nella zona destinata a spogliatoio c'è sempre molta confusione. Per raggiungere la vostra destinazione post maratona meglio scegliere di camminare se non avete problemi. In alternativa usate la metro. Le uscite da Central Park sono tutte organizzate in corrispondenza di fermate della metro. Evitate, bus, taxi, e ogni mezzo di trasporto in superficie.

La colazione

Non tentate esperimenti proprio il giorno della maratona, fate la vostra normale colazione prima di andare a prendere i mezzi che porteranno alla partenza (bus o traghetto). Il tempo di attesa fra il momento in cui arriverete a Staten Island a quando partirà effettivamente la maratona, sarà dalle due ore e trenta alle quattro ore e trenta, quindi dovrete organizzarti per fare un'altra piccola colazione. Una barretta con il 30% di proteine, il 30% di grassi ed il 40% di carboidrati potrebbe essere l'ideale. In alternativa un piccolo panino con prosciutto o parmigiano e miele o marmellata. La seconda colazione la dovrete fare fra i novanta ed i sessanta minuti prima della partenza. Come bevande, in zona partenza, vi consiglio di sorseggiare acqua con integratore idrosalino, meglio se è quello che usate sempre. In zona partenza troverete davvero di tutto, ma meglio se usate cibi o bevande che il vostro organismo conosce.

In zona partenza sia i principianti che i runner esperti devono avere due sacchetti delle spazzatura, uno per sedersi sull'erba e l'altro forato per far passare, la testa da indossare sopra gli altri indumenti da gettare. Andate nel vostro *corral* con un certo anticipo, evitate di muovervi all'ultimo momento dato che sarete circondati da altre 50000 persone.

Il riscaldamento

I principianti si limitino a fare, quando saranno nel corral, alcuni esercizi di mobilizzazione. I più esperti oltre agli esercizi è preferibile corrano, senza sacchetto delle spazzatura, per una decina di minuti a ritmo lento, 4-5 allunghi di 60-80 metri, correndo al loro ritmo maratona che concluderà la "messa in moto" dell'organismo.

Nel periodo di tempo fra la fine del riscaldamento e la partenza potrete fare dei saltelli sul posto a piedi uniti e raccogliere alternativamente le ginocchia verso il petto. Sarebbe un errore stare immobili. Con l'avvicinarsi del via toglietevi gli indumenti da gettare. I principianti meglio se si lasciano una maglia fino a dopo il Ponte di Verrazzano, dove c'è sempre vento. Gli esperti potranno partire subito in assetto da gara.

Il vestiario ed i rifornimenti

Dipende molto dalle condizioni atmosferiche. Gli esperti, a meno che non sia freddissimo, potranno correre con pantaloncini da atletica e canottiera sociale, o al limite maglietta a mezze maniche oppure canottiera e manicotti da togliere se la temperatura si rialza. I meno esperti: maglia termica a contatto con la pelle e maglietta tecnica a mezza maniche o in caso di freddissimo a maniche lunghe. I più lenti, da oltre le 5 ore, se si legano in vita un giubbottino impermeabile non è male.

Attenzione a non prendere troppa roba. Portatevi dietro i vostri gel o altri integratori che avete assunto durante gli allenamenti. Non bevete sempre solo acqua. Ogni 5 km, mediamente, alternate acqua ad integratori. Bevete a piccoli sorsi e se non ne sentite il bisogno non forzatevi. I rifornimenti sono ogni miglio quindi non c'è mai il rischio che restiate disidratati.

Il percorso

Chiariamo subito un punto fondamentale: la Maratona di New York non è pianeggiante! Date uno sguardo sul profilo altimetrico per essere preparati ad affrontarla come merita.

NEW YORK CITY MARATHON

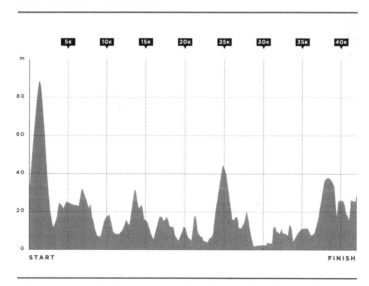

La partenza avviene a circa venti metri sul livello del mare ed in un miglio si arriva ad ottanta metri (slm) che si raggiungono nel tratto più alto del ponte da Verrazzano. Chi parte sotto il ponte si perderà un po' di panorama, ma affronterà una salita più dolce. Sia gli esperti che i principianti dovranno partire con molta cautela per non gettare al vento, sempre presente sull'apice del ponte, preziose energie. Guardatevi intorno, lasciate perdere il cronometro. Non perdetevi, davanti a voi, lo spettacolo dello skyline di Lower Manhattan. Una volta iniziata la discesa del Verrazzano-Narrows Bridge se avete ancora qualche indumento superfluo è il momento di gettarlo via (ma non sul ponte). Gli esperti potranno prendere il ritmo maratona previsto mentre i meno esperti dovranno mantenere un ritmo espiratorio che gli permetta di parlare con facilità. Il percorso delle Maratona di New York non è mai completamente pianeggiante.

Intorno al 10 km, sulla Fourth Avenue, incontrerete una salitina da affrontare senza foga sia da parte degli esperti che dei meno esperti. Fra l'ottavo ed il nono miglio (ovvero fra il tredicesimo ed il quattordicesimo chilometro) c'è un'altra salitina leggermente più impegnativa. Il consiglio è rallentare in salita evitando di andare in affanno per poi lasciarsi andare in scioltezza nella successiva discesa. Il tracciato prosegue poi sempre con leggeri e lunghi saliscendi che, personalmente, ho trovato piacevoli da correre. Mi raccomando: i meno esperti non dovranno mai andare in affanno. Dalla mezza maratona in poi soprattutto chi ha corso altre volte a New York potrà cercare di iniziare a riprendere gli avversari che piano, piano si troverà di fronte. Dal quattordicesimo miglio e tre quarti al quindicesimo miglio e mezzo (che corrisponde al venticinquesimo chilometro) c'è la salita del temuto Queensboro Bridge.

L'unico modo per rovinarsi la gara è quello di spingere forte su questa salita. Se farete così comprometterete il finale delle gara perché rischierete di arrivare senza energia. Invece se rallenterete, accorcerete i passi lasciandovi anche sorpassare, risparmiando carburante, potrete finire la gara se non in crescendo almeno senza clamorosi cali di ritmo. Guardatevi intorno il panorama è bellissimo. Entrerete poi nella lunga, diritta ma leggerissima salita della First Avenue. Davanti a voi un fiume di teste che ondeggiano.

Sarete poco prima del trentaduesimo chilometro quando dovrete affrontare, sempre con calma, la fastidiosa salitina del Willis Avenue Bridge. Sarete nel Bronx. Tranquilli non forzate. Dopo il Madison Avenue Bridge sarete al 35 km sulla Fifth Avenue, strada dritta ed ancora in leggera salita. I principianti controllino la respirazione senza andare in affanno. Gli esperti guardino bene dentro se stessi, cerchino di correre in gruppo e non esitino a far calare un po' il ritmo se la respirazione diventa troppo affannata e le gambe pesanti. Questo a mio avviso è il tratto più difficile di tutto il percorso della NYC Marathon.

Al ventiquattresimo miglio, all'altezza del lago delle Reservoir, ci sarà l'ingresso in Central Park che, vedrete, sarà una liberazione se fino a quel punto avrete gestito bene la gara. Dopo il quarantesimo chilometro uscirete da Central Park, per poi all'altezza di Columbus Circle rientrarvi. A quel punto non servirà più risparmiare le energie, ma dovrete correre veloci per vivere l'emozione di superare il traguardo della maratona delle maratone, quella di New York.

Fra i tanti applausi che vi faranno, ecco anche il mio.

32 imperdibili consigli + uno

Questo capitolo è, probabilmente, il mio preferito. Non perché sia il più importante, il più dettagliato o il più interessante. È un capitolo speciale (per me) perché l'intera idea di questo libro è nata solo qualche anno dopo aver scritto una prima versione di questo testo per il sito Runlovers (www.runlovers.it).

Negli anni successivi alla prima stesura, sono sempre tornato ad aggiornarlo, limarlo, migliorarlo via via che correvo la maratona una volta in più o scoprivo nuove informazioni che ritenevo importanti e trucchi che potessero essere utili ad altri runner. Man mano che lo "miglioravo" mi rendevo però conto che, oltre alle tante notizie raccolte, poteva essere utile raccontare molto di più di questa competizione. E lo spazio giusto per un evento così enorme come la Maratona di New York non poteva essere uno o più post. Serviva qualcosa di più grande. *La corsa infinita* è saltata fuori proprio da questa evoluzione.

Questo capitolo è quindi, in qualche modo, il vero seme che ha generato l'intero progetto di questa guida e, di conseguenza, ha per me un senso ed un posto speciale. Così speciale da non volerlo modificare nemmeno troppo, persino nel linguaggio. Della versione originale questo capitolo, quindi, mantiene l'anima, schietta e diretta, di una serie di consigli e trucchi scritti, davvero, "da runner a runner".

I consigli che non ci sono

Una premessa importante: questa lunga lista di consigli, piuttosto variegati, non include suggerimenti relativi alla gara vera e propria (passo, strategia, ritmo, idratazione, alimentazione). Non essendo infatti un top runner, un podista da ventuno generazioni, un etiope, un keniota, una gazzella, un iron-man o specialmente, un tuttologo, la lista di consigli raccolti in queste pagine si basa esclusivamente sulla pura e semplice esperienza personale (e di pochi runner amici) e sulla fortuna che ho avuto di correre la New York City Marathon più di una volta.

Per tutti i necessari consigli tecnici ed una strategia di gara ottimale vi rimando al capitolo "Strategia di gara" del coach Fulvio Massini, in questa stessa sezione del libro.

Prima della gara

1. Cerca di arrivare alla gara vivo

New York è probabilmente la più bella ed affascinante città del mondo. O almeno lo è per me. Per molti runner che arrivano in città (specie per la prima volta) è inevitabile tentare di girarla tutta e camminare tra Avenue, negozi, Central Park, fiumi e ponti. Risultato: ore ed ore in giro, decine (dico sul serio!) di chilometri macinati a piedi nei giorni che precedono la competizione che sommate alla stanchezza da fuso orario, spesso, possono essere una vera e propria mazzata che si rischia di pagare durante la gara.

Consiglio ovvio ma importante: evita quanto più possibile di girare troppo nei giorni prima della competizione. Almeno il sabato, per favore (tuo). Lo so, lo capisco: ci sono millemila posti belli da vedere, duecentocinquanta cose da comprare e settantadue selfie imperdibili da fare, ma non farlo sabato e, meglio ancora, non nei giorni prima della corsa. New York è bellissima e sarà letteralmente ai tuoi piedi domenica mattina. Tu cerca di arrivarci vivo.

2. L'Expo ed il pettorale

L'Expo è il luogo dove fisicamente si ritira il pettorale (che in inglese si dice *bib*) e la bellissima maglia ufficiale, solitamente a maniche lunghe. Anche se sei arrivato in città con un ITO, è all'Expo che dovrai recarti per ritirare tutto il kit di gara.

L'Expo viene ospitato al Javitz Center, un bel centro congressi sul fiume Hudson non lontanissimo da Times Square, nei pressi del capolinea della linea della metro 7. Accanto al Javitz sorge uno dei quartieri più moderni e rinomati degli ultimi anni, gli Hudson Yards con degli edifici avveniristici ed il già molto popolare Vessel.

L'Expo è aperto nei tre giorni precedenti la gara, dal giovedì al sabato, dalle 10 del mattino alle 20 di sera (il sabato chiude alle 17). Per ritirare il pacco gara, è fondamentale portare l'email di conferma ufficiale ed un documento di riconoscimento con foto. La procedura di ritiro pettorale è incredibilmente efficiente e richiede, di solito, solo pochi minuti. In maniera abbastanza usuale si ritira prima il pettorale ed in un secondo stand la t-shirt. Il pacco gara non è molto ricco, al suo interno troverai una rivista con tutte le informazioni e tanta pubblicità, il pettorale (sul quale sono stampate anche le informazioni con il mezzo di trasporto scelto e l'orario), la maglia, qualche piccolo gadget ed un braccialetto da mettere al polso che indica, se si è fatta, la scelta *no baggage* che permette di ricevere il poncho a fine gara.

3. Shopping: rimandare ma non troppo

L'Expo è, sinceramente, una vera figata. In molte città sarebbe considerata una fiera del running vera e propria. Ma è anche il paese dei balocchi per i runner in visita. Ci si trovano quasi tutti i gadget di running del mondo: maglie, felpe, shorts, scarpe, calzini, cappelli, bandana, accessori. A rendere la situazione ancora "peggiore", dal punto di vista economico, moltissimi oggetti in vendita sono a tiratura limitata e dedicati proprio alla Maratona di New York. Intendiamoci: solo New Balance è lo sponsor ufficiale ed è autorizzata ad usare il marchio ed il logo ufficiale "TCS NYC Marathon" (nel suo megastore al centro dell'Expo). Ma quasi tutti gli altri brand hanno il loro stand a tema New York City Marathon con tante cose (anche troppe) che si vorrebbe acquistare.

Fosse solo per coerenza, non posso dire di evitare lo shopping perché è quasi impossibile, ma suggerisco "moderazione"... anche perché il lunedì post gara a Central Park c'è il *Finisher Store* dove è impossibile non recarsi e fare ulteriori spese. Ma se sei interessato a qualcosa non rimandare troppo gli acquisti. Anche se lo store New Balance sembra sconfinato (e ci si immagina un magazzino altrettanto enorme) la realtà è che già dopo il primo giorno, spesso, alcune taglie (e persino intere collezioni) tendono ad evaporare. Quindi se vedi qualcosa che ti piace, compralo senza indugiare troppo, non aspettare pensando "torno sabato" perché potresti non ritrovarlo.

A proposito del sabato, però, vale la pena di segnalare che il pomeriggio dell'ultimo giorno di Expo ci sono, spesso, sconti importanti (circa il 50%) da parte della maggior parte degli espositori. Se hai un amico o un parente da assoldare è il momento di usarlo. Tu attieniti alla regola "sabato massimo riposo" (vedi consiglio 1).

4. Allo Stand NYRR

Uno degli stand più grandi ed affollati dell'Expo è, ovviamente, quello di New York Road Runners. Qui potrai trovare anche un lunghissimo muro con tutti i nomi dei partecipanti (dove inevitabilmente passerai alcuni minuti a cercarti tra migliaia di altri runner). NYRR offre moltissimo materiale informativo (anche cartaceo), una mappa gigante del percorso ed organizza, nel proprio spazio, molti eventi informativi in diverse lingue ed incontri con runner famosi.

Uno dei gadget più utili che viene distribuito è, a mio avviso, un braccialetto dove sono indicati i tempi di passaggio (in miglia e chilometri) in base al tempo di arrivo pianificato e desiderato. Un ottimo modo per sapere come va la gara, quando la testa inevitabilmente prenderà una pausa.
I braccialetti con i tempi sono brandizzati TCS NYC Marathon e quindi sono imperdibili. Sono bellissimi da collezionare e lo sguardo ti cadrà, senz'altro, sui runner accanto a te in quel momento per vedere se ne prendono uno più veloce o lento del tuo! Io ne prendo sempre uno con tempi assurdi (tipo 2 ore e 30) per vedere l'effetto che fa sugli altri intorno a me!

5. Eventi ufficiali

Nei giorni prima della maratona ci sono molti eventi ufficiali: la bellissima parata delle nazioni con i fuochi d'artificio a Central Park, l'allenamento del venerdì dei giovanissimi runner acclamati dai campioni nella TCS Run with Champions, la affollata cena pre-gara a base di pasta ed incontri vari, molti dei quali organizzati magistralmente dagli International Tour Operator di tutto il mondo che portano a New York migliaia di runner. Partecipa a questi eventi ma con moderazione. Anche in questo caso... non perdere di vista mai l'obiettivo primario. Trovi la lista aggiornata degli eventi della Race Week con tutti i dettagli sul sito ufficiale della TCS NYC Marathon qui: tcsnycmarathon.org/race-week

6. Prove di fine gara

La Abbott Dash to the Finish Line (www.nyrr.org/races/abbottdashtothefinishline5k) è una gara che si corre la mattina del sabato prima della maratona. Sono appena 5 km, con un percorso interessante che parte davanti all'edificio delle Nazioni Unite ed arriva proprio alla Finish Line della maratona.

Sinceramente, per diversi di anni, mi sono rifiutato di correrla. Il motivo è semplice: volevo vedere la linea di fine... alla fine della maratona! Volevo usarla anche come stimolo e come obiettivo. Se non sei d'accordo ti capisco. Ora, di tanto in tanto, capita che la corra anche io. E puoi correrla (molto lentamente!) insieme ai tuoi colleghi del giorno dopo. Costa circa 50 euro ed il pettorale e la maglia si ritirano direttamente all'Expo (ti devi però essere già iscritto online nei mesi prima). La gara è aperta a tutti quindi puoi correrla anche con gli amici o con i parenti che ti hanno accompagnato a New York. Te la consiglio se vuoi avere una (mini mini mini) preview di quello che ti aspetta il giorno dopo.

7. Un allenamento di rifinitura (con top runner)

Nei giorni immediatamente precedenti la gara è quasi certo che tu abbia voglia di sgranchirti un pochino le gambe e di correre, lentamente, da qualche parte. Central Park è, probabilmente, la scelta più giusta ed ovvia. Nella sezione *Run & the City* troverai alcuni percorsi suggeriti dove correre nel parco (con diverse distanze e giri a seconda delle esigenze). Tieni conto che la Finish Line della gara è proprio nel cuore del parco e quindi, specialmente nella parte sud ovest, potresti imbatterti in zone chiuse o lavori in corso. Il giro più classico (per lunghezza e praticità) è quello (rigorosamente in senso antiorario) intorno al Reservoir, e meglio ancora nella sua versione estesa lungo il Birdle Path. Questo loop è talmente tanto tipico che, non di rado, nei giorni prima della maratona ci si imbatte negli elite runner che si riscaldano lungo il medesimo percorso. Ti sentirai "uno di loro" per qualche istante. Fino a che non ti sfrecceranno accanto, riscaldandosi al doppio della tua velocità!

Il giorno della gara

8. Il nome addosso

Questo è, probabilmente, il consiglio più banale di tutti e vale per la maggior parte delle gare più sentite: scrivi, stampa, "scolpisci" il tuo nome sulla maglia! Davanti o dietro. A New York letteralmente centinaia di persone lo urleranno (spesso storpiandolo) ed è uno dei motivi principali per i quali ti sentirai tirare avanti quando le gambe cominceranno a darti dell'idiota (e la testa anche di più). Lo ritengo parte della magia del correre a New York: l'energia degli spettatori ti trascinerà letteralmente alla fine, specialmente quando penserai di non farcela. Grazie a tutte le persone che ti inciteranno, davvero, non esiste possibilità di non finire questa gara (se non hai problemi fisici, ovviamente!). Fidati.

9. Traghetto o morte

Nei mesi precedenti la gara, ti viene chiesto da NYRR (tra luglio ed agosto) o dal tuo ITO (al momento dell'iscrizione) se vuoi arrivare alla partenza a Staten Island con il bus oppure il traghetto. La risposta giusta è una sola: traghetto.

I motivi sono molteplici. Gl orari sono decisamente più umani (ti dovrai in ogni caso svegliare all'alba e rispettare l'orario che ti è stato assegnato). Il tragitto di circa venticinque minuti nella baia di New York è panoramico e molto emozionante. E soprattutto, quando si arriva a Staten Island non si è assolutamente obbligati ad uscire immediatamente dal terminal. Puoi accomodarti al caldo ed al chiuso per terra nel terminal ed aspettare, insieme a qualche altro migliaio di runner ben informati, un orario più consono alla tua *wave* per andare a prendere il bus che ti porterà alla vera partenza nei pressi del Verrazzano-Narrows Bridge. Negli ultimi anni, tuttavia, qualcosa è cambiato: i tempi di trasferimento dal *ferry terminal* alla partenza sono aumentati in maniera considerevole, con la fila per prendere i bus che richiede circa un'ora.

Tieni quindi conto che, dal momento in cui esci dal terminal del *ferry* a quello in cui arriverai al parco sotto il ponte di Verrazzano, può passare quasi un'ora e mezza (fila bus + bus + security + camminata verso il proprio villaggio di appartenenza). Quindi non attardarti troppo nel terminal o perderai la partenza della tua *wave* (e non mi pare il caso!). E sappi (lo dico per esperienza personale) che ai cancelli dei corral non tollerano nemmeno un minuto di ritardo, non importa quanto sia buona la tua scusa.

Se hai già programmato la tua partenza con il bus da Manhattan... chiedi all'agenzia ed insisti per il traghetto, puoi provare anche nei giorni precedenti direttamente all'Expo, ne vale davvero la pena. Non partire già stanchi ed infreddoliti dopo alcune ore passate in piedi all'aperto (e spesso al vento) non è un vantaggio da poco. Fatti furbo, passa al traghetto.

10. Traghetto in compagnia

Un tip ulteriore: il traghetto per Staten Island è, a tutti gli effetti, un mezzo pubblico, peraltro gratuito, e non è riservato ai soli runner, nemmeno nel giorno della maratona. Quindi se qualcuno ci tiene davvero ad accompagnarti, a quegli orari assurdi, può prendere il traghetto con te. Non potrà, tuttavia, seguirti oltre il terminal di arrivo del *ferry*. Ma potrà ammirare il panorama e tenerti compagnia quasi fino alla partenza.

11. Cambio ora legale

La Maratona di New York si corre, sempre, la prima domenica di novembre. Per un puro caso, in questo stesso giorno negli Stati Uniti l'ora legale cambia in ora solare. Di fatto la mattina della maratona avrai un'ora in più per dormire (o per dirla tutta, per stare sveglio ad aspettare la partenza!). In modo abbastanza surreale, però: tutti i gadget digitali cambiano automaticamente l'orario (almeno in teoria!) e quando ti sveglierai non avrai modo di sapere "davvero" che ore sono. In questo caso conviene far riferimento ad un orologio meccanico tradizionale oppure affidarsi a qualcuno (ad esempio in Italia) dove l'ora legale è già cambiata da qualche giorno e che quindi può sapere, con certezza, che oro sono e calcolare a che ora deve svegliarti.

12. *Wave* di tutti i colori

Il pettorale della TCS NYC Marathon è bellissimo ed anche molto ricco di informazioni (non a caso c'è il capitolo "Una storia raccontata attraverso i pettorali" più avanti in questa sezione del libro). Il *bib* ha un colore predominante, un numero di *wave*, una lettera di *corral* ed il numero vero e proprio (e ci mancherebbe!). Tutte queste info ti servono per sapere quando e da dove partire. Infatti, come raccontato nel capitolo *Il percorso di gara,* "forse non tutti sanno che" la Maratona di New York non ha una sola linea di partenza ma ben tre distinte, una per ciascun colore: blu, arancio e verde.

La prima info sul pettorale riguarda proprio il colore di partenza. In sostanza:

– se hai il pettorale blu, partirai sul lato destro del ponte, al livello superiore;
– se hai quello arancione, partirai sul lato sinistro del ponte, al livello superiore;
– se hai il pettorale verde, partirai sul lato sinistro del ponte, al livello inferiore.

La partenza che hai sempre visto in TV (dove partono i top runner) è quella blu.
Ciascun colore ha un proprio villaggio di partenza con tutti i servizi identici (bagni, cibo, colazione e deposito bagagli). I villaggi sono distanti qualche centinaio di metri l'uno dall'altro e sono indicati molto chiaramente.

Poiché il Verrazzano-Narrows Bridge è un ponte solo per auto, quando correndo arriverai a Brooklyn i tre percorsi si separeranno naturalmente per via dei diversi svincoli che portano giù dal ponte. Quindi per i primi chilometri i runner correranno pezzi diversi di percorso (lunghi uguale, ovviamente) per poi ricongiungersi in due momenti separati su Fourth Avenue a Brooklyn.

Purtroppo non c'è nessun modo di cambiare il proprio colore di partenza all'Expo. Per poter correre con amici che hanno il pettorale di colore diverso dal tuo, dovrai necessariamente partire in una *wave* successiva alla tua e presentarti ai *corral* del villaggio del colore per il quale vuoi partire. In ogni caso per evitare sorprese last minute il consiglio è, tuttavia, quello di accettare di buon grado il colore che ti è stato assegnato e partire come previsto. Inoltre tieni conto che è sinceramente impensabile pensare di "ribeccare più avanti" gli amici partiti con pettorale diverso una volta che i flussi di persone si riuniscono (credimi, te ne accorgerai). Non perdere tempo, non fermarti ad aspettare. *Just keep swimming.*

La seconda info sul pettorale riguarda la *wave* (od onda) di partenza.
Come avrai capito ci sono diverse *wave* (onde) di partenza (ben 4!) per ciascun colore di pettorale. La *wave* viene assegnata in base ai tempi che dichiari o puoi certificare al momento dell'iscrizione. Le *wave* partono a distanza di 25 minuti l'una dall'altra e sono ordinate in base alla velocità dei runner: la *wave 1* è ovviamente quella composta dai runner più veloci.

Spero che tu abbia dichiarato tempi veritieri: non c'è niente di peggio, per il proprio ego, che vedersi sorpassare da alcune migliaia di persone dopo pochi chilometri di gara solo perché sei finito in una *wave* troppo veloce. Oppure, peggio, trovarsi dietro ad un muro di migliaia di runner che vanno con un passo pari alla metà del tuo!
Per fortuna, puoi cambiare *wave*, facilmente. Puoi partire nella *wave* che ti è stata assegnata oppure in qualsiasi *wave* successiva alla tua. Quindi se hai un amico in una *wave* diversa, potrete correre assieme, a patto di partire nella *wave* più lenta delle due.

La terza informazione sul pettorale riguarda il *corral*, ovvero la gabbia o lettera di appartenenza. Questo determina dove rispetto alla tua *wave* entrerai nel gruppo. Potrai sempre partire in un *corral* con lettera successiva alla tua. La lettera A parte davanti alle altre ed è destinata ai runner più veloci di ciascuna wave.
Quindi, ricapitolando, ci sono tre colori per la partenza, quattro *wave* e lettere (da A ad F) per gabbia di appartenenza.

Di fatto tutto ciò determina una partenza della maratona che dura oltre due ore: in pratica, mentre gli ultimi runner della wave 4 partono dal Verrazzano qualche top runner sta già tagliando il traguardo a Central Park. Parliamo di un serpentone di podisti, ininterrotto, lungo 42 km (e 195 metri).

13. Freddo alla partenza

Una delle caratteristiche più "ostiche" della Maratona di New York è che, alla partenza, potrebbe fare freddo (persino intorno a zero gradi), esserci molto vento ed anche piovere (e qui valgono tutti i tipi di scongiuri che preferisci...). O anche far caldino, chi lo sa, l'Indian Summer è sempre in agguato.
Nel dubbio: copriti molto e bene, e con tanti strati (un metodo che io definisco a "Cipolla Plus"). Ma, poi, fai in modo di partire solo con quello che davvero ti serve per la corsa. Fino a pochi metri prima della partenza ci si può ancora spogliare e donare gli abiti in appositi cassoni destinati alla beneficenza, iniziativa più che lodevole. Ogni anno sono necessari sei camion per trasportare tutti i vestiti donati e raccolti grazie a questa iniziativa.

Molti runner, invece, lanciano via invece le felpe e altri indumenti non più utili proprio mentre stanno già correndo sul Verrazzano. A me sembra assurdo ed anche pericoloso. E si perde anche l'occasione di donare qualche indumento a chi ne ha bisogno. Un suggerimento: le copertine degli aerei che vengono distribuite sui voli intercontinentali sembrano fatte apposta per coprirsi alla partenza e poi essere abbandonate poco prima dello start. A buon intenditor...

14. Avvicinarsi allo Start

Indipendentemente da bus / traghetto / pausa nel terminal, finirai per aspettare molto tempo nel tuo villaggio, un buon momento per procurarsi i celebri cappellini gratis di Dunkin' Donuts che avrai visto in tante foto della Maratona di New York.

Non ti sorprenderà sapere che anche l'avvicinamento alla partenza è decisamente scandito da alcune regole precise e rigidamente rispettate.

A titolo di esempio, se si parte nella *wave 1*, che ha la partenza fissata alle 9:40 (la procedura è identica anche per tutte le altre wave, fatto salvo per gli orari differenti):

- dovrai raggiungere il tuo villaggio d'appartenenza;
- potrai lasciare la tua borsa (se hai deciso di farlo) entro e non oltre le 8:10;
- dovrai raggiungere la tua gabbia di appartenenza tra le 8.40 e le 9.15 (in punto);
- ti incamminerai dalla gabbia alla partenza verso il ponte alle 9:15;
- partirai alle 9:40 (o qualche minuto dopo se sei indietro nei *corral*).

Quello che però non sai (e che forse non ti viene detto chiaramente) è che ci sono file per tutte queste fasi: per lasciare la borsa aspettati almeno 10-15 minuti di attesa; per capire dove si trova la propria gabbia, indicata dalla lettera del *corral*, e fare la fila per entrare per il controllo manuale dei pettorali ci vogliono almeno 10 minuti; infine, si sta nel *corral* per un pochino, ma non si parte da lì, bensì ad un certo punto ci si muove tutti assieme verso la partenza vera e propria con una camminata di qualche centinaio di metri verso il Verrazzano, dove poi si aspetta l'orario di partenza per almeno un quarto d'ora.

Occhio ai tempi ed all'orario quindi, perché non si fa nessun tipo di sconto ai ritardatari e perdere la propria *wave*, perché si è in fila per lasciare la borsa o non si fa a tempo ad entrare nel *corral*, può essere veramente facile.

15. Pronti, via... pipì!

Bagni alla partenza ce ne sono davvero tanti, oltre 1500 ma, in verità, non sono mai abbastanza. Sono sparsi nei villaggi un po' dovunque, ma ci sono sempre lunghe file per accedervi. il tempo di attesa di solito è almeno di 15 minuti. Tienine conto per rispettare i tuoi tempi di partenza.

Gli ultimi bagni ufficiali sono nei *corral*. Anche qui lunghe file. Ma se hai l'accortezza di aspettare che il gruppo si avvii alla partenza... quando i *corral* si aprono e i podisti cominciano ad incamminarsi verso il ponte, magicamente la fila svanisce. Per un passaggio last minute "veloce" (chi vuole capire... capisca) è la soluzione ideale. Inevitabilmente nell'ultimo momento prima di partire, ovvero nei 10-15 minuti di attesa che si passano all'imbocco del ponte, potrebbe venire qualche urgenza davvero da ultimo secondo (tra freddo e vento... mi capirete). E lì... benché sia esplicitamente proibito dall'organizzazione e ripetuto dagli altoparlanti con una certa frequenza, ho visto cose che "voi umani non potreste immaginarvi". O forse sì. Ma meglio non entrare nei dettagli.

16. Ristori in giro

Una delle differenze rispetto a moltissime gare europee è la frequenza dei punti di ristoro. Durante la gara ne trovi uno ogni miglio (ovvero ogni 1,6 km). A ciascun ristoro trovi acqua e Gatorade. Non c'è assolutamente bisogno di bere tutte le volte, anzi, potrebbe persino fare male. Al diciottesimo miglio sono disponibili anche i gel in vari gusti. Ma il mio momento preferito è quello delle banane al Bronx. Non ho memoria di una banana così buona come quella che al 33 km arriva a salvarti la vita!

17. Sparpaglia i parenti e gli amici con cura

"Ci vediamo lungo il percorso" va bene se corri sul lungomare di un paesino, ma alla Maratona di New York non riesci materialmente a vedere nessuno a meno che non pianifichi con estrema cura la cosa.
Per organizzare bene gli incontri sarebbe necessario scrivere un apposito capitolo... ed infatti c'è! Più avanti nella seconda parte della guida trovi la sezione "Come e dove vedere la gara" che è stato scritto appositamente per aiutarti a disseminare gli amici nei punti giusti.

18. *There's an App for that!*

Esiste un sito web (liveresults.nyrr.com) ed un'app ufficiale per iPhone ed Android (basta cercare TCS NYC Marathon sui rispettivi App Store) per monitorare i propri runner.
Il servizio purtroppo non è un mostro di affidabilità, anche perché la posizione dei podisti è calcolata tra punti stimando i passaggi e la velocità media. Ma tracciare i runner è un ottimo modo per sapere come stanno andando e che fine hanno fatto o se hanno mancato il punto di incontro concordato (ops!). Trovi maggiori info sempre in "Come e dove vedere la gara".

19. Cosa portare durante la gara

Dal punto di vista puramente delle prestazioni, la risposta alla domanda "cosa mi porto mentre corro" dovrebbe essere semplice: niente. Anche pochi grammi in più, infatti, sul braccio o sul dorso, moltiplicati per ore di gara diventano un macigno. Ma se decidi, come è giusto, di vivere la tua esperienza alla NYC Marathon più come un evento che come una gara pura, allora il set minimo dovrebbe comprendere:

- lo smartphone, per poter immortalare la partenza con gli amici, per un selfie imperdibile e per rintracciare amici e parenti all'arrivo (e magari chiamare anche un Uber);
- i gel "di fiducia", perché esperimenti non se ne fanno il giorno della gara. Specie per lo stomaco;
- una MetroCard già carica di qualche dollaro, per poter tornare a casa dopo la gara. O dovunque dovessi mai decidere di fermarti (ma, tranquillo, non capiterà);
- una carta di credito, per potersi pagare una birra ed il pranzo all'arrivo e perché, in qualsiasi situazione potresti mai trovarti, è il vero passe-partout per risolvere al volo tutte le esigenze di base;
- una banconota da 10 dollari, perché non si sa mai che la carta di credito decida di fare capricci proprio nel momento del bisogno.

20. Solo musica live!

Non usare cuffie e musica a meno che tu non possa proprio farne a meno. Senti la città che festeggia, canta, urla e suona per te (... e per tutti gli altri 53000 runner). Lungo il percorso ci sono ben centocinquanta punti musicali con band e dj che si esibiscono dal vivo. Hai ascoltato la tua musica per tutti i mesi dell'allenamento. Il giorno della gara ascolta solo musica... live.

21. Silenzi e boati

Durante il percorso, su tutti i ponti, non sono ammessi spettatori. Di tanto in tanto, quindi, c'è un silenzio davvero incredibile. Quando scenderai dal Queensboro Bridge (il lungo ponte che collega il Queens a Manhattan, dopo circa 25 Km di gara), sentirai avvicinarsi il boato delle persone che ti aspettano su First Avenue. È un ricordo che non ti abbandonerà mai. Garantito.

22. Cartelli per tutti i gusti

Leggi i cartelli degli spettatori. Molti sono di incitamento, moltissimi sono divertenti. Il mio preferito l'ho visto a 10 miglia dalla fine appena arrivato a Manhattan e diceva: *If ten miles means easier then welcome to Easier. Welcome to Manhattan* ("Se dieci miglia vuol dire "più facile", benvenuto a "Più Facile". Benvenuto a Manhattan).

23. Conta in miglia

Conta tutto il percorso in miglia! 26.2 suona molto meglio mentre corri di 42.1 e, davvero, dopo 32 chilometri pensare che mancano "solo" 6 miglia è un pensiero che scalda il cuore. Non scherzo.

24. Finisher

Dopo 42195 metri arriverai alla fine. Se ti aspetti che il momento sia emozionante, ti sbagli. Lo è molto (molto) di più. Ma è anche molto "gestito". Arrivi e ti mettono subito la medaglia al collo. Non ti potrai assolutamente fermare né a fare foto, se non in una piccola area apposita e per pochi secondi, né peggio a cercare o aspettare qualcuno. E nemmeno accasciarti per riposarti, perché in tal caso arriverebbero subito i supporti medici. Ti viene dato quasi subito un pacco gara (brezel, acqua, la mela più buona del mondo – o almeno così sembra), dopo qualche metro ti daranno la classica copertina termica. E poi cammina. E cammina e ancora cammina dentro Central Park. Sotto gli occhi vigili di *spotter* medici che cercano tra la folla podisti che mostrino segni di difficoltà. Ti sembrerà di camminare tantissimo (15-20 minuti almeno) e poi arriverai ad un bivio, tra West Drive e 77th Street.

A questo bivio chi ha scelto l'opzione *No baggage* uscirà dal parco e camminerà in direzione opposta, verso sud lungo Central Park West, e dopo poco riceverà un bel poncho "caldino" (tra l'altro molto bello). Chi invece ha scelto l'opzione *Baggage* continuerà, camminando ancora nel parco lungo West Drive, prenderà la propria borsa, troverà la zona spogliatoi e dopo confluirà nuovamente su Central Park West (all'altezza della W 81st Street e della W 85th Street). Dovrà quindi camminare verso sud, ricongiungendosi con il gruppo *No baggage*. Con la borsa ma senza poncho.
Per tutti, comunque, da quando si passa il traguardo a quando si esce dall'area riservata ai runner passano almeno 30-45 minuti! Avvisa amici e

parenti di non preoccuparsi troppo: non sei sparito, stai solo cercando di uscire. Lentamente.

25. Dove sei? Dove siete?!

La zona *family reunion* è il primo punto di contatto tra runner e parenti / amici. È vicino a Columbus Circle e ci sono dei cartelli con le lettere per i cognomi. Inutile dire che il cellulare è l'unico vero modo di trovarsi per evitare di cercarsi tra la folla per decine di minuti. Fatti portare un ricambio (specie se hai scelto l'opzione *no baggage*) e anche del cibo e qualcosa di caldo da bere. Anche se dopo hai intenzione di pranzare in zona.

26. Prenota

Tutti i bar e ristoranti della zona sono in quelle ore presi d'assalto e ti toccherà aspettare molto tempo per avere qualsiasi cosa o anche solo sederti ad un sospirato tavolo. Se vuoi mangiare subito cerca di cambiare zona spostandoti più a ovest, verso il fiume Hudson su Amsterdam o Columbus Avenue, oppure verso sud lungo Broadway direzione Times Square (dove, però, in assoluto ci sono i peggiori ristoranti di tutta New York).

Con un pochino di furbizia e programmazione puoi però prenotare un ristorante il giorno prima, stimando il tuo tempo di arrivo in maniera "ampia". Uno dei metodi più utilizzati sono la app o il sito OpenTable che ti permette con pochi click di prenotare un tavolo, ad un certo orario e per un determinato numero di persone. Nel caso di gruppi numerosi la app potrebbe richiedere una carta di credito a garanzia della prenotazione.

27. Uber, Lyft, Via!

L'arrivo in massa di miglia di runner, stanchi e poco propensi a camminare ancora, e di amici e parenti tutti più o meno concentrati nei pressi dell'area arrivi della gara può rendere complesso anche prendere un taxi per tornare in albergo.
I taxi gialli sono praticamente introvabili ed anche gli altri servizi app tipo Uber / Lyft / Via hanno spesso tempi di attesa lunghi. Bisogna in tal caso solo armarsi di pazienza e forza di aspettare. E poi non spazientirsi per il traffico, paralizzato, nella zona intorno alla Finish Line. Insomma: se l'hotel non è

troppo lontano e se non sei troppo provato, prendi la metro, o se hai un hotel in zona ancora meglio, vacci a piedi. Prendilo come defaticamento.

28. Pedalare

Attenzione: se ti offrono un passaggio in risciò non cadere nella facile tentazione... il costo di questo servizio, che di solito si limita ad offrire un semplice giro in Central Park ai turisti pigri, è di circa 2 dollari (se non di più!) al minuto e tra traffico, strade bloccate e casino post gara rischi di pagare quasi 100 dollari al valoroso pedalatore. Cui dovrai anche dare una sacrosanta mancia.

Il giorno dopo la gara (Marathon Monday)

29. Medaglia & Finisher Store

Il giorno dopo la gara, la festa continua. Nei pressi della linea di arrivo vicino Tavern on the Green, a Central Park, è allestito un grande spazio coperto, il Marathon Pavillion, ed è utilizzato anche nei giorni precedenti per una serie di eventi pre-gara. Nel Pavillion puoi comprare maglie, felpe, cappelli con la tanto sospirata scritta "Finisher". Potrai anche acquistare una serie di altri gadget (la mia preferita era la medaglia ufficiale di cioccolato ma nelle ultime edizioni pare, ahimè, sparita) e fare incidere a pagamento su quella vera il tuo nome, cognome ed il tempo ufficiale.
Di solito c'è una fila piuttosto lunga per entrare (almeno un'ora, se si è in coda anche per l'engraving - ovvero l'incisione - della medaglia), ma è un ottimo momento per chiacchierare con altri runner e raccontarsi l'avventura del giorno prima.
Consiglio: molti negozi di running in città incideranno la medaglia gratuitamente e ti faranno anche sconti per celebrare la tua impresa. Se vuoi potresti almeno evitare la coda per l'incisione.

30. New York Times

Se sei arrivato in un tempo "ragionevole" (di solito tra le quattro ore e mezza e le cinque), allora il tuo nome sarà probabilmente stampato nell'edizione speciale del New York Times in edicola lunedì mattina. Il nome è scritto in font dimensione 3 (a dire tanto), ma non mi ha impedito negli anni di comprarne 3-4 copie. Inoltre lo speciale dedicato alla maratona che accompagna il quotidiano è pieno di foto bellissime. Imperdibile e da collezione.

31. Medaglia al collo

Se pensi che la città smetta di celebrarti nel momento in cui tagli il traguardo, ti sbagli di grosso. Il giorno dopo sarai letteralmente acclamato (al grido di *"Congratulations"*) da decine di perfetti sconosciuti un po' dovunque: in metro, per strada, nei negozi.

Il segreto è portare la medaglia in bella vista tutto il giorno (e del resto, diciamolo, te la sei proprio guadagnata). Inoltre incrocerai gli sguardi complici tipo "anche tu, eh!" degli altri runner. Potrai riconoscere i runner oltre che dalla medaglia al collo anche solo osservandoli mentre camminano o scendono le scale della metro. Se vedi qualcuno camminare come se avesse la gambe ingessate... hai appena individuato un compagno di maratona. Un video, tratto dal New York Times, in questi casi, può valere più di mille parole: link.maratona.nyc/scale

Un tip: scendi le scale camminando al contrario. Fa molto meno male. Giuro.

32. Un aperitivo vista Manhattan

Il giorno dopo avrai probabilmente voglia di festeggiare. Personalmente mi piace celebrare l'impresa con un aperitivo panoramico.

Da Manhattan prendi la linea L (in Union Square), scendi a Bedford Avenue e da lì dirigiti verso il Wythe Hotel (wythehotel.com). La sua terrazza panoramica ti ripagherà degli sforzi del giorno prima. Non dimenticare, però, di portare un documento di identità e se hai figli con meno di 21 anni di andarci nel pomeriggio e non la sera. In alternativa la bellissima terrazza panoramica del (un pochino troppo posh) Westlight (westlightnyc.com), in cima al The William Vale Hotel, è poco distante ed offre una visione d'insieme di Manhattan incredibile. A patto che ti piacciano le altezze quasi vertiginose.

Se non sei tipo da bar e se hai (ancora!) voglia di camminare un pochino, il nuovissimo Domino Park proprio sotto il ponte di Williamsburg offre panorami mozzafiato, un parco per bimbi, panchine e sdraio con vista Manhattan e buoni (ed economici) tacos dal chiosco Tacocina. Un ottimo modo per celebrare l'impresa del giorno prima in stile Brooklyn.

Un consiglio sulla gara (eccolo il + uno!)

Lo so, avevo premesso che non avrei dato consigli relativi alla corsa. Ma per questo ne vale la pena: goditi la gara. Goditela davvero. Ogni metro. Assapora ogni passo, ogni *block*, ogni quartiere che attraverserai. Guarda la città trasformarsi chilometro dopo chilometro. Prenditi il tempo di guardare davanti e dietro di te l'incredibile numero di runner di ogni colore che condivide lo stesso incredibile obiettivo. Ascolta la musicalità del tuo nome urlato da centinaia di sconosciuti che parlano tutte le lingue del mondo. Dai la mano ai bimbi, fermati per una foto panoramica. Abbraccia gli amici lungo il percorso. Ringrazia i volontari. Sorridi ai fotografi. Ascolta il silenzio ed ammira stupefatto la vista dal Queensboro Bridge. Balla con la musica delle band, senti il boato della folla dell'arrivo. Piangi o ridi per avercela fatta.

Per fare tutto questo, probabilmente non potrai "correre" questa maratona. New York non è, del resto, una gara da tempi veloci (troppo scoscesa, troppi ponti, tante curve), da record del mondo e probabilmente da *personal best* (ma chi può dirlo!).

La Maratona di New York è una gara da vivere. Se puoi (e se vuoi), corrila per provare un'esperienza che difficilmente rivivrai e che sicuramente non dimenticherai. E rischierai così di finire come tanti runner che sognano, e cercano, di correrla ogni anno.

Il racconto dei protagonisti

Ogni anno più di 50000 persone completano la NYC Marathon. Da quando è nata, nell'ormai lontano 1970, al 2018, questa gara ha raggiunto l'incredibile numero di 1.229.360 (un milione duecento venti nove mila trecento sessanta!) *finisher* totali.

Un numero enorme: in pratica è come se tutti i residenti di Milano avessero corso la Maratona di New York. Tutti. Compresi neonati ed anziani.

Oltre un milione di *finisher*, nell'era dei blog e dei social, significa tuttavia almeno un milione di opinioni diverse. Centinaia di migliaia di esperienze. E migliaia di racconti. Senza contare le idee di chi invece non l'ha nemmeno mai corsa, ma come spesso accade su internet, sembra averne un fortissimo ed informatissimo punto di vista a riguardo.

Cercare di riportare l'esperienza della NYC Marathon attraverso una raccolta di questi racconti è, sinceramente, un'operazione troppo complessa. Non solo per il numero elevatissimo di testimonianze, ma soprattutto perché spesso si tratta di racconti molto polarizzati: si va dal parere perdutamente innamorato tipo "la gara più bella della mia vita, un sogno, tutto perfetto", a giudizi lapidari ma spesso anche molto sommari, quali "il tempo era pessimo ed i tombini non mi hanno permesso assolutamente di tenere il passo che volevo, non la correrò mai più".

Non aiuta, tra l'altro, che la fatica della maratona ed anche la poca conoscenza del percorso e della città spesso confondano i ricordi, le sensazioni, le idee. Specie nella seconda parte del percorso, che a New York è anche la più impegnativa. Personalmente, della mia prima NYC Marathon non ricordo praticamente niente da First Avenue fino quasi alla Finish Line. Eppure ci sono passato. Di questo, sono sicuro.

L'idea di questo capitolo è quella di raccogliere il racconto della NYC Marathon di alcuni atleti che di questa gara sono stati protagonisti in vario modo: vincendola, partecipando alla sua nascita, dirigendola per anni, correndola moltissime volte, oppure ispirando migliaia di altri runner, anno dopo anno, a partecipare. Sia ben chiaro: il racconto di ciascun runner sulla Maratona di New York è valido e prezioso (a patto che l'abbia corsa o vissuta almeno una volta!), ma le idee e le testimonianze che trovate in queste pagine sono quelle di alcune persone che, in un modo o in un altro, di questa gara hanno fatto anche la storia. I racconti che hanno deciso di regalare, dedicando parte del loro tempo a rispondere alle domande ed alle curiosità di chi vi scrive, sono emozionanti ed originali e contribuiscono, senza dubbio, ad arricchire ancora di più l'aspetto umano della NYC Marathon.

Mario Bollini

NYRR riserva un posto d'onore ai runner più devoti alla NYC Marathon. Infatti, pur trattandosi di una gara spesso corsa "una sola volta nella vita" o addirittura come prima maratona in assoluto esiste un nutrito gruppo di runner (più di 1000, provenienti da oltre 20 paesi) che ha completato la gara almeno quindici volte.

Tra questi "15+ Marathoners", come sono chiamati ufficialmente, più di 150 atleti hanno corso almeno 15 edizioni consecutive, guadagnandosi così anche il titolo di *Streaker*.

Questa curiosa classifica è guidata da un "ragazzo" statunitense di 75 anni, Dave Obelkevich, che ha terminato la gara ben 43 volte di cui 42 in successione. Tra le donne lo scettro va a Connie Brown, una giovane settantaquattrenne della Florida, che ha completato la gara ben 40 volte, tutte di seguito negli ultimi 40 anni. Entrambi hanno corso, viene da dire "ovviamente", anche l'edizione del 2018.

Tra i podisti italiani il leader indiscusso è Mario Bolllini, un arzillo signore di 69 anni, di Giulianova (in Abruzzo), che ha al suo attivo 32 edizioni della NYC Marathon, di cui ben 31 corse di seguito. L'unica edizione "saltata" in questa lunghissima sequenza è quella del 1986 per "motivi di servizio", racconta Bollini, che ha un passato nell'Aeronautica Militare.

L'altra che ho saltato, purtroppo, è stata l'edizione del 2012 quando il pomeriggio del venerdì prima della gara, mentre ero già a New York, ci hanno detto che la competizione sarebbe stata annullata.

Come tutti i runner coinvolti nella edizione di quell'anno sfortunato, Bollini dimostra quanto ancora la ferita di vedersi sfuggire una gara tanto attesa, a sole poche ore dallo start, possa ancora bruciare nel cuore di chi era già pronto a correrla.

Dal 1985 ad oggi la gara è cambiata molto, con l'introduzione del chip, delle gabbie e delle wave, con l'aumentare del prestigio e del numero dei runner, la gara ha perso quell'anima artigianale ma rimane una grande festa.

Bollini ha corso moltissime gare e maratone in Italia eppure ogni anno, dal 1987, ritorna a New York per cimentarsi con la "sua" gara. Alla, ovvia, domanda di "perché" sia rimasto stregato così tanto da questa gara, riflette.

Perché c'è un entusiasmo incredibile, la gente ti acclama, ti fa sentire importante durante la corsa a differenza delle altre gare (in Italia) dove spesso si corre in silenzio, o quasi. New York è la mia prima scelta e non posso più fare a meno di correrla. Andando avanti ogni anno diventa sempre più bella e la festa si fa sempre più grande. Quando ho cominciato a correrla tutti mi dicevano che ero pazzo! Amici, parenti, mi chiedevano ma perché sempre New York? La verità è che l'unico anno in cui ho saltato New York [1986], ho corso a Firenze e tutto era più difficile per via del traffico, la poca partecipazione di podisti e spettatori. Ho deciso allora di tornare l'anno dopo a New York e da allora non ho più smesso.

Dal 1985 ad oggi Mario Bollini ha corso un milione trecento cinquantamila duecento quaranta (1.350.240) metri tra le strade di New York e non pensa assolutamente di arrestare la sua ascesa in questa particolare classifica di super devoti. Infatti dal gennaio si sta già preparando per l'edizione del 2019.

Leo Cenci (con Mauro Casciari)

Leonardo Cenci è stato un runner appassionato ed un ragazzo semplice, ed al tempo stesso, eccezionale.
Quando il 9 agosto del 2012, a soli 39 anni, gli fu diagnosticato un cancro al polmone al quarto stadio, con metastasi cerebrali ed ossee, stava preparando (dopo sette maratone già corse) la sua prima NYC Marathon. Leonardo, o Leo come lo hanno sempre chiamato gli amici, scoprì, invece, che quell'anno avrebbe dovuto cimentarsi con una prova molto più dura di una "semplice" gara podistica.
Ma Leo reagì in modo incredibile ed unico. Nonostante i dottori, a causa del tumore inoperabile ed incurabile, gli avessero dato un'aspettativa di vita bassissima (di soli 4 mesi) e nessuna possibilità di intervento, non si perse in nessun modo d'animo.
Leo cominciò così una sua personale battaglia contro il cancro. Una battaglia "frontale" fatta di forza, ironia, coraggio, fede incrollabile ed una incredibile voglia di vivere. Un guerriero vero.
Durante il suo percorso arrivò a scoprire e promuovere il running come terapia (ovviamente addizionale) per la lotta al cancro. Leo, contro tante previsioni, e con tanta forza d'animo è riuscito ad andare ben oltre le aspettative dei suoi dottori. Ed è anche riuscito a correre la Maratona di New York nel 2016 (in 4:27:57) ed anche nel 2017 (4:06:16).
Dell'impresa del 2016 di Leo hanno parlato in tanti. Del resto era proprio dai tempi di Fred Lebow che nessun atleta con un tumore al cervello in atto si era mai cimentato con la gara di New York. Leo ci è riuscito addirittura due volte.
Il più bel racconto di quella sua esperienza è sicuramente quello affidato alle sue stesse parole, raccolte in audio messaggio dal suo amico Mauro Casciari (e disponibile online per chi avesse voglia di ascoltarlo qui: "Ecco chi è Leonardo Cenci" - link.maratona.nyc/leocenci).

Leo racconta così quell'esperienza del 7 novembre 2016:

È stata a livello emotivo ed a livello di sensazione la giornata più bella e più intensa della mia vita. La cosa che mi ha veramente fatto prendere atto di quello che stavo andando a fare è stato quando siamo saliti sull'autobus che ci accompagnava al ponte di Brooklyn. Lì è stato veramente per tre quarti d'ora di pensiero, fitto di quello che io stavo per fare. È una battaglia veramente vinta. E soprattutto avevo anche un carico di responsabilità, mi sentivo veramente sotto l'occhio del ciclone quindi volevo anche dare una dimostrazione che ce la si può fare, ma, non essendoci stata nessuna altra persona al di fuori di Fred Lebow, non ero certo del mio risultato, perché la maratona è una gara massacrante. Però il buon Dio ha voluto regalarmi questa giornata magnifica, mi ha disegnato anche un clima perfetto e mi è sembrato che mi chiedesse scusa per avermi dato il cancro. Io l'ho letta così perché è stato tutto troppo bello. Quando ho corso la gara, è andato tutto benissimo, ho corso sempre con il sorriso, guardavo la città, la gente e non mi sono mai accorto di avere il cancro. È una cosa meravigliosa. La sensazione è pressoché questa perché l'emozione che ho sentito è stata veramente incredibile e spero apprezzata da tanta gente malata, che possa essere io d'aiuto con questa esperienza per farli vivere un pochino con più di speranza.

Accanto a Leo, in quel periodo (ed nella sua prima esperienza alla New York City Marathon) c'era anche il suo amico Mauro Casciari, giornalista TV e radio. Il racconto dell'esperienza di Casciari riesce ad arricchire, di molti altri particolari, questa storia già unica.

La storia di Leo sembra veramente la sceneggiatura di un film. Mentre preparava la sua prima Maratona di New York, nel 2012, non riusciva ad allenarsi come voleva e dopo alcuni controlli scoprì del tumore che lo aveva colpito. In quei mesi anche mio padre lottava con lo stesso male e mi sono sentito subito molto vicino a Leo, che conoscevo già tramite amici comuni.
Dal letto d'ospedale, nel 2012, voleva guardare la gara che poi per via dell'uragano Sandy non si disputò e lui questa cosa l'ha vissuta come segno quasi divino: una gara che non si era mai fermata nella storia era saltata proprio nell'anno in cui lui avrebbe dovuto correrla e per via del tumore aveva saltato e "decise" che prima o poi avrebbe corso quella maratona che il cancro gli aveva tolto. E nel 2016 ci è riuscito. Leo definì quel giorno il più bello della sua vita e per me lo è stato ancora di più: è stata una esperienza incredibile. Sia per lo spettacolo della città che per il modo in cui Leo ha vissuto quei giorni.
A New York eravamo anche con Chiara Bennati, una nostra amica nonché oncologa di Leo, in modo da poter affrontare qualsiasi situazione imprevista prima e dopo la gara. La presenza di Chiara ha contribuito, senza dubbio, a dare tranquillità a Leo che sentiva, senz'altro, il peso anche morale di affrontare una sfida che solo Lebow, il fondatore della NYC Marathon, aveva avuto il coraggio di affrontare: correre la gara con un tumore al cervello in atto.
Il giorno della gara è stato tutto stupendo: il tempo era bellissimo ed al parco del Verrazzano c'erano migliaia di persone. Siamo arrivati molto presto la

mattina in bus. Era così tanto presto che tutti i servizi mi sembravano sovradimensionati. Ovviamente mi sbagliavo. Leo aveva accesso al villaggio VIP e non riuscivamo a trovarlo in nessun modo. Una volta dentro ne ha approfittato per fare una colazione gigante. Io ho aspettato fuori e mi sono arrangiato con le banane che mi ero portato.

Dopo ci siamo stesi sul fieno e ci siamo rilassati per un po'. Era tutto perfetto.

Sono riuscito a non emozionarmi fino alla partenza nei pressi del ponte. Poi quando ero a pochi metri dello start non potevo più trattenere le emozioni. Guardavo Leonardo estasiato e mi chiedevo solo come avrei fatto a stargli dietro: lui era nettamente più allenato di me ed ovviamente molto motivato. Ma ero sicuro che sarebbe arrivato alla fine.

Una volta partiti Leo mi è stato sempre davanti e lui era molto più magro di me e per poter stare dietro di lui dovevo prendere la scia. Riuscivo a riconoscerlo solo seguendo il suo cappellino nero che continuava a corrermi davanti. Arrivati al Queensboro Bridge (ed il suo magnifico silenzio) non sono riuscito più a stargli dietro e come da accordi l'ho lasciato andare. Era la sua gara, la sua vita. Vederlo andare via veloce sul ponte è stato bellissimo ed emozionante.

Mauro Casciari ha corso, prima di quella esperienza a New York, anche altre maratone in Italia ed il paragone con le sue altre esperienze è comune a quello di tanti altri runner.

La cosa incredibile è che quando corri a New York, non importa se tu sia primo oppure ultimo, tutti ti celebrano. Ti senti come se avessi vinto la gara. Perché la gente ti sostiene ogni metro del percorso. Se hai poi il nome scritto sulla maglia tutti ti chiamano. Una esperienza davvero unica. Specie nel tratto quando scendi dal Queensboro Bridge.

Durante il percorso le persone aspettano sempre qualcuno, le vedi lì con i loro cartelli giganti che ti festeggiano, mentre, chiaramente, cercano qualcuno nella folla di chi corre. Mi è piaciuto molto vedere tutte le etnie del mondo correndo lungo il percorso: ti dà davvero l'idea di quanto multiculturale possa essere New York.

Mauro Casciari ha chiuso la sua prima NYC Marathon in 4:48:19 e progetta di correre, nuovamente, la NYC Marathon nel 2019.

Leonardo Cenci si è spento a Perugia, il 30 gennaio 2019. Leo ha vissuto sei anni in più di quanto i dottori avessero previsto e durante questi anni incredibili ha realizzato praticamente tutti i suoi sogni (compreso incontrare il Papa), ha ispirato con la sua voglia di vivere migliaia di persone, decine di atleti ed ha corso due edizioni della NYC Marathon.

Leo per cercare di portare avanti le sue idee, raccogliere fondi ed aiutare gli altri ammalati ha fondato anche una onlus con il suo motto: "Avanti Tutta" (www.avantitutta.org). Aiutare l'associazione è un magnifico modo per ricordare le gesta di questo ragazzo straordinario.

Peter Ciaccia

«Do I have clearance of the roadway?» Questa semplice frase, che letteralmente significa «Ho strada libera?», pronunciata pochi istanti prima dell'inizio di tutte le gare di NYRR, maratona compresa, è diventata il "marchio di fabbrica" di Peter Ciaccia.

Ciaccia, classe 1954, nato nel Bronx ma d'origine italiane («Mio padre era nato Bari, mia madre è di origine napoletana,» tiene a precisare), è stato dal 2015 al 2018 *race director* della NYC Marathon. Un ruolo che, negli anni, hanno avuto l'onore di portare solo Fred Lebow, Allan Steinfeld e Mary Wittenberg. Ma Peter Ciaccia ha sempre ricoperto questo delicato e fondamentale compito con animo "rock" (e non a caso la sua formazione è stata nel campo musicale). Ciaccia ha sempre caricato i runner pochi minuti prima delle gare (grandi o piccole, nessuna differenza) con un «Good morning, runners!", seguito da un altro, identico ma più carico, in attesa di una risposta "più pronta" dei podisti sonnolenti. Se la NYC Marathon è diventata un evento planetario ed una festa di strada, lo si deve anche alle idee ed al lavoro, svolto negli ultimi 18 anni in NYRR, di Ciaccia, che dal 2015 al 2018 è stato anche CEO dell'associazione assieme a Michael Capiraso. Subito dopo l'edizione del 2018 è andato in pensione (più che altro è andato in giro per il mondo) ed ha lasciato lo scettro della gara a Jim Heim.

Dal punto di vista del runner, la preparazione della maratona richiede mesi di allenamento, sacrifici e dedizione. Organizzarla non è molto diverso.

La Maratona di New York è un evento che richiede quasi un anno di lavoro e preparazione. Ed è un pensiero costante. Ad esempio, durante l'edizione del 2017, proprio mentre si correva la gara, che procedeva secondo quanto previsto, io ed il mio team osservavamo tutto quel che accadeva e, poche settimane dopo, ci siamo riuniti in un "recap meeting" per analizzare tutti gli aspetti della giornata: dalla registrazione, al marketing, alla produzione TV allo svolgimento della gara stessa. Abbiamo rianalizzato tutto per capire cosa era andato bene, cosa poteva essere cambiato in modo da migliorare dove potevamo già dall'edizione del 2018. Non è mai successo che ci siamo seduti al meeting ed abbiamo detto «va bene così, l'anno prossimo rifacciamo tutto nello stesso identico modo.» Vogliamo che tutto sia al meglio. E desideriamo che, se qualcuno corre la gara cinque volte di seguito, viva cinque esperienze diverse e sempre migliori.

Fred Lebow parlava di una specie di depressione che lo affliggeva nei giorni immediatamente successivi alla gara.

Capisco cosa intendesse Fred e conosco bene questa sensazione, che non so se definire proprio "depressione". Lavori molto ed intensamente per un tempo lungo, con tante persone al tuo fianco che diventano "famiglia", per costruire un evento enorme. C'è il giorno della gara, ovviamente, ma negli ultimi anni ci sono tanti eventi che impegnano quasi una settimana intera in cui ci sono mille cose da fare, persone da incontrare, momenti emozionanti: un carico di adrenalina che sembra non finire mai. E poi, invece, all'improvviso finisce. All'inizio sei esausto e va bene così. Ma poi ti manca l'eccitazione, la sfida. Per fortuna NYRR non si ferma mai. L'associazione organizza eventi continuamente, praticamente uno ogni fine settimana, quindi non hai, davvero, troppo tempo per sentirti "depresso". Non è molto diverso, in effetti, dalle sensazioni che prova chi corre la maratona: ti alleni, corri, festeggi la tua prestazione. Ed all'improvviso, nei giorni di recupero post gara, ti manca il running. E poi ricominci ad allenarti.

Peter Ciaccia è stato *race director* per quattro edizioni (2015-2018). Una moltitudine di ricordi e sensazioni.

Ogni anno c'è stato un evento, una sorpresa, una situazione inattesa che si è verificata e che ha avuto un impatto su di me ed è impossibile ricordarli o citarli tutti: ho visto Shalane Flanagan vincere, ho visto Meb chiudere la sua carriera a New York. Ed ho visto David Fraser arrivare per la decima volta al traguardo spingendosi sulla sua carrozzina. Sicuramente il 2018 è stato un anno speciale per me. È indescrivibile lasciare dopo diciotto anni e guardare, con un minimo di distanza, tutto quello che abbiamo fatto con NYRR e vedere l'impatto che l'associazione ha avuto sul mondo del running e sulla città stessa. Mi rendo conto, ora meglio ancora, che è stato un vero privilegio farne parte. Anche parlare dal palco sulla linea di partenza della gara è stato diverso nel 2018: volevo dire quello che significava per me aver fatto il mio lavoro. Non era un saluto per me, era un modo di ringraziare tutti i runner che erano lì e che mi hanno riempito la vita per diciotto anni e hanno reso la mia carriera in NYRR davvero speciale.

Ciaccia ha avvicinato la maratona a tutti i livelli di competizione, accogliendo sempre sulla Finish Line (di una giornata che per lui iniziava intorno alla 4 del mattino), gli ultimi ad arrivare: quelli che lui stesso chiama i *final finishers*. Una idea semplice e dal significato profondo.

Quando ero direttore tecnico della maratona dovevo essere sicuro (in quanto anche parte del mio lavoro) che tutti i runner in corsa arrivassero alla fine e che tutta la competizione si svolgesse correttamente ed in sicurezza. È un lavoro complesso, specie in gare con migliaia di partecipanti, ma credo fermamente che sia compito di chi "invita" i runner nella propria competizione fare in modo che tutti possano godere della stessa esperienza, dal primo all'ultimo. Ovviamente c'è sempre un tempo limite alle competizioni, anche perché NYRR non è il proprietario dei luoghi dove si corre: bisogna restituire alla città il parco, le strade, gli stadi. Nel caso della NYC Marathon è ancora tutto più complesso. Ad un certo punto bisogna riaprire i luoghi dove corrono i podisti. Come fare con quelli che sono ancora impegnati con la gara? Come permettergli di completare in sicurezza la gara? Non si può certo dirgli «spiacente tempo scaduto.» Abbiamo quindi inventato tutta una serie di modi per permettergli di continuare a correre, anche con le strade aperte. Ma, senza dargli una finish line, *che essendo dentro Central Park per fortuna può rimanere a disposizione per molte ore, la loro esperienza non sarebbe completa. Con la Finish Line ancora aperta ho pensato quindi di essere presente quando gli ultimi runner arrivavano alla fine della loro gara. Non importa l'ora.*
Solitamente la sera della maratona, dopo la gara, ci sono molti eventi ufficiali nei quali sono sempre coinvolto. Per fortuna questi eventi si tengono non lontano dalla Finish Line quindi i miei collaboratori mi tengono sempre informato su quando gli ultimi runner stanno per approcciare la fine. Nel 2015 l'ultimo runner arrivò molto prima rispetto al solito e così a metà di uno degli eventi fui costretto a salutare per allontanarmi. Gli elite runner si chiesero dove andassi così di corsa. Quando gli ebbero spiegato il mio impegno, ne furono così sorpresi ed entusiasti che gli chiesi se l'anno successivo avessero voluto partecipare anche loro. Così negli ultimi anni ho portato con me a festeggiare i final finishers *tanti vincitori della gara e molti degli elite runners più famosi. Credo sia una chiusura ideale, che lega primi ed ultimi in quella competizione straordinaria che è la maratona. E credo che sia compito del* race director *celebrare tutti i runner.*

Dei mille consigli che si possono dare a chi affronta per la prima volta la NYC Marathon, Peter Ciaccia ne ha soltanto uno.

Godetevela, rilassatevi e divertitevi. So che vi siete allenati duramente per molto tempo e volete raggiungere il vostro obiettivo. Ma godetevi l'esperienza. Prendete un momento per assorbire tutto quello che vi circonda. Personalmente credo che la NYC Marathon sia la più bella maratona del mondo: la città è incredibile ed il percorso stupendo. Non perdete tempo a guardare l'orologio o controllare i tempi. Guardatevi intorno, sentite il feeling di quello che vi circonda. Attraversare la Finish Line della NYC Marathon è una esperienza unica.

Franca Fiacconi

La maratona è una gara di tecnica, abilità, forza e carattere. A tutte questa caratteristiche Franca Fiacconi, atleta romana, ha aggiunto senza alcun dubbio anche la perseveranza. Quando, nel 1998, è riuscita ad aggiudicarsi il primo posto della NYC Marathon, era, infatti, al suo quarto tentativo. Nel 1996, alla sua seconda esperienza a New York, si era classificata seconda, pochi secondi dietro l'atleta rumena Anuta Catuna, che, però, secondo molti fu "tirata" da un *pacer*. Nel 1997, era arrivata "solo" terza, dietro la svizzera Franziska Rochat Moser e la sudafricana Colleen de Reuck. Ma, nel 1998, nessuno riuscì a tenere il suo passo prodigioso e chiuse la gara in 2:25:17, con oltre un minuto di vantaggio sulla seconda atleta, la messicana Adriana Fernandez, e soprattutto oltre cinque minuti avanti alla favoritissima keniota Tegla Loroupe, già vincitrice delle edizioni del 1994 e del 1995. La vittoria della Fiacconi fu netta. Una prova di forza che fu condita da sorrisi ed emozioni nel suo finale in solitaria, corso tra le collinette di Central Park.

La Fiacconi con New York ha tutt'ora un rapporto speciale: il risultato del 1998 è rimasto il suo miglior tempo sulla distanza, in una carriera peraltro ricca di moltissimi titoli nazionali ed internazionali, ed in più di una occasione l'atleta ha definito il giorno della vittoria a New York come "il giorno più bello della mia vita". Ancora oggi Franca Fiacconi torna a correre a New York praticamente ogni anno, allenando ed accompagnando nella Grande Mela i tanti *first-timer* italiani che, numerosissimi, ogni anno si cimentano con la NYC Marathon.

La carriera di Franca Fiacconi è iniziata a Roma nel 1989, quando il mondo del running era completamente diverso da oggi.

Nel 1989 era tutto profondamente differente: quando ho esordito a Roma la maratona femminile era solo da poco stata inserita tra le discipline olimpiche (Los Angeles, 1984), andando finalmente oltre una serie di discriminazioni che le atlete avevano dovuto subire per molti anni. Inoltre, specialmente in Italia, la maratona era considerata uno sport per atleti più maturi, praticamente per mezzofondisti a fine carriera. Anche io stessa ero condizionata da questo giudizio ed ero indecisa se correre la Maratona di Roma del 1989 perché mi sentivo ancora troppo giovane per la distanza, avendo solo 23 anni. Per fortuna sono stata a sentire i consigli di Oscar Barletta, allenatore della nazionale italiana, che aveva intuito il potenziale delle donne in maratona. Accettai di provare una sola volta pensando di tornare subito dopo alle distanze più brevi. La mia carriera, invece, cambiò decisamente dopo quella esperienza, in cui mi classificai seconda e mi innamorai della distanza. Anche allenarsi era molto diverso: una ragazza che correva da sola attirava attenzione e stupore (e provocava qualche battuta). Oggi, per fortuna, ogni giorno si allenano centinaia di persone per tenersi in forma e senza l'obiettivo preciso di una gara come invece capitava negli anni novanta.

La prima esperienza di Fiacconi a New York risale al 1992, quando si classificò dodicesima, nel 1998 il tanto agognato trionfo: prima davanti a 8961 donne e diverse migliaia di uomini. Un sogno ma anche un punto di vista completamente diverso, dalle prime posizioni, rispetto a quello che vivono e sperimentano tutti coloro che si cimentano con la NYC Marathon.

La differenza la conosco bene perché oggi corro con gli amatori "immersa" tra i runner. Quando passi per le strade e sei in testa alla corsa sei la prima persona che gli spettatori vedono ed acclamano, anche chiamandoti per nome, ed in qualche modo ti aspettano trasmettendoti una emozione incredibile. Poi ci sono dei punti "mitici": quando vedi il Verrazzano vuoto davanti è di una immensità indescrivibile e ti da una emozione fortissima. Inoltre le donne, al tempo, partivano a sinistra del ponte, quella che è oggi la partenza per pettorali arancioni, e gli uomini a destra ma più indietro. Quindi alla partenza ti ritrovavi, sola, a correre su questa immensa struttura tutta per te. Sono sempre stata una front runner e quindi in più di una occasione mi sono ritrovata "sola" a inseguire queste bellissime moto giganti americane, che ci aprivano il percorso tutto per noi. Ogni metro mi sentivo volare e come immersa in una dimensione parallela, che ti regala delle emozioni incredibili e che ti aiuta anche a superare, in qualche modo, la tensione della gara. È comunque una gara di agonismo allo stato puro: c'è da rimanere focalizzati, studiare le mosse delle avversarie, sentire il proprio corpo: non c'è tempo per distrarsi. Oggi correndo da amatore mi godo molto di più lo spettacolo: do il cinque ai bimbi, mi fermo a salutare gli amici, mi guardo il panorama e lo spettacolo. È incredibilmente diversa l'esperienza.

Il miglior tempo in carriera Franca Fiacconi l'ha fatto registrare proprio il giorno del suo trionfo a New York nel 1998. Una giornata perfetta.

Quel giorno c'era tensione derivante anche dall'aspettativa: avevo sfiorato così tante volte la vittoria che in molti si aspettavano un risultato importante. L'atleta favorita era, in ogni caso, la keniota Tegla Loroupe. Nonostante tutto sono partita con una serenità ed una tranquillità incredibile. Ero andata a New York per provare a vincere e non volevo accontentarmi del "solito" podio. Ho dato subito il ritmo alla gara per poterla controllare e cercare di gestire le azioni della Loroupe con la quale, dopo poco, è diventato un duello a due, con le altre atlete che si sono messe dietro aspettando che una delle due (o tutte due) mollassimo. L'atleta keniota aveva già vinto due volte a New York e ci siamo affrontate duramente per tutto il percorso. Ho sferrato il primo attacco all'uscita del Queensboro Bridge, appena iniziata First Avenue quando osservando lo sguardo della Loroupe ho capito che fosse in difficoltà per il ritmo che stavamo tenendo. Dopo una serie di scambi di posizione ho ripreso la testa della gara e mi sono detta «se arrivo all'entrata di Central Park davanti, ho vinto;» puntavo molto sul percorso di gara di allora che, proprio all'ingresso nel parco, presentava subito uno strappo molto impegnativo. Sapevo che Tegla Loroupe non amava i tratti in salita. Così è stato. Iniziata la salita ho spinto al massimo ed appena ho visto che lei non riusciva più a starmi dietro, ho tirato dritto verso il traguardo. Negli ultimi metri, quando ormai ero certa della vittoria, ero così felice che mi sembra di volare, non sentivo la stanchezza e sorridevo tutto il tempo. Avrei voluto che gli ultimi 400 metri dentro Central Park non finissero mai. È stata senza dubbio l'emozione più grande della mia vita ed una giornata di grazia in cui tutto è andato per il verso giusto.

Al momento Franca Fiacconi ha corso ben 17 edizioni della NYC Marathon e la carica che trasmette raccontando della sua vittoria del 1998 (e delle sue altre performance in gara) non sembra per niente affievolita dalla "abitudine" con cui frequenta questo percorso, dove accompagna i tanti runner che allena durante l'anno.

Runar Gundersen

Ai primissimi posti nella curiosa classifica dei "15+ Marathoners" (ospitata da NYRR qui: results.nyrr.org/streakers-and-15-plus) figura Runar Gundersen. Con ben 40 edizioni completate, tutte corse una dopo l'altra, questo runner norvegese è il primo dei podisti "non US" come numero di edizioni partecipate, appena quattro posizioni dietro il leader Dave Obelkevich, che guida la classifica con 43 partecipazioni.

Gundersen, con la sua esperienza, è una risorsa preziosa per chiunque sia alla ricerca di risposte sulla gara, la sua storia o anche curiosità. Il sessantasettenne runner norvegese è particolarmente attivo sul web, dove gestisce un sito in inglese con molte info sulla gara (www.runarweb.com) e, di recente, ha creato anche un gruppo Facebook (New York City Marathon Help Group, link.maratona.nyc/runarfb) con lo stesso scopo.

Runar è un runner appassionato ed ovviamente orgoglioso della propria esperienza nella NYC Marathon, una gara che quasi ha visto nascere, considerato che la prima volta l'ha corsa nel lontano 1978. La sua migliore prestazione in gara risale al 1980 quando ha chiuso la competizione in 2:46:18. Gundersen vive a Drammen in Norvegia e nelle sue 40 partecipazioni a New York ha totalizzato ben 1048.8 miglia di corsa.

Runar Gundersen ha iniziato la sua lunga carriera a New York nel 1978, quasi per caso.

Nel 1977 parlando con un runner norvegese, che avevo conosciuto durante alcune gare, mi aveva raccontato della sua esperienza alla NYC Marathon. Essendo stato un finalista nella 5000 metri alle Olimpiadi del 1976, era stato invitato da NYRR a partecipare alla gara. Non sapendo però praticamente niente di maratona era partito fortissimo, con tempi da record del mondo, persino ritenendo di stare correndo troppo piano. Ma poco prima del Queensboro Bridge aveva ovviamente abbandonato la gara, perché già esausto e non riusciva in nessun modo a continuare. Nonostante l'esperienza traumatica, comune a molti "novizi" della distanza, mi aveva raccomandato di partecipare, sapendo che avevo già corso un paio di maratone in Norvegia, raccontandomi di una esperienza incredibile e di una città in festa. Così nel 1978 decisi di partecipare.

Uno dei miti della Maratona di New York è Grete Waitz, l'atleta norvegese che ha vinto la gara ben 9 volte in carriera. I runner norvegesi erano e sono tutt'ora un piccolo gruppo (nell'edizione 2018 hanno partecipato 360 podisti). Runar nel 1978 (proprio l'anno della prima vittoria di Waitz) incontrò per caso la runner norvegese alla partenza.

Conoscevo già Grete dalle gare che correvamo in Norvegia e mentre camminavo in mezzo a circa 9000 persone nell'area della partenza mi sono sentito chiamare per nome: era proprio Grete Waitz. Sapevo che quel giorno gareggiava anche lei perché avevo letto sul giornale che era stata invitata da NYRR e quindi incontrandola molto presto al mattino nell'area destinata ai runner "normali" fui molto sorpreso: «perché non sei arrivata con i servizi riservati dedicati ai top runner?» le chiesi. «Ne ho sentito parlare, ma non credo di essere brava abbastanza per accedere a quei servizi e così ho preso il bus.» Siamo rimasti a parlare nel prato per quasi mezz'ora prima della partenza: lei non aveva mai corso una maratona e sapeva che io, a confronto, ero un "veterano": mi chiese tantissimi consigli sulla strategia di gara. Poi ci siamo salutati. L'ho rincontrata a fine gara in Central Park, seduta sul bordo di un'aiuola. Era visibilmente molto provata e stavo per chiederle «fino a dove sei arrivata?» ma poi le chiesi (per fortuna) solo: «Allora com'è andata?» Lei sembrava scioccata e mi rispose: «Non lo so. Mi hanno detto che ho vinto la gara. E dicono che ho anche fatto un nuovo record del mondo.» A quel punto ero io scioccato. Diventò famosa istantaneamente. Ed il suo record di nove vittorie è ancora inarrivabile e, probabilmente, lo rimarrà a lungo. L'ho rincontrata spesso dopo quel giorno; l'anno dopo all'Expo della NYC Marathon e mi ha regalato un poster autografato con scritto "Grazie per tutti i consigli che mi hai dato a New York nel 1978".

Dal 1978 Runar ha corso la NYC Marathon ogni anno. Ha visto cambiare il percorso, aumentare in modo esponenziale i partecipanti, ha potuto assistere alla comparsa del sistema delle *wave* e dei colori, ha visto la città poco dopo l'11 settembre. Ed era a New York in occasione dell'unica edizione che è stata annullata (2012).

Ho corso ininterrottamente per 40 anni ed ho saltato, come tutti del resto, solo quella del 2012. Ho scoperto che non si sarebbe corsa la gara solo dopo aver preso il pettorale, mentre rientravo in albergo dall'Expo. Devo essere sincero, sono stato probabilmente uno dei pochi runner cui non è dispiaciuto più di tanto. Avevo subito una operazione al tendine d'Achille a fine settembre di quell'anno e quindi non ero preparato ne allenato in modo corretto per la gara. Ed avevo anche il timore che non sarei nemmeno riuscito a finire, rischiando

131

così di interrompere la sequenza di gare completate. Quando corri la gara tante volte il tuo punto di vista cambia. Sei pronto ad accettare, con spirito diverso, tutto quello che può succedere. Persino una edizione cancellata all'ultimo minuto. Ma capisco il dispiacere e la rabbia di chi quell'anno si vide sfuggire la maratona dalle mani.

Dal 1978 è cambiato tutto: New York si è trasformata, la gara è diventata popolarissima. Eppure Runar non parla di una realtà totalmente diversa.

La gara in sé non è cambiata tantissimo. Certo, nel 1978 c'erano solo 9000 runner e quindi non c'era bisogno di wave *o dei* corral. *Si partiva tutti assieme, cercando di stare più avanti possibile (non c'era il chip per calcolare il realtime). Ma la città era già una festa: c'erano persone dappertutto e tutti erano per strada per celebrare i runner. Il percorso era praticamente quello attuale, tranne per l'entrata in Central Park: nelle prime edizioni che ho corso c'era una salita molto ripida all'inizio ma poi era tutto più pianeggiante di adesso. Per evitare quella salita, che non era gradita ai top runner, oggi si corre su Fifth Avenue per un tratto costante ed in leggera salita: probabilmente il pezzo più duro di tutto il percorso.*

Runar ha un'esperienza incredibile relativamente alla NYC Marathon. Ha corso nella sua carriera di runner molte altre maratone. Ma a New York non si è cimentato mai con nessuna altra gara.

Non dipende solo dal fatto che non vivo a New York ma anche dalla mia condizione fisica: da metà degli anni '80 ho cominciato ad avere molti problemi ed infortuni così, ogni anno, il massimo che riesco a fare, spesso al limite, è allenarmi il necessario e correre la NYC Marathon. Ad esempio negli ultimi 20 anni non ho più corso nessuna gara, neppure in Norvegia. Continuo a correre New York per proseguire nella mia streak *(sequenza) e per incontrare i vecchi amici nel meeting che si tiene il venerdì pomeriggio prima della gara, organizzato da NYRR riservato agli* streaker *che con me vivono questa avventura ogni anno.*
Non corro la Maratona di New York per la gara, ma per tutto il resto: la città, le persone, gli amici, le emozioni, l'esperienza incredibile. Ormai non mi importa più del tempo che ci metto a completare la competizione. Negli anni '80 ci tenevo, ma oggi non importa davvero se ci metto tre o cinque ore. O anche di più.

L'appetito vien mangiando. Eppure gli anni passano. Runar ha, nel 2019, sessantasette anni. Sulla carta potrebbe continuare a gareggiare a New York per molti anni ancora. Ma ha un obiettivo dichiarato.

Tutto dipende dalla mia salute. Intendo continuare a correre la NYC Marathon fin quando avrò la possibilità di farlo. Dopo quaranta anni questa gara è diventata parte della mia vita e non posso farne a meno. Tutto però dipende dal mio ginocchio, che purtroppo non è messo bene, e non so ancora per quanto tempo mi permetterà di correre la distanza della maratona. Se restassi in forma comunque mi piacerebbe arrivare a cinquanta gare esatte. Non credo che sarò in grado di arrivarci con tutti gli infortuni che mi sono procurato negli anni, ma se arrivassi a cinquanta sarei contento e mi fermerei lì. Sinceramente, se per ragioni di salute mi dovessi fermare prima non credo che tornerei a New York per assistere alla gara: certo potrei incontrare gli amici ma sarebbe troppo doloroso vedere la gara scorrere davanti ai miei occhi e non poter prenderne parte. Arrivando a 50 gare, potrei accettare di assistere e magari fare anche il volontario.

Considerando che molti sognano di correre la NYC Marathon una volta nella vita, il sogno di Runar Gundersen sembra di un altro pianeta. In ogni caso c'è sicuramente da augurargli che possa raggiungerlo mentre continua a dare suggerimenti ai runner di tutto il mondo.

George Hirsch

Ascoltare in prima persona il racconto dei protagonisti della NYC Marathon è una esperienza entusiasmante. Si rimane profondamente colpiti di quanto il ricordo di una vittoria, di una edizione specifica della gara o di un momento storico particolare siano ancora vivi nelle parole e nelle emozioni di chi le narra.

E poi c'è il racconto di George Hirsch, cofondatore della NYC Marathon che dal 2005 è *chairman* del *board* di New York Road Runners.

Il punto di vista di Hirsch è davvero unico: è stato artefice e protagonista attivo nella nascita e nella crescita della Maratona di New York; ha contribuito con le sue idee, il suo entusiasmo e, nel caso del 1976, persino con i suoi soldi, finanziando la prima edizione con oltre 5000 dollari.

Hirsch racconta, con la semplicità e la serenità che lo contraddistingue, di come discutesse quotidianamente con Lebow, di quanto nel 1975 George Spitz lo «chiamasse in continuazione riprendendo il discorso, anche dopo settimane di silenzio, come se non si fosse mai interrotto» con la sua idea di una gara nei cinque distretti, di come, dopo aver corso la prima edizione della *five borough* Marathon, sia tornato a casa sua con Frank Shorter, il protagonista più atteso della gara, «facendo l'autostop perché entrambi non avevano pensato di portare dei soldi per il taxi.»

Questo distinto, atleticissimo signore, oggi ottantacinquenne, corre e si allena ancora a Central Park («non tutti i giorni, ormai,» aggiunge con una nota di leggero rammarico) e di frequente partecipa, in qualità di runner, alle gare che la "sua" NYRR organizza quasi tutti i fine settimana.

Hirsch ha corso la sua prima maratona e la sua prima gara in assoluto andando letteralmente allo sbaraglio nel 1969 a Boston, quando, solo da poco, aveva iniziato ad allenarsi ed era entrato in contatto con il New York Road Runners, avendo incontrato il presidente Vince Chiappetta, che si allenava a Central Park. I due si erano messi a chiacchierare perché «eravamo gli unici due podisti nel parco.» Da allora George è finito nel vortice di NYRR, divenendo una delle figure più carismatiche e di riferimento per il club e per il movimento del running in generale.

Dal 1969 al 1994, Hirsch è stato amico e compagno d'avventura di Fred Lebow, che così viene descritto.

Un vero visionario. Un ottimista. Un entusiasta. E come tutti i grandi visionari sapeva guardare oltre, aveva la certezza che la NYC Marathon sarebbe cresciuta e divenuta un evento fondamentale per il running. Come tutti i veri visionari, però, non dava troppa importanza alla gestione quotidiana dei conti. Ed aveva così bisogno di persone che si occupassero di questioni più "terrene". Quando decise che NYRR avrebbe dovuto acquistare la [storica] sede di E 89th Street, gli feci presente che costava oltre un milione di dollari e che non avevamo minimamente i soldi che servivano. Mi disse semplicemente: «Ne abbiamo bisogno, i soldi li troveremo.» Ed ebbe ragione.

George Hirsch ha corso la prima edizione della NYC Marathon nei cinque distretti nel 1976.

Non ho mai corso nelle edizioni che si svolgevano solo a Central Park, perché ero molto occupato dell'organizzazione ed avendo corso a Boston nel 1969 la nostra gara mi sembrava ancora un pochino troppo amatoriale.

Della prima *five borough marathon* racconta.

Percy Sutton era riuscito nell'impresa di risolvere le questioni burocratiche con la città, dicendo che sarebbe stato un evento che si sarebbe corso nei cinque distretti solo quell'anno in occasione del bicentenario. In realtà dopo il clamoroso successo della prima edizione nessuno mai più osò pensare che potesse non corrersi anche l'anno dopo.

Hirsch su quella prima edizione aggiunge.

Non sapevamo davvero cosa aspettarci. La risposta dei runner era stata molto positiva, con oltre 2000 iscritti, spinti anche dalla presenza e dalla notorietà di Frank Shorter. Ma come avrebbe reagito la città era un mistero per noi tutti. Appena ho finito di correre sul Verrazzano e sono arrivato a Brooklyn, ho subito visto c'era una folla di persone che ci attendavano urlando e cantando. Ho capito, in quel momento, che ce l'avevamo fatta.

Con quarantanove edizioni, nel 2020 saranno 50 anni tondi, ma non tutto è stato sempre idilliaco.

L'edizione di gran lunga più dura è stata quella del 2012, appena dopo l'uragano Sandy. Sono state giornate difficilissime. C'era la volontà del sindaco

135

Bloomberg di correre la gara anche come segnale di ripartenza. E di NYRR di fare la sua parte per riuscirci. Ma, sinceramente, le condizioni erano troppo difficili, specie nella zona della partenza a Staten Island, e la polemica montava in città e sui media, con il passare dei giorni. Solo il venerdì il sindaco decise di annullare la competizione mentre noi eravamo nel pieno dell'organizzazione della gara e della consegna dei pettorali. Inoltre i runner erano già praticamente tutti arrivati in città. Fu un momento difficilissimo. Con il senno di poi, non correre la gara fu una decisione giusta, purtroppo arrivata tardi. È stata un'esperienza dura per tutti noi e per i tanti runner venuti in città per correre la nostra gara. Sono contento però che come NYRR siamo riusciti, negli anni, a ricostruire il rapporto, provato da quegli eventi, con la città e con i runner.

Hirsch ha corso in carriera quaranta maratone di cui l'ultima a New York nel 2009, dopo una promessa fatta alla moglie, che arrivato a 75 anni — e dopo una serie di piccole disavventure —avrebbe smesso di gareggiare sui 42km. In quell'occasione è arrivato primo nel suo gruppo d'età in 4:06:14. Un tempo che molti appassionati, anche ben più giovani, sognano di conquistare.

Non sono mai stato un runner particolarmente veloce, il mio miglior tempo in maratona è stato 2:38:45 a Boston nel 1979, ma nelle ultime otto maratone che ho corso sono sempre arrivato primo nel mio gruppo d'età. Evidentemente sono invecchiato bene.

La storia e la vita di George Hirsch sono legate, davvero, a doppio filo alla corsa: è stato fondatore del *New York Magazine* e di *The Runner* ed editore di *Runner's World*. È stato commentatore televisivo per le gare d'atletica alle Olimpiadi. Nel 1988, proprio in qualità di giornalista, si era recato per le Olympic Trials alla New Jersey Waterfront Marathon. All'expo, il giorno prima della gara, conobbe una giovane runner, Shay Scrivner, alla sua prima maratona. Con lei Hirsch scambiò solo qualche parola. Il giorno dopo si presentò alla linea di partenza, in tenuta da running, cercò Shay tra la folla ed una volta trovatala le corse accanto tutta la maratona, senza essersi minimamente allenato, solo per poter continuare a parlare con lei. Si sposarono pochi anni dopo.

Giacomo Leone

Quando nel 1996 Giacomo Leone, runner Italiano di Francavilla Fontana, vinse la Maratona di New York in 2:09:57, si percepiva già nell'aria che la maratona, e non solo quella di New York, stava diventando "territorio" di runner africani. In quella stessa edizione, infatti, tra i primi dieci runner arrivati al traguardo ben sei erano africani. E dopo Giacomo Leone c'è stato letteralmente il vuoto, rendendo così l'atleta pugliese l'ultimo europeo ad essere riuscito ad aggiudicarsi la Maratona di New York.

La situazione non cambierà: queste nuove generazioni di atleti sono degli "alieni" che fanno tempi inarrivabili. Un tempo gli africani più giovani si dedicavano, specie all'inizio della loro carriera, a distanze più brevi arrivando al massimo alla mezza. Oggi puntano direttamente alla maratona ed i suoi lucrosi premi. Tra loro ci sono atleti fenomenali: basta pensare Kipchoge ed il suo record del mondo "da fantascienza" di Berlino 2018 di 2:01:39.

Eppure l'atleta italiano, che si è ispirato per la sua performance del 1996 a Pizzolato e Poli, ha raggiunto in carriera l'ottimo 2:07:52 alla Maratona di Otsu (Giappone): il secondo miglior tempo di un italiano di sempre sulla distanza (al primo posto Stefano Baldini con 2:07:22 ottenuto nella Maratona di Londra del 2006). Nel 1996 la vittoria di Giacomo Leone fu una vera sorpresa, trattandosi di un completo debuttante.

In quegli anni non c'erano le tantissime fonti di informazione di oggi, così ho scoperto davvero il percorso mentre correvo la mia gara. Non sapevo niente nemmeno del clima o dei miei avversari: ho affrontato la competizione con l'incoscienza del debuttante. E per fortuna è andata bene così.
Quando poi l'ho ricorsa nel 1999 (arrivando quarto), conoscere il percorso mi è servito anche perché non è dei più facili, ma, in tutta sincerità, anche correre cento volte la stessa gara nella stesso posto non ti dà, purtroppo, alcuna garanzia: può cambiare il clima, cambiano gli avversari, cambia anche il tifo del pubblico che ti può trascinare o demoralizzare.

La prestazione di Leone del 1996, inesperienza e sorpresa a parte, fu notevole.

Ho corso la seconda parte di gara in un tempo nettamente più veloce della prima: oggi questo tipo di strategia si chiama negative split *ed è la "regola" tra* gli elite runner. Era una mia caratteristica innata: su circa 20 maratone corse in carriera, in almeno quindici ho seguito questo approccio. Sono sempre riuscito a gestire la gara, riuscendo anche a capire quando e dove spingere durante la competizione ed ho sempre ritenuto le competizioni che finiscono in progressione le più facili da affrontare. Può essere sicuramente derivato dagli allenamenti che facevo, ma anche dal mio modo di vivere le competizioni: mi piaceva andare a prendere gli avversari e mi aiutava a tenere lo stimolo della gara vivo.

Nel 1996 a New York sono partito dietro e per oltre metà gara sono rimasto abbastanza lontano dal gruppo di testa. Poi ho iniziato a spingere lungo First Avenue poco dopo aver attraversato il Queensboro Bridge. Gradualmente sono riuscito a raggiungere e stabilizzarmi in testa alla gara. Ho capito che stavo per vincere solo negli ultimi 500 metri accompagnato comunque dalla paura di essere ripreso. È stata un'esperienza incredibile e vincere a New York ti cambia la vita per sempre. Ancora oggi le persone si ricordano della mia vittoria del 1996.

Linus

Sono davvero pochi i runner che decidono di correre una maratona senza avere una forte ispirazione: può trattarsi di una sfida, di uno step deciso in avanti in un percorso di crescita personale ed atletico, di un sogno, di una passione che cresce gradualmente o anche del colpo di fulmine di un momento. Ma spesso la vera "svolta" nel decidere di intraprendere la preparazione per una gara, in ogni caso sempre molto impegnativa come la maratona, arriva dalle parole di qualcuno in grado di raccontare l'emozione che questa competizione è in grado di suscitare. E trascinare così in questa esperienza affascinante altre persone.

In Italia la figura che più ha ispirato, ed ispira tuttora, le persone ad inserire la corsa nella propria vita è, probabilmente, Linus. Deejay, runner, ciclista, autore, organizzatore di eventi di running e non solo, appassionato di automobilismo, vero e proprio ambasciatore e motore del running in Italia, Linus ha corso e raccontato in moltissime interviste la propria passione per questo sport e ha regalato alcuni aneddoti proprio relativi al suo personale rapporto con la NYC Marathon — che, per inciso, ha corso già 12 volte e raccontato anche nel suo libro *Parli sempre di corsa*.

La prima volta a New York non si scorda mai: Linus l'ha corsa nel 2002 la ricorda bene, ma l'ha anche definita "disastrosa" e "strampalata".

La mia prima New York fu un disastro com'è quasi sempre la prima maratona per chi non ne ha mai corsa una. La prima maratona non è la prima corsa, è veramente il primo viaggio nello spazio che uno fa. Di conseguenza non hai riferimenti, non sai esattamente quello che ti succede e soprattutto non sai quanto ti dovrai preparare per essere davvero pronto. Io ci sono arrivato assolutamente poco preparato: avevo fatto pochi chilometri in totale ed anche pochissimi lunghi. C'è da dire che era un periodo diverso: nel 2002 la maratona la facevano solo quelli che correvano davvero e le informazioni a riguardo erano custodite gelosamente. Dopo di me, e di questo mi sento anche in parte responsabile, migliaia di italiani si sono avvicinati all'idea di correre una maratona. Di conseguenza sono saltati fuori moltissimi strumenti: libri, siti web, corsi, gruppi, coach, e così il livello di informazione sull'argomento è cresciuto sensibilmente. A tutto beneficio di chi si avvicina ai 42km. Io ci sono andato molto alla cieca. Riguardando i miei appunti sugli allenamenti che raccolgo da quando ho iniziato a correre, ho notato che nei mesi prima di New York avevo corso appena 150 chilometri al mese. Una distanza che, onestamente, è troppo ridotta per chi ha la pretesa di correre la maratona e non "passeggiarla". L'effetto di non essere allenato a sufficienza si vide sui miei tempi: speravo di chiuderla in circa quattro ore, mi ci volle mezz'ora in più. Con una crisi enorme nella parte finale della gara in cui un po' ho camminato ed un po' ho corso. Mi ci sono volute tre maratone affinché il mio corpo si abituasse alla distanza (due a New York ed una a Milano), per poter affrontare la gara con più tranquillità e sono così riuscito a migliorare i miei tempi anche di un'ora.

Dopo dieci edizioni della NYC Marathon terminate (su undici iniziate), Linus è un vero esperto della gara e del percorso.

A New York conoscere il tracciato di gara è molto importante. Aver studiato il percorso non è però sempre solo un vantaggio: quando corro a Milano, conoscendo perfettamente le strade mi sembra che non finiscano mai. Per fortuna a New York ci si corre una sola volta all'anno, c'è talmente tanta confusione intorno che riesci a distrarti ed a quel punto conoscere il percorso è un vantaggio da non sottovalutare, soprattutto per sapere dove "aver paura" e comportarti di conseguenza. Nessuno ti dice ad esempio che la salita più impegnativa non è il Queensboro Bridge, che tutti temono, ma il primo miglio della gara sul Verrazzano, che siccome lo fai carico non ti accorgi di quanto ti pesa, subito, nelle gambe, con il rischio anche di pregiudicare la tua corsa.

La più bella gara a New York di Linus risale al 2006. E non è nemmeno stata la sua più veloce.

Nel 2006 mi sono divertito davvero moltissimo. L'ho corsa con un mio amico che è nettamente più veloce di me che però ha avuto la pazienza di prendermi per mano ed un pochino tirarmi avanti. Abbiamo fatto una corsa ad inseguimento andando a riprendere ogni chilometro qualche runner (conosciuto o sconosciuto) che vedevamo in lontananza. Una maratona fatta di tanti piccoli traguardi. Ho delle foto scattate a Columbus Circle, mentre rientriamo nel parco a soli 400 metri dalla Finish Line, nelle quali io rido come se stessi giocando. Non sembrava che avessi fatto 42km, ero contento, mi stavo divertendo e stavo bene. È stata una corsa bellissima. Nel 2010 ho fatto invece il mio miglior tempo a New York (3:29:34) e sono finalmente riuscito ad andare sotto il muro delle tre ore e trenta che, come tanti maratoneti sanno, è una specie di totem da abbattere. Quella edizione fu per me perfetta, perché l'ho corsa quasi tutta in solitudine con il mio passo. Ho solo fatto una deviazione davanti al Guggenheim per abbracciare mio figlio.

Linus ha corso in carriera, sin qui, ben 21 maratone. Ed è in una posizione privilegiata per poter paragonare la gara di New York con altre maratone importanti.

New York ha moltissimi aspetti positivi. L'unico vero aspetto negativo, a mio avviso, è che è una gara molto stressante da un punto di vista puramente logistico. Questo stress si aggiunge a quello "ovvio" derivante dallo sforzo della gara: il percorso è già di per sé estremamente impegnativo — del resto ho scoperto che Manhattan in lingua pellerossa vuol dire "terra delle colline", e quando ci corri te ne rendi davvero conto. Ma lo stress dal contorno, del pre e del post gara, pesa se possibile ancora di più. Innanzitutto anche se parti con la prima wave alle 9:40, alle sette del mattino devi essere già a Staten Island. Di conseguenza ti svegli intorno alle cinque. Devi prendere l'autobus o il traghetto. Fa freddo. Ti metti su un prato per ore ad aspettare. E quando la maratona parte tu sei già distrutto. Nel corso degli anni mi è venuta l'ansia per tutta questa lunghissima fase logistica (necessaria), che ti avvicina alla gara, ma che ti fa consumare un sacco di energie. E poi c'è il dopo la gara. Quando hai finito pensi di aver finito davvero ed invece ti spediscono praticamente ad Harlem a piedi. Quindi da quando finisci la gara a quando finalmente rientri in albergo, di solito, devi aggiungere altri quattro chilometri a piedi.

Le persone a New York ti "tirano" per tutto il percorso. Ma possono anche pesare sui runner provati dalla competizione.

L'usanza di molti runner è quella di scriversi il nome sulla maglia: una cosa molto bella quando stai bene perché effettivamente le persone ti chiamano per nome e ti incitano: "Go Linus!", "Come on Linus!", bello e divertente. Ma quando sei nella bolla degli ultimi chilometri, in quella "grotta mentale" (come la chiama Aldo Rock), in cui sei perso nei tuoi pensieri e cerchi di arrivare al traguardo più con la forza dei nervi che con la forza delle gambe, sentire la gente che grida "You're looking good" o "Almost there" mi fa veramente irritare. Ma quale "You're looking good"?! Io lo so che faccia c'ho in questo momento! E quindi per i primi due, tre anni correvo anche io con la maglia con il nome. Poi ho smesso. Come hanno fatto anche molti altri runner veterani della gara.

Linus è un runner ma anche un organizzatore di gare. Ha praticamente portato il running in Italia e le tante gare Deejay Ten che si corrono sono sempre molto partecipate, con decine di migliaia di podisti di tutti i livelli. Parte della sua esperienza a New York è passata in qualche modo negli eventi che organizza.

L'organizzazione che si respira a New York è sicuramente fondamentale. Mi piace che le persone che partecipano alle nostre gare possano correre in sicurezza ed in uno spazio ripulito dallo sporco quotidiano: traffico, auto parcheggiate, casini vari. Per me la maratona è un viaggio che voglio immaginare vergine rispetto alla quotidianità che si vive nella città e quelli di NYRR ci riescono alla grande. Mi piace un pochino meno la rigidità (magari necessaria) che si trasforma in tempi lunghissimi di attesa, orari scanditi al minuto e quindi una complicazione per il runner un po' pesante da sostenere.

Dopo undici maratone di New York corse ed una serie di infortuni che lo hanno costretto a distanza più brevi, la gara nella Grande Mela resta un pallino di Linus.

Tre anni fa avevo praticamente smesso di correre per problemi al tendine che non riuscivo a risolvere. Sembrava una situazione senza soluzione ma da circa un anno ho ripreso a correre con più continuità. Al momento, sapendo bene ora quanto faticoso sia preparare una maratona, non ho voglia di pensarci, però non si sa mai che una occasione speciale (tipo 20 anni dalla prima New York) possa spingermi verso la mia dodicesima volta alla NYC Marathon. Così sarei anche abbastanza vecchio da non stare a pensare troppo a tempi, passo e record precedenti. Forse.

Orlando Pizzolato

Quando nel 1984, all'incirca a metà della gara, Orlando Pizzolato riuscì a raggiungere la prima posizione della NYC Marathon, molti commentatori televisivi considerarono subito la sua leadership in gara come puramente temporanea. Troppo forti e noti i competitor tra cui spiccava Rod Dixon, vincitore nell'edizione precedente in cui Pizzolato si era classificato appena ventisettesimo, per poter anche solo pensare che questo giovane podista italiano (con il pettorale numero 100), praticamente sconosciuto ai più, potesse davvero rimanere in testa e vincere la gara. Eppure chilometro dopo chilometro, Pizzolato si avvicinava, non senza sforzo e con diversi stop improvvisi, al traguardo della maratona. Tra il costante scetticismo di chi guardava e commentava. Vinse in 2:14:53 un tempo "lento" per allora (ed ancora di più per oggi), ma non può non tenere conto del clima quasi estivo (con un'umidità elevatissima) che rallentò Pizzolato ed anche i suoi avversari. Nel 1985, Pizzolato, questa volta accompagnato da una notorietà planetaria e dal pettorale numero 1, vinse ancora, migliorando il suo tempo precedente (finì in 2:11:34), dimostrando che il podio del 1984 non era stato un caso. Oggi Orlando Pizzolato è uno dei coach di running più noti in Italia ed ogni anno accompagna a New York gruppi di atleti che corrono la maratona. Il percorso di Pizzolato merita senz'altro di essere raccontato. Dal primo tentativo a New York del 1982, in cui l'atleta si ritirò, alla vittoria del 1984, molti cambiamenti contribuirono alla trasformazione dell'atleta ferrarese nel vincitore della gara.

Nel 1982 / 1983 correvo e mi allenavo come un professionista, ma ero ancora impegnato negli studi per diventare fisioterapista. Il 1984 era l'anno delle Olimpiadi di Los Angeles e non ero riuscito a qualificarmi. La primavera 1984 è stata quindi un periodo di grande riflessione ed anche di crisi che però mi ha portato ad investire energie mentali su quello che mi mancava davvero: la capacità di gestire mentalmente lo sforzo. La maratona, come e più di altre discipline, va corsa anche con la testa e richiede pazienza. In quei mesi ho capito che non riuscivo a gestire bene la tensione della gara al momento del massimo sforzo richiesto. Così anche con l'aiuto di una psicologa, la dottoressa Marisa Antollovich, ho iniziato un percorso specifico per la maratona e nel corso dell'estate del 1984 sono riuscito a migliorare la mia tenuta mentale per lo stress che mi procurava la competizione. Ho così imparato a gestire anche la paura della fatica.

Un salto di qualità che a Pizzolato sarebbe servito proprio a New York anche a causa del clima "impossibile" di quella edizione.

Durante la gara del 1984 mi sono concesso sei pause. Ovviamente non erano soste preventivate ma nemmeno un segno di crisi fisica come si pensava: erano in realtà un premio che mi stavo dando per essere riuscito a correre un miglio in più. Avevo sviluppato questa strategia in allenamento per cercare di spostare il mio limite mentale e sostenere la tensione dello sforzo. Quel giorno prendere una pausa era per me stimolo per correre al meglio il miglio successivo ed andare avanti e vincere la gara. E funzionò. Fortunatamente nel 1985 il clima era molto migliore e la vittoria fu ancora più netta e non richiese alcuna pausa. Ero ancora andato avanti nel mio percorso e non avevo più bisogno di premi per arrivare in fondo.

Nell'edizione del 1984 Pizzolato corse la prima metà di gara in 1:05:03 e la seconda in 1:09:50.

Nella seconda parte ho rallentato di quattro minuti e quaranta secondi circa. È dipeso senz'altro dal percorso che, come è noto, a New York è più impegnativo, ma anche dal concetto, presente negli anni '80, per il quale si correva la maratona con la strategia di tentare di disciplinare lo sforzo. Ad esempio nel 1985 feci un'ottima rimonta e dal venticinquesimo posto circa passai al secondo posto in soli pochi chilometri. Eppure corsi la seconda parte di gara più lentamente della prima. Si partiva piano per il timore di scoppiare. Oggi le strategie sono completamente diverse: i top runner africani corrono la prima parte di gara in maniera molto più tranquilla per poi aggredire il percorso dal venticinquesimo chilometro in poi. Spesso riuscendo a correre la seconda metà gara in un tempo inferiore alla prima parte. È il cosiddetto negative split, sogno di tanti maratoneti amatori.

Conoscere il percorso della maratona a New York per un runner amatoriale ed anche per un atleta che compete per il titolo può essere un punto di vantaggio.

Studiare il percorso a New York è un vantaggio molto importante, perché, in questo modo, si sa come dosare meglio lo sforzo e, nel caso dei top runner, poter costruire una strategia su dove e quando attaccare gli avversari. Nel mio caso, nel 1985, sapevo delle debolezze del mio principale rivale, che pure era nettamente più veloce di me, ma subiva molto le salite e così ho aspettato e sfruttato le colline, che sapevo ci aspettavano a Central Park, per andare a vincere la gara.

Vincere negli anni Ottanta significa anche aver avuto l'occasione di conoscere, da vicino, il "papà" della NYC Marathon.

Fred Lebow era una persona estremamente carismatica, di poche parole e molto riservato. Sapeva in anticipo che la maratona sarebbe diventato un business enorme e quindi vedeva le cose in maniera estremamente imprenditoriale. Eppure era appassionatissimo di corsa, era vestito sempre con abiti sportivi e appena poteva si allenava a Central Park. Passava molto tempo con gli atleti, con molti dei quali aveva un rapporto da runner entusiasta e non da race director. Era una persona molto diretta e il suo stile si rifletteva su tutta l'organizzazione della maratona: tutto era meno formale e gli interessi economici erano in ogni caso in secondo piano rispetto alla competizione ed al running.

Gianni Poli

Quando si parla, con nostalgia, degli anni '80 è probabile che ci riferisca ai podisti italiani impegnati nella Maratona di New York. I risultati raggiunti in quegli anni raccontano di una forza imponente degli atleti azzurri e la capacità, con costanza, di raggiungere i primi posti sul podio. Basta scorrere gli almanacchi per leggere di nomi e prestazioni davvero di rilievo.

Nel 1982 Laura Fogli si qualificò quarta. Stessa posizione raggiunta da Alba Milana nel 1983 (con Paolo Moro in ottava posizione). Nel 1984 arrivò la vittoria a sorpresa di Orlando Pizzolato e, nella medesima gara, Laura Fogli arrivò terza e Gianni Demadonna quinto. Nel 1986 Pizzolato fece il bis con Giuseppe Pambianchi in ottava posizione e Laura Fogli nuovamente terza.

Nel 1986 Gianni Poli si aggiudicò il primo posto in 2:11:06, arrivando davanti a Orlando Pizzolato (terzo), Salvatore Bettiol (sesto), Osvaldo Faustini (ottavo). Tra le donne Laura Fogli (terza) fu seguita da Emma Scanuich (settima) e Rita Marchisio (ottava).

Gianni Poli, atleta bresciano classe 1957, si aggiudicò il titolo a New York da perfetto outsider e divenne quasi istantaneamente uno degli atleti azzurri di punta, riconosciuto anche per il suo stile di corsa elegante, inconfondibile ed "economico".

La vittoria del 1986 arrivò a sorpresa, in parte anche per lo stesso Poli che del percorso conosceva solo Central Park e che non pensò mai, fino alla fine, di poter essere il primo a tagliare il traguardo.

Ero già stato a New York diverse volte in occasione della partecipazione alla Maratona di Chicago che in quegli anni era in competizione diretta con New York, ma del percorso conoscevo poco e niente. Dalla First Avenue ero in gara con Rob De Castella. Eravamo molto vicini e ci scambiavamo di posizione. Ritornando verso Manhattan, mi sono voltato mentre ero sul Madison Avenue Bridge ed ho visto che mi ero staccato di circa cinquanta metri da De Castella. Ed ho pensato: «Porca miseria, adesso cosa faccio?»
Erano anni che gareggiavo in gare importanti, ma era la prima volta che ero in testa. Per di più nella maratona più importante del mondo. Ero senza orologio, senza conoscere il percorso e con la macchina dei cronometri tra me e De Castella. Correvo quindi senza sapere niente. Ho avuto qualche minuto di panico, poi con l'esperienza mi sono rasserenato ed ho aspettato di vedere se eventualmente arrivava qualcuno a superarmi. Arrivato a Central Park sapevo finalmente cosa mi aspettava ed ho tirato dritto fino alla Finish Line. Nel finale,

anche stanco, sembrava che volassi. I miei appoggi erano belli, ma non spingevo più, ovviamente, come all'inizio della gara. Finalmente ho pensato che potevo vincere quando sono rientrato da Columbus Circle. E quando ho visto l'arrivo mi sono detto, parlandomi in terza persona: «Oggi l'hai combinata davvero grossa.» Gli ultimi secondi di gara ero quasi bloccato dall'emozione e per il pubblico che c'era ad aspettarmi alla Finish Line.

Nel 2001 Gianni Poli ha voluto correre la NYC Marathon per testimoniare la propria vicinanza alla città di New York, da poco colpita dagli attacchi dell'11 settembre.

Decisi all'ultimo minuto di partecipare ed Alan Steinfeld mi invitò subito, pur se rammaricato perché il numero di pettorale con il mio anno della vittoria era già stato assegnato. Io volevo correre perché sentivo che dovevo restituire qualcosa alla città che mi aveva dato tanto. In quell'occasione corsi la gara da runner "normale". Nei giorni immediatamente prima della gara la città era pressoché deserta. Un luogo diversissimo da quello che avevo conosciuto negli anni precedenti. La gara fu una esperienza memorabile. Partimmo in mezzo a migliaia di altri runner, rinunciando anche alle tante comodità riservate agli elite runner, e fu una esperienza davvero fantastica. Ovviamente dal punto di vista della gara fu tutta un'altra cosa. Non avevo ovviamente alcun obiettivo cronometrico e quindi procedemmo lentamente e ci godemmo lo spettacolo di una città ferita ma bellissima e rimasi esterrefatto dalla sensazione di essere immerso in qualcosa di importante tra migliaia di persone dietro e davanti di noi. Ricordo ancora che dopo la gara ancora stordito dalla massa di persone pensai: «Questa maratona l'hanno fatta diventare grande gli amatori, gente che per allenarsi si sveglia alle sei del mattino, che corre in pausa pranzo, che viene qui da tutto il mondo facendo anche sacrifici economici importanti. Noi vincitori dovremmo ringraziare tutti quelli che corrono alle nostre spalle e con i loro sforzi e la massiccia partecipazione hanno fatto grande la NYC Marathon. Senza le 20000 persone che mi seguivano nel 1986 la mia vittoria non avrebbe significato nulla.»

New York è una delle gare più sentite dalla città che la ospita: la risposta delle quasi due milioni di persone per le strade è incredibile.

La forza della NYC Marathon è proprio il pubblico che incita il primo come l'ultimo runner. Succede in diverse città del mondo (in Italia meno purtroppo), ma in nessun caso il pubblico trascina gli atleti lungo il percorso come accade *a New York. Il pubblico di New York è unico. Incita tutti. Anche in condizioni meteorologiche avverse. Un qualsiasi grande evento sportivo, se non è sentito dal pubblico, perde qualcosa di importante. Negli ultimi anni mi è capitato di accompagnare tanti runner a correre a New York e mi sono fermato per ore ed ore ad osservare gli atleti che arrivano alla fine con una gioia indescrivibile letteralmente trascinati dal pubblico fino alla Finish Line. New York è una gara che grazie al pubblico si chiude in qualsiasi condizione. L'energia che si trasmette dal pubblico a chi corre non ha pari ed è il valore in più di New York.*

Nel 1986 a capo della NYC Marathon c'era ancora Fred Lebow, il papà e *race director* della gara.

Fred Lebow è riuscito a trasformare una gara poco popolare e che coinvolgeva qualche centinaia di persone in un evento planetario che migliaia di persone sognano di correre ogni anno. Aveva un carattere deciso, delle idee molto chiare ed uno stile di gestione molto peculiare. Lo stile riguardava anche il modo in cui andava vestito (persino in eventi importanti): aveva sempre il suo cappellino da ciclista e, quando possibile, la sua tenuta sportiva. Era un uomo molto intelligente, che sapeva bene dove voleva arrivare. Lebow da "straniero" a New York è riuscito a cambiare, in parte, il destino della città e diventare una delle figure più importanti e rispettate. Con lui sono cresciuti tanti dirigenti di NYRR che poi hanno portato avanti l'associazione e la NYC Marathon facendo tesoro delle idee e della visione di Lebow. Quando ha corso nel 1992 accanto a Grete Waitz voleva semplicemente dimostrare a se stesso di essere ancora in grado di correre quella gara che lui ed i suoi amici avevano inventato dal nulla.

La successione di podi italiani negli anni '80 non si fermò con la vittoria di Poli. Nel 1987 Gianni Demadonna arrivò secondo. Nel 1988 Salvatore Bettiol si classificò secondo come anche Laura Fogli seguita da Graziella Striulli (settima). Nel 1989 Gelindo Bordin arrivò terzo seguito in quarta posizione da Salvatore Bettiol. Tra le donne Laura Fogli arrivò terza ed Emma Scanuich settima. Ad oggi il miglior risultato italiano di sempre (in termini di cronometro) è quello di Stefano Baldini che chiuse la sua NYC Marathon del 2002 in 2:09:12 classificandosi "solo" quinto (nel 1997 Baldini era arrivato terzo in 2:09:31).

Sébastien Samson

La Maratona di New York è già stata raccontata in mille modi: libri, articoli, mostre, fotografie. Esistono anche due bellissimi documentari, "Run of your Life" e "Free to Run", che narrano la storia di questo incredibile evento sportivo e sociale. A tutto ciò si uniscono migliaia di video amatoriali ed i racconti, più disparati, pubblicati su blog e social network dai tanti runner che ogni anno corrono la gara. E poi esiste il punto di vista, ed il racconto "unico" ed originale, di Sébastien Samson, un insegnante bretone nonché vignettista ed illustratore, che ha deciso di raccontare la propria storia, dall'allenamento per la gara alla sua esperienza alla NYC Marathon, nel modo a lui più congeniale: attraverso un libro a fumetti da lui scritto ed illustrato. Ha preso vita così la graphic novel "Le Marathon de New York à la petite semelle" (in francese) o "My New York Marathon" (in inglese).

Sébastien ha corso l'intera maratona con una GoPro montata su un caschetto, in modo da riprendere tutto il percorso e poter rivedere e ricordare, accuratamente, tutta l'esperienza della gara per poterla poi raccontare per immagini.

Quanto può un albo a fumetti (tra l'altro in bianco e nero) raccontare di una gara così tanto "immersiva" fatta di sudore, suoni, colore, rumori ed odori.

Ogni mezzo di comunicazione ha i suoi limiti. Credo che la descrizione della trasformazione del corpo che avviene durante la preparazione e la gara stessa (che ho deciso di rappresentare con gli enzimi) fosse la parte più difficile da raccontare. Ma probabilmente l'enorme pubblico che assiste alla gara è la parte più complessa da ricreare.

La storia raccontata da Samson parte quasi da una sfida lanciata a degli amici ed alla compagna, che hanno uno stile di vita da runner, contrariamente all'autore, e racconta tutto il percorso di trasformazione di Sébastien fino a dopo la gara. L'idea del libro è nata, praticamente contestualmente all'allenamento e l'autore ha annotato tutto il suo percorso sportivo per poi poterlo riprodurre in forma di graphic novel.

Durante l'allenamento pensavo che in gara sarei morto... e durante la maratona... lo pensavo davvero! Non ero e non sono uno sportivo "puro", come racconto chiaramente nella mia storia, quindi sapevo che avrei corso la gara lentamente. Anche per poter assorbire più dettagli possibili per il mio libro.

L'aspetto più inaspettato, di una gara attesa per mesi, è stata l'incredibile emozione che ho provato durante gli ultimi chilometri e le ultime curve dentro Central Park. Mi viene ancora adesso la pelle d'oca.

Sébastien Samson ha affrontato la sua NYC Marathon nel 2011 e come tanti *first-timers* ha corso la sua prima maratona (e prima gara in assoluto) proprio a New York. Il consiglio che regala a tanti runner che seguono lo stesso percorso è molto semplice e probabilmente il più efficace di tutti.

Non abbiate paura! Correte!

Il racconto di Sébastien è eccezionale, ma le sue emozioni sono proprio quelle di tantissimi altri runner. E quando gli si chiede se pensa di correre ancora la NYC Marathon...

Non lo so... New York è lontana e la spesa per partecipare non è indifferente. Però certo... Potrei correre nel 2021 dieci anni dopo la prima volta... potrei riprendere ad allenarmi... sarebbe fantastico.

Germán Silva

A volte si può diventare famosi più per un imprevisto che per la propria eccellente prestazione sportiva. Vincere una maratona non è facile. Vincere New York lo è ancora meno. Vincerla due volte dovrebbe garantire la notorietà. Eppure è vincerla dopo un errore incredibile in mondovisione che rende davvero celebri. È questo il destino di German Silva che ha vinto la NYC Marathon nel 1994, dopo una clamorosa svista che lo ha portato fuori percorso seguendo un veicolo sbagliato e lo ha costretto ad inseguire, negli ultimi metri di gara, un'altrettanto sbalordito Benjamin Paredes che aveva visto consegnarsi la vittoria su un piatto d'argento. L'improvviso cambio di direzione gli ha consegnato, per sempre, il soprannome di "Wrong Way Silva". Eppure il runner messicano ha alle spalle una carriera di tutto rispetto ed anche una vitalità travolgente, anche ora che si occupa di allenare ed accompagnare tanti runner proprio alla Maratona di New York. Germán Silva ha corso la Maratona di New York ben diciassette volte. Il suo tempo migliore lo ha fatto registrare nell'edizione del 1997 quando, con il tempo finale 2:10:19, si classificò "solo" quinto.

La vittoria del 1994 è sicuramente uno dei punti chiave della carriera di Silva. Ma il modo in cui vinse, paradossalmente, rischia di essere più importante della vittoria in se.

Ero in gara con Benjamin e non sapevo se avrei vinto con certezza. Di sicuro l'incidente mi ha costretto a forzare per cercare di recuperare il mio avversario, che tra l'altro era ed è tuttora un mio amico. Il finale di gara è stato senz'altro entusiasmante per me che cercavo di riprenderlo e per tutti gli spettatori. Quando sono arrivato a New York non conoscevo il percorso e nell'emozione del finale di gara ho commesso quell'errore che, tuttavia, mi ha reso così celebre. Ero molto teso per la gara a New York. Era la maratona più importante del mondo e avevo solo due precedenti esperienze in questo tipo di competizione: a Rotterdam, dove avevo abbandonato, e Londra, dove mie ero classificato terzo. Ma per un atleta del Messico la NYC Marathon era una gara particolarmente sentita, per i tanti legami tra i due popoli ed anche perché nel 1991 e nel 1993 avevano già vinto due runner messicani. Ed io volevo vincere come in una sorta di staffetta tra atleti dello stesso paese.

Nel 1995 Silva si aggiudicò nuovamente la Maratona di New York, che corse in onore del padre deceduto poco prima. L'esperienza fu completamente differente: questa volta conosceva il percorso e partiva tra i favoriti. Silva ha un *personal best* sulla distanza di 2:09:18 (ottenuto a Londra nel 1994): è stato l'ultimo runner del Messico a vincere la gara e tra gli ultimi ad aggiudicarsi New York prima dell'inizio della dominazione africana sulla maratona.

Continuo a pensare all'incredibile 2:01:39 di Kipchoge a Berlino. Sono atleti costruiti per la corsa. Ha un sistema cardiovascolare incredibile, una composizione muscolare eccezionale ed una economia di corsa impensabile. Il tutto sommato ad uno stile perfetto. Sono atleti che si avvicinano davvero alla perfezione umana per quanto riguarda la maratona. Se esiste un atleta che può davvero andare sotto le due ore è proprio Kipchoge.

Germán Silva parla del running con l'entusiasmo vero di un appassionato. Oggi aiuta runner di tutto il mondo, e di tutte le tipologie, a migliorare le loro performance e raggiungere traguardi importanti.

Amo parlare di running e passare il mio tempo con i podisti. Mi piace accompagnarli in gara, dare loro consigli ed allenarli. Ho sviluppato una metodologia di running che riesco a trasmettere anche a distanza ricorrendo ad un sito internet ed app per smartphone sviluppate appositamente.

Le origini di Silva sono estremamente umili: da bambino, insieme a tredici fratelli e sorelle, aiutava la famiglia a lavorare nei campi nei pressi di Tecomate (nella zona di Veracruz), raccogliendo la frutta che il padre aveva piantato. Il successo, e la ricchezza che ne è derivata, Germán ha deciso di condividerla con il suo territorio.

Io non ho dato niente di speciale: semmai è la mia famiglia e le persone a me care che mi hanno dato tanto. Io cerco di aiutare il territorio come posso, organizzando attività ed avvicinando le persone, specialmente i bambini che vivono nelle comunità rurali al mondo del running. Sono stato fortunato nella mia vita e nella mia carriera, provare a restituire questa fortuna mi sembra il minimo che possa fare per aiutare il mio popolo e la mia nazione.

Alex Zanardi

La storia di una vita come quella di Alex Zanardi si trova solitamente solo nelle pagine di qualche libro o in qualche colossal di Hollywood. È una storia che parla di passione, dolore, tenacia, forza, volontà ed anche fortuna. È come se nell'arco di una sola vita fossero nati non uno ma due Alex Zanardi: prima il velocissimo pilota di formula uno (e non solo). E dopo il terribile incidente in cui il pilota bolognese ha perso le gambe e quasi la vita, Alex Zanardi ancora pilota ed atleta paralimpico per il quale nulla sembra impossibile, nessun obiettivo troppo difficile e nessuna sfida impensabile. Alex Zanardi sarebbe già una persona eccezionale, ed un atleta unico, per tutto questo. Ma quello che colpisce di lui è l'entusiasmo, la passione e soprattutto una serenità che sembra incrollabile.

Alex Zanardi ha corso quattro volte la Maratona di New York: la prime tre volte (2007, 2010, 2011) con la *handbike* e la quarta (e per adesso ultima) volta con la carrozzina olimpica nel 2013. Ha iniziato a gareggiare a New York praticamente per caso.

Nel 2007 correvo nel campionato del mondo Turismo (WTTC) e nella tappa inglese Fabio Fortin, che rappresentava Barilla, che era un mio sponsor, mi chiese se avevo voglia di volare a New York per partecipare come ospite al Pasta Party che si teneva la sera prima della maratona. Io quasi scherzando gli risposi: «Se devo venire fino a New York per fare un discorso di dieci minuti prima della gara, quasi quasi faccio anche la gara.»
Lui, ex maratoneta, mi disse: «Te ne ho viste fare tante, ma questa no! Devi portare rispetto alla maratona, non ci si può improvvisare.» Mi sentii sfidato e quattro settimane dopo ero a New York a correre la mia prima maratona in handbike con tutte le ansie e le emozioni che un'avventura così importante ti può portare. Non potevo immaginare quanto quella partecipazione fosse, tra l'altro, la prima pagina di un nuovo capitolo della mia vita. Arrivai quarto, ma in tutta onestà devo dire che la gara in handbike non è così tanto competitiva, anche in termini di partecipazione, come quella in wheelchair, che è estremamente combattuta e per la quale sono previsti premi ed onorificenze come per i runner tradizionali.

Nel 2007, alla sua prima esperienza a New York, Zanardi era un vero principiante sia del percorso che dello sport.

La prima cosa che ricordo di quella edizione è la interminabile fila di bus che lasciano una Manhattan vuota alle quattro del mattino. Una città vuota ma allo stesso tempo piena di questa fila di mezzi che vanno tutti verso la stessa direzione. Poi ricordo l'emozione fortissima di fare parte di un evento così grande e della fortuna di poterlo scoprire per la prima volta, senza saperne quasi niente. È un evento incredibile che ti fa sentire parte di un gioco meraviglioso. È stata un'emozione fortissima, che credo abbia anche il potere di fare nascere una passione per correre o per andare in handbike. *Un'emozione iniziale che poi ti spinge a fare altro e di più nella tua carriera di atleta.*

Gareggiare in *handbike* e *wheelchair* (carrozzina olimpica) sono due discipline profondamente diverse e NYRR le considera in maniera molto differente.

La scelta di NYRR è quella di mantenere la gara in wheelchair *molto competitiva ed adottare un profilo decisamente più basso per la gara in* handbike, *che viene considerata a tutti gli effetti come un evento dimostrativo e poco competitivo. Dopo l'edizione che ho vinto nel 2011, NYRR ha modificato le regole di iscrizione ed ha introdotto un tempo minimo per potersi iscrivere alla gara in* handbike: *contrariamente a quanto ci si potrebbe aspettare ed a quanto avviene per tutte le altre categorie che iscrivono alla NYC Marathon, il tempo richiesto non deve essere troppo veloce. In questo modo si è fatto in modo che solo gli atleti amatoriali potessero partecipare alla competizione in* handbike.

Dopo la modifica del regolamento, Alex Zanardi è tornato a correre la NYC Marathon nel 2013 in carrozzina olimpica, per una sorta di seconda prima volta nella gara dopo il 2007. Constatando delle differenze profonde.
Mi sono così ritrovato a correre la gara nel 2013 con la carrozzina e le differenze con la handbike *sono come il giorno e la notte: per entrambi i mezzi usi ovviamente le braccia.*
Quando mi improvvisai maratoneta nel 2007 in handbike *non ero preparato minimamente, ma il mezzo mi aiutò moltissimo: l'*handbike *è una sorta di bicicletta in cui anche solo la prestanza fisica ti permette di generare velocità in maniera abbastanza facile. Questo mi permise, nella mia prima maratona, di arrivare alla fine, in maniera abbastanza agevole e senza alcuna preparazione specifica. L'accesso alla* handbike *è sicuramente più semplice ed immediato. Ovviamente vincere le gare ed essere competitivi resta in ogni caso molto difficile, come in tutte le discipline.*

Quando nel 2013 mi trovai a gareggiare, per via del mutato regolamento, con la wheelchair, approcciai la gara con il medesimo spirito, con risultati molto diversi. Scoprii di lì a poco che la tecnicità dell'esercizio richiesto dalla carrozzina olimpica è profondamente diverso e complesso: non è un questione di forza o di resistenza muscolare, bensì di tecnica. È come la differenza che c'è tra correre a piedi e giocare a biliardo: non ti basta avere i muscoli per colpire la palla. La tecnica richiede movimenti precisi: polso, spinta, la posizione, la gommatura del guanto. Tutte cose che ignoravo completamente al momento in cui mi sono presentato sulla linea di partenza e quindi tutto sommato, sono stato fortunato ad arrivare in fondo.

Negli anni Zanardi ha affinato la tecnica della carrozzina olimpica (con la quale ha di recente chiuso un Iron Man correndo la distanza della maratona in due ore e tredici minuti). Non esclude di tornare a New York.

Oggi andrei sicuramente molto meno allo sbaraglio rispetto al 2013 e sono sicuro che avrebbero piacere di vedermi competere in wheelchair. Ho un programma molto fitto di gare ed impegni, ma non escludo che in futuro possa ripresentarmi a New York, pur non essendo competitivo al livello degli atleti che vincono la gara in questi anni.

Fred Lebow diceva che non tutti possono essere un atleta famoso oppure una rockstar, ma durante la Maratona di New York tutti possono provare quell'emozione. Zanardi è un'atleta famoso ed ha la fama e l'appeal di una vera rockstar ed è, avendo corso a New York, nella privilegiata posizione di poter fare un vero "confronto".

Io ho avuto la fortuna di fare altre gare dove la partecipazione del pubblico era massiccia, ma New York è certamente un palcoscenico per tutti, bellissimo e speciale. New York è certamente magica, non è unica in questo, ma è sicuramente uno dei pochi posti al mondo in cui ciascun partecipante si sente protagonista della gara. È una esperienza incredibile.

Una storia raccontata attraverso i pettorali

Martino Pietropoli

C'è qualcosa di militare in una maratona. C'è lo spirito di comunanza e di condivisione di un'avventura, c'è il dispiegamento potente e imponente di mezzi e uomini. I runner schierati dietro il nastro di partenza sono i fanti pronti a balzare in avanti al cenno del generale. Il loro incedere successivo, compatto e solido, che tutto travolge, è, ancora una volta, un'espressione della stessa forza travolgente che deve aver avuto un'armata intera che avanzava indomita nel 1700 sulle colline francesi o italiane. Fortunatamente le similitudini si fermano qui: di militare una maratona ha il rombo dei piedi, che schiacciano e scalpitano, ma non ha né la violenza né alcun presagio di morte. Anzi: la maratona è una delle più magnifiche espressioni di amore e di vitalità che si conosca. Decine di migliaia di persone che un giorno, a un'ora precisa, si trovano assieme nello stesso posto e nella stessa città e decidono di fare la stessa cosa assieme: correre.

Una legione romana era composta da circa 5300 uomini. Durante la Maratona di New York, insomma, è come vedere avanzare dieci legioni romane. Basta immaginare una *wave* della New York City Marathon per avere un'idea abbastanza precisa di che spettacolo — tremendo e sublime — doveva essere vederle avanzare. Il gioco delle somiglianze e delle differenze potrebbe continuare anche così: le legioni che formavano le armate romane si riunivano sotto la cosiddetta "Insegna". Il loro simbolo, il loro vessillo. L'insegna dei maratoneti è una sola, così come la legione di appartenenza: è quella della Maratona di New York.
Il loro vessillo lo tengono appuntato al petto: riporta un numero, un nome, vari simboli, sponsor.

C'è però una differenza — ancora una — fra un esercito e una *wave*: i fanti e i cavalieri erano accomunati da un unico scopo e la loro azione collettiva sarebbe risultata tanto più efficace quanto più corale fosse stata la loro avanzata. Dovevano procedere compatti e solidi, uniti e all'unisono, come una parte plastica ma coesa di un meccanismo più grande, quello dell'esercito. La *wave* è invece la somma di individualità. Ogni runner ha uno scopo e un obiettivo e lo persegue indipendentemente dagli altri. Ognuno è solo, ognuno combatte in sé stesso e contro sé stesso una personalissima battaglia alla conquista dei propri limiti.

Quello che ha sempre unito i runner — al di là dell'intento e dell'azione del correre — è una cosa molto fisica e visibile. È il pettorale. Il pettorale identifica l'appartenenza a un evento e indica l'individuo che l'ha appuntato sulla maglietta. Significa partecipazione a un gruppo nella propria individualità. Ha stampato sopra un numero e un nome ed è unico per ogni runner. Non ci sono pettorali uguali, non c'è ripetizione ma solo somiglianza: da distante sono tutti uguali, da vicino sono tutti diversi. Non potrebbe essere diversamente perché, dicevamo appunto, la maratona è un evento collettivo generato dalla somma di individualità e personalità.

La Maratona di New York non è sempre stata così partecipata. Come molti altri eventi giunti ad avere dimensioni oceaniche, anche per quella che doveva diventare la maratona più famosa al mondo c'è stato un prima e un dopo. Prima del 1970 semplicemente non esisteva, e dopo ha iniziato a esistere. E a crescere e svilupparsi sino a diventare la gigantesca macchina organizzativa che è oggi, ogni anno.

Ma come è nata? Come una semplice gara fra amici e conoscenti, un giorno del 1970. Un gruppo di qualche decina di persone si trovarono un giorno e decisero di correre la distanza regina nella loro amata città. A correrla c'erano i fondatori Fred Lebow e Vince Chiappetta e altri partecipanti per un totale di 127 runner, tra i quali una sola donna che si ritirò per malore. In soli 55 tagliarono il traguardo.

Altro dettaglio curioso: la si correva tutta a Central Park. L'evento che di lì a pochi anni avrebbe coinvolto decine di migliaia di persone e un'intera città era nato. Da 129 partecipanti a più di 50000. Immaginiamo lo sforzo e la potenza messa in campo per organizzare e gestire un evento del genere. Ma ci arriveremo, perché c'è un dettaglio che la racconta molto bene: al di là delle folle oceaniche e del pubblico che incita i runner e della festa e del clima che si respira in quel preciso giorno di novembre ogni anno, c'è un solo dettaglio che esprime meglio di ogni altro cosa è diventata negli anni la Maratona di New York. Esatto: parlo del pettorale.

Dal più semplice delle prime edizioni che riportava solo un numero, si è giunti nelle più recenti edizioni a un foglio A4 fitto di scritte, in cui i dettagli identificativi del runner spiccano solo per la grandezza dei caratteri con cui sono scritti. Attorno, sopra, sotto, a destra e a sinistra ci sono tante altre scritte. L'aumento della densità di cosa ci si trova scritto dà una misura abbastanza precisa delle dimensioni che ha assunto l'evento "Maratona di New York".

Per questo si può non a torto parlare di storia economica e sociale della Maratona di New York. O meglio: l'evoluzione della maratona e soprattutto dei numeri di partecipanti che è arrivata a contare ha proceduto di pari passo con l'interesse dell'economia nelle grandi manifestazioni sportive. Unitamente alla crescita del numero di persone che si dedicano a questo sport, ovviamente.

All'aumentare della partecipazione e quindi delle dimensioni di questo evento sono infatti corrisposti un aumento dimensionale e un diverso design del pettorale. Da semplice targa identificativa si è infatti trasformato in un pannello più complesso e pieno di informazioni: non solo e non più i dati che identificano chi lo porta appuntato, ma anche e soprattutto gli sponsor. Perché per organizzare questo evento ci vogliono persone volenterose, una città accogliente e soprattutto tanti, tanti soldi.

Ecco quindi avvicendarsi diverse *corporation*, coinvolte soprattutto per i capitali che sono state disposte a spendere per mettere a punto e far funzionare una macchina organizzativa così complessa e articolata. Cosa c'entra, infatti, l'attuale title sponsor TCS (Tata Consultancy Services) con lo sport? Niente, ma c'entrano i molti soldi che è disposta a spendere per finanziare la complicatissima macchina della maratona.

C'è infatti una differenza sostanziale fra il correre in 127 persone come nel 1970 e in 52813 come nell'edizione del 2018 (52813 *finisher* per l'esattezza, numero che indica che gli iscritti erano di più). Oltre a un certo numero di partecipanti, una corsa, specie una maratona che si svolge in un contesto urbano, da evento amichevole e fra pochi intimi diventa una questione di ordine pubblico. Ci vogliono migliaia di volontari alla partenza, lungo il percorso, nei ristori e infine all'arrivo. Ci vogliono unità mediche dislocate e pronte a intervenire, ci vogliono poliziotti, vigili urbani e del fuoco, cronometristi, giudici, operatori televisivi, giornalisti e politici. Ci vogliono soldi per acquistare le medaglie da consegnare come ricordo a ogni *finisher* — e sono più di 50000 a ogni edizione — e poi quelli per le coppe e l'affitto dei bagni chimici e per pagare l'acqua e le bibite energetiche e la frutta e gli integratori. E poi i costi per il marketing, per le PR, per la stampa, per i viaggi. E infine — *last but not least*, è il caso di dire — per i premi economici per gli atleti che si piazzano nelle prime posizioni nelle diverse categorie.

Quasi dimenticavo: nel giorno della maratona l'intera città è chiusa al traffico, o quantomeno le vie che sono interessate dal percorso. In altre parole, una parte della megalopoli newyorkese viene "affittata". Anche questa è una voce importante (secondo alcune stime "La" più importante singola voce, per importi in termini assoluti) dei costi. La spiegazione è semplice: "Chiudere al traffico una città come New York è molto, molto costoso". Ne viene fuori una lista che compone un bilancio puntiglioso e corposo che serve a mettere in moto un sistema complesso che ha trasformato la natura spontanea di questo evento in un'imponente impresa economica.

Parlando di numeri, cifre e soldi, la prima Maratona di New York ebbe un budget di circa 1000 dollari. Quella del 1976 costò 75000 dollari. Una NYC Marathon attuale costa un po' di più: non ci sono cifre ufficiali ma ufficiosamente il costo è stato stimato attorno ai 50 milioni di dollari.

Gli sponsor

Il primo sponsor fu Manufacturers Hanover. Si potrebbe pensare che fosse una ditta d'abbigliamento, magari sportivo, ma invece la storia degli sponsor che non c'entrano niente con il mondo dello sport iniziò proprio allora. Manufacturers Hanover era infatti una banca newyorkese che nei decenni successivi fu assorbita da un'altra banca per scomparire definitivamente nel 1992. La prima comparsa della scritta dello sponsor sui pettorali è rintracciabile nel 1976. È quindi la sesta edizione della maratona e, come già sappiamo, il suo budget totale era arrivato a 75000 dollari. La si vede in alto sui pettorali, proprio sopra il numero che identifica il runner. Ce l'aveva Bill Rodgers che, oltre a detenere a lungo il record di americano più veloce, ne vinse quattro di fila, a partire proprio da quell'anno e di filata fino al 1979. Nel 1978 ce l'aveva sul pettorale Grete Waitz, proprio quella sconosciuta insegnante norvegese che dopo aver vinto a sorpresa la prima Maratona di New York da straniera stabilì per la prima volta anche il record femminile fermando il cronometro al di sotto delle due ore e 30 minuti e disse al marito una frase che rimase celebre: "Non la farò mai più". Ne fece (e vinse) altre otto.

La scritta "Manufacturers Hanover" incorniciava anche un numero di pettorale molto importante, soprattutto per gli italiani. Scomposta in "Manufacturers" in alto e "Hanover" in basso, dava infatti risalto al numero "1" che Orlando Pizzolato portava appuntato sulla canotta bianca con cui vinse la seconda Maratona di New York nel 1985, confermando la sua statura atletica e anche il fatto che la vittoria dell'anno precedente non era stato un caso isolato.

Osservando le foto di quegli anni si notano anche delle curiose varianti apportate dagli atleti stessi ai loro pettorali. Alcuni li ritagliavano sino a lasciare visibili solo il numero e lo sponsor, oltre alla superficie minima per poterseli appuntare. Altri, come Bill Rodgers, che ne vinse tre di fila, tagliarono e ridussero così tanto il pettorale da lasciare visibile solo il numero. George Hirsch racconta la ragione: «Erano anni un po' pazzi e i concorrenti lo erano ancora di più. Volevano risparmiare peso su qualsiasi cosa, anche eliminando qualche grammo di pettorale.» Niente di male se a farlo era chi si classificava cinquemillesimo; diverso se lo faceva il primo classificato, anche perché al photo-finish veniva immortalato trionfante e con un pettorale da cui era scomparso il nome dello sponsor. Con conseguente e prevedibile gioia dello sponsor stesso (disclaimer: contiene ironia).

Dalla sua prima comparsa nel 1976, "Manufacturers Hanover" sarà per 15 anni, fino al 1990, la compagna dei runner e la costante dei numeri di pettorale. A volte scritta in alto, altre volte spezzata in "Manufacturers" in alto e in "Hanover" in basso, ma pur sempre presente. Sponsor + numero, sempre in questa formazione. Nel 1990 Manufacturers Hanover viene acquisita da Chemical Bank e quindi il testimone della sponsorizzazione passa di mano. Quella di quell'anno è l'ultima a portare quel nome. Dall'anno successivo ci sarà un nuovo logo, quello, appunto, di Chemical. Durerà fino al 1994. Dal 1995 al 2002 sarà il turno di Chase (JPMorgan Chase nel biennio 2001-2002), poi di ING dal 2003 al 2013 e infine TSC-Tata Consultancy Services dal 2014 a oggi.

Evoluzione del pettorale

Come detto, i pettorali della Maratona di New York si evolvono in maniera parallela all'importanza della manifestazione. Dai primi che erano semplici numeri stampati su un foglio fino a quelli attuali popolati da diverse scritte e specifiche, è possibile individuare almeno due linee distinte di sviluppo: grafica e informativa. Questi due aspetti si amalgamano fra di loro e sono interdipendenti: se uno dei due viene modificato è per qualche ragione legata all'altro.

Grafica

All'inizio fu il numero. Lo scopo del pettorale era identificare un runner registrato per nome e cognome dal comitato di gara con il relativo numero di pettorale. Finché la Maratona di New York non assunse proporzioni e affluenza importanti non vi era necessità né di trovare uno sponsor né di organizzare i runner in maniera razionale e secondo criteri logistici, come accadrà nelle più recenti edizioni dato l'elevatissimo numero di partecipanti.

A partire dal 1976, con l'intervento del primo sponsor, è curioso notare come in quei tempi e per molti a lungo ancora ci sia stata una netta disparità fra le dimensioni del logo di MH e quello della maratona. Anzi: che il pettorale fosse quello della Maratona di New York era a malapena percepibile, perché il nome della gara era scritto in piccolo e in basso. Faccio notare che il pettorale fino al 2003 riporta solo e sempre quattro informazioni: sponsor, numero di pettorale, nome del concorrente (in piccolo) e "NYC Marathon". A partire dagli anni '80 l'organizzazione della maratona deve aver acquisito coscienza della propria importanza perché finalmente la scritta "NYC Marathon" inizia ad apparire in grassetto e, lentamente e progressivamente, diventa grande quasi tanto quanto quella dello sponsor.

Per tutti gli anni '90 non ci sono grandi novità nella composizione grafica del pettorale. Ce ne sono invece in alcuni dettagli: il logo dello sponsor è nella solita posizione e troneggia in alto, ma nel 1981 appare per la prima volta il copyright sul logo della maratona. "Registered" lo diventerà più avanti, ma in questa sede questi distinguo legali sono poco interessanti. Quello che è interessante notare è che "NYC Marathon" è finalmente diventato a sua volta un marchio registrato e può rivaleggiare con l'importanza data allo sponsor in termini di dimensione e rilievo sul pettorale. Altra nota grafica: è nel 1982 che si vede per la prima volta il logo del runner che corre all'interno della mela (il simbolo di New York) a formare la lettera "O" di "Marathon". Questo "simbolo nel simbolo" resterà fino al 1995.

Dal 2000 in poi il pettorale si complica, arricchendosi di molte informazioni, fino a giungere all'attuale. Dal punto di vista grafico, al di là dei cambi contingenti di sponsor e conseguentemente del rispettivo logo nella fascia alta, la composizione della pagina è sempre la stessa.

Una novità non trascurabile si registra dal 2003 in poi, cioè da quando è ING a prendere in mano la sponsorizzazione: la maratona non è più solo "NYC Marathon" ma diventa "ING NYC Marathon". E così sarà anche per il successivo sponsor TCS - Tata Consultancy Services. Chi finanzia la maratona non è più un semplice sponsor ma diventa *title sponsor*, cioè ha il diritto (cui, a onor del vero, Lebow si era opposto) di dare il proprio nome all'intera manifestazione, facendolo precedere addirittura a quello di NYC Marathon. Piccoli elementi nel frattempo si aggiungono. Scritte quasi invisibili a occhio nudo, ma che riportano informazioni importanti per il runner. È nel 2000 infatti che appare per la prima volta accanto al nome anche l'età e il mezzo di trasporto con cui raggiungere la linea di partenza (bus o ferry), oltre che l'ora a cui presentarsi al punto di raccolta. Nel 1999 vengono introdotti i colori blu, arancione e verde per definire le diverse partenze (la Maratona di NY, data la grandissima partecipazione, prevede tre diverse partenze secondo il colore assegnato). Nel 2008 ci sono altre due importanti novità: la più significativa è senz'altro l'indicazione della *wave*, mentre l'altra è il numero da chiamare in caso di emergenze mediche. Dal 2010 nella banda inferiore si aggiunge un nuovo logo oltre a quello della NYC Marathon: è quello dei NYRR, cioè del New York Road Runners, l'associazione di runner no profit che già dal 2003 aveva siglato un rapporto pluriennale di partecipazione all'organizzazione con ING.

E siamo giunti all'attuale pettorale. Guardiamolo solo dal punto di vista compositivo e grafico: lo sponsor è sempre il primo elemento, in alto; il numero sta al centro e nella banda laterale sinistra si trovano il colore che identifica il punto di partenza, il numero della *wave* e la lettera che indica a che punto della *wave* (in quale gabbia, tecnicamente) il concorrente deve entrare nel flusso della partenza; in basso, infine, c'è la scritta NYC Marathon e NYRR, oltre alla banda bianca bassa che riporta le informazioni personali del runner.

Informazioni

L'altro livello di lettura possibile dei pettorali della NYC Marathon riguarda invece le informazioni che contengono. Nei primi anni erano, come visto, poche cose fra cui la più importante era senza dubbio il numero. Nel tempo si aggiungono il nome del runner e poi nel 2003 anche il mezzo di trasporto e l'ora di raccolta. Nel 1999 appaiono i colori per indicare da dove partire e nel 2008 la *wave*. Altri piccoli dettagli riguardano il logo dei NYRR a fianco di quello della maratona e, particolare curioso, anche l'hashtag ufficiale #TCSNYCMARATHON dal 2016 in poi.

Infine, una menzione va fatta per dei pettorali molto particolari: sono quelli degli atleti d'elite. A differenza di quelli dei comuni mortali non hanno numero ma solo il nome o il cognome. Nel caso di Meb Keflezighi per esempio il solo nome "Meb" è più che sufficiente. Quando fai parte del circolo di esseri umani più veloci e resistenti al mondo meriti questi privilegi, e ci mancherebbe pure: Superman e Batman non hanno mica un cognome.

Analizzando il sedimentarsi e aggiungersi di informazioni riportate sul pettorale si può intuire l'evoluzione di questa gara gloriosa. O, in altre parole, valutando quanti elementi vi appaiono oggi —pur all'interno di una composizione che è rimasta graficamente invariata — si può capire o intuire le proporzioni colossali che ha assunto. Ce ne sono almeno quattro.

1. L'introduzione dei colori nel 1999, a significare che l'evento era ormai così partecipato da rendere impossibile far partire tutti dallo stesso punto.
2. L'esplicitazione dell'età del concorrente e del mezzo utilizzato per raggiungere la partenza nel 2000 e poi l'indicazione del numero telefonico da chiamare in caso di emergenza.
3. La nascita del *title sponsor* che, presumibilmente, ha acquisito questo status contribuendo pesantemente in termini economici, tanto da poter mettere il proprio nome addirittura prima di quello della maratona stessa.
4. L'invenzione delle *wave*, ossia un altro punto nodale dell'evoluzione della NYC Marathon che dimostra quanto complessa fosse ormai la gestione del suo funzionamento.

Filosoficamente ed esistenzialmente

Quanto detto fin qui non è altro che un'analisi storico-grafica dei pettorali. La semplice osservazione di quelli che si sono avvicendati dal 1970 a oggi fa capire cosa "ha detto e dice" quel foglio appuntato sulle maglie delle centinaia di migliaia di runner che in questi decenni hanno tentato l'impresa.

C'è invece un livello di lettura del pettorale che è più personale, intimo e quasi filosofico. Per personale intendo "di ogni runner che l'ha corsa" e in genere lo si potrebbe applicare a ogni gara o maratona fatta, anche se comprensibilmente per New York questo aspetto ha un peso maggiore che per altre maratone meno famose e celebrate. Ogni runner può raccontare questo aneddoto. È una costante, è una domanda che ogni runner si è sentito rivolgere almeno una volta nella sua vita atletica. È posta da chi non corre e suona bene o male sempre così: "Ah, corri? E l'hai mai fatta la Maratona di New York?". C'è anche l'interessante variante "Hai mai vinto la Maratona di New York?" Perché chi non corre generalmente conosce solo questa maratona, a dimostrazione anche dell'impatto mediatico che ha, capace di penetrare pure gli strati più resistenti a qualsiasi informazione sportiva dell'opinione pubblica. Nell'immaginario collettivo la maratona è una gara folle e lunghissima ed è invariabilmente quella di New York. E uno che corre deve averla vinta almeno una volta. Certamente. È facilissimo arrivare primi su più di 50000 concorrenti. Provare per credere.

Per concludere: quali sono gli elementi imprescindibili del pettorale? Perché è così importante per un runner averlo, conservarlo ed esibirlo? Gli elementi più importanti sono di certo il luogo e nome della gara e soprattutto l'anno, perché una maratona è come una guerra. Esattamente come un soldato racconterebbe ai nipoti di aver fatto la campagna d'Etiopia del 1935, il runner che ha fatto New York (nel gergo dei runner "fare" o "correre" una maratona sono intercambiabili — di certo "fare" rende più l'idea di una conquista sudatissima, ma dalla quale si è usciti vincitori) vuole che resti testimonianza dell'anno in cui l'ha fatta. E per dimostrare che non racconta frottole ha il pettorale: carta canta, è il caso di dire.

E infine dirò, con una certa iperbole che sfiora la blasfemia, che il pettorale è la sindone del runner. Quel foglio di un materiale vagamente cartaceo eppure capace di resistere a umidità, pioggia, sudore, caldo e forse anche una tempesta magnetica raccoglie e condensa e coagula un'esperienza che non è una semplice gara ma un viaggio esistenziale. Il runner guarda la sua collezione di pettorali e rivede la sua vita, o quantomeno quella atletica che, almeno nel caso di New York, è fatta di eventi che diventano pietre miliari, snodi esistenziali, giornate memorabili che hanno segnato vittorie, conferme o sconfitte. Di certo non giornate qualsiasi. E uno quelle giornate se le vuole ricordare. Le porterà per sempre nel cuore ma avere un pezzo di carta, un certificato ufficiale e una specie di sindone è tutta un'altra cosa. Perché la Maratona di New York non la corri. La Maratona di New York la fai. E nel frattempo lei fa te, nel senso che ti forgia, ti scolpisce, ti definisce.

La maratona e gli atleti con disabilità

Francesca Martin

Nel suo richiamare atleti o semplici amatori della corsa da tutto il mondo, la Maratona di New York si rappresenta come un evento che va ben oltre l'appuntamento sportivo. Per tutti si tratta di una sfida che va *oltre*: una sfida coi propri tempi, con le proprie forze, con i propri limiti. Al contempo, è una proclamazione delle proprie capacità, della propria perseveranza, della propria resistenza, a cui fa da cassa di risonanza una condivisione col pubblico unica al mondo, che ne fanno un evento senza pari. Tutti, alla Maratona di New York, si sentono di compiere un'*impresa*: e dall'esempio di se stessi e di coloro che corrono al nostro fianco, ci sentiamo — e, per un giorno, siamo — tutti campioni.

Wheelchair division, tra lotte e diritti

Lo spettacolo dato dallo sciame di atleti in carrozzina — i primi a partire, e i primi ad arrivare tra le ali di folla in attesa ai lati del percorso — è un'emozione intensa, un momento di straordinaria partecipazione collettiva. Vedere sfrecciare uomini che fanno della forza delle loro braccia il motore che le loro gambe non posseggono è un momento di forte suggestione.
Nella Maratona di New York, agli sportivi con disabilità motorie che usano la carrozzina è riservata la divisione ufficiale *wheelchair*, che prevede l'uso della carrozzina olimpica (detta anche "da corsa"), ma numerosi sono anche coloro che partecipano in *handbike*, per la quale c'è una categoria a parte che non prevede montepremi. A questi si aggiungono gruppi di partecipanti con altre disabilità motorie, intellettive o sensoriali.

L'agonismo di questi atleti non ha niente da invidiare ai top runner della prima divisione: la tecnica, le performance e la competizione della divisione *wheelchair* sono di altissimo livello e danno vita a uno spettacolo che fa parte integrante della magia che è la Maratona di New York. Ma non è sempre stato così. La storia della partecipazione degli atleti con disabilità alla New York City Marathon è stata tutt'altro che lineare, e si lega a doppio filo ad un alcuni nomi: in primis a quello di Dick Traum, il primo amputato a completare la Maratona di

New York nel 1976. Ci sono poi voluti trent'anni di battaglie e cause legali per far sì che atleti in carrozzina fossero ammessi alla corsa con una divisione separata a loro dedicata, con un premio ad hoc, e che la loro gara fosse riconosciuta ufficialmente. Si dovrà arrivare agli anni 2000 per avere tutto questo: fino ad allora a loro fu addirittura vietato, in alcune occasioni, di tagliare il traguardo.

La storia

La maratona per come la conosciamo oggi — ovvero con una divisione specifica per atleti con disabilità motorie che usano la sedia a rotelle (la *wheelchair division*), suddivisa ulteriormente tra coloro che la affrontano con la *handbike* e coloro che la percorrono con la carrozzina olimpica o con la carrozzina manuale alla quale viene applicata una ulteriore ruota davanti — è frutto di un lungo percorso ad ostacoli, che nei primi anni vide gli atleti disabili osteggiati dall'organizzazione della gara.

Ad opporsi alla iscrizione di partecipanti disabili ci fu, in primis, Fred Lebow, uno degli stessi cofondatori del New York City Road Runners Club, il quale era convinto che far correre anche gli atleti in sedia a rotelle avrebbe snaturato il senso della gara, oltre a "compromettere la sicurezza" dei runners non disabili. Stando ad alcune ricostruzioni storiche, sembra addirittura che Lebow, a porte chiuse, negli anni della sua opposizione all'apertura di una divisione per atleti disabili, avrebbe giustificato il suo rifiuto dichiarando di voler "evitare che la gara diventasse un fenomeno da baraccone".

Questa sua chiusura agli atleti con disabilità era peraltro, sul finire degli anni '70, un'anomalia: altre città in quegli anni stavano invece istituendo divisioni ad hoc nelle maratone, tanto in Europa quanto negli USA. Fu Lebow, nel 1976, a negare l'iscrizione alla gara a Bob Hall, un atleta in sedia a rotelle che solo qualche mese prima era riuscito a far cambiare il regolamento della Maratona di Boston, dove per lui venne istituita una divisione separata. A questo divieto seguì una causa da parte di Hall, che venne però respinta per un tecnicismo. A quel punto, temendo — pare — danni d'immagine, Lebow consentì la partecipazione dell'atleta disabile, del quale però non venne registrato il tempo ufficialmente. Hall procedette quindi, l'anno successivo, il 1978, con una nuova denuncia per discriminazione, citando in giudizio NYRR alla Commissione per i Diritti Umani dello Stato di New York. La Commissione diede ragione a Hall e gli fu concesso di partecipare alle maratone del 1978 e 1979, ma New York Road Runners fece ricorso, fino ad arrivare alla Corte d'Appello dello Stato di

New York, la quale nel 1982 si espresse a favore del Club, confermando il diritto di partecipare alla gara ai soli runner a piedi. Nella sentenza la motivazione fu che le sedie a rotelle andassero intese come veicoli, quindi non ammissibili ad una gara podistica. A quel punto gli animi iniziarono a scaldarsi, e fu il sindaco dell'epoca della città, Koch, a intervenire, minacciando Lebow di cancellare la gara se non avesse incluso nella corsa gli atleti in carrozzina. Era allora, probabilmente, ancora solo la paura di un danno d'immagine più che una vera persuasione della opportunità di inclusione a spingere questo genere di aperture.

Fu così che si giunse alla metà degli anni '90 quando, per un insieme di questi elementi, e con il tentativo di calmare gli animi, Lebow acconsentì l'iscrizione di alcuni partecipanti in sedia a rotelle, senza però istituire, ancora, una divisione ad hoc e considerandoli quindi, di fatto, partecipanti di serie B, come si sentirono gli atleti disabili negli anni successivi. Nonostante questa apertura, infatti, stando alle ricostruzioni ed alle testimonianze di quei tempi, continuavano allora ad esserci dei trattamenti di favore nei confronti dei runner normodotati, con episodi che vedevano la compagine in *wheelchair* costretta a percorsi alternativi, a stop imposti per lasciare passare i top runner o la stampa, come pure a subire la mancanza di una divisione ufficiale con riconoscimento delle prestazioni e premi dedicati.

L'apice di questa insoddisfazione si toccò, in particolare, in due episodi negli anni '90. Il primo nel 1995 quando, a causa dei forti venti sul ponte di Verrazzano, per ragioni di sicurezza i funzionari della gara decisero (nonostante la mancanza di autobus accessibili) di far spostare gli atleti in carrozzina a Brooklyn, facendoli partire con tre ore di ritardo, dopo che tutti i 27000 partecipanti normodotati li ebbero superati e completando un percorso più breve. A questo episodio se ne aggiunse uno, altrettanto eclatante, nel 1998, quando la polizia bloccò al Queensboro Bridge per quasi 40 minuti il gruppo di partecipanti in carrozzina, per consentire agli elite runner di passare. L'episodio del 1998, in particolare, fu vissuto come una umiliazione da parte dei runner disabili, che si sentirono trattati come se fossero stati d'ostacolo ai runner normodotati, e merita una piccola introduzione.

Come nella maggior parte delle maratone che si svolgono in centri cittadini, gli atleti in carrozzina vengono fatti partire circa mezz'ora prima dei podisti professionisti. Poiché all'epoca non c'erano tempi minimi di qualificazione/prestazione per potersi iscrivere, succedeva che i più forti atleti in carrozzina, in grado di completare la maratona in meno di 1 ora e 40 minuti, generalmente raggiungessero il traguardo prima dei primi corridori, i quali impiegano poco più di due ore. Il problema sorgeva però quando i top runner, che sono seguiti da mezzi con giornalisti e ufficiali di gara, raggiungevano le ultime sedie a rotelle. Nel 1998 i primi top runner in testa alla gara raggiunsero gli ultimi in carrozzina, con i quali si trovarono a correre insieme sul Queensboro Bridge, che però aveva una corsia in costruzione: stante lo spazio ridotto, per evitare incidenti gli agenti di polizia ordinarono agli atleti con disabilità di fermarsi, per lasciare passare i podisti. La goccia aveva fatto definitivamente traboccare il vaso, e nel luglio 1999 nove di quegli atleti in carrozzina presentarono una denuncia contro il New York Road Runners Club per violazione dell'American With Disabilities Act.

Al centro della causa ci fu, allora, un rimpallo di responsabilità tra i dirigenti della gara e la polizia. Fu così che si arrivò infine al 1999, quando le parti si accordarono stragiudizialmente e nel 2000 venne creata, con supervisione di Bob Laufer, una divisione separata per i runner in sedia a rotelle. Dal 2001, inoltre, gli atleti che usano la carrozzina olimpica ricevono i premi in denaro come i runner normodotati. Meglio tardi che mai, se si pensa che la Boston Marathon, solo per fare un confronto con un'altra importante competizione su suolo statunitense, iniziò a premiare i vincitori in sedia a rotelle nel 1986: 13 anni prima che a New York si riconoscesse una divisione ufficiale!

Carrozzina o *handbike*?

Oggi gli atleti con disabilità motorie che nella vita di tutti i giorni usano la carrozzina possono partecipare nella divisione *wheelchair*, gareggiando nella divisione ufficiale che prevede un montepremi, utilizzando la carrozzina olimpica o la carrozzina manuale con l'aggiunta di una particolare ruota davanti, oppure possono partecipare nella categoria *handbike* che, avendo il vantaggio dei pedali, è considerata dal 2003 una categoria a parte, priva di montepremi: una sorta di *exhibition event*. Il declassamento della categoria *handbike* all'interno della stessa divisione *wheelchair* provocò nel 2003 malumori: per i tre anni precedenti, infatti, gli atleti in *handbike* avevano gareggiato nella medesima gara degli sportivi con la carrozzina olimpica, contendendosi il premio.

I partecipanti della divisione *wheelchair* sono professionisti ad altissimi livelli: la categoria è infatti molto competitiva, a differenza della gara di *handbike*, per la quale la direzione ha scelto di mantenere un profilo più partecipativo che competitivo. Una curiosità: dopo il 2011, anno in cui l'italiano pluricampione Alex Zanardi vinse la Maratona di New York con la sua *handbike*, venne cambiato il regolamento, che di fatto esclude gli atleti che corrono troppo veloci, esattamente all'opposto di quanto è previsto per tutte le altre divisioni della stessa maratona, dove è incentivata la competizione, e non la sola partecipazione.

La questione delle categorie separate all'interno della divisione *wheelchair* ha scatenato un acceso dibattito nella stessa comunità di atleti disabili, che parteggiano chi per l'apertura a una partecipazione condivisa, chi per una suddivisione, come attualmente in vigore. I favorevoli alle classi separate sottolineano il vantaggio dato dalla meccanica alla *handbike*, che mette gli *handbiker* in una condizione avvantaggiata, conducendo, di fatto, un ciclo. Dall'altra parte, i promotori di un'unica gara *wheelchair* vedono la distinzione come una separazione che ripete la chiusura del passato subita dagli stessi atleti disabili rispetto ai normodotati, e sottolineano come questo genere di discrimine di fatto impedisca a persone con alcune disabilità di partecipare ad una gara competitiva. I favorevoli, inoltre, sottolineano come questa chiusura sia in controtendenza rispetto alla crescita del movimento *handbiker*, sempre più folto, ma anche rispetto agli orientamenti di altre importanti maratone, che hanno, al contrario, deciso di consentire entrambi i tipi di ausili in gara.

Dick Traum ed Achilles International

Oggi parlare di atleti disabili alla New York City Marathon porta a parlare automaticamente anche di Achilles International, un'organizzazione oggi internazionale con programma di allenamento per atleti disabili, fondata da Dick Traum, il primo amputato a completare la Maratona di New York, che decise che quella esperienza avrebbe dovuto essere aperta e partecipata dal più alto numero di persone con disabilità. Fu così che nel 1983 venne creato un Club con programma di allenamento per persone con diversi tipi di disabilità, che poi sarebbe diventato l'Achilles Track Club, il quale deve il suo nome all'eroe greco celebre per quel suo tallone che, a suo modo, rappresentava la sua disabilità.

Il Club è internazionale, ha sedi in diversi Paesi del mondo e porta i suoi atleti a partecipare a svariati eventi sportivi legati a corsa e maratona. Tra i mantra del Club, quello della condivisione dell'esperienza di corsa tra persone con e senza disabilità: succede a New York, come in altre maratone, che ad un certo punto del percorso i podisti si trovano a correre insieme a persone in *handbike* o in carrozzina, rappresentando un momento di grande ispirazione e soddisfazione per entrambi. L'Achilles International porta alla gara persone con carrozzine, stampelle, protesi, sedie a rotelle; persone cieche, con paralisi, paraplegie, amputazioni, ma anche persone malate di cancro, fibrosi cistica e altre patologie. La forza dell'Achilles International, dichiara il suo fondatore, è data dal gruppo: dagli atleti e dai volontari. Tra gli impegni principali, quello sul fronte dei bambini: oltre 12000 bambini con diverse disabilità fanno parte del programma negli USA.

Regolamento per partecipanti con disabilità

Per le persone con disabilità permanenti di tipo fisico, intellettivo o sensoriale (della vista), la cui gravità non sia tale da richiedere un supporto esterno in gara, è prevista la possibilità di partecipazione alla Maratona di New York nel programma AWD (Athletes With Disabilities).

Disabilità motorie

Gli atleti con disabilità motorie in grado di correre (AAWD: Ambulatory Athletes With Disabilities) possono iscriversi alla gara, a condizione di poter partecipare autonomamente alla corsa se utilizzano la carrozzina o la *handbike*, mentre è prevista la possibilità di avere un *support runner* in alcuni altri casi.

Persone in carrozzina

Per i runner che normalmente usano la sedia a rotelle, alla New York City Marathon è ammessa la possibilità di partecipare alla divisione *wheelchair* unicamente utilizzando la carrozzina olimpica (la cui corsa è disciplinata dell'atletica leggera), accedendo così alla corsa competitiva dedicata, con tanto di montepremi.

In alcuni casi si può, altrimenti, usare la *handbike* che, invece, essendo di fatto una carrozzina che si pedala con le braccia, è disciplina del ciclismo, motivo per cui non è ammessa nella gara competitiva, ma solo in forma partecipativa, e non prevede quindi premi. In questo caso, per poter partecipare è necessario stare al di sotto di determinati tempi di corsa. Ecco i regolamenti.

Con la carrozzina – Wheelchair Division

Chi ha una disabilità motoria può partecipare alla Wheelchair division della New York City Marathon con la *pushrim wheelchair*, ovvero la carrozzina olimpica (o da corsa), oppure con la propria carrozzina manuale dotata di una FreeWheel, ovvero una ruota grande che va agganciata davanti alla sedia, che in questo modo non poggia più sulle due ruote piccole anteriori.

La carrozzina olimpica ha, infatti, tre ruote: due posteriori grandi ed una anteriore di dimensioni più piccole. Si spinge sul mancorrente un cerchio applicato alle ruote posteriori di dimensioni che vanno da 35/40 cm di diametro, mentre la direzione viene data da una piccola leva detta direzionale posta vicino alla ruota anteriore. L'atleta nella carrozzina assume una posizione inginocchiata con le ginocchia che toccano il petto.

Sia che si usi una carrozzina da competizione, sia che si usi la propria sedia con le FreeWheel, è obbligatorio l'uso del casco.

Per partecipare in questa divisione è necessario che l'atleta in carrozzina sia in grado di spingersi autonomamente: non è infatti consentita, in gara, la presenza di una seconda persona che spinga (o traini) la prima in carrozzina. Questo, ad eccezione che la persona non sia stata invitata a particolari esibizioni (vedi Duo Team Exhibition).

Con la *handbike* – Handcycle Exhibition

La *handbike* è in tutto una bicicletta rovesciata, nel senso che si assume una posizione sdraiata e si pedala con le braccia. Come detto, partecipando alla New York City Marathon con questo ausilio non si gareggia per un montepremi.

Il regolamento prevede che tutti i partecipanti in *handbike* stiano dietro una *pace car*, più precisamente, ad almeno venticinque metri da questa e che non possano superarla. Per chiedere di essere ammessi a questa categoria è necessario inviare un'email all'organizzazione della New York City Marathon, fornendo, oltre ai dati personali e ad una foto della *handbike* con la quale si intende partecipare, anche un risultato ottenuto in una maratona o mezza maratona entro un anno dalla data della domanda. Per questa categoria, infatti, esiste una regola opposta a quella della prima divisione, che vieta la partecipazione (e quindi l'iscrizione) a coloro che risultano troppo veloci, ovvero a coloro i quali potrebbero completarla in meno di un'ora e trentacinque minuti.

Anche in questo caso, i partecipanti in *handbike* non possono essere spinti o trainati da nessuno, hanno l'obbligo di indossare un casco e, inoltre, di dotare la loro *handbike* di una bandierina flessibile arancione, in modo da avere massima visibilità.

Disabilità sensoriali

Quando il partecipante è persona non vedente, può essere accompagnato, durante la corsa, da una guida che dà supporto e istruzioni sul percorso, e che quindi corre di fianco a lui. La guida non paga la quota d'iscrizione, e naturalmente può seguire il suo atleta solo a piedi: sono vietati pattini, biciclette o altri mezzi.
www.tcsnycmarathon.org/plan-your-race/run-in-2019/how-to-apply-athlete-with-disability-awd

Disabilità intellettive o altre disabilità

Anche i runner con disabilità intellettive o altri impedimenti fisici (che non prevedano però l'uso di carrozzina olimpica o *handbike*) possono essere accompagnati da una guida, detta *support runner*. Il *support runner* non paga la quota d'iscrizione, ma non viene rilevato il suo tempo, né registrata la sua prestazione.
www.tcsnycmarathon.org/plan-your-race/information-for-guide-and-support-runners

Il racconto di Francesca Porcellato

Cosa significa gareggiare nelle strade di New York, nella più prestigiosa maratona del mondo? Quali gli allenamenti per un atleta con disabilità? Quali le differenze tra *handbike* e carrozzina? Ma soprattutto: cosa si prova a tagliare il traguardo per primi, dopo 42 km di asfalto e braccia che spingono? Abbiamo chiesto tutto questo a Francesca Porcellato, una dei cinque italiani che nel tempo hanno vinto la Maratona di New York, da quando esiste. Soprannominata nell'ambiente dell'atletica e dello sport paralimpico "Rossa Volante", la pluricampionessa e plurisportiva cha ha appeso la carrozzina olimpica al chiodo, ricordando le emozioni provate nella sua New York City Marathon non esclude però un ritorno… ecco cosa ci ha detto.

Hai all'attivo sei maratone di New York: la prima nel 2001 e l'ultima nel 2011, tutte con la carrozzina da corsa. Come è fatta la carrozzina che utilizzi in gara e che differenze ci sono tra correre con questa rispetto alla *handbike*, che tu usi in altre competizioni?

Attualmente uso solo l'handbike: ho smesso la carrozzina olimpica già dal 2011, e New York è stata la mia ultima gara con questo mezzo. La carrozzina olimpica, o da corsa, ha tre ruote, due posteriori grandi e una anteriore di piccole dimensioni, si spinge sul mancorrente un cerchio applicato alle ruote posteriori. L'handbike, che è in tutto una bicicletta ma "rovesciata", nel senso che si assume una posizione sdraiata, si pedala con le braccia. La carrozzina olimpica è disciplina dell'atletica leggera, l'handbike del ciclismo. Attualmente in Italia e in parecchie maratone all'estero l'handbike non è ammessa.

Dal punto di vista tecnico, quali sono le principali variabili che entrano in gioco in una gara come questa, dove devi non solo chiedere tutto al tuo corpo, ma anche raggiungere la totale sintonia con la carrozzina? È più importante la resistenza, la forza, la tecnica, un mix di tutte e tre? O altro?

Per correre una maratona serve per prima cosa un buon mezzo, un'ottima postura in esso — tale da far diventare atleta e mezzo una sola cosa —, molta resistenza e buona dose di forza, tecnica di spinta e strategia di gara, capacità di interpretazione sia del percorso che del proprio fisico. Insomma, un mix di molte cose.

Quanto a difficoltà, una maratona è, per un runner non disabile, l'impresa delle imprese. È così anche per chi la fa in carrozzina? E poi, tra tutte le imprese sportive che hai affrontato (si pensi alle Paralimpiadi, ad esempio) e ai vari sport che pratichi, in quale posizione la collocheresti in fatto di fatica ma anche di soddisfazione?

La maratona è una bella sfida, poi dipende dal percorso. Quella di New York, ad esempio, è una delle più difficili, sia per il percorso con molte variazioni di pendenza sia per le condizioni climatiche difficili che ci sono spesso durante la gara.
Correre una maratona in carrozzina è meno difficile che per un runner (ovviamente riferito a persone preparate), ma sempre molto impegnativa. Questo è dovuto al fatto che in carrozzina, essendo trasportati (seduti su

ruote), le articolazioni non vengono sollecitate come in un runner. Colloco la maratona subito dopo una gara di gran fondo nello sci di fondo.

Come ci si prepara per la Maratona di New York? O, perlomeno, che allenamenti hai fatto tu? Chi può approcciare questa gara?

Ho percorso molti e molti km (da 50 fino a 70 al giorno) per almeno tre mesi, in percorsi pianeggianti e mossi, e ho fatto molte ripetute in salita. Tutti posso approcciarsi ad una gara come questa, sempre con una giusta preparazione.

Considerando il percorso di gara e la conformazione della carrozzina da corsa, viene da pensare che una delle insidie maggiori sia il vento. Inoltre, in un percorso fatto di numerosi saliscendi e curve, qual è il tratto più difficile della New York City Marathon, per quella che è la tua esperienza?

Sì, il vento e il freddo la fanno da padroni, ma anche le variazioni di pendenze e l'asfalto non sempre in buono stato rendono difficile la corsa. Personalmente le maggiori difficoltà le ho trovate al Queensboro Bridge ed in Central Park.

La Maratona di New York attira un numero sempre crescente di partecipanti: dal professionista all'amatore, fino a quello che la finisce camminando e godendosi lo spettacolo. Qual è il livello degli atleti con disabilità?

Il livello dei partecipanti alla wheelchair division è professionale, molto alto.

Nei tuoi occhi — nelle foto di gara — si legge sempre che ti diverti anche tanto, quando gareggi. È stato così anche per la Maratona di New York? Riesci a divertirti quando sei in una gara così impegnativa?

Sì, è vero, mi diverto molto, me ne rendo conto poi all'arrivo, perché nel mentre ho molto altro a cui pensare e su cui stare concentrata. A New York ci sono tratti che mi fanno chiedere "ma chi me l'ha fatto fare", ma questa scompare subito per lasciare posto ad altre sensazioni.

Da tutti quelli che l'anno corsa, la maratona della Grande Mela è definita la gara delle gare: unica. È così anche per te? Perché ha questa particolare magia?

Vero, anche per me. La magia è la città, il pubblico, la fatica stessa: se arrivi in fondo ti senti di aver spostato i tuoi limiti. Insomma, tante cose. Io ne sono innamorata.

La visuale di un runner in carrozzina è ad altezza asfalto, potremmo dire, per cui forse si riesce poco a godere della meravigliosa co-protagonista della maratona: la città di New York. E sul fronte del pubblico, altro elemento unico di questa gara, quanto ti arriva della sua partecipazione, mentre si macina e spinge a testa bassa?

(Sorride) *Conosco molto bene i tipi di asfalto, la posizione dei tombini e le buche che ogni anno aumentano, poco il panorama... poi, a causa delle nostre velocità e posizione, il pubblico si intravede velocemente.*
Ho un bellissimo ricordo della mia prima volta a New York, dove, passando per il Bronx, un ragazzo si era steso a terra per farsi vedere mentre mi faceva il tifo: mai nessuno lo aveva fatto né lo ha più fatto, lui aveva capito che per vederlo quella era l'unica posizione.

Tu inoltre hai corso (e vinto) nel 2001, poche settimane dopo i tragici eventi dell'undici settembre. Che clima c'era lungo le strade, alla partenza, all'arrivo?

Edizione magnifica, c'era un clima affettuoso, la gente ci fermava per strada ringraziando di essere lì, un tifo inimmaginabile sia in partenza che lungo tutto il percorso, tanta e tanta sicurezza e controlli.

La partecipazione delle persone in carrozzina a questa maratona è relativamente recente: fino al 2000 non esisteva una divisione ufficiale con premi, classifica ecc, ed i runner disabili dovettero fare una lunga battaglia per scardinare una certa resistenza. Tu ti sei iscritta l'anno dopo: attendevi questa apertura?

Io sono arrivata correre a NY quasi per caso, rispondendo all'invito dell'allora organizzazione della Maratona di Padova; fino ad allora non avevo mai pensato di farla, perché viene a fine stagione. Ho trovato una grande apertura che poi è migliorata nel tempo: gli atleti della Wheelchair Division godono dello stesso trattamento dei top runner, a parte il premio in denaro. Che comunque è buono, quasi totale parità. Vorrei che anche altre discipline sportive avessero la stessa apertura.

Tu che l'hai corsa sei volte (l'ultima nel 2011), hai visto aumentare negli anni l'interesse di persone e media per la categoria durante la corsa?

Sì, è migliorato in maniera esponenziale.

Una domanda d'obbligo. Tu, Franca Fiacconi, Orlando Pizzolato, Gianni Poli, Giacomo Leone siete stati gli unici italiani a vincere la Maratona delle maratone. Cosa si prova in quel momento? Cosa ti ricordi più vividamente di quella vittoria e di quella gara?

Sì, vero: qualche anno fa gli organizzatori sono venuti in Italia per l'anniversario della maratona ed hanno invitato tutti i vincitori Italiani e io c'ero... che bella sensazione essere una di loro.
La mia vittoria è stata spettacolare perché avevo un grande parterre che mi sosteneva e all'arrivo hanno combinato di tutto, ma a pochi chilometri dall'arrivo percepire che stavo vincendo la maratona più famosa al mondo mi faceva uno strano effetto: paura (qualcosa che potesse succedere prima del traguardo), eccitazione e tanta tanta fatica. Ricordo che tagliato il traguardo sono quasi stata rapita tra interviste e cerimonie.

Infine, quali consigli hai per chi, disabile, abbia il desiderio di affrontare la Maratona delle maratone? Da cosa partire e cosa non trascurare assolutamente, sia sul fronte fisico che mentale?

Arrivarci molto preparato perché è molto dura, prepararsi al freddo e al vento e a non mollare nei momenti di difficoltà che sicuramente si presentano.

Dicevi che questa è una corsa tra le tue preferite. La domanda allora, a questo punto, è di rito: a quando un ritorno sul percorso unico di New York?

È il mio sogno ritornarci, lo vorrei veramente tanto, ma gli handbiker sono ammessi solo in alcuni casi, e con la carrozzina olimpica sarebbe impossibile: ormai l'ho appesa al chiodo da molti anni.
Chissà, magari trovo un angelo che mi aiuta: sognare non costa nulla!

Una medaglia come nessun'altra

Lucia Francesca Carbone

So is Pheidippides happy forever, —the noble strong man
Who could race like a god, bear the face of a god, whom a god loved so well,
He saw the land saved he had helped to save, and was suffered to tell
Such tidings, yet never decline, but, gloriously as he began,
So to end gloriously—once to shout, thereafter be mute:
"Athens is saved!"—Pheidippides dies in the shout for his meed.

Allora Fidippide è per sempre felice – l'uomo nobile e forte
Capace di correre come un dio, sopravvivere all'apparizione di un dio, un
uomo che gli dei tanto amarono,
Egli vide salva la patria che aveva contribuito a salvare, gli fu concesso di
annunciare
Questi eventi e ottenne anche di non vedere un lento declino.
Gloriosamente come aveva cominciato, così gloriosamente finì.
Gridò una volta "Atene è salva", poi tacque per sempre.
Fidippide muore nel proclamare il suo valore.
(P.Browning, Pheidippides, vv.106-120)

In running, it doesn't matter whether you come in first, in the middle of the
pack, or last. You can say, 'I have finished.' There is a lot of satisfaction in that.

Quando corri, non importa se arrivi primo, a metà o anche ultimo. Puoi
comunque dire 'Sono arrivato al traguardo.' Da questo deriva un enorme
appagamento.
(Fred Lebow)

La mattina del 4 novembre 2018 più di 53000 podisti – tra cui anche me – hanno preso di petto il Verrazzano Bridge, che congiunge Staten Island e Brooklyn, e hanno iniziato un viaggio faticoso ma entusiasmante attraverso i cinque *borough* di New York (Staten Island, Brooklyn, Bronx, Queens e Manhattan), i distretti amministrativi in cui è divisa la Grande Mela. Un viaggio di 42.195 Km che ci avrebbe portato – quasi per miracolo, nel mio caso – a Central Park.

179

Mentre arrancavo sul Verrazzano Bridge, la salita più ardua dell'intera maratona, confesso che pensavo a Fidippide, ma non negli altisonanti termini usati da Robert Browning o da Dean Karnazes nel suo libro *Road to Sparta*. Molto più modestamente, a differenza dell'emerodromo, speravo di arrivare viva alla fine della corsa.

Solo a Central Park, alla fine della mia ordalia di quasi cinque ore, mi sono tornate in mente le parole di Fred Lebow, il celebre fondatore della Maratona di New York. Dopo aver tagliato il traguardo insieme ad altri 52813 corridori provenienti da oltre 125 paesi, dei volontari sorridenti distribuivano le tanto agognate *finisher medals*. Mentre mi trascinavo verso casa, zoppicante ma felice con la mia medaglia al collo, pensavo che le parole di Fred davvero racchiudevano il senso della mia felicità. Non avevo certo raggiunto alcun incredibile risultato dal punto di vista atletico (come del resto neppure nelle mie quattro precedenti maratone), non avevo neppure migliorato il mio PR, ma avevo finito la corsa, non da sola ma insieme ad altri corridori, esausti come me. E, a differenza di Fidippide, ero ancora lì per raccontarlo, insieme a tanti altri.

Eravamo tutti più vivi che mai e le medaglie che portavamo orgogliosi al collo ci rendevano parte di una comunità, a differenza della gioia del vincitore, che per definizione si distingue da quella di tutti gli altri. La gioia di chi finisce accomuna il secondo arrivato e l'ultimo, non esclude nessuno.

Il valore di una *finisher medal*, un oggetto prodotto in massa, risiede proprio nel fatto che tutti i 52813 *finishers* della New York City Marathon del 2018 ricevono la stessa. Il lunedì dopo la maratona, il cosiddetto Marathon Monday, migliaia di *finishers* gremiscono le strade e le metro di New York, portando la loro medaglia al collo. Questo è un giorno speciale per tutta la città: i New Yorkers, di solito molto riservati, chiedono dettagli sulla loro gara ai *finishers* e condividono esperienze di corsa personali o di amici e parenti. Per un giorno, tutti i *finishers* sono uguali. La medaglia che portano al collo li rende tutti parte di una stessa comunità, che unisce nell'orgoglio dell'impresa riuscita corridori di disparatissime età, nazionalità e preparazione atletica. Il processo storico che congiunge Fidippide, "che correva come un dio", e me, una runner zoppicante, lenta ma soprattutto viva, è di grande interesse.

L'identità del primo maratoneta: la leggenda

Lo storico Erodoto, contemporaneo degli eventi, racconta che alla vigilia della battaglia di Maratona, combattuta nel 490 a.c. tra l'esercito greco e quello persiano, gli Ateniesi avrebbero inviato a Sparta l'araldo ed emerodromo (atleta capace di correre per un intero giorno) Fidippide. Scopo della missione era richiedere l'aiuto degli Spartani, leggendari guerrieri, per la difesa comune della Grecia, minacciata dall'avanzare dei Persiani. L'araldo Fidippide coprì la distanza tra Atene e Sparta in 24 ore, correndo per 241 km su un sentiero impervio tra le montagne. L'originale impresa di Fidippide è oggi commemorata dalla Spartathlon, un'ultramarathon fondata nel 1984 che ripercorre la storica impresa dell'araldo.

Secondo Erodoto, Fidippide sarebbe sopravvissuto all'impresa e avrebbe raccontato di un'apparizione del dio Pan, il dio silvestre dal piede caprino, sulla via di Sparta. Chi di noi ha corso lunghe distanze, non ha difficoltà ad immaginare che la stanchezza abbia potuto avere la sua parte nell'apparizione divina, anche perché il dio Pan appariva spesso circondato da bellissime ninfe acquatiche, ulteriore sollievo per il podista esausto e disidratato. Nel racconto erodoteo sarebbe stato l'intero esercito ateniese a correre in tenuta oplitica (quindi con corazza, scudo ed elmo) la distanza di 41,84 km che divide il promontorio di Capo Sunio da Maratona, luogo della prima leggendaria vittoria greca sui Persiani. La storia racconta che l'esercito ateniese coprì la distanza in quattro-cinque ore, superando in velocità la flotta persiana, che sperava di riuscire ad attaccare la città di Atene approfittando dell'assenza dell'esercito. I Persiani, sbalorditi dal valore e dalla prestazione atletica dell'esercito ateniese, rinunciarono ad attaccare la città.

Lo storico Plutarco, vissuto sei secoli dopo gli eventi narrati da Erodoto, offre un'altra versione della storia, secondo la quale la notizia della vittoria di Maratona sarebbe stata portata ad Atene da un soldato di nome Tersippo o Eucles, che avrebbe pagato con la vita la sua eroica impresa. Luciano, un secolo dopo Plutarco, fu il primo a combinare la storia erodotea della corsa di Fidippide verso Sparta con la marcia mortale di Tersippo/Eucles da Maratona ad Atene.

La versione di Luciano venne riproposta da Robert Browning nel già citato poema *Pheidippides*, dove attribuisce all'araldo greco l'incontro con il dio Pan e l'improvvisa morte dopo la corsa tra Maratona ed Atene. Con i versi di Browning, "l'uomo nobile capace di correre come un dio, di sopravvivere all'epifania divina, che gli dei amarono così tanto, [...] con la stessa gloria con cui iniziò, nello stesso modo [...] terminò", il mito moderno di Fidippide, il primo maratoneta che morì dopo aver compiuto il suo dovere verso la madrepatria, era stato creato.

Questa versione del mito venne ripresa dal filologo Michel Bréal nel 1894. In una lettera al Barone Pierre de Coubertin, il fondatore delle moderne Olimpiadi, Bréal sostenne che una gara podistica di fondo dovesse essere aggiunta al novero delle discipline olimpiche nell'età moderna.

Nella lettera si dice: "Se vai ad Atene, potresti provare a vedere se sia possibile organizzare una corsa di fondo tra Maratona e la Pnice (uno dei colli vicini all'Acropoli, sede dell'antico consiglio dell'Areopago, *N.d.T.*). Questo enfatizzerebbe il carattere storico dell'evento. Se conoscessimo il tempo che Fidippide impiegò a percorrere quella distanza, potremmo anche stabilire un record moderno. Per quanto mi riguarda, reclamo l'onore di sponsorizzare il trofeo per il vincitore." De Coubertin approvò l'idea di Bréal, che trovò anche il supporto della famiglia reale greca.

La nascita della maratona come disciplina olimpica

Sotto gli auspici di De Coubertin e della Commissione Olimpica, la rinascita delle Olimpiadi nel 1896 vide l'introduzione di una gara podistica su lunga distanza che si correva da Maratona allo stadio Panathinaikon ad Atene, su una distance di 25 miglia (ca. 40 km).

La maratona nasceva allora come disciplina olimpica, benché fosse di due chilometri più breve dell'attuale distanza (42,195 km). Dei diciotto partecipanti alla gara solo nove tagliarono il traguardo.

Michel Bréal, lo studioso francese che aveva sostenuto l'introduzione della maratona come disciplina olimpica, provvide a finanziare il trofeo per il primo vincitore della gara, una coppa di argento intarsiato offerta al greco Spiridion Louis.

Nel 2012 la coppa, probabilmente uno dei più preziosi memorabilia olimpionici, è stata acquistata dalla Stavros Nearchos Foundation per 860.000 dollari ad un'asta internazionale e si trova ora a Losanna.

L'idea della maratona arrivò in modo tempestivo negli Stati Uniti, dal momento che Arthur Blake, uno degli atleti che si erano ritirati nel corso della gara, era un membro della Boston Athletic Association (BAA). Blake divenne un acceso sostenitore dell'istituzione della Boston Athletic Association Boston Marathon, che venne corsa per la prima volta il 15 marzo 1897 su una distanza di 25 miglia (ca. 40 km). Ad eccezione del 1918, la corsa si è da allora tenuta ogni anno, rendendo Boston la più antica maratona non olimpica del mondo.

L'attuale distanza della maratona non venne però corsa sino ai Giochi Olimpici di Londra nel 1908. La Commissione Olimpica in quel caso decise che la corsa dovesse percorrere la distanza compresa tra il Windsor Castle ed il White City Stadium a Londra. La distanza iniziale di 25 miglia fu portata a 26 per evitare l'acciottolato della strada e le linee dei tram. Inoltre venne anche incorporata la distanza tra l'entrata dello stadio sino alla tribuna reale (385 iarde, cioè 352 metri), in modo che gli atleti potessero tagliare il traguardo proprio davanti ai membri della famiglia reale.

Questa nuova distanza, a cui gli atleti non erano abituati, causò non pochi problemi al primo corridore che arrivò al traguardo, l'italiano Dorando Pietri. Nel lap finale inciampò e cadde per ben quattro volte prima che gli ufficiali di gara lo aiutassero a varcare il traguardo.

Pietri venne poi squalificato per aver ricevuto quello che venne definito *"unfair assistance"* (assistenza scorretta), ma la lunghezza ufficiale di 42195 Km (26,2 miglia) del percorso della maratona rimase da allora invariato.

Nonostante la crescente popolarità tra gli atleti, la maratona olimpica e la BAA Boston Marathon rimasero due delle pochissime maratone istituite prima della Seconda guerra mondiale. Solo la Maratona di Kosice in Slovacchia, istituita nel 1924, viene ancora corsa ed è perciò considerata la più antica maratona in Europa.

Dopo la fine della Seconda guerra mondiale vennero istituite maratone in Giappone (Fukuoka, 1947), nei Paesi Bassi (Twente, 1948) and in Grecia, dove la Athens Classical Marathon venne ricreata nel 1955 sul percorso originario di quella del 1896.

In seguito al successo degli eventi di New York e Boston, le maratone divennero frequenti solo nel corso degli anni Settanta. In Europa, la Maratona di Berlino venne istituita nel 1974 (ma si corre all'interno della città solo a partire dal 1981), quella di Parigi nel 1976, quella di Londra nel 1981 e quella di Roma nel 1982. Negli Stati Uniti la Maratona di Chicago, la seconda per numero di partecipanti nel paese, venne fondata solo nel 1977.

La New York City Marathon

Nel 1970 un *New Yorker* di origine rumena, Fred Lebow, organizzò una maratona che includeva quattro lap completi di Central Park più un giro breve, quello noto solitamente come *transverse*. La corsa non sembrò all'inizio differire in alcun modo da altre corse al tempo, soffocate da un budget ristretto e dalla necessità di trovare un numero sufficiente di partecipanti per renderle economicamente sostenibili.

La grande novità introdotta da Fred Lebow fu la presenza delle donne tra i *runners* partecipanti. Questa rappresentava una posizione pionieristica all'epoca, dal momento che le donne erano generalmente escluse da queste competizioni. Nel 1967 una donna, Kathrine Switzer, aveva corso la Maratona di Boston, ma si era registrata con le sole iniziali per non rivelare il suo genere. A due miglia dalla partenza, un ufficiale di gara aveva tentato di espellerla dalla gara, ma la donna era stata difesa da altri corridori, che le avevano permesso di finire la gara. Solo a partire dal 1972 le donne cominciarono ad essere ammesse come partecipanti alla Maratona di Boston, ma quella di New York le ammise sin dal 1971.

Nel 1976, l'anno del bicentenario della Dichiarazione d'indipendenza americana, un'altra rivoluzionaria innovazione venne introdotta, che cambiò per sempre le sorti della Maratona di New York, rendendola l'evento unico che è adesso. Il percorso di gara venne spostato da Central Park ai cinque *boroughs* della città. Il percorso divenne quello attuale, che parte dal Verrazzano Narrows Bridge a Staten Island e si snoda attraverso Brooklyn prima di entrare a Queens e poi attraversare il Queensboro Bridge al venticinquesimo chilometro. Com'è noto, i corridori percorrono i successivi cinque chilometri a Manhattan, risalendo la First Avenue, per poi passare attraverso il Bronx e ritornare a Manhattan attraverso Harlem. Solo gli ultimi cinque chilometri si corrono dentro Central Park. Il nuovo percorso di gara rese la Maratona di New York un evento visibile agli occhi di tutti gli abitanti della metropoli: nessun'altra maratona aveva un percorso che attraversava l'intera città. Con le parole di Hugh Jones, presidente dell'AIMS (Association of International Marathons and Distance Races), "una nuova era era iniziata: da quel momento in poi città sparse in giro per il mondo aspiravano ad emulare ciò che Fred Lebow era riuscito ad ottenere, cioè mettere una maratona al centro della pubblica attenzione. La gente non poteva evitare di notare il nuovo fenomeno sportivo, dal momento che si correva attraverso i punti nevralgici delle città in cui viveva. "

Quell'anno, 1500 runner completarono la corsa e da quel momento il numero dei partecipanti crebbe in modo esponenziale, sino a raggiungere gli oltre 54000 partecipanti del 2018.

L'associazione dei New York Road Runners (NYRR) ed il suo primo presidente Fred Lebow resero la corsa su strada, il *road running* – differentemente dalla corsa su pista –, un fenomeno condivisibile da tutti, indipendentemente dalla nazionalità o dal ceto sociale. Una vecchia pubblicità della Nike diceva: "Ci sono club di cui non potrai mai essere membro, quartieri in cui non ti potrai mai permettere di vivere, scuole troppo esclusive per le tue tasche, ma le strade sono sempre aperte." Questo slogan rappresentava perfettamente (e lo rappresenta tuttora) lo spirito del *road running*: tutti possono partecipare.

La Maratona di New York ed i NYRR hanno reso possibile il cambiamento dell'ethos della maratona. Tutti possono correre ed allenarsi, indipendentemente dalla velocità e dall'età. A partire dal 1970, più di un milione di *runners* di età compresa tra i 18 ed i 96 anni hanno tagliato il traguardo in Central Park. I tempi medi sono peggiorati, passando da una media di 3:46 per gli uomini e 4:18 per le donne nella decade 1970-1979 alle 4:21 per gli uomini e 4:47 per le donne nella decade 2010-2018. A fronte del costante miglioramento dei tempi dei vincitori, l'allungarsi dei tempi per gli altri partecipanti è un chiaro segno di "democratizzazione" dell'evento. Come si è già detto, a partire dalla metà degli anni Settanta correre una maratona è diventato una esperienza accessibile a (quasi) tutti. I maratoneti, cioè quelli che hanno finito almeno una maratona, appartengono ad una comunità il cui tangibile requisito d'accesso è il possesso di una *finisher medal*. Senza medaglia finale, i corridori sarebbero privati proprio di questo segno di riconoscimento.

Finisher Medals

In Europa, la tradizione di conferire medaglie di partecipazione nelle manifestazioni sportive risale a più di un secolo fa, quando divenne un fenomeno diffuso a partire dalle Olimpiadi del 1896. Al contrario, sino agli anni Settanta ai runners statunitensi venivano distribuiti magliette, cappelli o altri gadget come attestati di partecipazione. Con delle eccezioni, ovviamente.

Alla maratona inaugurale di Boston, corsa nel 1897, venne conferita una medaglia a tutti coloro che varcavano il traguardo. Paul Gentry, il giornalista responsabile della classifica delle più belle *finisher medals* negli Stati Uniti pubblicata dalla rivista *Marathon & Beyond*, attribuisce la causa del generalizzato passaggio dai gadget alle medaglie di partecipazione negli Stati Uniti alla trasmissione in mondovisione della cerimonia di premiazione della maratona alle Olimpiadi di Monaco del 1972. "Nell'immaginario statunitense, il maratoneta per eccellenza divenne Frank Shorter, che vinse l'oro nel 1972" afferma il giornalista. "Questa immagine rappresenta il culmine dell'esperienza di un *runner*. Come maratoneti, tutti affrontiamo un allenamento simile, quindi desideriamo ricevere medaglie come quelle dei grandi atleti."

La diffusione delle *finisher medals* va di pari passo con la già citata democratizzazione della corsa introdotta dal *road running*. Non a caso, la Maratona di New York cominciò a conferire medaglie di partecipazione nel 1976, quando il percorso di gara venne esteso ai cinque *borough*.

I corridori agognano queste medaglie di partecipazione non solo in quanto riconoscimento per la loro personale impresa, ma, negli ultimi decenni, anche in quanto oggetti. Nell'autorevole *Wall Street Journal*, K. Helliker sottolinea che "con il moltiplicarsi delle gare podistiche su strada negli Stati Uniti e nel mondo, la medaglie conferite a chi completa la gara sono diventate un importante strumento di competizione economica. "

Per esempio, il numero di partecipanti alla Maratona di Little Rock in Arkansas (cittadina residenza dei Clinton per quindici anni, altrimenti non molto conosciuta) è cresciuto dai 2500 partecipanti del 2003 ai quasi 15000 del 2015. È difficile non pensare che almeno un fattore nella crescita della partecipazione sia rappresentato dalle straordinarie *finisher medals* conferite al termine della gara, che arrivano a pesare quasi un chilo e hanno un diametro di quasi 22 centimetri. "Il 30% dei nostri *runners* non viene dall'Arkansas e il 90% viene per la medaglia finale" dice Geneva Lamm, la direttrice della manifestazione sportiva.

Ogni anno, il design della *finisher medal* della Maratona di New York non viene svelato sino all'inizio della *marathon week*, la settimana di speciali eventi sportivi che precede la maratona, che si corre sempre la prima domenica di novembre. Il design della *finisher medal* per la maratona cambia notevolmente di anno in anno. Esso è diventato più complesso nel corso degli anni, mantenendo però due costanti: l'accento sulla città ed il suo inconfondibile skyline e l'enfasi sui corridori, sempre rappresentati come una pluralità. Una notevole eccezione è rappresentata dalla *finisher medal* del 2008, che commemora Grete Waitz, leggendaria vincitrice di ben nove maratone di New York e grande amica di Fred Lebow.

Le *finisher medals* sono dunque preziose, ma solo per i *runners* che hanno effettivamente corso le gare rappresentate da quelle medaglie. A riprova di questo, il prezzo delle *finisher medals* sul mercato online non supera la media di cinquanta dollari, meno di un buon paio di scarpe da corsa. Ci sono delle eccezioni, come nel caso di una finisher medal della Maratona di Boston del 1904, venduta per $12,000. In questo caso, però, il valore storico della medaglia è talmente alto da farne un caso particolare. In generale, il valore delle *finisher medals* risiede nella fatica per conquistarle. Esse rappresentano un obiettivo raggiunto con successo.

John Allgood, il direttore della Orders and Medals Society of America, possiede una collezione personale di oltre 350 medaglie. Quattro medaglie della sua collezione hanno però uno speciale valore affettivo per lui. Lui spiega il motivo di tale legame in questo modo: "Ho corso quattro mezze maratone. Queste sono le uniche medaglie che ho conquistato personalmente e mi sono per questo molto care. Le altre medaglie appartengono a persone che hanno servito eroicamente nell'esercito, ma le mie *finisher medals* rappresentano tutti i sacrifici fatti per arrivare a tagliare il traguardo. Rappresentano un costante ricordo di quello di cui sono capace."

Le *finisher medals* sono dunque memento del nostro obiettivo raggiunto, uno strumento di auto celebrazione. Come diceva Fred Lebow: "Non tutti i corridori possono sognare di diventare un campione olimpico, ma possono sognare di finire una maratona." Il fatto che le *finisher medals* vengano prodotte in grandi numeri diminuisce il loro valore sul mercato, ma le rende più care al cuore dei *runners*, in quanto queste rappresentano il ricordo di una toccante esperienza comunitaria e il segno tangibile della propria tenacia nel raggiungere un obiettivo che può sembrare a tratti inarrivabile.

Volontari

Andrea Busi

Se pensi che la preparazione di una maratona sia troppo faticosa o sei di quelli che ha sempre preferito il divano e Netflix ad un paio di scarpette da corsa nessun problema... c'è per te un piano B per poter godere appieno della fantastica atmosfera che avvolge New York il giorno della gara: far parte dei volontari che ogni anno partecipano all'organizzazione e alla gestione della manifestazione.

Si tratta di un'esperienza unica, che coinvolge circa quindicimila ragazzi e ragazze di tutto il mondo che diventano parte di questa giornata di festa, vestendo la giacca ufficiale della gara e dedicando un po' del loro tempo alle diverse attività lungo il percorso ed all'arrivo.

Per essere ammessi come volontari è molto semplice: basta iscriversi sul sito internet della NYRR indicando, fra le diverse posizioni disponibili (una descrizione la trovi qui: www.tcsnycmarathon.org/volunteers/opportunities), quella di cui si vorrebbe esser parte; successivamente, se la domanda viene accettata, si viene ammessi ufficialmente all'evento. In alcuni casi, e per alcuni ruoli, viene prudenzialmente richiesto l'invio di una foto come quelle del passaporto.

L'organizzazione della Maratona di New York è efficientissima e dà conferma con largo anticipo sull'esito della tua domanda. Di solito ti vengono indicati, con alcune settimane di preavviso, il punto di ritrovo e l'orario per il giorno della partenza in cui ti verrà consegnata la giacca ufficiale dei volontari (un gadget preziosissimo di cui andrai fiero nei giorni successivi e porterai con te come ricordo per tutta la vita) e ti verranno date le istruzioni relative all'incarico a te assegnato ed ai dettagli delle mansioni che andrai a svolgere. Normalmente, nel processo di selezione, vengono molto apprezzati i ragazzi stranieri per la conoscenza delle lingue visto che i partecipanti alla maratona provengono da oltre 120 paesi in tutto il mondo.

Fra i ruoli più diffusi ci sono: gli addetti al rifornimento in gara, gli aiutanti alla partenza, i volontari lungo il percorso, ma il grosso delle attività si concentra all'arrivo dove potrai anche far parte del team di persone che consegna le medaglie, fornisce assistenza agli spettatori sugli spalti, consegna le giacche termiche agli atleti che concludono esausti il loro percorso, distribuiscono bevande calde ad atleti e organizzatori e molto altro ancora.

Il poter far parte del team di volontari all'arrivo consente, fra l'atro, di godere appieno della atmosfera di festa e di gioia che travolge gli atleti ed i loro familiari quando viene superata la Finish Line. Tieni presente che per la maggior parte dei partecipanti la Maratona di New York ha un sapore particolare, non si tratta di una semplice corsa, ma di una sogno che si realizza, di una sfida con se stessi, di un appuntamento per la vita appunto.

E tu, là fuori, potrai esser parte di queste ondate di gioia da condividere con uomini e donne di ogni età che affrontano con il sorriso la fatica e la sfida di quella giornata che ha occupato per mesi e mesi la loro mente, quando hanno sognato ed immaginato quel preciso momento.

Oltre alla giacca ufficiale fornita dal *main sponsor* della manifestazione, ti verrà consegnato anche un badge che ti da accesso ad ogni area riservata e che ti consente di muoverti agevolmente all'interno dei severi controlli di sicurezza che vengono posti in atto per tutto il giorno della gara: è davvero emozionante poter vivere in prima fila un evento del genere e sentirsi parte di questa straordinaria macchina organizzativa.

L'impegno che ti viene richiesto non è mai superiore alle 8 ore e, di solito, al termine della gara viene organizzato un party di ringraziamento per tutti coloro che, con la propria disponibilità, hanno voluto e potuto dare una mano. Nel corso della giornata, inoltre, non dovrai preoccuparti di cibo e bevande che ti saranno fornite dall'organizzazione per tutta la durata del tuo impegno. L'unico accorgimento è quello di portare con te abbigliamento comodo ed al tempo stesso caldo perché la maratona si corre in un periodo pre-invernale ed il tempo di New York nelle giornate di freddo non perdona. Rischi di impararlo molto in fretta!

Quindi, ricapitolando, per prima cosa occorre compilare il form sul sito di NYRR con i dati richiesti ed una volta ottenuta la conferma non ti resterà che aspettare l'arrivo di quella magica giornata che migliaia di persone sognano per una vita intera!

Il resto verrà da sé e ti posso garantire sarà un'esperienza che resterà viva nei tuoi ricordi per molti anni a venire. Questo è dunque il momento, che aspetti?

SECONDA PARTE

// New York

"If you are losing faith in human nature, go out and watch a marathon."

"Se stai perdendo fiducia nella natura umana, esci e guarda una maratona."

Kathrine Switzer

Welcome to New York

Ci sono moltissimi ingredienti che concorrono alla popolarità della Maratona di New York. A questo punto del libro, sui tanti meriti di questa gara, della sua storia e della risposta degli spettatori, non dovrebbero esserci più dubbi.

Si tratta di una gara incredibile: eppure occuparsi solo della competizione rischia di raccontare solo metà della storia.

L'altra metà è, senza alcun dubbio, New York stessa: il suo fascino, la sua bellezza, i suoi scorci inconfondibili, le mille opportunità inaspettate, la diversità di chi la abita e di chi la visita. E non è inusuale sentirsi raccontare dai runner che quello che ha spinto, definitivamente, verso la NYC Marathon è stata l'occasione di visitare, magari per la prima volta, la città, spesso accompagnati da amici o parenti.

L'apporto economico alla città dal turismo derivante dalla gara è del resto impressionante: nel 2014 è stato stimato intorno a 415 milioni di dollari. Letteralmente decine di migliaia di persone in più, rispetto al solito, affollano ristoranti, alberghi, airbnb, negozi, vagoni di metro, traghetti, e musei.

Questa moltitudine colorata di runner (e famiglie al seguito) si muove, a volte spaesata, per le meraviglie di questa città nei giorni attorno alla gara.

Esistono già centinaia di guide turistiche di New York (alcune delle quali davvero ottime), chi partecipa alla gara tramite un International Tour Operator è, spesso, portato per mano da accompagnatori qualificati in giro per la città e chiunque, con un minimo di senso pratico e qualche parola di inglese, può andare a spasso per la città in totale autonomia senza problemi eppure... i runner sono spesso viaggiatori con esigenze speciali. E meritano delle indicazioni anche turistiche ritagliate su misura per loro.

Scopo di questa parte della guida non è quindi quello di sovrapporsi ai tantissimi materiali già esistenti e facilmente reperibili, piuttosto quello di condensare una serie di informazioni e di indicazioni, di natura prettamente turistica, pensate essenzialmente per chi si trova circa una settimana a New York, presumibilmente nei giorni immediatamente precedenti e successivi alla maratona oppure per chi, da appassionato podista, si trovi a visitare la Grande Mela durante un qualsiasi periodo dell'anno e sia (ovviamente!) in cerca di scorci peculiari e consigli per visitare la città da runner, allenandosi anche durante la sua visita.

Se sognate di visitare la città nei giorni prima della gara in tranquillità ma non ammazzarvi di chilometri, se volete mangiare bene ma "sicuro", se vi piacerebbe ammirare la città e le sue straordinarie bellezze da punti di vista un pochino meno noti, se state per visitare New York ed avete mille domande da runner "in panico" pre-maratona o pre-vacanza, questa sezione delle guida è stata scritta appositamente per voi. Welcome to New York.

Qualche info di base

Visitare New York è estremamente semplice e gratificante al tempo stesso. Tuttavia l'esperienza potrebbe rivelarsi anche leggermente frustrante se non si dispone di un "set minimo" di indicazioni che permettono di affrontare, senza stress o sorprese, una città in ogni caso molto grande, popolata ed esternamente accogliente.

Scopo di questo capitolo è quello di condensare questa serie di semplici info di base per permettervi di vistare la città e godervi lo spettacolo senza impazzire (specie prima della maratona!).

Distretti

Uno degli aspetti fondamentali per poter visitare New York è quello di sapersi orientare. E per farlo bisogna disporre di poche ma necessarie informazioni.

Innanzitutto la città di New York è composta da cinque *borough*: Manhattan, Brooklyn, Queens, The Bronx e Staten Island. Assieme, i cinque distretti ospitano oltre 8 milioni di abitanti. Ciascun distretto è, con opportune differenze, densamente popolato ed è "una città" a tutti gli effetti, con servizi ed offerte anche turistiche similari.

Dal punto di vista geografico i *borough* sono nettamente riconoscibili: sono sempre separati da fiumi o da canali e sono "distanti" l'uno dall'altro.

Per un puro caso l'isola di Manhattan è quasi perfettamente allineata lungo l'asse nord-sud, quindi risulta molto comodo utilizzare riferimenti cardinali per riconoscere o individuare zone della città, come infatti fanno tutti i *New Yorkers*.

Rispetto a Manhattan (che molti considerano come riferimento primario) il Bronx è a nord, Il Queens si trova a nordest, Brooklyn si sviluppa a est / sudest, Staten Island è invece, precisamente, a sud.

Ad ovest di Manhattan scorre il fiume Hudson e la separa dallo stato del New Jersey, che qui è vicinissimo a New York. Ad est il fiume Harlem a nord e l'East River più a sud separano Manhattan dal Bronx, dal Queens e da Brooklyn.

Soggiorno

Nella stragrande maggioranza dei casi chi visita la città finisce con il soggiornare a Manhattan, solitamente a Midtown. È qui che, del resto, sono dislocate la maggior parte delle attrazioni turistiche, numerosi hotel e dove, tra l'altro, termina la maratona.

Negli ultimi anni anche alcuni quartieri di Brooklyn (di fatto, tutti quelli che si affacciano sull'East River come Dumbo, Williamsburg e Greenpoint) sono divenuti destinazione prediletta per chi soggiorna in città e cerca un ambiente meno caotico, più rilassato ed anche leggermente meno caro.

Infine anche i quartieri di Long Island City ed Astoria nel Queens, grazie alla loro vicinanza a Manhattan e alle numerose linee della *subway*, sono considerati ottime zone dove fare base e risparmiare qualcosa in più sull'alloggio.

Orientarsi a Manhattan

L'isola di Manhattan è, in ogni caso, il distretto dove chi visita la città passerà la maggior parte del proprio tempo. E per sapersi muovere bastano poche info e saper riconoscere ed individuare i punti cardinali.

Manhattan è, ovviamente, divisa in moltissimi quartieri e zone, ma per orientarsi basta saper identificare tre blocchi principali, che sono delimitati da alcune strade precise che in qualche modo tagliano perpendicolarmente l'isola.

Partendo da sud:

- viene chiamata "Downtown Manhattan" tutta la parte dell'isola che si sviluppa a sud della 14th Street;
- la parte centrale di Manhattan viene chiamata "Midtown" ed è compresa tra la 14th Street e la 59th Street;
- con "Upper Manhattan" si indica tutta la zona a nord di Central Park, per la precisione a partire dalla 96th. Questa area ospita, tra l'altro, anche Harlem.

Oltre a questi tre blocchi principali, ed in qualche modo ufficiali altre due aree sono spesso citate con nomi specifici:

- con "Lower Manhattan" viene spesso indicata la zona della città che si sviluppa a sud di Chambers Street (in pratica solo la "punta" sud di Manhattan);

- con "Uptown" ci si riferisce invece alla zona della città compresa tra la 59th e la 110th Street, che ospita Central Park ed i celeberrimi Upper East Side ed Upper West Side.

In generale, infine:

- si indica con "West Side" l'area di Manhattan che si sviluppa ad ovest di Fifth Avenue;
- si indica con "East Side" l'area di Manhattan che si sviluppa ad est di Fifth Avenue.

All'interno di questi enormi blocchi di città, ci sono numerosi quartieri con nomi di vario genere che, spesso, descrivono la loro stessa posizione geografica rispetto ad una strada o un'altra zona.
Ad esempio, Soho sta per South of Houston, letteralmente "a sud di Houston", una strada che attraversa Manhattan da est ad ovest. Altri esempi noti sono Nolita (North of Little Italy) e Tribeca (Triangle Below Canal). I confini tra le zone ed i quartieri non sono propriamente fissi, né riconoscibili in alcun modo: in una metropoli in cui tutto cambia a velocità incredibile anche i nomi di intere aree della città sono in costante evoluzione.

Avenue e Street

Un elemento fondamentale per potersi orientarsi è quello di saper riconoscere le *avenue* e le *street* e la loro numerazione.
Larga parte di Manhattan è costruita lungo una precisa mappa a griglia fatta di strade parallele e perpendicolari che costantemente si incrociano.

In generale:

- le *avenue* sono le strade che percorrono Manhattan lungo l'asse nord-sud;
- le *street* sono le strade (solitamente anche meno grandi) che tagliano l'isola lungo l'asse est-ovest.

Le *avenue* sono numerate in numero crescente man mano che ci si sposta sulla mappa da est ad ovest. Quindi First Avenue è la *avenue* più ad est di Manhattan mentre 12th Avenue è quella più ad ovest. Oltre alle *avenue* numerate, ce ne sono diverse che hanno, invece, un nome proprio: la più celebre è sicuramente Park Avenue.

La numerazione delle *street*, invece, cresce spostandosi da sud a nord. La numerazione delle *street* tuttavia non inizia, come sarebbe lecito aspettarsi, nel punto più a sud dell'isola ma quasi al bordo nord di Downtown Manhattan. 1st Street è ovviamente la prima *street* che si incontra, subito a nord di Houston, mentre l'ultima è (addirittura) ad est la East 138th e ad ovest la West 220th, non essendo Manhattan simmetrica nella sua parte settentrionale.

Va segnalato che la medesima *street* ha un nome diverso (che può essere East oppure West) a seconda che il tratto di strada si sviluppi ad est o ad ovest rispetto a Fifth Avenue.

Ad esempio la 16th Street può essere indicata come W 16 Street oppure E 16 Street a seconda che il tratto si sviluppi ad ovest o ad est di Fifth Avenue.

Ovviamente ci sono molte eccezioni a queste indicazioni, specie nelle zone di Downtown Manhattan dove la città in qualche modo è nata e quindi si è sviluppata in modo molto meno schematico, ma utilizzando queste indicazioni si è in grado, velocemente, di orientarsi e spostarsi in città senza perdersi e senza impazzire.

In breve:

- spostandosi da est ad ovest, il numero della *avenue* cresce;
- spostandosi da sud a nord, il numero della *street* cresce.

Uno sguardo veloce ad una cartina oppure a Google Maps dovrebbe chiarire le idee.

Spostarsi in città

Spostarsi a New York richiede, inevitabilmente, di affidarsi ad un mezzo di trasporto. Le distanze possono essere notevoli, persino sulla stessa strada, e sotto maratona, se si possono evitare chilometri a piedi, è saggio ricorrere ai mezzi pubblici. Tenete le forze per il gran giorno della maratona oppure per correre allenandovi in città, seguendo magari uno degli itinerari suggeriti nella terza parte di questo libro.

Subway

L'unico modo veramente efficiente per spostarsi in città è quello di ricorrere alla metropolitana (che qui si chiama *subway*). In una città con oltre otto milioni di abitanti, che diventano molti di più durante la giornata lavorativa, arrivando da fuori città un po' da dovunque, il traffico può essere molto intenso e spostarsi in auto è sempre poco efficiente.

La *subway* è quindi il mezzo preferito da (quasi) tutti: ricchi, poveri, eleganti, sportivi, svegli, addormentati, stressati, rilassati... uno degli aspetti più peculiari delle metro è quello proprio di mischiare costantemente nel medesimo treno tutte le tipologie di persone che vivono in città. La prima, o la prossima, volta che salite in *subway* provate proprio a notare questo: l'assoluta varietà del genere umano presente in ciascun vagone.

Il servizio della metropolitana è attivo 24 ore su 24, 7 giorni su 7. La sera sul tardi il servizio è nettamente meno efficiente e non è infrequente che la notte e nei weekend alcune fermate siano chiuse, alcune linee deviate o del tutto sospese. Si consiglia di dare uno sguardo ai cartelli appesi in bella mostra nella fermata "di casa" che segnalano, in largo anticipo, eventuali variazioni notturne o nei fine settimana.

Per chi non è mai stato a New York, la *subway* potrebbe indurre un pochino di soggezione: guardando la cartina sembra piuttosto incasinata (ed in parte lo è) e si può avere paura di perdersi (tip: nel caso non succede niente!). In realtà è un sistema estremamente efficiente, altrimenti la città semplicemente collasserebbe, e con qualche consiglio giusto non è impossibile da navigare in poche mosse.

Subway: MetroCard

La metropolitana di New York è gestita, assieme alla rete dei Bus, da MTA (www.mta.info). Il primo vantaggio che ne deriva è che il biglietto vale sia sulla metro che sugli autobus cittadini.

Il biglietto è una card con barra magnetica che si chiama MetroCard. Ad accezione di quelle monouso, che sono di carta e si possono comprare in tutte le stazioni, la MetroCard è di plastica e può essere caricata con soldi o tempo.

Ogni corsa, ovvero ogni volta che si striscia la MetroCard ai tornelli, si paga 2.75$ e si può stare all'interno della *subway* per due ore, cambiando linee, spostandosi in lungo e in largo in città, ma senza poter uscire dalle fermate, cioè se passate i tornelli dovrete poi ripagare.

Pagare le singole corse è la scelta meno efficiente che si possa fare: se pensate di spostarvi in città un minimo usando la metro, allora l'abbonamento settimanale, per un costo di 33 dollari + 1 dollaro per il primo acquisto di una MetroCard, è la soluzione ideale. Vi permette di spostarvi senza limiti prendendo tutte le linee che servono, idem per i bus. E quindi anche perdersi non costa niente.

Se pagate la MetroCard con carta di credito, vi verrà chiesto di inserire lo ZIP code, ovvero il CAP. Potete tranquillamente mettere quello di casa vostra o come fanno tanti 999999.

Due note sull'uso della MetroCard: le card con abbonamento temporale si disattivano per alcuni minuti dopo che si è passati ai tornelli. Se quindi entrate e riuscite subito per qualche motivo sarete obbligati ad aspettare. Tenete conto che la MetroCard a tempo è personale e non può essere ceduta a qualcuno che viaggia con voi dopo essere stata strisciata, nemmeno dopo aver atteso che si riattivi. Le MetroCard con il credito permettono invece l'uso condiviso con diversi viaggiatori. I bambini, sotto il metro ed undici centimetri, non pagano la subway ed entrano fisicamente assieme ai genitori.

A proposito di bambini, non tutte le stazioni (anzi, poche in verità, ma la situazione sta lentamente migliorando) sono dotate di ascensori dove scendere e salire agevolmente con passeggini. Aspettatevi di affrontare molte rampe di scale. Ma aspettatevi anche un aiuto, quasi immediato, da parte di newyorkesi solidali. Spesso, purtroppo, le condizioni igieniche degli ascensori suggeriscono l'uso delle scale in ogni caso.

Una ultima nota: dopo tanti anni di onorato servizio la MetroCard sta per lasciare il posto alla OMNY, un nuovo sistema di biglietti largamente basato su pagamenti wireless e quindi si potrà usare anche il proprio smartphone per entrare in metropolitana. MTA ha annunciato l'inizio della sperimentazione per il 2019 e la diffusione con affiancamento alla MetroCard nel corso del 2020.

Subway: linee

La metropolitana di New York ha un totale di 27 linee che collegano complessivamente 472 fermate differenti. Guardando la cartina, disponibile gratis un po' dovunque ed in bella mostra in tutte le stazioni e sui treni, sembra un vero labirinto di nomi e linee che si intrecciano senza apparente logica. In realtà con qualche informazione in più si riesce a navigare la famosa metropolitana di New York evitando sorprese e coccodrilli nascosti.

Le linee attraversano la città molto in lungo e poco in largo e la maggior parte di esse nasce in un distretto, passa ad un certo punto per Manhattan, attraversandola secondo una specifica direzione (in pratica seguendo una *avenue*) e termina in un altro *borough*.

L'aspetto principale di cui va tenuto conto è che le linee sono accorpate per colore e per ciascun colore ci sono diversi servizi (che spesso vengono chiamati in ogni caso linee), indicati con lettere o numeri diversi che condividono il medesimo percorso ed i medesimi binari.

I percorsi si sviluppano per buona parte del tragitto a Manhattan per poi puntare verso destinazioni diverse.

In generale le linee sono raggruppate per colore (e quindi per servizio) in questo modo:

Linee	Colore	Express	Tragitto (Manhattan) / Note
Ⓐ Ⓒ Ⓔ	Blu	Ⓔ	Corre lungo 8th Avenue da sud a nord.
Ⓑ Ⓓ Ⓕ Ⓜ	Arancio	Ⓕ	
Ⓖ	Verde chiaro	-	È l'unica linea che non passa né raggiunge mai Manhattan.
Ⓛ	Grigio medio	-	È una delle poche linee che taglia Manhattan da ovest ad est. Parte da 8th Avenue.
Ⓙ Ⓩ	Marrone	-	
Ⓝ Ⓠ Ⓡ Ⓦ	Giallo	Ⓝ Ⓠ	Corrono a Manhattan da sud-est a nord-ovest lungo Broadway.
① ② ③	Rosso	② ③	Corrono lungo da sud a nord.
④ ⑤ ⑥ ⑥	Verde Scuro	④ ⑤	Corrono da sud a nord lungo Lexington Avenue.
⑦ ⑦	Viola	-	Attraversa Manhattan da ovest ad est. Parte da 34St - Hudson Yard e prosegue verso est per poi proseguire nel Queens.
Ⓢ	Grigio Scuro	-	Una linea di Shuttle per brevi tratti.

Le linee che offrono un servizio espresso, in sostanza, si muovono in città saltando la maggior parte delle fermate locali. Le fermate delle linee espresso sono indicate sulla mappa della subway con un cerchio bianco. Quelle delle linee locali, invece, da un cerchio nero. Le linee *local* fermano in tutte (ma proprio tutte!) le stazioni.

Infine, è possibile utilizzare le fermate delle linee espresso come punti di scambio per passare da una linea espresso ad una locale e viceversa: si incontrano infatti sulla stessa banchina (in inglese *platform*) ma su un binario diverso.

Ovviamente tutte le linee hanno due direzioni. Solitamente le direzioni sono segnalate con una buona abbondanza di cartelli nelle stazioni e sulle *platform* con una indicazione geografica.

Con Uptown è indicato il treno che viaggia verso nord, con Downtown il treno che viaggia verso sud. Le indicazioni per i treni che vanno verso altri distretti, in generale, recano anche il *borough* di destinazione. Può capitare, ad esempio, di leggere Uptown and The Bronx per una linea che punta verso nord Manhattan e poi prosegue la sua corsa, appunto, nel Bronx.

Subway: qualche errore comune

Andare in giro in metropolitana richiede un minimo di "ambientazione". Ma dopo poco, e dopo qualche errore, di solito si prende la mano.
Gli errori comuni sono... molto comuni.

Il principale consiste nel prendere un treno espresso invece che uno locale, o il contrario (ma in tal caso al massimo si va più lenti). Anche se è indicato chiaramente (cartelli Local ed Express), capita a tutti di salire al volo su un treno per poi vedere sfrecciare la fermata che interessava dal finestrino. Basta non perdersi d'animo e tornare indietro.

Alcune fermate della *subway* offrono l'accesso ad una sola direzione della linea. Ed una volta oltre il tornello non c'è modo di cambiare binario. In tal caso sui cartelli presenti nei pressi dell'accesso alla metro c'è scritto chiaramente (ad esempio Uptown only). Una volta dentro dal lato sbagliato le soluzioni sono: se avete una MetroCard a tempo, uscire, aspettare qualche minuto e poi rientrare dal lato corretto attraversando la strada. Se invece la MetroCard che usate è a credito, allora uscendo dovreste ripagare, quindi conviene rimanere sul binario errato, prendere un treno e scendere alla fermata successiva, sperando che permetta il cambio *platform*, e prendere il treno in direzione opposta.

Subway: qualche consiglio

- Lasciate sempre (davvero SEMPRE) scendere le persone dal vagone prima di salire. Sembra (e dovrebbe essere) un concetto semplice ed immediato eppure, in molti, non lo fanno. Ed è il modo più veloce per fare imbufalire i newyorkesi.

- Se non sapete dove andare, quale treno prendere, che direzione scegliere o avete perso qualcuno, non piazzatevi in punti di passaggio strategici quali: scale, tornelli, *platform* nei pressi dell'accesso ai treni. Anche in questo caso la reazione potrebbe essere poco *friendly*. Giustamente.

- Se un treno è pieno zeppo, ma una carrozza è magicamente vuota, non saliteci. Ci possono essere solo due motivi affinché una situazione del genere si verifichi: un gigantesco problema olfattivo derivante da un passeggero (quasi) residente in metro oppure l'impianto di condizionamento è spento. Il caso peggiore è quando i due eventi si verificano contemporaneamente.

- La temperatura nella metropolitana di New York è esattamente inversa a quella esterna. Se da un lato d'inverno può essere un vantaggio, d'estate può, davvero, causare seri problemi derivanti dalla temperatura siberiana che si raggiunge in certi vagoni, rischiando anche di compromettere fisico, vacanze, gare o allenamenti. La soluzione consiste nel viaggiare sempre felpa-muniti. Questo consiglio si applica anche alla stragrande maggioranza dei negozi.

- Alcune fermate hanno, per linee diverse, nomi identici perché, magari, passano per la stessa Avenue o Street in punti diversi, oppure in *borough* differenti toccano una strada che ha lo stesso nome (ad esempio Broadway). Quando memorizzate la fermata di destinazione dovete quindi ricordare anche a quale linea appartiene. Ad esempio ci sono (ben!) quattro fermate che si chiamano 86 St. Le fermate 86 St della linea rossa, dell'arancio e della blu sono nell'Upper West Side, mentre le 86 St della linea verde e di quella gialla sono, entrambe, nell'Upper East Side.
Se per caso avevate come destinazione la fermata 86 St della linea 1 (rossa) e doveste invece arrivare a 86 St della Q (gialla), sareste costretti a fare a due

chilometri e mezzo di distanza a piedi con Central Park da attraversare. In metro vi ci vorrebbero circa 35 minuti per arrivare alla stazione corretta.

- Di tanto in tanto i conduttori dei treni fanno degli annunci che probabilmente non capirete: sappiate che non si tratta (nella maggior parte dei casi) di una vostra difficoltà linguistica bensì della somma di frasi a mala pena pronunciate, di un microfono scadente ed un impianto diffusione audio datato: i fan di *How I Met Your Mother* probabilmente ricorderanno che Lily si vantava di sapere parlare *conductor*. Appunto.

Autobus

Le linee degli autobus sono numerose ed anche puntuali, traffico permettendo. Purtroppo molte linee fanno quasi una fermata ogni due blocchi. Risultato: tempi lunghissimi sul bus e, spesso, scendendo dal bus e continuando a camminare si è in grado di raggiungere l'autobus dal quale si era scesi poco prima. I bus, tuttavia, seguono anche rotte meno convenzionali rispetto alla metropolitana e possono essere un modo furbo per evitare di camminare, andando in giro per New York ed allo stesso tempo guardando la città (cosa che in *subway*, ovviamente, non succede quasi mai). Valutatelo con attenzione, specie prima della maratona.

Il bus può essere davvero una valida alternativa anche per gli spostamenti a Manhattan lungo la direzione est-ovest: le linee di *subway* sono molto poco efficienti lungo questa tratta. Per salire sull'autobus bisogna essersi pre-muniti di MetroCard (acquistabile nelle fermate della *subway*) con del credito disponibile (ogni corsa costa 2.75$ al persona) o con abbonamento settimanale. Per non impazzire con le tantissime linee di autobus è consigliabile utilizzare la app per smartphone Citymapper (www.citymapper.com).

Taxi

New York è una città piena zeppa di taxi. Per prendere un taxi basta alzare la mano e farsi notare assicurandosi che la luce sul tetto sia accesa (quella con il numero del taxi e non la scritta "off duty"), altrimenti si passa per turisti appena arrivati in città. Accanto ai taxi tradizionali (che sono gialli o verde lime, ma questi ultimi hanno alcune limitazioni di zona per poter caricare i passeggeri al volo) si affiancano i tantissimi servizi di car sharing come Uber (uber.com), Lyft (lyft.com) e Via (ridewithvia.com).

Questi servizi oltre ad offrire la possibilità di poter chiamare il taxi e farlo arrivare alla propria location (cosa non fattibile con i cab tradizionali che vanno "acchiappati" al volo), permettono il pool-taxi, ovvero la condivisione del veicolo per una parte del proprio percorso, con perfetti sconosciuti. In questo modo sono in grado di offrire tariffe incredibilmente basse, spesso pochissimi dollari, e sono una occasione d'incontro con tanti *New Yorkers*. Per utilizzare questi servizi è, ovviamente, richiesto uno smartphone connesso ad internet. Non dimenticate di lasciare la mancia al driver.

Citi Bike

Un altro modo per spostarsi in città è quello di ricorrere al servizio di bike sharing Citi Bike (www.citibikenyc.com). Va subito detto che Citi Bike è un servizio pensato e progettato per spostarsi per brevissimi tratti e per pochi minuti. L'idea di base è quella di dare un mezzo aggiuntivo per raggiungere la fermata della *subway* più vicina o l'ufficio (non troppo lontano), senza gravare sugli altri mezzi pubblici. Anche la dinamica di prezzi ricalca questa filosofia. Per prendere una bici è necessario attivare almeno un pass, minimo da 3 dollari per 30 minuti oppure, meglio, un pass giornaliero che dura 24 ore (e costa 12 dollari) che permette di utilizzare qualsiasi bici, presa in una qualunque base, per un periodo non superiore ai trenta minuti. In caso non si parcheggi in tempo la bici scatta un addebito addizionale di 4 dollari per 15 minuti aggiuntivi. Quindi, se pensate di prendere la bici per un paio d'ore, per andare da Downtown Brooklyn a Manhattan, ad esempio, sarete costretti a fare soste ogni 30 minuti per parcheggiare e riprendere anche la stessa bici se non volete incorrere nel sovrapprezzo.

Le bici vanno prese in uno dei tantissimi punti Citi Bike (sono dovunque) lungo le strade della città e riconsegnate in un qualsiasi altro Citi Bike Point, sperando di trovare posto libero. A fine 2018 sono state introdotte, in via sperimentale, anche delle Citi Bike a pedalata assistita che sono davvero una manna visto il peso della Citi Bike tradizionale ed i ponti, non proprio agevoli da fare pedalando.

Ferry

Negli ultimi anni le linee di traghetti che solcano i fiumi intorno a Manhattan hanno iniziato ad assumere una importanza crescente per il trasporto cittadino. Le linee dei ferry, specialmente quelle che operano sull'East River, sono state potenziate, diversificate, gli orari ampliati, con il risultato che sempre più *New Yorkers* scelgono di prendere il traghetto per spostarsi in città.

Purtroppo il processo di integrazione tra i traghetti ed i restanti mezzi di trasporto è tuttora in corso e quindi ne derivano alcune problematiche che, probabilmente, verranno appianate solo con il tempo. La principale anomalia è che su nessun traghetto, operato da diverse linee di ferry, vale alcun tipo di MetroCard. Bisogna quindi procurarsi il biglietto, acquistandolo direttamente sul molo o tramite internet prima di imbarcarsi.

Tra le diverse società che operano sui fiumi di New York l'azienda principale, ed anche la più cittadina di tutte, è NYC Ferry (www.ferry.nyc), che con la sua flotta di piccoli ed agili battelli naviga sull'East River con sei diverse rotte, che collegano in vari modi Manhattan, Brooklyn e Queens.
NY Waterway (www.nywaterway.com), invece, è un servizio di imbarcazioni che sfrecciano sul fiume Hudson, ma che si limita, per adesso, solo a collegare Lower Manhattan con il vicinissimo New Jersey. Le due aziende citate, svolgono un servizio prevalentemente pubblico, anche nei prezzi, pensato ed utilizzato dai tanti cittadini che, a tutti gli effetti, ricorrono al traghetto al posto di auto, bus e metro.
Il servizio gratuito Staten Island Ferry (www.siferry.com) collega, con una frequenza tra i 15 ed i 30 minuti, la parte meridionale di Manhattan a quella settentrionale di Staten Island. Trovate maggiori info su questo bellissimo viaggio in traghetto più avanti in questa sezione del libro.
Infine, New York Water Taxi (www.nywatertaxi.com) offre delle vere e proprie mini crociere turistiche lungo l'Hudson con quattro fermate tra Manhattan e Brooklyn, dove è possibile salire e scendere a piacimento acquistando un pass giornaliero. Il tratto più cittadino offerto è, tuttavia, il breve viaggio di una linea speciale che parte dal Pier 11, nei pressi di Wall Street, ed arriva all'Ikea di Brooklyn a Redhook. Vi sfido a trovare un modo più panoramico ed emozionante di passare (inevitabilmente un weekend...) nella popolare catena di negozi di arredamento.

Camminare

Forse può sembrare una esagerazione considerare i propri piedi come un mezzo di trasporto. La verità è che visitando New York si cammina tantissimo. Spesso per ore. Chiedete a chiunque abbia già visitato la città prima di voi. Ovviamente per un runner camminare non dovrebbe rappresentare un problema particolare, anche se non sempre si corre con zaino, borsa, acqua, pacchi, guida e macchina fotografica al collo. Ma pochi giorni prima della maratona potrebbe essere un problema o, peggio, un elemento di stanchezza aggiuntivo ed inaspettato.

Intendiamoci: camminare a New York è fantastico, quando il meteo (che qui sa essere inclemente) lo permette. Andare a spasso incamminandosi lungo le lunghissime Avenue che corrono a Manhattan permette davvero di capire quanto la città cambi costantemente, anche in pochissimi *blocks*. Ed il problema sta proprio qui: è talmente tutto bello, maestoso, nuovo, che si cammina senza sosta. Persino senza accorgersene. Finché la sera non si è (letteralmente) annientati. Prima della maratona, se possibile, non fatelo. Non cascate nel richiamo di questa città sirena che vi attira per le sue Street e le sue Avenue. Nei giorni prima della gara utilizzate più possibile tutti gli altri mezzi di trasporto che la città vi offre.

Info essenziali

Fumare e bere

In una città dove vivono milioni di abitanti esistono poche regole che vengono fatte rispettare con nettezza (e spesso immediatezza). Le regole più stringenti con le quali ci si può imbattere sono relative al fumare e bere. Per i lettori di un libro di running le limitazioni del fumo non dovrebbero essere un problema particolare. In assoluto non si può fumare in tutti i parchi, nelle metro, ovviamente nei locali, nei pressi delle entrate dei palazzi ed in tutti i luoghi in qualche modo considerati pubblici.

L'uso di alcolici, se possibile, è ancora più contingentato: non si può bere all'aperto se non in specifiche zone designate (che sono sempre a ridosso di un qualche locale che ha una apposita autorizzazione). Dimenticate quindi una passeggiata su Riverside Park ad ammirare il tramonto, festeggiare la maratona e scolarvi un buon prosecco nel parco: la multa sarebbe salatissima.

Smartphone, Internet, App

Per quante informazioni vi siate procurati, per quanto abbiate studiato, imparato, capito della città, quando vi aggirerete per *street* ed *avenue* avrete mille domande. Uno smartphone può essere, davvero, uno strumento prezioso per muoversi in città, ma per essere veramente utile avrà bisogno di essere collegato ad internet. Le reti wifi sono presenti praticamente dovunque: nei parchi pubblici, in tutte le fermate della metro, in quasi tutte le catene di negozi di qualunque tipo e praticamente in tutti i posti dove si mangia; inoltre lungo le strade, circa ogni duecento metri, si trovano delle colonnine LinkNYC con megascreen informativi che forniscono anche accesso ad internet gratis via wifi ed un punto di ricarica usb. Utilissimo anche se, spesso, sono punti densamente popolati da personaggi di vario genere.

Per quanto riguarda le app per muoversi in città, oltre alle ovvie Apple Maps e Google Maps, una fondamentale è CityMapper, che permette di calcolare il percorso ideale utilizzando tutti i mezzi di trasporto pubblico a disposizione, integrandoli con informazioni aggiuntive in tempo reale su orari, ritardi e variazioni di linea. Imperdibile.

Mance

Lasciare la mancia a chi serve nei ristoranti e nei bar è una delle maggiori differenze che si incontra viaggiando negli Stati Uniti rispetto a quasi tutti gli altri paesi. In sostanza lasciare la mancia è "obbligatorio" ed è pari, di solito, al 15% - 25% del totale. La variabilità dipende, sostanzialmente, dal livello di soddisfazione del servizio che si è ricevuto. Sia ben chiaro: non lasciare la mancia (o lasciare meno del 15%) è considerato estremamente maleducato e potrebbe capitare che venga sottolineato anche con fermezza da chi ci ha servito. Per i bar la regola è un dollaro di mancia a birra, due dollari per i cocktail o per gli alcolici più cari. Infine, è buona norma lasciare la mancia anche ai tassisti, al personale degli hotel ed in generale a chi ha svolto un servizio personale per noi.

Favorire i documenti

Negli Stati Uniti l'età legale per poter poter bere alcolici è 21 anni. L'accesso a qualsiasi locale che serva alcolici è sempre controllato da personale che chiede di verificare i documenti. Non importa il vostro aspetto anche se poco giovanile, l'essere turisti o quant'altro: la regola è applicata in maniera abbastanza ferrea. Ergo: conviene portare con sé sempre un documento che attesti la propria età. Per fortuna non serve che sia il passaporto, anche una carta d'identità o una patente di guida può bastare. Se viaggiate con bambini l'accesso a determinati locali (che servono alcolici) potrebbe esservi interdetto in assoluto oppure è possibile solo fino ad una determinata ora. Non si può ricavare una regola generale, in quanto deriva dal locale, conviene quindi contattare il singolo esercizio commerciale per verificare eventuali limitazioni per l'accesso dei minori.

Cash or credit

A New York l'uso dei contanti è praticamente bandito. La carta di credito, meglio se nella sua incarnazione wireless anche inserita in smartphone e smartwatch, è praticamente il passe-partout per acquistare quasi tutto quello che serve. Sono pochissimi i negozi dove non è accettata la carta di credito in generale anche per piccoli importi e sono molti di più, ormai, gli store dove si può pagare esclusivamente con carta di credito (o di debito, ovvero il bancomat). Anche la mancia può essere pagata con carta di credito: va aggiunta al proprio conto, in un secondo momento, quando è richiesta la firma della ricevuta della carta di credito.

Essere un *New Yorker*

A New York ognuno fa quasi tutto quello che gli pare. Nessuno giudica gli altri più di tanto e nemmeno ha il tempo di farlo: ci si può quindi sentire davvero liberi di vivere la città come meglio si crede, nei limiti della decenza e delle leggi, ovviamente. Eppure, ci sono una serie di piccole abitudini e convenzioni che è meglio conoscere per essere un buon "cittadino" ed evitare di irritare quasi immediatamente i super indaffarati abitanti della Grande Mela. Eccoli elencati in ordine sparso.

A New York nessun pedone aspetta che il semaforo pedonale sia verde: basta una rapida occhiata (la stragrande maggioranza delle strade sono a senso unico) e se non arriva nessuno o se, più probabilmente, il traffico è paralizzato, si attraversa in maniera spedita. Attenzione alle auto però: se hanno il diritto di passare, sfrecciano a tutta velocità, non curanti di chi attraversa.

I *New Yorkers* non si impallano mai in luoghi di passaggio: se scorgete una o più persone bellamente piantate in mezzo al marciapiede, in un passaggio pedonale, in un corsia delle bici o proprio all'ingresso di un negozio... avete appena avvistato un turista.
Il blocco dei passanti può essere causato da stupore, una conversazione con qualcuno, un messaggio urgentissimo cui rispondere, la consultazione di una mappa... non conta: genererà subito un indispettimento se, in qualsiasi forma, crea un intoppo o causa un rallentamento all'incessante passaggio di persone. Fateci davvero molta attenzione. Stesso discorso quando si è in fila per ordinare qualcosa in un bar: siate sicuri di arrivare sapendo già quello che intendete ordinare. Anche se il vostro inglese non è il massimo troverete qualcuno subito disposto ad aiutarvi, ma non fatevi trovare impreparati su "cosa" volete.

In metropolitana è molto gradito, quando si approcciano i tornelli, avere già la MetroCard carica e pronta ad essere strisciata. Lunghe pause alla ricerca della card perduta proprio davanti al punto di passaggio, che funziona sia da entrata che da uscita, sono davvero poco apprezzate. Specie all'ora di punta. Sempre a proposito della metropolitana: in molte stazioni i binari sono molto in profondità e richiedono lunghe scale mobili: chi non ha fretta deve stare sulla destra, in modo che chi vuole possa salire o scendere camminando sulla sinistra.

A New York la maggior parte delle indicazioni stradali si comunicano utilizzando gli incroci. In questa specie di gigantesca "battaglia navale" tutti (ma proprio tutti) si aspettano un riferimento di questo tipo. I due tipi di indicazioni più diffuse sono:

- per indicare un luogo su una strada si comunica la *street* e le due *avenue* tra cui la destinazione è compresa. Ad esempio il MoMA che "formalmente" si trova in 11 West 53rd Street in "pratica" è sulla 53rd tra Fifth e Sixth Avenue. "Tra" si traduce "between" e potrete leggerlo in giro un po' dovunque, persino nei cartelloni pubblicitari;

- per indicare un luogo che si trova all'angolo tra una *street* ed una *avenue*... si indica proprio l'angolo. Ad esempio la libreria Strand, il cui indirizzo è 828 Broadway, si trova, per tutti, a Broadway & E 12th.

I newyorkesi si salutano, costantemente. E vi saluteranno tutti. E quasi tutti vi chiederanno "come va?" con un sonoro e molto tipico "how're you doing?". La risposta di default è "Okay!" cui, volendo, si può aggiungere il medesimo "how are you doing?" cui seguirà inevitabilmente un altro "Okay!".
Questa conversazione / non conversazione vi capiterà decine di volte durante il giorno: ovunque andiate, in qualsiasi negozio entriate, con chiunque interagiate. Prendetela come una versione un pochino più elaborata di "ciao" " ciao".

L'ultimo consiglio è quello più importante per affrontare la città e dovrebbe essere anche il più ovvio: New York è una città estremamente variegata e multiculturale. Qui si fondono, confondono, mescolano, moltiplicano tutte le diversità del genere umano. Abitudini, gusti, orientamenti, religioni, modi di fare e sensibilità comprese. Quel che nel vostro paese d'origine può essere considerato normale, per alcune delle persone che vi circondano potrebbe non esserlo affatto. Ed ovviamente vale anche l'esatto contrario. Si potrebbe assistere a modi di fare, parlare, vestirsi, comportarsi che potrebbero lasciarvi basiti, perplessi o persino infastiditi. Ma non sarebbe giusto.
New York è una città che va affrontata con la mente aperta, libera da qualunque preconcetto o convenzione forzata e, se possibile, liberi da qualsiasi barriera. È il modo migliore per vivere la città ed allo stesso tempo essere un vero *New Yorker*.

Consigli per il viaggio

I runner, almeno sulla carta, sono viaggiatori come tutti gli altri. Una volta arrivati a New York, come chiunque altro visiti la città, avranno sicuramente voglia di muoversi, vedere, visitare, scoprire questa gigantesca metropoli. Ma non bisogna dimenticare che i runner che arrivano in città hanno anche una missione da compiere. E strafare prima della gara potrebbe compromettere la competizione.

In realtà il runner / maratoneta rischia di compiere la maggior parte delle "ingenuità" addirittura prima di partire, piuttosto che dopo essere arrivato a New York.

Scopo di questo capitolo è quello di segnalare gli errori più comuni che l'emozione, l'inesperienza, o semplicemente le mille cose da fare che nella vita di ciascuno si affollano prima di partire, rischiano di creare, evitando così piccole e grandi complicazioni prima della gara.

Il bagaglio a mano: il miglior amico del runner

"A New York trovi tutto quel che ti serve" è un pensiero che accomuna tutti coloro che visitano la città. Ed è vero, verissimo. Tutto ciò che si può lasciare a casa, volontariamente o per semplice dimenticanza, si può ritrovare in città.

Il problema può essere, tuttavia, che non tutto quel che si trova a New York è esattamente uguale a ciò che si è lasciato a casa. E non tutto potrebbe essere disponibile, in tempo, prima della gara.

E anche nel caso in cui non si fosse intenzionati minimamente a lasciare a casa niente, purtroppo, nessuno può garantire che il bagaglio da stiva arrivi davvero o arrivi in tempo prima della competizione. Spesso per via di una coincidenza troppo stretta, il bagaglio rischia di arrivare tardi. "Se qualcosa potrà andare storto, lo farà", recita la legge di Murphy, che troppe volte si è dimostrata vera. Bisogna tenerne conto, specie pochi giorni prima di una gara che ha richiesto mesi di preparazione e di sacrifici, per cui pochissimo si può e si deve lasciare al caso.

In sostanza, il bagaglio a mano va considerato come una sorta di capsula che deve contenere tutto quello che serve per la gara e che non ci si può proprio permettere di non avere.

Attenzione: solo quello che serve per la gara, non per i giorni immediatamente precedenti o successivi: un ricambio, uno spazzolino, una felpa, un alimentatore per il cellulare, una guida turistica sono tutti oggetti importanti, ma se smarriti possono essere riacquistati (non senza qualche ovvia imprecazione) in un qualsiasi negozio a New York (che spesso sono aperti 24 ore su 24).

In sostanza il bagaglio a mano "capsula" perfetto dovrebbe contenere (in ordine di importanza):

- documenti di viaggio;
- tutto l'outfit previsto e quindi già testato per il giorno della gara. Senza dimenticare l'orologio GPS (se lo usate) ed il relativo cavo / alimentatore, i gel, le barrette energetiche o quant'altro prevediate di utilizzare durante la competizione;
- farmaci necessari o che potrebbero esserlo nei giorni immediatamente precedenti o successivi alla gara;
- oggetti di valore che non si possono far viaggiare nel bagaglio in stiva.

Sui documenti di viaggio non dovrebbe essere necessario soffermarsi: perderli potrebbe essere un vero casino e quindi è meglio che viaggino con voi.

Per quanto riguarda l'outfit di gara è d'obbligo un piccolo approfondimento: a New York i podisti possono trovare davvero tutto quello che mente umana abbia mai immaginato per un runner. Ma, arrivando solo pochi giorni prima della gara in città, qualsiasi cosa andasse persa e di conseguenza ricomprata non si avrebbe il tempo materiale per testarla in modo approfondito.

Qualsiasi maratoneta, anche solo un pochino esperto, potrà confermare che nel giorno della gara non si fanno esperimenti: non si cambia la maglia o la canotta che si è provato già nei lunghi allenamenti, non si modifica il pantaloncino, le calze, non si testano gel nuovi sconosciuti e soprattutto non si sostituiscono le scarpe, che, anzi, come in tanti consigliano, dovrebbero essere sempre "a metà vita" al momento della gara, per diminuire il rischio di vesciche, fastidi o brutte sorprese.

Quindi in sostanza: immaginate esattamente con cosa vi vestirete e cosa vi servirà il giorno della gara e mettetelo nel bagaglio a mano. Indossando persino le scarpe da corsa durante il volo qualora lo spazio nella borsa fosse troppo ridotto.

Anche i farmaci dovrebbero avere un posto d'onore nel bagaglio a mano: negli Stati Uniti si trova ovviamente di tutto, ma i nomi commerciali non coincidono quasi mai con quelli già noti e quindi dovrete scoprire o sapere, ad esempio, che il Moment contiene come principio attivo l'ibuprofene che spesso negli USA si trova sotto il nome di Advil.

Inoltre la tipologia di farmaci che richiede un certificato medico per l'acquisto è differente rispetto ad altri paesi. Anche farmaci normalmente da banco, come ad esempio un qualsiasi trattamento per l'herpes, richiedono un costoso passaggio a pagamento da un dottore; ricette e prescrizioni di medici del paese d'origine, ovviamente, non vengono nemmeno prese in considerazione dalle farmacie.

Ci sono anche dei casi sorprendenti: le lenti a contatto, ad esempio, richiedono un certificato medico. Quindi se ne fate uso assicuratevi di averne una buona scorta e di metterla nel bagaglio a mano.

Qualora facciate uso di farmaci particolari o anche standard ma non da banco (come possono essere gli antibiotici), il consiglio è quello dii rifornirsi prima della partenza e farli viaggiare con voi in cabina: se ce ne fosse bisogno, risparmierete il passaggio da un dottore per ottenere la necessaria prescrizione.

A proposito di dottori, data la sostanziale privatizzazione del settore ospedaliero, si raccomanda assolutamente di procurarsi, da soli o tramite l'eventuale ITO che organizza il viaggio, una copertura assicurativa per le spese mediche per chi corre e per tutti i partecipanti alla trasferta. Un solo giro in pronto soccorso, anche solo per una banale caduta o una piccola ferita, potrebbe trasformarsi in centinaia (se non migliaia) di dollari di fattura da parte dell'ospedale.

Infine, nel bagaglio a mano dovrebbero trovare necessariamente spazio tutti quei gadget elettronici e di valore che potrebbero danneggiarsi o andare perduti, qualora si decidesse di farli volare in stiva. Sembra un consiglio banale, ma, molto più spesso di quel che si creda, ci si fida della stiva con conseguenze disastrose.

Vuoto a rendere

Facendo la valutazione di cosa si indosserà il giorno della gara (e quindi si porterà nel bagaglio a mano) inevitabilmente ci si imbatterà anche in quel che si indosserà prima della gara e che si vorrà abbandonare pochi minuti prima della partenza.

La temperatura, ai primi di novembre, nei pressi del Verrazzano-Narrows Bridge è spesso rigidina: intorno ai 6-10 gradi centigradi. La presenza di vento, cui vanno sommate alcune ore di attesa, rende quindi pressoché obbligatorio uno strato di abiti aggiuntivi che necessariamente i runner abbandoneranno poco prima della partenza. Il deposito bagagli a disposizione dei podisti, dati gli orari "stringenti", è utile soprattutto per quel che serve, e si vorrà ritrovare, nel dopo gara.

Questo strato "a perdere" ovviamente non avrà bisogno di viaggiare nel bagaglio a mano, ma è davvero consigliabile dedicare alla questione del tempo prima di partire in ogni caso: un vecchio maglione, una tuta oscena, un cappello di pile di 20 anni fa, potrebbero avere l'onore di un ultimo viaggio oltreoceano, di stendersi sul prato di Fort Wadsworth per qualche ora, prima di rendersi nuovamente utili nella vita di qualche nuovo proprietario. Come raccontato nella sezione dedicata alla gara, una delle iniziative più lodevoli organizzate da NYRR nei pressi della partenza della NYC Marathon è la presenza di appositi contenitori di raccolta di abiti usati nei *corral* (gabbie) nei pressi della linea di partenza della gara. Gli abiti vengono prelevati dopo la gara, lavati, selezionati, e distribuiti a chi ne ha bisogno. E con il gelido inverno newyorkese alle porte, li useranno in tanti.

Tutto quello che non serve

I 23kg di bagaglio da stiva che la maggior parte delle compagnie aeree mette a disposizione per ciascun viaggiatore di classe economy possono sembrare moltissimi. Specie per chi si reca a New York solo per pochissimi giorni.
Nel caso del bagaglio da stiva il ragionamento corretto è esattamente "a New York trovi tutto quel che ti può servire". Quindi, davvero, è inutile strafare.
L'unico elemento che potrebbe ed in parte dovrebbe condizionare nel portare con sé troppe cose è il clima: a novembre può essere molto incerto e potrebbe costringere a riempire la borsa con diversi indumenti per stagioni diverse.
Inevitabilmente però a New York si farà moltissimo shopping: prezzi mediamente più bassi, IVA ridotta rispetto all'Europa, un cambio spesso favorevole spingono ad acquistare più di qualcosa: ad esempio, tutto il materiale da running, di solito, è sensibilmente meno caro e ci sono anche sconti aggiuntivi per i maratoneti. E vanno sicuramente tenuti in conto i tanti gadget (molti unici) legati alla maratona. Quindi: non sovraccaricate il bagaglio di stiva. Se possibile, non superare alla partenza i 12-13kg dovrebbe consentire di poter fare acquisti senza incorrere nel sovrapprezzo per bagagli over-weight.

Non solo abiti

Se si è scelto di risiedere in un appartamento, ricorrendo ad Airbnb o soluzioni simili, o in un residence che fornisce l'uso della cucina, potrebbe essere una buona idea quella di portare con se alcuni alimenti noti per la cena del giorno prima della gara. E magari anche per fare colazione, che nei bar può essere molto cara.

Sia chiaro, come verrà approfondito più avanti, a New York si mangia benissimo e si trovano ristoranti per tutti i gusti, per tutte le tasche e di tutti i tipi. Ma è probabile che la sera prima della competizione, molti possano preferire una soluzione tranquilla e casalinga e priva di qualsiasi sorpresa culinaria.

Ovviamente ci sono negozi che vendono alimenti per ogni tipo di cucina, ma, inutile dirlo, tutto quello che è d'importazione costa molto di più che nel paese d'origine.

Quindi mettere in borsa di stiva tutto il necessario per una cena economica e pulita la sera prima della gara può essere una idea furba. Fate attenzione solo a controllare online quali alimenti non possono essere importati per motivi doganali o di limitazioni di tipo sanitario! E buon appetito.

Alla scoperta di New York

New York è una delle mete turistiche più note ed ambite del mondo. Una delle domande più frequenti relative alla città è "ma basta una settimana per visitarla tutta?". La risposta è molto semplice: "assolutamente no". Ma non c'è da disperarsi. Non basterebbe nemmeno un mese intero.

La città, infatti, offre centinaia di opportunità, decine di scorci imperdibili, infinite possibilità di muoversi, scoprire, approfondire. Ed inoltre cambia ad una velocità incredibile. Basta assentarsi anche pochi mesi dalla Grande Mela per trovare tante novità o nuove opportunità.

Il miglior consiglio per chi visita New York, magari anche per la prima volta, è quindi quello di approcciare la città con umiltà: non cercare quindi di collezionare decine di cartoline di luoghi noti (o notissimi), come se alla partenza la città "evaporasse", ma, piuttosto, approcciare la città a strati, magari sognando o progettando di tornarci prima o poi.

Conviene, in pratica, muoversi a New York come in un luogo incredibilmente complesso da scoprire, dove è meglio perdersi, vagare, andare e ritornare anche in più riprese. Questo è il modo migliore per scoprire questa incredibile città. E spesso anche di rimanerne innamorati.

Come in un film

La prima visita alla città rischia di essere, inevitabilmente, quello di un pellegrinaggio dei luoghi più celebri. Niente di che vergognarsi: la curiosità o la voglia di visitare luoghi visti già centinaia di volte è più che naturale (e condivisa da milioni di persone ogni anno).

Inevitabilmente, la sensazione che vi trasmetteranno questi (bellissimi) posti è quella di un sincero "già visto". Girare, per la prima volta, in alcuni luoghi celebri della città fornisce, in alcuni casi, una vera sensazione di déjà-vu.

La verità è che, dopo anni di film, serie TV, foto di amici, post sui social, la nostra mente ha davvero costruito una versione abbastanza accurata di alcuni di questi *landmark*. E trovarseli spesso all'improvviso davanti è davvero curioso.

New York Basics

Molti dei luoghi elencati in questo capitolo sono, in tutta sincerità, le mete turistiche più gettonate e note della città. Inevitabilmente sarete circondati da moltissimi turisti ed, in alcuni casi, pochissimi newyorkesi. Ciò non deve però disincentivare la visita o far pensare che siano destinazioni banali o da evitare. Sono luoghi molto (ma molto!) celebri e popolari perché sono, semplicemente, anche destinazioni bellissime e molto interessanti.

La natura estremamente turistica di queste destinazioni, tuttavia, può far si che siano seriamente sovraffollate, a volte persino caotiche, quindi il suggerimento, un pochino banale ma incredibilmente efficace, è quello di tentare di visitarle in orari o in giorni poco "di massa", come ad esempio molto presto la mattina o tardi la sera.

I lettori più attenti noteranno che molti dei luoghi elencati sono a Manhattan: l'espansione inarrestabile della città verso Brooklyn ha fatto sì che, solo di recente, il più popoloso *borough* della città divenisse meta del turismo di massa e casa di luoghi, oramai, divenuti celebri.

Ultima nota: le destinazioni sono elencate rigorosamente in ordine alfabetico per cercare di non trasmettere alcuna preferenza. Non perché il sottoscritto non ne abbia (anzi, sono anche piuttosto marcate e probabilmente nelle righe che scrivo verranno fuori), ma semplicemente perché non c'è luogo tra quelli indicati che non meriti di essere visitato o che meriti di essere visitato prima o dopo gli altri.

Manhattan

5th Avenue

Questa lunghissima strada è oggetto di un vero e proprio pellegrinaggio da parte degli amanti dello shopping e dei brand più famosi da tutto il mondo. Il tratto più interessante, almeno da questo punto di vista, è quello compreso tra la 42nd Street e 59th Street. Camminando in questo tratto di strada, lungo appena un chilometro e mezzo, oltre alle decine di negozi di super lusso, si passa anche nei pressi della New York Public Library, il MoMA, il Rockefeller Center, la St. Patrick Cathedral e si arriva all'estremo sud-est di Central Park.

9/11 Memorial & Museum
www.911memorial.org

Al cinema New York è stata distrutta decine di volte. È stata annientata talmente tanto spesso, ed in così tanti modi, che si può essere portati a pensare che la città sia in qualche modo indistruttibile. Ma non è così.
La mattina dell'11 settembre 2001, purtroppo, una delle tante distruzioni della città viste in TV era, invece, drammaticamente reale. E il 9/11 Memorial è la cicatrice che ne deriva. Si possono fare molti discorsi, anche retorici, su quel giorno drammatico. Discorsi ovviamente molto lontani dal tema di questo libro. Quello che si può dire è che questo luogo, al centro del quale ci sono due enormi fontane (Reflecting Pools), costruite proprio dove sorgevano le Twin Towers ed il cui fondo si "perde" da qualche parte, recano sul loro perimetro i nomi delle vittime incolpevoli di quel giorno. La ferita del 9/11 (negli Stati Uniti nelle date si indica prima il mese e poi il giorno) è una ferita ancora aperta della città.
Quando sarete in questo luogo, che merita sicuramente una visita, cercate di viverlo come un luogo in cui si è consumato uno degli eventi più tragici della città e del nostro tempo.

American Museum of Natural History
www.amnh.org

Uno dei musei più noti della città, l'American Museum of Natural History (AMNH) è la meta turistica prediletta da turisti con bimbi al seguito. Il taglio del museo, molto scientifico, lo rende una destinazione adatta anche agli adulti, ma la vista degli scheletri di dinosauro, compreso un Tyrannosaurus Rex, rappresenta un'attrazione imperdibile per più piccoli (e non solo). Annesso al museo anche il bellissimo Planetarium, dove vengono effettuate proiezioni sull'incredibile schermo gigante semisferico. Quest'ultimo davvero imperdibile. L'entrata al museo richiede una donazione volontaria, non a prezzo fisso. Le esposizioni temporanee (come quella bellissima ma stagionale, dedicata alle farfalle) o le proiezioni al Planetarium hanno invece un prezzo determinato.

Battery Park
thebattery.org

Probabilmente il punto più celebre della città di New York da dove si può ammirare la (poco distante) Statua della Libertà è il piccolo Battery Park che occupa, in pratica, tutta la punta sud di Manhattan. Il parco, pur non essendo enorme, è estremamente "denso" di attrazioni, la principale delle quali è l'imbarco per le gite turistiche verso la Statua della Libertà ed Ellis Island. Altri punti di interesse a disposizione dei visitatori sono il piccolo forte "Castle Clinton", la Bosque Fountain con i suoi spruzzi e le luci colorate adorate dai bambini, tanti piccoli monumenti ed, ovviamente, un'area verde perfettamente curata dove rilassarsi. Sarebbe tutto perfetto se il parco non fosse letteralmente preso d'assalto dalle centinaia di turisti che arrivano a Battery Park per andare a visitare Lady Liberty. In ogni caso, all'ora del tramonto, la vista verso il New Jersey "in fiamme" e la Statua della Libertà illuminata fanno perdonare anche un certo sovraffollamento.

Brooklyn Bridge

Una delle passeggiate più iconiche, panoramiche ed affollate che ci si può concedere è quella che porta da City Hall (Manhattan) a Dumbo (Brooklyn) attraverso il famosissimo Brooklyn Bridge. Camminare sul ponte più celebre della città, lungo poco meno di 2km, può essere davvero emozionate e la vista, in tutte le direzioni, lascia senza fiato. L'area riservata ai pedoni è la corsia sud del camminamento in legno che passa al centro del ponte. Le bici sfrecciano, letteralmente, nella corsia nord e non rallentano, per niente, per i tanti turisti che invadono, inconsapevoli e molto incuranti, la corsia dedicata ai ciclisti. Il ponte di Brooklyn meriterebbe di essere attraversato, nei due versi, in solitudine, il che risulta quasi impossibile, a meno che non decidiate di arrivare letteralmente all'alba o molto tardi la sera (dopo le 22:00). Che è esattamente quello che dovreste fare per godervi il ponte di Brooklyn e lo spettacolo di una Manhattan illuminata.

Central Park
www.centralparknyc.org

Probabilmente il parco più famoso del mondo, Central Park è senza dubbio una delle meraviglie di New York. Da runner, il modo migliore per vivere il parco è proprio quello di correrci dentro (magari utilizzando uno dei tanti itinerari suggeriti nella terza parte di questa guida). Le destinazioni da vedere e da fotografare nel parco sono talmente tante e variegate che esistono libri specifici dedicati solo a questo argomento.
Se avete solo poche ore da dedicare a Central Park, concentratevi sulla parte sud, cercando di non mancare The Mall, la Bethesda Fountain, The Lake, il Reservoir. E non dimenticate di riposarvi, di tanto in tanto, nei bellissimi prati del parco.

Il modo ideale per girare a Central Park è a piedi oppure in bici. Nei pressi del parco sarete letteralmente presi d'assalto da offerte di tutti i tipi. Il giro in carrozza, oltre ad essere davvero poco da runner è estremamente caro (la tariffa è di alcuni dollari al minuto).
Se siete in visita con bambini, Central Park offre tante aree attrezzate per i più piccoli. La più interessante, delle 21 disponibili, è sicuramente l'Heckscher Playground, tra l'altro vicinissima all'entrata sud-ovest del parco a Columbus Circle ed alla Finish Line dalla New York City Marathon.

Chelsea Market
chelseamarket.com

New York riesce a trasformare in destinazioni turistiche anche dei luoghi che sono stati creati a scopo puramente commerciale. Accade così che Chelsea Market, un mercato coperto che passa "nel ventre" di un ex magazzino, tra la 9th e 10th Avenue, proprio sotto l'High Line, divenga meta di pellegrinaggio di migliaia di turisti al giorno. Visitatori che poi, inevitabilmente, finiscono per mangiare in uno dei tanti ristoranti ospitati all'interno o fare shopping in uno dei diversi negozi. Se siete in visita all'High Line ed avete fame, la selezioni di locali dove mangiare, per quasi tutte le tasche, può essere una soluzione.

Chinatown & Little Italy

Chinatown e Little Italy sono stati per molti anni il punto di approdo per gli immigrati delle relative comunità, che venivano da queste parti a cercare ed in tanti casi trovare fortuna. Negli anni, Chinatown ha mantenuto la sua anima originale. Non è certamente l'unica Chinatown di New York, ma regala ancora l'impressione, in certi angoli, di essere davvero in Cina. Cibo, negozi, insegne, locali e sopratutto persone: tutto, improvvisamente diventa cinese.

Molto diversa l'esperienza di Little Italy, che si sviluppa subito a nord di Chinatown, oltre Canal Street. L'espansione cinese si è manifestata anche qui, mangiando interi settori della Little Italy originale e lasciando poco spazio ad una serie di ristoranti e negozi di origine italiana che, sempre meno, rappresentano il Belpaese e sempre più un museo di quello che era diversi decenni fa.

Chrysler Building

Probabilmente l'edificio dal design più elegante di tutta New York, il Chrysler Building regala la sua immagine migliore a chi ha l'ardire di spingersi al di là dell'East River, a Brooklyn o al Queens, da dove è possibile ammirare la maestosa guglia metallica.
Costruito nel 1929, questo grattacielo in stile Art déco, con i suoi 391 metri è stato l'edificio più altro del mondo fino al 1932, quando è stato sorpassato dall'Empire State Building. A differenza di altri celebri grattacieli della città, non si può visitare l'edificio né salire sulla caratteristica guglia. Ci si può solo intrufolare nell'androne del palazzo per ammirarne lo stile inconfondibile. Negli anni si sono susseguiti una serie di proprietari e progetti per l'edificio. L'ultimo, pare, sia quello di convertirlo parzialmente in un hotel.

Empire State Building
www.esbnyc.com

Pochissimi luoghi possono essere considerati, a tutti gli effetti, un simbolo di New York. L'Empire State Building è sicuramente uno di questi. Questo grattacielo, costruito tra il 1930 e il 1931, con i suoi 443 metri ed il suo profilo inconfondibile è, di fatto, una delle destinazioni turistiche principali della città. E vale assolutamente la pena salire sulla terrazza panoramica ed all'aperto, ospitata al 86esimo piano (332 metri), o a quella, più cara, del 102esimo piano

(373 metri). Si può così ammirare, stupefatti, la città dal centro di Midtown e rimanere sbalorditi da quanto in alto si arrivi in pochi secondi grazie agli ascensori ultra veloci che corrono nella pancia dell'edificio.

La parte superiore dell'Empire la sera viene spesso illuminata e colorata. A seconda delle diverse occasioni vengono scelti colori speciali. Per interpretare il significato di un determinato set di colori sfoggiato dall'edificio si può far riferimento al sito web dell'Empire (che ha anche un calendario con tutte le colorazioni previste).

Per diversi anni NYRR ha organizzato una gara lungo le scale dell'Empire. La gestione poi è passata a NYCRUNS che propone la Empire State Building Run-Up, una gara di running che porta i podisti a salire, correndo, gli 86 piani (ed i 1576 scalini) dell'edificio. Il record è detenuto da Paul Crake, atleta australiano, che nel 2003 riuscì a salire in 9 minuti e 33 secondi. Tra le donne il record è dell'austriaca Andrea Mayr, che nel 2006 chiuse la gara in 11:23.

Flatiron Building

Tra gli edifici più iconici della città non si può non citare il famosissimo Flatiron Building, costruito nel 1902 ed ancora oggi oggetto di migliaia di foto e anche numerosi poster a tema New York di Ikea. L'edificio è popolarissimo a causa della sua forma "a ferro da stiro". Il *building* di 22 piani, che al tempo era considerato un grattacielo, si trova all'intersezione tra Broadway e Fifth Avenue (la forma triangolare deriva proprio dall'incedere diagonale di Broadway che incrocia la "dritta" Fifth Avenue). Il punto di vista famoso è quello che si ha lungo Broadway (all'incirca all'incrocio con la 24th Street) che guarda l'edifico da nord verso sud. In pratica nei pressi dell'entrata di Eataly e proprio davanti al grazioso Madison Square Park.

Grand Central Terminal
www.grandcentralterminal.com

Anche la stazione ferroviaria a New York è una celebrità e c'è un motivo: la Gand Central Terminal è un edifico bellissimo, l'accesso ai treni è estremamente efficiente ed i marmi, l'enorme volta celeste ed i tantissimi negozi e ristoranti contribuiscono a trasformare uno spazio "utile" in una vera destinazione turistica.

Innumerevoli film sono i stati girati fuori e dentro la stazione che, come pochi luoghi in città, trasmette la sensazione di déjà-vu a chi la visita la prima volta. Grand Central si trova all'incrocio tra 42nd Street e Park Avenue (letteralmente gli passa sopra). È una stazione a tutti gli effetti, utilizzata da decine di migliaia di persone tutti i giorni (qui arrivano e partono la maggiore parte dei treni che vanno verso nord). Visitatela cercando di non intralciare chi ci passa per andare al lavoro o per tornare a casa dopo una giornata pesante. La sera tende a diventare molto più "stazione" e molto meno "attrazione turistica".

Guggenheim Museum
www.guggenheim.org

Considerato universalmente uno dei *masterpiece* dell'architettura mondiale del Ventesimo secolo, il Guggenheim Museum (per la precisione, il Solomon R. Guggenheim Museum) è stato progettato da Frank Lloyd Wright e completato nel 1959. Il museo ospita un'importante collezione d'opere d'arte ed esposizioni temporanee di rilevanza internazionale, ma spesso è l'edifico stesso ad essere considerata l'attrazione principale. Il Guggenheim si trova all'angolo di Fifth Avenue e la E 89th Street, proprio di fronte all'entrata di Central Park in cui il percorso della maratona entra, per la prima volta, nel parco. Il suo profilo inconfondibile lo si scorge anche camminando su East Drive, dentro Central Park, nascosto dagli alberi al confine est del parco.
L'entrata è a pagamento, sia per gli adulti che per i bambini, ma ogni sabato dalle 17:30 alle 19:30 si può entrare facendo una donazione a piacere.

Intrepid Sea, Air & Space Museum
www.intrepidmuseum.org

Una portaerei è ormeggiata a Manhattan lungo il fiume Hudson all'altezza della 42nd Street: un tempo in servizio, oggi è sede dell'Intrepid Sea, Air & Space Museum.
Se siete vagamente appassionati di aerei, elicotteri, mezzi di salvataggio, simulatori 3D, questo è il posto che fa per voi. Sicuramente la possibilità di vedere da vicino uno dei primi prototipi di Space Shuttle Enterprise, però, può essere allettante. Per chi visita la città con bambini appassionati di spazio, e magari non di armi, può essere una destinazione interessante.

Metropolitan Museum of Art
www.metmuseum.org

Il Met, come lo chiamano i newyorkesi, è il più grande museo degli Stati Uniti. La sua collezione permanente è sterminata (oltre due milioni di pezzi), divisa in 17 diverse discipline. L'area destinata al museo è enorme e ci si può letteralmente perdere dentro camminando per ore (magari non fatelo prima della maratona). Le gigantesche vetrate che si affacciano su Central Park sono poi, davvero, il colpo di grazia ai visitatori di un museo magnifico.

La sede principale del Met si sviluppa dentro Central Park (un'eccezione abbastanza rara), anche se l'entrata è su Fifth Avenue (all'altezza della E 82nd Street). Il Metropolitan ha anche altre due sedi: il The Met Breuer su Madison Avenue, fino a poco tempo fa sede del Whitney Museum (che nel frattempo ha traslocato nel Meatpacking), ed il The Met Cloisters, nell'estremo nord ovest di Manhattan (si veda in questo e nel successivo capitolo). Nel 2018 circa 7 milioni di persone hanno complessivamente visitato i tre musei.
L'entrata è "a donazione" solo per i residenti a New York ed a prezzo fisso per tutti gli altri visitatori.

MoMA
www.moma.org

Il MoMA ovvero il Museum of Modern Art è un'altra delle destinazioni più acclamate della città. Il MoMA è una vera celebrazione del genio umano. Accanto alla scultura e alla pittura (imperdibile la collezione degli Impressionisti), trovano spazio esposizioni permanenti e temporanee dedicate al design, alla fotografia, al cinema ed a tantissime altre esplorazioni nella campo delle arti visive. Il museo negli ultimi anni ha subito una importante ristrutturazione che dovrebbe essere completata nell'Ottobre del 2019.
Il MoMA si trova sulla W 53rd Street, a pochi passi da Fifth Avenue.
L'accesso al museo è a pagamento. Il venerdì pomeriggio dalle 16:00 alle 20:00 l'accesso è gratuito, ma si "paga" con lunghe code all'entrata.

New York Public Library
www.nypl.org

La New York Public Library (Main Branch) su Fifth Avenue (all'angolo con la 42nd Street, a pochi passi da Grand Central Terminal) è uno degli edifici più iconici di tutta Midtown. Ed è anche uno dei più celebri. Decine di film e serie TV hanno utilizzato questi elegante edifico come set e come base in cui si muovono i protagonisti: tra i più celebri si possono citare, senz'altro, *Ghostbusters* e *The Day After Tomorrow*.

Nonostante sia uno degli edifici più antichi di Manhattan (risale al 1895), la Public Library è tutt'ora una biblioteca attiva. Nelle grandi sale al secondo piano studenti e studiosi in assoluto silenzio consultano i tantissimi testi a disposizione. Tutti i visitatori sono, rigorosamente, invitati a rispettare il silenzio ed il ruolo di questo edificio.

One World Trade Center
oneworldobservatory.com

Cosa si può ricostruire mai nel luogo dove un tempo sorgevano le Twin Towers? La risposta, dopo anni di discussioni e diversi anni di costruzione è stata il One World Trade Center (nota anche come Freedom Tower), il modernissimo grattacielo che ora sorge, letteralmente a pochi metri, dal vuoto lasciato dagli attentati del 9/11, proprio accanto al 9/11 Memorial.

Questo enorme edificio, alto ben 546 metri (il più alto di tutti Stati Uniti) e costato circa 4 miliardi di dollari, ospita principalmente uffici ed alla sua sommità è possibile accedere al One World Observatory, ovvero due piani aperti al pubblico, con tanto di bar e ristorante, da dove è possibile ammirare (da ben 382 metri d'altezza) la città che si sviluppa letteralmente in tutte le direzioni.

La vista che si gode dall'osservatorio è semplicemente impareggiabile e le tante indicazioni che vengono fornite ai visitatori permettono di farsi una idea della città vista dall'alto. Rispetto agli altri due principali grattacieli visitabili (l'Empire State Building ed il "Top of the Rock" al Rockefeller Center), la posizione unica permette a chi visita l'Observatory di ammirare tutta la parte meridionale di Manhattan, il cuore di Brooklyn e scorgere (davvero) lontano il Verrazzano-Narrows Bridge, dove parte la NYC Marathon. Peccato solo che per tutto il tempo della visita si sia sempre costretti dietro un vetro, non esistendo alcuna possibilità di uscire all'esterno. Si suggerisce di vistare il One World Observatory al tramonto ed è molto consigliato acquistare il biglietto qualche giorno prima scegliendo anche l'orario di salita. In tal modo sarà possibile ammirare la città sia con la luce quando si arriva in quota e, poco dopo, illuminata come un albero di natale.

Rockefeller Center & Top of the Rock
www.rockefellercenter.com

Il Rockefeller Center è una delle location più note di Manhattan. Tecnicamente è composto da 19 differenti edifici che si sviluppano su un intero isolato compreso tra Fifth e Sixth Avenue (che viene chiamata anche Avenue of Americas) e le due strade, W 49th Street e W 50th Street.

Il Rockefeller Center ospita un centro commerciale, decine di negozi (tra cui un bellissimo LEGO Store), diversi ristoranti, il celeberrimo teatro Radio City Music Hall, gli NBC Studios ed il famosissimo spazio in Rockefeller Plaza dove (solo di inverno) viene allestita una bella pista da pattinaggio sul ghiaccio proprio davanti al gigantesco albero di Natale. Completa l'offerta turistica il "Top of the Rock", ovvero l'accesso ad una terrazza panoramica (all'aperto, al settantesimo piano) da dove si può ammirare il cuore di Midtown dall'alto (ed anche il non troppo lontano Empire State Building). È l'unico grattacielo (aperto al pubblico) dal quale si riesce ad ammirare Central Park che si sviluppa a soli nove isolati al nord del Rockefeller Center.

SoHo

Solo qualche decennio fa SoHo era considerato uno dei quartieri di Manhattan più difficili. Oggi è, invece, una delle zone più "in" dove vivere (nei famosi loft) ed è considerato un "must", per la maggior parte dei brand, avere almeno uno store nell'area. Questo quartiere ospita oggi, nel suo dedalo di strade incrociate, gallerie d'arte, negozi di alta moda, ristoranti blasonati e una folla di turisti e newyorkesi in costante movimento. Girovagare per lo shopping tra Prince Street, Mercer Street, Broome Street e Spring Street è ormai una specie di sport nazionale tra chi visita la città e cerca, in un solo luogo nemmeno troppo esteso, la maggior parte dei negozi dei brand più diffusi. SoHo si sviluppa a sud di Houston (da cui il nome, abbreviazione di "South of Houston") ed a nord di Canal Street. Gli altri confini sono invece Sixth Avenue ad ovest e Broadway ad est.

Statua della Libertà, National Monument & Ellis Island
www.libertyellisfoundation.org

Una gita a New York sembra che non possa dirsi completa se non si prende il battello a Battery Park e si visita la Statua della Libertà e la vicina Ellis Island, andando anche alla ricerca di "parenti" immigrati negli States nei secoli scorsi negli archivi conservati sulla piccola isola. Per tante ragioni, anche comprensibili, la visita è molto "militarizzata" e può richiedere molto tempo, anche in piedi, tra file di turisti e controlli. Non esattamente l'attività da farsi poche ore prima della maratona. La verità è che la vista più bella possibile della Statua della Libertà, che da vicino è molto più piccola di quello che si immagina, è la vista dal mare. Una vista che si può ottenere, gratis e senza fare file o passare per metal detector, prendendo due volte (all'andata ed al ritorno) il traghetto Staten Island Ferry, che salpa, ogni 15 minuti circa, a pochi metri da Battery Park. Chi fosse incuriosito dalla prospettiva trova maggiori info nel prossimo capitolo.

Strand
www.strandbooks.com

Strand è un altro esempio di negozio divenuto una vera e propria icona della città. Questa vecchia libreria, fondata nel 1927, è specializzata nella compravendita di libri usati ed è una delle destinazioni più note di tutta New York. Anche se non si è topi di biblioteca, questo store merita una visita approfondita: si trova davvero di tutto, da libri ad appena un dollaro ad edizioni originali da migliaia di dollari. Strand sostiene di avere in vendita oltre 2 milioni e mezzo di libri, ospitati in larga parte in un magazzino a Sunset Park in Brooklyn. I libri usati sono disponibili spesso a prezzi incredibilmente bassi ed i tantissimi gadget marchiati Strand sono tra i souvenir più ricercati. Strand è su Broadway (angolo E 12 Street), a pochissimi metri a sud da Union Square.

The High Line
www.thehighline.org

Parlando della Maratona di New York, Fred Lebow disse: "New York non compra stelle, New York le crea". Questo sintetico pensiero del "papà" della NYC Marathon si applica perfettamente alla High Line, balzata all'onore delle cronache ed al centro di tutte le incursioni turistiche in città in pochissimi anni (il primo tratto è stato aperto solo nel 2009).

Tecnicamente un parco cittadino, la High Line è un lungo tratto recuperato di ferrovia sopraelevata (a circa 10 metri di altezza) che da Gasenvoort Street arriva alla E 34th Street nel cuore dell'avveniristico quartiere Hudson Yards, passando sopra al Meatpacking District e Chelsea nella parte più occidentale di Manhattan. Il parco, bello ed elegante, è incredibilmente originale, perfetto in ogni suo minimo dettaglio, curato da una schiera di cittadini residenti in zona che se ne occupano (i celebri "Friends of the High Line"), ed ospita installazioni d'arte, mostre all'aria aperta e centinaia di specie di piante, oltre a numerose panchine dove sdraiarsi a prendere il sole.

Nel suo lungo percorso (circa 2.3 chilometri), la High Line si insinua letteralmente in mezzo a molti edifici modernissimi che fino a pochi anni fa, semplicemente, non esistevano. Di fatto il recupero di questo tratto ferroviario e lo sviluppo del parco hanno rimesso totalmente in moto questa zona, fino a poco tempo fa considerata marginale rispetto ad altri quartieri più noti ed appetibili di Manhattan.
La High Line si può percorrere solo a piedi, camminando da nord a sud o viceversa. Ci sono diversi punti di salita e discesa durante il percorso. Lo spazio pubblico apre alle 7 del mattino e chiude alle 10 di sera (gli orari potrebbero variare a seconda delle stagioni). Si consiglia di vistarla in momenti della giornata "non critici" (leggi: molto presto o tardi), per l'incredibile affluenza di pubblico che può esserci. Quando è poco affollato, il parco è di una bellezza incredibile.

The Oculus

Completato nel 2016, "The Oculus", nome commerciale per il più rigoroso World Trade Center Transportation Hub, è un gigantesco spazio, completamente sotterraneo, che ospita una galleria commerciale (Westfield World Trade Center) e la stazione del PATH Train verso il New Jersey, che ogni giorno viene utilizzata dal oltre 250.000 persone. Oltre allo spazio immenso, l'aspetto più notevole di questo gigantesco hub ferroviario, progettato dal noto e controverso architetto Calatrava, è la sua volta di forma originalissima completamente in acciaio alta ben trenta metri. La volta, che in maniera veramente poco tecnica si potrebbe dire "a scheletro di dinosauro", si erge proprio accanto al 9/11 Museum e di fronte al One World Trade Center ed è stata accolta con reazioni miste dai newyorkesi. All'interno, oltre alla stazione, ci sono decine di negozi, bar e ristoranti di vario livello e quindi The

Oculus si candida ad essere una buona tappa per una pausa pranzo nel cuore di Lower Manhattan.

Times Square
www.timessquarenyc.org

L'aspetto più interessante di Times Square è che, agli occhi di chi non ha mai visitato la città, questa "piazza", derivante dall'intersezione di Broadway e Seventh Avenue, sembrerebbe una specie di "riassunto di New York". Invece è il luogo più lontano e diverso da New York… di qualsiasi altro posto della città. Qualche anno fa un noto servizio di consegna di cibo a domicilio ha tappezzato le stazioni della *subway* con i cartelli "Avoid cooking like you avoid Times Square" ("Evita di cucinare così come eviti Times Square"), che la dicono lunga sul sentimento diffuso che la maggior parte dei *New Yorkers* prova nei confronti del più celebre, affollato, colorato, turistico ed anche stupefacente luogo della città.

Times Square è una vera trappola per turisti. Per il caos, il rumore, le mille distrazioni. Ma è anche la zona più probabile dove chi visita la città rischia di risiedere, specie nel periodo della maratona. Sicuramente le luci dei mille mila cartelloni pubblicitari possono essere abbaglianti. E le foto ed i selfie da scattarsi modello "io sono qui" sono imperdibili per chiunque visiti la città. Inoltre, se si è interessati ai tantissimi spettacoli che ogni giorno si tengono a Broadway, proprio nel tratto a ridosso di Times Square, non ci sono grandi alternative. Se proprio si decide di rendere omaggio a questo luogo celeberrimo, si consiglia di andarci la sera molto tardi (dopo le 23), quando molti negozi chiudono, la ressa scompare ed i cartelloni restano a farsi fotografare in santa pace. Evitare, accuratamente ma decisamente, di mangiare nell'area intorno a Times Square: un raggio di 500 metri dovrebbe essere appena sufficiente.

Union Square
www.unionsquarenyc.org

Una delle principali differenze di New York rispetto a tante città europee è l'assenza di un vero centro città univocamente identificabile. Infatti, a causa delle dimensioni dei distretti e dei quartieri la possibilità di identificare "un solo" centro città non ha, nei fatti, molto senso.

Eppure si può considerare Union Square, per location e per *mood*, quanto di più vicino possa esistere al concetto europeo di "centro città".

Questa gradevole piazza nel cuore di Manhattan, che si sviluppa tra la 14th e la 17th Street è uno degli spazi più vissuti ed amati di tutta *Midtown*. Al centro della piazza c'è un piccolo parco ed una bellissima area giochi per bambini (con tanto di *sandbox*), ai bordi della piazza una sfilza di negozi di vario genere. Intorno ad Union Square si raccolgono moltissimi uffici (alcuni di celebri startup del mondo digital) così, all'ora di pranzo e quando il tempo lo permette, le panchine del parco si riempiono di newyorkesi in pausa, che magari si godono qualche minuto di relax all'aria aperta.

La piazza, inoltre, per ben quattro giorni a settimana tutto l'anno, ospita un mercato alimentare (Union Square Greenmarket), strettamente biologico e tendenzialmente a chilometro zero. Infine, nella parte meridionale della piazza, è spesso possibile trovare manifestanti ed un nutrito gruppo di seguaci di Hare Krishna, proprio nei pressi della statua di Gandhi. La grande stazione della *subway* sotto la piazza è anche un importante punto di interscambio tra tante linee della metropolitana e teatro, molto spesso, di concerti e balli di tutti i tipi. Non dimenticate di dare la mancia se vi fermate ad ammirare gli artisti di strada.

United Nations
www.un.org

L'edificio principale delle Nazioni Unite è una delle immagini più celebri di New York. Sede principale dell'organizzazione, è possibile accedere solo con tour guidato da prenotare in anticipo, della durata di un'ora. I tour sono offerti nelle lingue ufficiali dell'organizzazione ed in altre lingue principali. Il complesso di edifici delle UN si trova su First Avenue all'altezza della E 48th (affacciato sull'East River). Chi volesse ammirare o fotografare gli edifici dal punto di vista più noto può andare a Long Island City (Hunters Point Parks), oppure nel parco "Franklin D. Roosevelt Four Freedoms Park", situato nel punto più a sud di Roosevelt Island.

Wall Street

Una visita a New York rischia di non essere completa se non si passa davanti alla sede della borsa più celebre del mondo: Wall Street. L'accesso è ovviamente riservato agli operatori, ma è interessante girovagare nella strada stessa ed in quelle limitrofe: per via della conformazione di Manhattan nel suo estremo meridionale e dell'epoca in cui si è sviluppata, questa zona è piacevolmente "meno rigida" del resto della città. Il vicino Pier 11 sull'East River e la sua vista su Brooklyn meritano una visita. Anche per i tanti traghetti che partono da lì e possono regalare gite inaspettate.

Washington Square Park
washingtonsquareparkconservancy.org

Uno dei luoghi più cinematografici di tutta Manhattan è sicuramente l'arco di trionfo in marmo nella parte nord di Washington Square Park, una piccola piazza con parco annesso incastonata nel cuore del Greenwich Village. La piazza, circondata da edifici di proprietà della New York University (NYU), è un luogo esternamente piacevole dove rilassarsi, pranzare, liberare i bambini nella bella area attrezzata o assistere allo spettacolo dei tanti artisti di strada che qui si esibiscono. L'unico difetto può essere quello del sovraffollamento nelle belle giornate, ma scegliendo l'ora giusta ci si può perdere nei propri pensieri su una delle tante panchine, mentre si è circondati da numerosi studenti di una delle più prestigiose università del mondo.

Brooklyn

Brooklyn Heights Promenade

Uno degli aspetti turisticamente più intriganti di Brooklyn è che offre delle viste impareggiabili di Manhattan. La Brooklyn Heights Promenade è una passeggiata, lunga appena 600 metri, che offre una vista spettacolare della parte sud-orientale di Manhattan da posizione sopraelevata. La Promenade, pur essendo una delle destinazioni turistiche più note di Brooklyn, è raramente sovraffollata e guardando verso ovest urla decisamente "tramonto". Sempre che non rimaniate estasiati dalle bellissime case che si affacciano direttamente sulla Promenade. Per raggiungerla prendete la metro A o C e scendete ad High Street. Salite poi lungo Orange Street fino a raggiungere Columbia Heights. In alternativa si può salire utilizzando la nuova pensilina Squibb Bridge che parte da Brooklyn Bridge Park vicino al 1-Hotel.

Coney Island Boardwalk

Insieme a Dumbo, Coney Island è, possibilmente, una delle destinazioni turistiche più note di Brooklyn. Il bellissimo *boardwalk*, ovvero la passeggiata in legno che corre sulla spiaggia, recentemente ricostruita dopo l'uragano Sandy, nella sua parte centrale offre moltissimi locali dove mangiare e le famosissime giostre (tra cui il Cyclone, le montagne russe in legno risalenti al 1927). Il parco divertimenti è aperto solo nei weekend durante la primavera e tutti i giorni durante l'estate. Il giro panoramico sulla Wonder Wheel è molto rilassante. In inverno, Coney Island è un luogo in ogni caso ricco di fascino grazie alla sua spiaggia enorme, il bel molo sull'Oceano Atlantico e gli imperdibili hot dog di Nathan's. A proposito di Nathan's, ogni anno, il 4 luglio, qui si tiene una competizione per stabilire chi riesce a mangiare più hot dog. Al 2019 il record è detenuto da Joey Chestnut per gli uomini con 74 hot dog ingeriti. E per le donne Sonya Thomas con 45. La gara è trasmessa in diretta TV sul canale sportivo ESPN.

Coney Island è una delle spiagge più popolari di New York e può essere raggiunta da Manhattan con un lungo (circa 40 minuti) viaggio in metro con le linee N, Q arrivando alla fermata Coney Island-Stillwell Avenue.

Dumbo & Brooklyn Bridge Parks
www.brooklynbridgepark.org

Fino a qualche anno fa chi visitava New York e diceva "sono stato anche a Brooklyn" intendeva, solitamente, che aveva percorso a piedi il Brooklyn Bridge e fatto un giro di pochi metri a Dumbo, l'area di Brooklyn che si sviluppa tra il ponte di Brooklyn ed il vicino Manhattan Bridge.

Oggi moltissime persone scelgono di soggiornare a Brooklyn o di spendere parte del loro tempo nel distretto "dirimpettaio" di Manhattan. Dumbo, resta a tutti gli effetti, una delle destinazioni più intriganti di Brooklyn, ricca di negozi (come i recenti Empire Stores), la celebre giostra Jane's Carousel, la vista da cartolina di Main Street Park, numerose gallerie d'arte ed ex magazzini riconvertiti in hotel ed edifici residenziali.

Recentemente l'apertura dell'area più a sud del bellissimo Brooklyn Bridge Park (che, con nomi vari, dal Manhattan Bridge arriva costeggiando il fiume fino ad Atlantic Avenue) è un motivo in più per passare del tempo in questa zona. Le viste sono magnifiche, il clima del parco estremamente rilassato. Ed è anche un ottimo posto per correre pochi chilometri davvero panoramici (si veda la terza parte di questa guida).

Ci si arriva con la metro (fermata High Street linee A ,C oppure York St linea F), attraversando a piedi il Brooklyn Bridge dal City Hall a Manhattan, ma i "veri" viaggiatori ci arrivano usando il NYC Ferry che qui attracca al Pier 1.

New York Specials

Questa sezione raccoglie alcune destinazioni leggerissimamente meno note di quelle riportate nel capitolo precedente, ma non per questo meno interessanti o popolari. Sono segnalate destinazioni di cui sicuramente avrete già sentito parlare, visto decine di foto e raccolto moltissimo pareri. Si tratta, in larga parte, di luoghi da visitare assolutamente, se si ha tempo. In molti casi le destinazioni indicate meritano di essere visitate anche più di quelle segnalate in precedenza, per quanto siano meno clamorosamente note.

Manhattan

Apollo Theatre & Central Harlem (125th Street)
www.apollotheater.org

La 125th Street a Manhattan è il vero cuore pulsante di Harlem. La sfarzosa New York di poche decine di blocchi a sud sembra davvero molto più distante mentre ci si muove in una realtà totalmente diversa dal punto di vista sociale ed economico. Eppure questa arteria commerciale racconta di una Harlem viva con negozi enormi che offrono outfit improbabili, una rapida successione di chiese che propongono sorprendenti messe gospel la domenica mattina, ristoranti che promettono il vero Soul Food ed il mitico Apollo Theatre, dove si sono esibiti tra gli altri Duke Ellington, Louis Armstrong e gli allora sconosciuti Ella Fitzgerald e Jimi Hendrix. Assistere ad un concerto all'Apollo può essere davvero una esperienza irripetibile, ovviamente a seconda di chi si ha la fortuna di ascoltare. Ma per il massimo della festa l'evento di riferimento è senz'altro il mercoledì sera, quando si tiene la "Amaterur Night", uno spazio dedicato ai non professionisti che da oltre 80 anni porta alla ribalta artisti di vario livello. Un talent live che esiste da molto prima dei talent.

Bryant Park
bryantpark.org

A New York ci sono alcuni luoghi speciali. A renderli tali sono le persone che li popolano, li vivono, li riempiono, in sostanza il *mood*. Il più classico degli esempi di luoghi di questo tipo è Bryant Park, questo piccolo parco incastonato nel cuore di Midtown, subito dietro la New York Public Library ed a pochi passi (eppure la distanza sembra "siderale") da Times Square.
Bryant Park d'inverno ospita una pista di pattinaggio su ghiaccio, un bel bar ed un mercatino natalizio. D'estate il prato, e le centinaia di sedie e tavolini che gli corrono intorno, sono presi d'assalto e questa area verde diventa la destinazione preferita e prediletta dei tantissimi newyorkesi che lavorano nei grattacieli subito intorno all'area verde. Nel parco si organizzano moltissimi eventi ed inoltre nelle sere d'estate da giugno ad agosto c'è anche un cinema all'aperto (gratis). Come se non bastasse Bryant Park ospita anche i bagni pubblici, probabilmente, più eleganti e curati di tutta la città (con fiori freschi tutti i giorni!).

Al bordo del parco moltissime note catene di cibo da asporto, un Whole Foods fornitissimo ed una serie di negozi (come l'HBO Store, i fan di Game Of Thrones sono avvisati). A pochi metri da Times Square, Grand Central e Fifth Avenue (zona "shopping"), non c'è posto migliore dove far pausa e rilassarsi nel cuore di Manhattan.

Circle Line Cruises
www.circleline.com

La vista di New York dal fiume è sempre un'esperienza straordinaria. Circle Line Cruises propone un bellissimo giro, della durata di circa 2 ore e mezza, che effettua un giro completo intorno all'isola di Manhattan, offrendo la vista di oltre 100 *landmark* cittadini, passando sotto ben 20 ponti ed includendo anche una pausa fotografica proprio di fronte alla Statua della Libertà.
Si sta seduti, al caldo (se ci si siede all'interno), e si può ammirare la città senza stancarsi: pur essendo una attrazione estremamente turistica (non aspettatevi di "inciampare" in troppi newyorkesi sul traghetto), questo giro, dal costo di 44 dollari a persona, può essere una delle migliori attività da fare nei giorni prima della maratona. O subito dopo, se di camminare non volete sentirne parlare. A ridosso della maratona potrebbe essere conveniente prenotare con qualche giorno di anticipo il traghetto. Per i più romantici, una versione ridotta del tour, che di fatto rimane intorno alla parte meridionale di Manhattan, è disponibile tutti i giorni intorno all'ora del tramonto.

Ghostbusters Fire Station

In una città dove esistono mille attrazioni e decine di posti immancabili, ci sono dei piccolissimi luoghi che, pur non essendo niente di speciale da un punto di vista puramente formale, sono posti speciali per milioni di persone. La caserma dei pompieri, sede ufficiale dei Ghostbusters, è una vera chicca per i turisti ed i runner cresciuti a ridosso degli anni '80. Questa vera stazione dei pompieri - nome ufficiale Hook & Ladder Company 8 - si trova a Tribeca, poco a Sud di Canal Street, al numero 4 di North Moore Street. Solo l'esterno dell'edifico è stato utilizzato nel film, ma sul marciapiedi davanti è disegnato il celebre logo. Per gli amanti del film, la sensazione che si prova a stare davanti alla caserma è incredibile e sembra davvero di essere stati qui mille volte. Una sensazione... paranormale.

Hudson Yards
www.hudsonyardsnewyork.com

Se si cerca un esempio di quanto a New York tutto possa cambiare, non esiste esempio migliore di Hudson Yards. Fino a pochi anni fa questa enorme area che si estende nella parte più a nord-ovest di Chelsea, si affaccia sull'Hudson e si sviluppa intorno alla W 34th, passando proprio sopra ai binari diretti a Penn Station, era poco più di uno stazionamento di autobus e, per tutti, solo la sede del Javitz Center, il centro congressi dove, tra l'altro, si tiene l'Expo della New York City Marathon. Oggi, proprio nei pressi della fine della High Line è nato un intero quartiere costituito da edifici modernissimi, come il grattacielo al 10 Hudson Yards, un gigantesco ed immancabile centro commerciale, il nuovissimo ed incredibile spazio espandibile "The Shed" e la peculiare terrazza panoramica "The Vessel", divenuta in breve tempo oggetto di una massiccio interesse turistico. La linea 7 della *subway*, già da qualche anno, ha il suo capolinea proprio sotto Hudson Yards, collegando, finalmente, la città ed il Javitz Center al resto di Midtown.

Lincoln Center
www.lincolncenter.org

Il Lincoln Center è "il" punto di riferimento se, durante la vostra visita della città, siete interessati a concerti di musica classica, all'opera ed al balletto. Questo vero e proprio campus di teatri e sale per proiezioni occupa uno spazio molto grande poco a nord di Columbus Circle. L'offerta di spettacoli è incredibilmente ricca e molto variegata, circa una decina di spettacoli ogni sera, cui vanno aggiunte le visite guidate e le tantissime manifestazioni che si tengono all'aperto, ovviamente nelle stagioni che lo consentono. Nel giorno della maratona, il Lincoln Center è, tra le altre cose, proprio il primo posto dove, più facilmente, runner e amici possono ritrovarsi con calma. Il complesso di edifici si trova, difatti, proprio di fronte al punto dal quale i runner riescono finalmente ad uscire dal controllatissimo ed obbligatorio percorso che dalla Finish Line li porta fuori dal parco (angolo Columbus Avenue e W 65th).

New Museum
www.newmuseum.org

In una città ricchissima di musei celebri e con collezioni mitiche, il New Museum rappresenta un'opzione più alternativa e sicuramente meno affollata.

Ospitato su Bowery, questo edificio dal bellissimo design è specializzato in arte contemporanea. La *mission* del museo è chiara: "new art, new ideas". La location nel Lower East side è perfetta per una giornata in cui abbiate speso troppo tempo nella vicina SoHo a fare shopping e vogliate "rimettervi in pari" con la vostra coscienza culturale. Nei weekend è possibile anche accedere alla Sky Room che offre viste mozzafiato.

Riverside Park
riversideparknyc.org

Quando pensi di aver visto "abbastanza parchi" tra Central Park, Prospect Park ed il bellissimo Brooklyn Bridge Park... ecco spuntare sulla cartina il Riverside Park. Questo elegantissimo e bel parco costeggia, non a caso, l'Upper West Side, una delle zone più esclusive della città, e la zona occidentale di Harlem. Da un punto di vista formale, il parco, che si sviluppa tutto lungo il fiume Hudson, inizia all'altezza della W 72nd Street e termina alla W 125th. Sia a nord che a sud del parco, in ogni caso, il percorso, sia pedonale che ciclabile, prosegue passando in altri parchi attigui, arrivando così ad estendersi per circa nove chilometri totali, tra la W 59th e la W 155th Street.

Riverside Park, progettato da Frederick Law Olmsted proprio come Central Park, è lungo 6,4 chilometri ed è un luogo perfetto per una passeggiata o per chi cerca un luogo dove allenarsi in un tratto pianeggiante e poco affollato. Il parco è in qualche modo tagliato a metà dalla Harry Hudson Parkway, una sorta di tangenziale che corre ad ovest di Manhattan e arteria vitale per il traffico cittadino. Camminando e rimanendo esclusivamente sul fiume, chi visita Riverside Park rischia però di perdersi l'altra metà del parco, dove ci sono dei giardini curatissimi, compresa tra la parkway e la esclusivissima Riverside Drive. I punti per passare da un lato all'altro del parco sono pochi ma ben visibili. Riverside Park offre moltissimi servizi, campi sportivi, un *playground* per i bambini, l'accesso ad alcuni moli ed anche un bellissimo bar (Boat Basin Café), aperto da marzo ad ottobre e fisicamente ospitato sotto una rotonda stradale con una vista imperdibile sul New Jersey.

Rockefeller Park

Il Rockefeller Park è un bel parco con vista New Jersey che si estende poco a nord di Battery Park (è infatti parte dei "Battery Park City Parks") ed è non lontano all'area del World Trade Center. Nonostante la vicinanza con una delle zone più vive della città, specialmente negli orari d'ufficio, il parco offre una calma totale ai suoi visitatori. Infatti il blocco di edifici che si frappongono tra la West Street ed il fiume Hudson, in qualche modo isolano questo tratto verde frequentato soprattutto da residenti. La vista verso ovest è maestosa ed ovviamente al tramonto può regalare panorami indimenticabili. Il parco è anche il punto di approdo in città di molti ferry provenienti dal New Jersey e confina a sud con il bel porto per yacht di lusso North Cove Yacht Harbor.

Roosevelt Island

Roosevelt Island è una piccola e pacifica isola che, nel bel mezzo dell'East River, si frappone tra Manhattan (di cui fa parte) ed il Queens.
Si può arrivare sull'isoletta con la *subway*, via terra — dal Queens tramite un ponte levatoio —, ma il modo migliore è senza dubbio quello di ricorrere alla funivia Roosevelt Island Tramway, che da Manhattan (incrocio tra Second Avenue ed E 60th Street) arriva sull'isola. Per viaggiare sulla cabinovia basta la MetroCard e durante il tragitto si vola letteralmente tra i palazzi dell'East Side ed accanto al Queensboro Bridge. Sull'isola c'è un bel parco, all'estremo sud, da cui si gode di una vista spettacolare sull'UES di Manhattan e specialmente degli edifici delle Nazioni Unite. A Roosevelt Island ci sono pochissimi esercizi commerciali quindi non è il luogo ideale dove andare a cercare pranzo o cena. Poco male, basta riprendere la funivia e volare indietro a Manhattan, sentendosi immancabilmente Spider-Man.

St. Mark's Place

Nel cuore dell'East Village, questo piccolo tratto di strada (che formalmente sarebbe 8th Street) lungo appena 300 metri, compreso tra Astor Place e Tompkins Square Park, è una delle vie più celebri di tutta New York e può essere considerata una specie di super sintesi dell'offerta di una delle zone più vive di quest'area. La fama di St. Mark's Place deriva direttamente dalla sua ricchissima storia e dalla incredibile varietà di bar, negozi e ristorantini che oggi affollano i marciapiedi. Il clima è estremamente friendly e giovanile: fino all'avvento di Williamsburg, infatti, questa strada nel cuore dell'East Village era considerata la destinazione principale per la vita notturna dei più giovani e di sicuro il cuore pulsante della comunità hippy in città. I riferimenti a St. Mark's Place nella musica, nelle arti e nella cultura popolare si sprecano e, da soli, potrebbero richiedere un libro intero. Il consiglio è quello di visitarla la sera per restare rapiti dall'atmosfera che ancora si respira da queste parti.

Staten Island Ferry
www.siferry.com

Pochissime altre destinazioni in questa lista sono legate così intimamente alla NYC Marathon come lo Staten Island Ferry. Questi enormi traghetti arancioni sono, infatti, il mezzo di trasporto scelto da circa la metà dei podisti, il giorno della maratona, per raggiungere la partenza. La mattina della maratona il traghetto è letteralmente zeppo di runner, ma in tutti gli altri momenti del giorno, e tutti i giorni, è un bellissimo modo per ammirare la parte meridionale di Manhattan e la Statua della Libertà, direttamente dal fiume. Lo Staten Island Ferry, infatti, collega 24 ore su 24, 7 giorni su 7, la punta sud di Manhattan (parte dal Whitehall Terminal a Battery Park) con Staten Island (dove arriva al St. George Terminal), attraversando tutta la New York Bay. Il viaggio in traghetto è completamente gratis, non richiede nessun tipo di biglietto e se qualcuno dovesse mai offrirveli sta cercando di fregarvi. La frequenza dei traghetti, che sono pensati e destinati ai tanti newyorkesi che si spostano per lavoro, cambia durante il giorno, ma varia tra i 15, 20 e 30 minuti a seconda degli orari (la notte sono ovviamente meno frequenti). Il tragitto dura circa 25 minuti ed è bellissimo. Una volta arrivati a Staten Island, potete fare a tempo a riprendere subito il medesimo traghetto (dal quale però dovrete prima scendere) e tornare indietro immediatamente. Ma visto che siete arrivati fin lì, il consiglio è quello di farvi un giro nei pressi del St. George Ferry Terminal a scoprire una New York molto diversa.

The Met Cloisters & Gardens
www.metmuseum.org/visit/plan-your-visit/met-cloisters

Da un punto di vista formale, i Met Cloisters sono parte del Metropolitan Museum. Eppure la loro collocazione all'interno di Fort Tryon Park ad Inwood, all'estremo nord ovest di Manhattan, e l'aria che qui si respira lascia pensare a qualcosa di completamente diverso. Questo museo, aperto nel 1938, è dedicato all'arte medievale europea ed è ospitato all'interno di una ricostruzione fedelissima di un monastero di quell'epoca, con tre chiostri. Basta entrare nel complesso e si è immediatamente catapultati nel medioevo ed in Europa. Per chi fosse in visita a New York dal vecchio continente, quindi, l'interesse non è tanto nella ricca collezione (quella sì, originale), ma in questo salto spazio-temporale che riporta "a casa" in pochissimi istanti. Per raggiungere The Met Cloisters sono richiesti circa 40 minuti di subway, partendo da Times Square, per arrivare alla fermata Dyckman Street della linea A. Anche le "macchine del tempo" richiedono il loro tempo.

Whitney Museum
whitney.org

Il nuovo Whitney Museum, opera dell'architetto italiano Renzo Piano, sorge ai piedi dell'estremo sud dell'High Line. Il bellissimo edificio ospita una collezione ricchissima di opere d'arte contemporanee tutte esclusivamente di artisti americani: non a caso il nome completo è "Whitney Museum of American Art". L'edifico che ospita il Whitney è esso stesso un'opera d'arte, grazie agli spazi espostivi moderni e delle bellissime terrazze all'aperto. Il museo ospita anche due bar / ristoranti per gli ospiti: l'Untitled, al pian terreno, è aperto anche a chi non ha il biglietto per accedere alle aree espositive e può essere una valida alternativa per mangiare in zona dopo una passeggiata sull'High Line.

Brooklyn

Barclays Center & Atlantic Avenue
www.barclayscenter.com

Se volete farvi una idea di quella zona di Brooklyn che viene chiamata Downtown Brooklyn, un buon punto di partenza è senz'altro il Barclays Center. Questo modernissimo palazzetto dello sport, costruito nel 2012, è la casa dei Brooklyn Nets, ma anche la sede di riferimento per moltissimi concerti in città (il palazzetto è in grado di ospitare circa 20000 persone). All'Interno della grande struttura dal design avveniristico, anche una nutrita serie di bar e piccoli *food shop* dove procurarsi un hot dog di rito pre partita.

Il Barclays si trova all'incrocio tra Atlantic Avenue, Flatbush Avenue e Fourth Avenue, proprio dove il percorso della NYC Marathon abbandona Fourth Avenue e si insinua in Lafayette. Atlantic Avenue, nel suo tratto che va dal Barclays all'East River, è uno dei cuori commerciali di Brooklyn con un susseguirsi, praticamente, ininterrotto, di bar, ristoranti e negozi. Per chi volesse scoprire questa parte di Brooklyn una passeggiata ideale parte proprio dal Barclays, prosegue verso ovest lungo Atlantic Avenue e raggiunge il Brooklyn Heights Promenade.

Bushwick

A Brooklyn può capitare che un intero quartiere possa essere considerata una destinazione turistica. Bushwick è, al momento, la zona di Brooklyn che maggiormente si sta trasformando. Una passeggiata tra le tante *warehouse*, fabbriche e strutture di chiara provenienza industriale permette di capire quanto, davvero, Brooklyn possa cambiare pelle all'improvviso (la residenzialissima Williamsburg non è poi tanto lontana). Molti degli edifici che si incontrano sono stati riadattati in loft, abitazioni ed esercizi commerciali con una operazione di recupero industriale davvero notevole.

Se passeggiare di giorno ed ammirare questa incredibile trasformazione urbana in progress non vi basta, sappiate che Bushwick è anche una delle destinazioni serali più in voga ed ha un'offerta di bar, ristoranti, e club di tutti i tipi. Se volete vedere la metamorfosi di Brooklyn mentre accade (e prima che sia troppo tardi), prendete la linea L e scendete a Morgan Avenue. Per tornare indietro riprendete la subway L alla fermata Jefferson, epicentro cittadino dei graffiti.

Domino Park
www.dominopark.com

Domino Park è uno degli esempi più recenti di riqualificazione urbana di Williamsburg. Il parco sorge proprio dinanzi alla celebre Domino Sugar Refinery che i residenti della zona hanno provato (quasi del tutto invano) per anni a salvare. Questo zuccherificio, di cui ne rimane solo una parte, occupava uno spazio enorme subito a nord del Williamsburg Bridge. Oggi solo un terzo circa della fabbrica originale è rimasto in piedi (sono in corso lavori di ristrutturazione e di trasformazione dell'edificio). Accanto alla fabbrica originale stanno crescendo due enormi grattacieli che si affacciano sull'East River. Ma la zona del waterfront davanti alla fabbrica è stata liberata, ristrutturata in maniera innovativa ed offre uno degli spazi pubblici più belli e suggestivi di tutta la zona di Nord Brooklyn. Alcuni dei pezzi originali della fabbrica sono stati utilizzati per arredare il parco. Il piccolo Domino Park è un luogo ideale per un picnic, giocare a bocce o beach volley, lasciare scorrazzare i bambini nella bellissima area giochi mentre ci si concede un taco ed una birra (rigorosamente nell'area riservata). O meglio ancora per allenarsi lungo il fiume, magari provando delle memorabili ripetute panoramiche.

East River State Park

L'East River State Park è stato il primo parco di Williamsburg ad affacciarsi sull'East River. Le viste su Manhattan e verso il nord di Brooklyn sono maestose ed una piccola spiaggia con sabbia permette anche di bagnarsi i piedi nel fiume (il bagno oltre ad essere sconsigliato è anche vietato). Il parco offre un curatissimo campo di calcio dove, specie nei weekend, moltissimi bimbi e bimbe si avvicinano a quello che i *New Yorker* insistono nel chiamare *soccer*.

Nella parte est del piccolo parco, su una grande spianata di cemento, ogni sabato in primavera ed estate viene organizzato Smorgasburg (www.smorgasburg.com), una specie di "fiera mondiale" dello street food: tra i menu dei 100 ristoranti potrete trovare, davvero, quello che più vi pare da mangiare e godere della vista offerta, tra migliaia di altre persone. Per fortuna a pochi metri a sud del parco, nei pressi di N 6th Street, ci sono due bellissimi moli dove godersi in pace la vista (e l'eventuale pranzo) sul fiume, in totale tranquillità e silenzio.

NYC Ferry
www.ferry.nyc

Fino a qualche tempo fa la linea di traghetti che viaggia sul fiume che scorre ad est di Manhattan si chiamava, semplicemente, East River Ferry. Il processo di riqualificazione della linea l'ha trasformata in qualche forma ripulita e sicuramente potenziata, cercando di spingere sempre più i cittadini ad utilizzare il traghetto per i loro spostamenti quotidiani. Il risultato è stato un aumento di linee e tragitti a disposizione ed una offerta più ampia per i viaggiatori. E la città si è, in effetti, in parte riappropriata di questo mezzo di trasporto. La fotografa italiana Francesca Magnani documenta da anni questo micro mondo fatto di persone e panorami mozzafiato nel suo progetto fotografico *Gente del Ferry* (link.maratona.nyc/ferry)

Il NYC Ferry, rimane ad oggi, uno dei segreti più belli che chiunque visiti la città, può avere la fortuna di scoprire. Tra i tanti itinerari a disposizione, quello suggerito è la linea che viene indicata con ER - East River, che parte Midtown dal molo nei pressi dalla E 34th Street e scende lungo l'East River, effettuando una serie di fermate a Queens ed a Brooklyn, fino a ritornare a Manhattan, al Pier 11, poco distante da Wall Street. Il viaggio in traghetto è semplicemente spettacolare ed emozionante, specie se lo si affronta appena prima del tramonto o subito dopo, quando la città si accende, e richiede circa 45 minuti per l'intero tragitto. Due consigli: se possibile fate il giro più di una volta (magari nei due versi) e, non importa quanto freddo possa fare, salite sulla terrazza superiore e viaggiate sempre all'aperto.

Park Slope

A New York anche ciondolarsi tra le strade di un quartiere, senza alcuna metà particolare, può essere considerata una tappa turistica e Park Slope è uno degli esempi più ovvi di questa possibilità. Questo elegantissimo quartiere che si sviluppa a sud di Downtown Brooklyn ed ad ovest di Prospect Park è costituito da una lunga fila di strade parallele che salgono tutte (da cui il nome: *slope*, che in inglese vuol dire "pendio") verso il principale parco del borough. Cosa c'è da vedere? Tutto e niente in particolare. Si può vagare tra file di strade alberate, ammirando i bellissimi *brownstone*, che incessantemente si susseguono uno accanto all'altro lungo la leggera salita verso Prospect Park. Di tanto in tanto, ci si può fermare in uno dei tanti caffè o ristorantini sparsi, sognare di vivere in queste strade ed avere come vicini di *brownstone* attori, artisti, intellettuali oppure uno dei tanti vip che popolano questo "mini villaggio" incastonato nel cuore del distretto e considerato da molti l'Upper West Side di Brooklyn.

Prospect Park
www.prospectpark.org

Prospect Park è, in qualche modo, la risposta di Brooklyn al più noto Central Park. Questo bellissimo parco si estende su una area pari a 2,13 km quadrati e geograficamente si colloca quasi perfettamente nel cuore del borough. Il parco è una delle destinazioni preferite dai runner della città, il giro completo misura 5,6 km (si veda nella sezione "Run & the City) e moltissime competizioni podistiche sono organizzate proprio nel cuore del parco. Non a caso anche le due mezze maratone più importanti di New York, la NYC Half e la Brooklyn Half, partono proprio da Prospect Park.

All'interno del parco sono presenti dei prati enormi, zone picnic e barbecue, aree per gli sport più disparati, attrezzature per il fitness all'aria aperta, un lago e diversi corsi d'acqua (non naturali), il Brooklyn Museum ed un bellissimo giardino botanico, il Brooklyn Botanic Garden, che in primavera regala ai visitatori lo spettacolo dei ciliegi in fiore, tra i più belli di tutta la città. L'aria che si respira a Prospect Park è tra le più rilassate della città, anche perché i visitatori sono per lo più abitanti dei quartieri limitrofi, oppure runner e ciclisti che si allenano lungo le collinose strade del parco.

Williamsburg Bridge

La passeggiata che collega Manhattan e Brooklyn attraverso il Williamsburg Bridge è una delle più belle che ci si possa concedere durante la visita a New York. Il ponte, lungo poco più di due chilometri, collega il Lower East Side di Manhattan con Williamsburg ed offre delle viste incantevoli in qualsiasi direzione si guardi. Sul ponte ci sono due corsie, ben marcate e separate, per pedoni e ciclisti. I pedoni devono seguire la corsia a loro destinata che si sviluppa a sud del ponte, i ciclisti la corsia nord. Le corsie sono separate nel tratto di ponte che passa sul fiume e dal lato di Brooklyn, ma circa a metà del ponte esiste un (adorabile) punto di scambio.

Al centro del Williamsburg Bridge corrono le linee J, M, Z della subway, che lungo questo tratto salgono in superficie, che forniscono la perfetta colonna sonora newyorkese alla passeggiata. Le auto sfrecciano, invece, al livello inferiore del ponte. La camminata è magnifica a tutte le ore del giorno ed è consigliatissima, considerata anche la bassa affluenza di turisti che si concentrano tutti (ma proprio tutti) sul Brooklyn Bridge. Inoltre il ponte è un perfetto punto per correre ed allenarsi, specie per chi cerca salite da affrontare e non voglia andare fino a Central Park (si veda nella terza sezione del libro per alcuni percorsi che passano da queste parti). Il Williamsburg Bridge è "diversamente popolato": runner, ciclisti, passeggiatori seriali, ebrei ortodossi (e famiglia), che se ne vanno avanti e indietro in una sorta di allenamento perpetuo, pendolari che cambiano quartiere passeggiando lungo il *bridge* ed approfittando della bellissima vista panoramica offerta. Il Williamsburg Bridge è davvero un posto dove perdersi ed innamorarsi.

Queens

Hunters Point Parks
www.hunterspointparks.org

Due bellissimi parchi, l'Hunter's Point South Park e il Gentry Plaza State Park, sorgono uno accanto all'altro, proprio davanti ai grattacieli che occupano il *waterfront* di Long Island City, all'estremo occidentale del Queens.

Spesso i parchi sono accumunati da un nome unico, "Hunters Point Parks", ed offrono alcune delle viste più spettacolari che si possa immaginare della riva est di Manhattan con le Nazioni Unite in primissimo piano. I parchi offrono tutte le amenità principali: panchine, fontane e grandi spazi verdi dove rilassarsi ed una fantastica pensilina pedonale che procede a zig-zag lungo la costa. Oltre ad alcuni bellissimi moli che ancora ricordano l'epoca in cui questa area era zona esclusivamente industriale e di magazzini.

Gli "Hunters Point Parks" sono così belli che... viene voglia di correrci, ed infatti nella terza sezione di questa guida c'è un itinerario suggerito che passa proprio da qui. La vista dal parco è spettacolare a tutte le ore, ma, ovviamente, è perfetta all'ora del tramonto, quando il sole scende dietro i grattacieli di Manhattan che si illuminano con il passare dei minuti.

MoMA PS1
momaps1.org

Questa succursale del MoMA in terra di Queens è una destinazione profondamente differente dalla "casa madre", essendo stata orientata fin dalla nascita (nel 1971) alla pura sperimentazione artistica. Ospitato in un ex-edificio scolastico abbandonato (il primo in zona, da cui Public School 1), il PS1 è un luogo più che altro destinato a mostre ed idee innovative, spesso molto originali. La gita al PS1 è anche un'ottima scusa per visitare Long Island City ed il bellissimo *waterfront*. I runner durante la maratona passano nei pressi del PS1, pochi metri dopo aver abbandonato il Pulaksi Bridge, appena arrivati al Queens. Per visitare il MoMA PS1 la fermata di riferimento è Court Square (dove arrivano le linee E, M, 7 e G). L'entrata è gratuita se si è già acquistato un biglietto per il MoMA.

The Bronx

Arthur Ave

Se Little Italy a Manhattan può rappresentare una delusione per chi la visita, per le dimensioni ormai ridottissime dell'area residua e per l'aria di italianità un po' posticcia che si respira, Arthur Ave al Bronx è ancora un'ottima base per chi fosse in preda a una crisi d'astinenza d'Italia improvvisa. Questa strada, a ridosso del tratto della E 187th Street, nel quartiere di Belmont, è chiamata la "Little Italy del Bronx" ed offre una ampia e variegata serie di bar, ristoranti e *deli* italiani. La comunità italiana nell'area ha radici antiche (intorno al 1850) e, inevitabilmente e giustamente, con il passare degli anni alcune tradizioni si sono mescolate con quelle locali: l'effetto può essere sorprendente ed anche un pochino nostalgico. Se avete voglia di un piatto di pasta al dente ed un buon caffè (ed avete voglia di una cinquantina di minuti in metro), allora Arthur Avenue può essere una buona destinazione. Specie dopo una giornata passata al vicino Bronx Zoo, oppure ai bellissimi New York Botanical Garden.

Bronx Zoo
bronxzoo.com

A New York sembra quasi che ci sia una gara tra i *borough* a chi ha lo zoo più bello. Tutti i distretti, ad eccezione di Staten Island, ne hanno uno, eppure quello del Bronx è nettamente il più grande, con moltissime specie di animali e ricco di attrazioni — quello di Central Park, di contro, è molto piccolo e quindi anche affollato e caotico.
Unico difetto del Bronx Zoo è il viaggio per arrivarci, che può richiedere quasi un'ora tra metro ed una camminata di 1,5 km per arrivare dalla fermata della subway (della linee 2 e 5) West Farms Square - E Tremont Av all'entrata effettiva del parco.

Il Bronx Zoo si estende su un'area di 1,1 chilometri quadrati e non lo si è chiamato parco per caso: le aree con gli animali sono disseminate in giro e bisognerà camminare davvero tanto per vederle tutte. Una serie di nove attrazioni aggiuntive (tra cui vanno citate: una camminata sugli alberi, un treno panoramico sulle aree dove risiedono agli animali e l'accesso ad una sala proiezione 4D) richiedono dei biglietti extra. Se siete in città con dei bambini il Bronx Zoo è uno dei posti più interessanti da vedere, tempo permettendo.

Evitate però accuratamente la visita nei giorni immediatamente precedenti la maratona, perché il parco è immenso e di chilometri a piedi se ne fanno a volontà.

Yankee Stadium
www.mlb.com/yankees/ballpark/information

Nessuna visita negli Stati Uniti può dirsi veramente completa senza un pellegrinaggio ad uno stadio di baseball. La casa dei New York Yankees è proprio al Bronx e, fortunatamente, questo gigantesco stadio multisport (usato anche per il campionato di calcio dai New York City FC), può essere visitato sia durante la stagione agonistica che con visite turistiche guidate. L'attuale Yankee Stadium ha sostituito nel 2009 quello precedente (il famosissimo The Stadium), che ha un posto d'onore nella storia della New York City Marathon: in quest'area del Bronx è nata infatti NYRR e la prima Cherry Tree Marathon comprendeva nel proprio itinerario una serie di giri completi intorno allo stadio. Chi volesse visitare lo Yankees Stadium, o correrci intorno, può prendere da Manhattan la linea della subway 4 e scendere a 161 St - Yankee Stadium.

New York: off the beaten path

Quest'ultima sezione è per viaggiatori *hard core*, ovvero per chi cerca nuovi scorci, meno turistici, meno organizzati e sicuramente meno noti.

Questa lista non ha certamente la pretesa di indicare tutte le (tantissime) destinazioni interessanti e speciali di una città così grande, ma rispetto alle destinazioni indicate nei due capitoli precedenti è certamente quella che riporta luoghi dove è molto meno probabile che vi imbattiate in qualche turista o, peggio ancora, in gruppi organizzati.

Lo scopo è quello di fornire un assaggio di una New York diversa e molto più a misura d'uomo. Le destinazioni indicate sono in larga parte poco note ed è probabile che possano essere d'interesse soprattutto se si è già stati a New York in una o più occasioni.

Manhattan

Columbia University Campus
www.columbia.edu

Camminando per il Village e girovagando intorno a Washington Square Park si finisce, inevitabilmente, per imbattersi nei tanti edifici di proprietà della New York University, una delle più popolari (inteso come famose, perché di "popolare" in senso economico NYU non ha proprio niente) università della città. Lo scettro le è conteso dalla Columbia University che ha scelto di crescere e, negli ultimi anni, espandersi decisamente nel meno *posh* quartiere di West Harlem. Il campus di Columbia occupa ormai decine di edifici modernissimi che hanno profondamente cambiato e migliorato Harlem, anche se lo hanno anche snaturato, di sicuro perché i residenti originari oggi non possono nemmeno "sognare" di abitare nei ricchi edifici nati proprio a ridosso del campus. *Gentrification* a parte, un giro nel campus di Columbia permette davvero di cogliere qualche frammento della vita da studente in quella che è una delle università più ricche e prestigiose del mondo. Dal punto di vista turistico, è interessante visitare il cortile principale del campus (College Walk, all'altezza della 116th Street) circondato da edifici molto eleganti e cuore dell'attività accademica.

Governors Island
govisland.com

Non tutti sanno che nel bel mezzo della New York Bay c'è un'isola piccola, in alcuni mesi dell'anno inaccessibile: Governors Island. Fino al 1996 l'isoletta, che ha una ricca storia alle spalle, è stata una base militare: oggi è accessibile in pochissimi minuti di traghetto da Manhattan, da cui dista appena 700 metri, e da Brooklyn, in questo caso a soli 300 metri di distanza. Governors Island è vicinissima eppure non potrebbe sembrare più lontana: sbarcando sull'isola e camminando nel suo piccolo viale alberato, tra grandi edifici di chiara matrice governativa, sembra di essere in un altro luogo ed anche in un altro tempo. La vista, spettacolare su Manhattan e Brooklyn, specie sulla Statua della Libertà, riporta però subito alla realtà newyorkese che circonda l'isola. Su Governors Island si può passeggiare, correre (NYCRuns organizza una bella gara in maggio ed una in occasione dei fuochi d'artificio del Quattro luglio), andare in bici, mangiare e persino dormire in un campeggio extra lusso con vista Lower

Manhattan. Unica pecca: l'isola è accessibile esclusivamente dal 1 maggio al 31 ottobre. Quindi chi visita New York prima della maratona potrebbe fare appena in tempo a visitarla.

Hudson River Park
hudsonriverpark.org

Lungo la costa ovest di Manhattan, affacciato verso il New Jersey, l'Hudson River Park si estende tra la W 59th Street fino a raggiungere Battery Park. Il parco ingloba sotto un unico nome tanti altri piccoli parchi (che trovate citati in queste pagine), nella sua versione "completa" è lungo ben 7,2 chilometri ed è il secondo parco per estensione, a Manhattan, dopo Central Park. Il numero di attività offerte dal parco è enorme: aree per bambini, zone verdi, aree recintate per cani, moli attrezzati, bar, ristoranti, giostre, campi da minigolf, campi da basket, handball e baseball fino ai moli per il kayak. Ed essendo pianeggiante, l'Hudson River Park è una zona perfetta per correre ed allenarsi a Manhattan, senza impazzire con il traffico o i semafori. La zona più interessante del parco è, probabilmente, quella che si sviluppa ad ovest di Soho, compresa tra Houston Street e Canal Street, dove tanti newyorkesi che lavorano in zona si regalano una pausa pranzo panoramica. Il parco si presta anche ad un perfetto giro in bici ed un aperitivo super panoramico all'ora del tramonto.

International Center of Photography Museum
www.icp.org

A New York c'è un'offerta di musei incredibilmente variegata e c'è anche spazio per alcuni musei più "verticali": uno dei principali è l'ICP Museum. Il museo è legato al popolare ICP (International Center of Photography), scuola prestigiosa di fotografia e trampolino di lancio di alcuni tra i più bravi e popolari fotografi degli ultimi anni.
Il museo, ovviamente, è dedicato alla fotografia con mostre tematiche ricercatissime, che pescano nell'importante archivio storico dell'ICP, ma offre anche spazio ad una visione più moderna e multimediale del mezzo fotografico. Per gli appassionati di fotografia questo piccolo e recente museo su Bowery, proprio di fronte al New Museum, è una tappa imperdibile.

Museum of the City of New York
www.mcny.org

In quello che sembra un concetto quasi ricorsivo, nella città di New York esiste un museo dedicato alla città di New York. Il Museum of the City of New York è un piccolo museo che si affaccia su Fifth Avenue proprio di fronte a Central Park, in quel tratto di strada che viene chiamato, non a caso, il *museum mile* e che è odiato dai runner della NYC Marathon perché costantemente in salita ed in corrispondenza del trentasettesimo chilometro circa di gara.

Il nome del museo non mente su quel che si trova in esposizione: l'unico argomento è New York che viene costantemente raccontata in mostre che affrontano il passato, il presente ed il futuro della Grande Mela. Tra gli elementi permanenti il bellissimo video "Timescapes" racconta in circa trenta minuti l'evoluzione della città.

Qualche anno fa il museo ha dedicato una interessante mostra alla maratona dal titolo "The New York City Marathon - The Great Race" che raccoglieva centinaia di fotografie e testimonianze sulla storia della gara ed i suoi principali protagonisti. In mostra c'erano anche molti reperti unici e memorabilia, parte dei quali sono stati in seguito trasportati e messi in mostra nel NYRR RUNCENTER nei pressi di Columbus Circle.

Brooklyn

Brighton Beach

Non sono tanti i visitatori che arrivano a visitare Coney Island, non perché il celebre lungomare non meriti (anzi), ma perché i 45 minuti circa di metro da Manhattan possono scoraggiare anche i più curiosi. Eppure chi visita Coney Island non dovrebbe mancare di spingersi anche fino a Brighton Beach. Dal punto di vista geografico questo quartiere si sviluppa subito ad est di Coney Island. Ed "est" è proprio la parola giusta per descriverlo: a poche centinaia di metri di *boardwalk* dal popolare parco divertimenti ed i celebri hot dog, Brighton Beach risponde con una specie di riassunto della Russia moderna: ristoranti, bar, abitanti, cartelli, tutto diventa sovietico. Non a caso il quartiere è anche chiamato "Little Odessa". Il passaggio dalla americanissima Coney Island è talmente immediato che sembra finto. Invece è vero. La comunità di Brighton Beach, appena 40000 persone, è in maggioranza di origini sovietiche. E questa è casa loro, insieme alla attigua Sheepshead Bay. Se decidete di visitare Coney Island, non perdetevi Brighton Beach. È (quasi) come volare a Mosca al prezzo di un giro in MetroCard.

Brooklyn Army Terminal
www.bklynarmyterminal.com

Il Brooklyn Army Terminal è stata la più grande base della marina americana per lo stoccaggio di beni necessari alla Seconda guerra mondiale. Pur avendo, quindi, un'anima fortemente utilitaristica, l'architetto Cass Gilbert progettò e realizzò delle strutture dotate di un design molto caratteristico che hanno assunto negli anni quasi un valore iconico. Non a caso, il Brooklyn Army Terminal è una location che, di frequente, viene utilizzata in film e serie TV. E vista l'unicità dello spazio che occupa non potrebbe essere altrimenti. Al momento si trova nel pieno di un processo di riqualificazione simile a quanto avvenuto per Brooklyn Navy Yard. Si sta cercando di trasformare la struttura da punto di approdo e magazzino merci in uno spazio plurifunzionale destinato ad aziende ed eventi. Per raggiungere il Brooklyn Army Terminal prendere la linea N della metropolitana e raggiungere la fermata 59 Street a Brooklyn. Poi camminare verso ovest per circa dieci minuti.

Brooklyn Brewery
brooklynbrewery.com

Nel cuore di Williamsburg, quasi a testimonianza delle origini industriali del quartiere, è possibile visitare la Brooklyn Brewery. Questo stabilimento, aperto negli anni Ottanta, è dove viene ancora prodotta la popolare birra a marchio Brooklyn che, esattamente come il quartiere che la ospita, ha avuto un successo incredibile negli ultimi anni, divenendo una delle birre più popolari a New York (da qualche anno la si trova anche in Europa). Le visite alla fabbrica sono molto divertenti ed interessanti, con un programma di eventi molto ricco e variegato. Bisogna però prenotare la visita con un certo anticipo. Una volta terminata la visita e dopo l'inevitabile tasting si può attraversare la strada e salire sulla terrazza panoramica del Wythe Hotel. Ovviamente per un'altra birra, stavolta davanti a Manhattan. In alternativa si può camminare per un paio di blocchi verso ovest, fino all'East River per un panorama sbalorditivo (ma niente birra).

Brooklyn Navy Yard & Brooklyn Grange
brooklynnavyyard.org / brooklyngrangefarm.com

"We used to launch ships, now we launch businesses" ("Eravamo soliti varare navi, ora variamo aziende"). Così si presenta il Brooklyn Navy Yard: un enorme spazio, fino a pochi anni fa completamente riservato ad ospitare magazzini che, negli ultimi anni, ha cambiato completamente pelle e faccia trasformandosi in un luogo dove aziende grandi e piccole si stanno trasferendo con i loro uffici super moderni (con qualche perplessità derivante dalla subway non proprio vicinissima). Incastonata tra la parte sud di Williamsburg e la parte nord di nord di Dumbo, questa enorme area ex industriale racconta, più di molte altre zone, la totale trasformazione di Brooklyn. Le tante produzioni di film e serie TV, che negli anni qui hanno girato decine di scene di inseguimenti su moli e smaltimento cadaveri scomodi, devono ora cercare un'altra location meno *fancy*. È possibile visitare solo due edifici, Building 77 e BLDG 92, e partecipare a visite guidate all'interno dell'area. Di recente il NYC Ferry ha aperto una nuova fermata proprio davanti al Brooklyn Navy Yard. Una delle visite più interessanti ed incredibili è quella agli orti gestiti da Brooklyn Grange che sul tetto di uno degli edifici ospitati dentro il Navy Yard ha costruito un vero e proprio giardino / orto con vista su Manhattan. È obbligatorio prenotare la visita, disponibile solo tra maggio ed ottobre, e si consiglia di farlo con largo anticipo.

Brooklyn Museum
www.brooklynmuseum.org

Questo grande museo costruito alla fine del 1800 aveva l'ambizione di diventare il più grande museo del mondo. L'edificio, di cinque piani, si sviluppa all'interno di Prospect Park ed offre una collezione gigantesca di oltre un milione e mezzo di reperti di arte egizia, scultura africana, manufatti provenienti dall'America latina ed una nutrita collezione di opere d'arte contemporanea. Il Brooklyn Museum è in sostanza, la risposta di Brooklyn al più popolare e grande Metropolitan Museum di Manhattan. Ma, come spesso accade, a Brooklyn il museo è una vera oasi di pace dove gli appassionati possono rifugiarsi per sfuggire alle masse che, sempre, invadono il Met. L'accesso è su donazione: il prezzo suggerito è di sedici dollari per gli adulti ma si può donare la cifra che si vuole. Una volta terminata la visita, che può richiedere diverse ore, una passeggiata a Prospect Park è d'obbligo. O anche ai vicinissimi giardini botanici Brooklyn Botanic Garden.

Dyker Heights

Nel mese di dicembre il quartiere di Dyker Heights diventa una delle mete preferite dei turisti e di tanti newyorkesi. Questo piccolo quartiere a sud di Brooklyn, poco lontano da dove il Verrazzano Bridge arriva nel distretto, ha una lunghissima tradizione di luci natalizie. In quella che è una specie di gara tra vicini, che spendono anche migliaia di dollari in addobbi, ogni casa viene letteralmente sepolta da luci, pupazzi, e decorazioni di tutti i tipi. È uno spettacolo incredibile che si ripete ogni anno, da fine novembre ad inizio gennaio, e che porta fino a 100.000 persone a visitare un quartiere che, altrimenti, sarebbe ignorato da tutti, come del resto avviene durante il resto dell'anno. Se decidete di visitare il Dyker Heights tenete in mente che le luci sono accese solo dalle 17 alle 21. Poi vengono spente per cercare di ammortizzare il costo della tanta elettricità che questa insolita manifestazione consuma ogni giorno. Per raggiungere Dyker Heights in metropolitana da Manhattan sono necessari circa quaranta minuti di metro. La fermata ideale da raggiungere è la 79th Street della linea D.

Greenpoint Tramsmitter Park
www.nycgovparks.org/parks/transmitter-park

In una città di grandi parchi, anche quelli piccolissimi possono avere un posto di rilievo. Il Greenpoint Transmitter Park, inaugurato solo nel 2012, è costituito da una piccola area verde ed un bel molo che si spinge sull'East River. È il luogo ideale dove rilassarsi ed attendere il tramonto dietro Manhattan, magari (in estate) approfittando dei servizi del Brooklyn Barge, un barcone-bar che ormeggia proprio qui. Il percorso della maratona passa poco lontano, all'incrocio tra Manhattan Avenue e Greenpoint Avenue. Questo piccolo parco può essere quindi un ottimo premio per chi si è spinto fin qui per applaudire i runner impegnati nella gara e dopo vuol rilassarsi e godere di un panorama senza pari.

Green-Wood Cemetery
www.green-wood.com

Il gigantesco — oltre 2 chilometri quadrati di superficie — cimitero di Green-Wood è uno dei luoghi dove si può godere di un panorama eccellente in una quiete totale. Fondato nel 1839 questo cimitero, poco più piccolo del vicino Prospect Park, è su una delle colline più alte di tutta la zona ed offre a chi lo visita più di 7000 alberi che si affollano lungo le tante strade e stradine che tagliano in mezzo a migliaia di tombe, laghi e mausolei. Si stima che circa 600.000 persone riposino a Green-Wood. La parte più ad ovest del parco si affaccia su Fourth Avenue e chi corre la NYC Marathon riesce solo a scorgere alla propria destra una minuscola fettina di un parco enorme. Tra gli ospiti più illustri di Green-Wood, figurano l'artista Jean-Michael Basquiat ed il poliedrico Samuel Morse.

McCarren Park
www.nycgovparks.org/parks/mccarren-park

Il piccolo McCarren Park vive esattamente al confine tra due dei quartieri più popolari di tutto il nord di Brooklyn, Williamsburg e Greenpoint. Il parco è un importate piccolo polmone verde in un'area sempre più densamente abitata. McCarren Park è un vero parco cittadino, molto vissuto dalla comunità locale specie per i campi da tennis, calcio, baseball, handball e la nuovissima pista da atletica, dove tanti runner locali si allenano quotidianamente. Completa l'offerta sportiva una grande piscina all'aperto molto, anzi troppo, popolare nei caldissimi mesi estivi. Un giro a McCarren Park è perfetto per una passeggiata dopo una cena in uno dei tanti ristoranti disseminati intorno al parco. O per un allenamento in pista senza doversi preoccupare di traffico o altri veicoli. Il percorso della maratona passa esattamente nel tratto di Bedford Avenue che attraversa il parco ed è un ottimo punto (relativamente tranquillo) per ammirare la competizione.

Red Hook

Red Hook è probabilmente una delle aree più interessanti dell'intero *borough* da vistare. Fuori dai classici itinerari turistici ed anche lontana da comode fermate della *subway*, questa zona, in larga parte ancora industriale, racconta la vera anima di Brooklyn. Quell'anima fatta di vecchi negozi, magazzini, piccoli moli, strade larghe e per lo più vuote. Girare per Red Hook è magnifico, perdersi lungo il *waterfront*, finire per caso a mangiare una buonissima crostata alla crema di lime da Steve's Authentic Key Lime pie (keylime.com), dopo aver ammirato il Verrazzano Bridge dal minuscolo parco Louis Valentino Jr. Sembra di essere lontanissimi da New York, forse in Florida, complici anche le terrazze soleggiate del Brooklyn Crab. A riportare i visitatori alla realtà, un gigantesco negozio Ikea, che però permette anche di andare e venire in zona tramite un pratico battello che riporta i visitatori, che hanno il coraggio di spingersi fino a Red Hook, nella "solita" Manhattan.

Sunset Park
www.nycgovparks.org/parks/sunset-park

Questo piccolo parco, che i runner della NYC Marathon sfiorano appena, mentre corrono sulla vicina Fourth Avenue, è un vero gioiello nascosto di Brooklyn. Il parco, pur non essendo enorme, offre una bellissima area, giochi per bimbi ed una piscina dove fuggire dalle torride estati newyorkesi. Sunset Park è un parco di quartiere dove i residenti in zona si rilassano, camminano e corrono. Collocato su una piccola collina il parco gode di una vista magnifica sulla New York Bay e sulla Statua della Libertà. L'orario ideale per godere della vista è, come specifica lo stesso nome del parco, quello del tramonto.

Queens

Flushing Chinatown & Jackson Heights

Chi fosse rimasto poco soddisfatto da Chinatown, ancora molto verace ma totalmente immersa dentro Manhattan, può prendere la *subway* 7 (preferibilmente in versione espresso) e scendere al capolinea ad est Flushing Main Street. Uscendo dalla metro, avrete l'impressione di aver preso un aereo per una qualsiasi grande città della Cina. Negozi, persone, insegne, ristoranti: tutto all'improvviso diventa cinese. Inutile dire che qui il cibo è eccellente ed i prezzi sfiorano il ridicolo, a patto che riusciate ad ordinare: non tutti qui parlano in inglese.

Per chi fosse invece maggiormente attratto dall'India, sempre lungo la linea della metro 7, basta scendere a Jackson Heights - Roosevelt Avenue per essere subito trasportati tra ristoranti indiani di tutte le taglie e supermercati stracolmi di spezie sconosciute. Se preferite il Sud America, basta incamminarsi sotto i binari della linea 7 per finire, dopo pochi isolati, in una moltitudine di bar e ristoranti del Sud America e bere anche un ottimo caffè colombiano. Benvenuti nel Queens.

Flushing Meadows Corona Park
www.nycgovparks.org/parks/fmcp

Il Flushing Meadows Corna Park è il secondo parco di New York per estensione ed è stato sede degli Expo negli anni 1939 e 1964. A chi sceglie di vistarlo, il parco offre spazi enormi ed alcune strutture estremamente popolari rimaste dagli Expo come la Unisphere, il grande globo in acciaio di 37 metri di diametro che rappresenta la Terra. All'interno del parco sono inoltre presenti il Queens Museum, il Queens Zoo ed una modernissima struttura che ospita diversi campi da tennis dove, ogni anno, si tengono gli US Open.
Il parco è per lo più utilizzato dai residenti dei quartieri limitrofi ed è decisamente poco popolato (ovvero zero turisti). Per visitarlo, raggiungete la stazione del subway Mets - Willets Point con la metro 7. Il nome della fermata deriva dalla prossimità dello stadio da baseball Citi Field, dove appunto giocano i New York Mets. Nella terza parte di questa guida, tra gli itinerari suggeriti nel Queens potete trovare un giro (di circa dieci chilometri) all'interno

del parco, compreso il grande lago di Meadows Park, che passa accanto a tutte le attrazioni principali.

Rockaway Beach

La lunghissima passeggiata di circa nove chilometri sull'Oceano Atlantico e l'enorme spiaggia che si estende davanti attirano, durante la torrida estate newyorkese, migliaia di cittadini ogni giorno e moltissimi in più nei weekend, complice anche la possibilità di raggiungere il mare utilizzando la metro (linea A + linea shuttle S) o con il NYC Ferry (www.ferry.nyc). Rockaway Beach (insieme a Coney Island) è la destinazione più popolare tra le tante opzioni a disposizione di chi visita la città, ma sogna qualche ora di relax marittimo sotto l'ombrellone o una surfata sull'Oceano. Subito dietro il *boardwalk*, decine di locali, bar, ristoranti offrono l'immancabile contorno di cibo che accompagna qualsiasi luogo d'aggregazione negli Stati Uniti. Unica nota per i turisti italiani: l'Atlantico può essere davvero gelido, anche se le migliaia di americani a mollo sembrano non accorgersene. Fate estrema attenzione alle correnti: il mare qui sa essere molto pericoloso.

The Bronx

City Island

Se si vuole avere un assaggio di com'è fatto il New England senza muoversi da New York, la piccola City Island è la risposta. Probabilmente in tutta la Grande Mela non c'è un posto dove ci si può sentire più lontani dalla New York che ci si immagina o che si vede ogni giorno in TV o suoi social. City Island è una piccola isola, all'estremo ovest del fiordo di Long Island, immersa nella Pelham Bay, e ospita poco più di quattromila abitanti. Per raggiungerla è necessario prendere la metro linea 6 fino al capolinea nord Pelham Bay Park e poi un autobus BX29 per poco più di dieci minuti. In poco più di un'ora da Times Square, vi ritroverete nel bel mezzo del New England immersi in piccole strade, case in legno e nessun segno tangibile di essere a New York o nel Bronx. Per completare la visita "in stile", si può pranzare in un *diner* e passeggiare lungo le strade alberate. Prima di ritornare "davvero" a New York.

Highbridge Park
www.nycgovparks.org/parks/highbridge-park

Il Bronx non è, senza alcun dubbio, una delle destinazioni turistiche principali per chi visita New York. Eppure è in grado di offrire alcuni luoghi che meritano di essere visitati, specie da chi, cerca una New York diversa e lontana dai soliti flussi turistici. L'Highbridge Park si sviluppa a cavallo tra il Bronx ed Harlem ed è caratterizzato da due luoghi particolarmente iconici: l'Highbridge, il ponte più antico di tutta New York che sfrutta il percorso di un ex acquedotto per passare su una gigantesca highway e la Highbridge Water Tower, dove l'acqua veniva conservata. Alle due estremità del ponte i due pezzi del parco, con la parte ad ovest decisamente più grande ed interessante da visitare. Chi fosse alla ricerca di un itinerario lungo può trovare un giro suggerito nella terza parte della guida, capitolo "Run & the City", nella sezione dedicata al Bronx.

One more thing

Per quante guide turistiche, consigli di amici, liste di posti bellissimi su siti web possiate consultare o trovare in giro, New York saprà sempre sorprendervi con un luogo nuovo, un punto di vista particolare, una situazione inattesa o impossibile anche solo da raccontare. Ma molto dipende da voi.
Il modo migliore per scoprire la città è, semplicemente, quello di vagare a caso (o quasi). O meglio, non imporsi "barriere turistiche" invalicabili. Solo così potrete scoprire quanto zone che immaginate lontane ed economicamente distanti vivano, in realtà, spesso una accanto all'altra. Solo lasciandosi trascinare in strade, *avenue*, ponti, lungo fiumi, parchi... ci si potrà trovare, quasi magicamente, lontano dai "soliti" posti. Magari circondati solo da residenti che si godono il sole in un parco sconosciuto o più semplicemente tornano a casa dopo una giornata di lavoro.

Salire su un traghetto pensando "vediamo dove ci porta" o decidere di camminare, anche solo qualche centinaio di metri oltre il punto invisibile ma visibilissimo dove tutti si fermano può permettere di scoprire un luogo diverso da tutti gli altri. E rimanerne sbalorditi. Provare un ristorante nuovo, uscire dalla metro ad una fermata "sbagliata", andare a sentire musica in un locale che "da fuori sembra figo" possono rappresentare la scoperta principale di una vacanza in città ed un nuovo imperdibile posto da segnalare a chi visiterà questa città incredibile dopo di voi.

New York è una città tutta da scoprire, giorno dopo giorno, visita dopo visita, metro dopo metro. Ed è una città che continuamente cambia e si trasforma. Basta stare lontano anche solo pochi mesi e quando si ritorna in città si trovano tantissime novità. In meglio ed in peggio. L'unico vero modo per vivere questa città è quello di attraversarla, cercare di scoprirla sempre ed essere pronti a perdersi e camminare per chilometri (non nei giorni prima della gara però!), magari puntando verso zone meno note lasciandosi solo portare dall'istinto.
Solo così si può, davvero, rimanere incantati dalla diversità e dalla bellezza di un metropoli senza pari.
E non riuscire più a starle lontani.

Itinerari in città

Dopo una lista tanto variegata di destinazioni in città, ci si starà probabilmente chiedendo da dove iniziare per poter visitare anche solo un piccolo numero dei luoghi indicati senza al tempo stesso tempo crollare dalla stanchezza ed ammazzarsi di chilometri, rischiando davvero di compromettere la propria performance alla maratona.

Per questo motivo, in questo capitolo, sono elencati alcuni itinerari suggeriti in città pensati per visitare alcuni quartieri e luoghi celebri, minimizzando il più possibile gli spostamenti e riducendo al minimo i chilometri da percorrere a piedi. Nella seconda parte di questo capitolo, ovvero la parte dedicata ai giorni post gara, troverete invece alcuni itinerari che prevedono tratti più lunghi da percorrere a piedi, anche come forma di defaticamento.

In giro per New York prima della maratona

Visitando New York si rischia di percorrere decine di chilometri a piedi. Succede quasi senza accorgersene. O meglio, ce ne si accorge la sera all'improvviso, ritornando a casa o in hotel, controllando il conta passi o più probabilmente sentendosi di colpo annientati. Il "problema" è che la città è bellissima e spesso, davvero, spingendosi "solo" 500 metri più avanti si può vedere "anche" un altro posto da non perdere. Purtroppo, di 500 metri in 500 metri, a fine giornata si è sfiniti. Ed a pochi giorni dalla maratona può essere un problema serio. L'itinerario suggerito di seguito è una specie di antidoto: vi permette di visitare molte (ma non tutte, sia chiaro) delle destinazioni principali della città cercando di minimizzare il più possibile il numero di chilometri percorsi a piedi. Il percorso fa ampio uso di metropolitane, taxi e traghetti. Ed immagina che si abbiano a disposizione tre giorni pieni da vivere da turista, subito prima della gara. Se non volete utilizzarlo passo passo, ovviamente, siete liberi di farlo, ma cercate di salvarne la filosofia: camminare poco, ricorrere più possibile ai mezzi di trasporto, sui quali stare un tempo lungo e magari seduti, non strafare nel tentare di vedere "tutto", tanto è impossibile.

Giovedì

Sveglia di buon ora (se arrivate dall'Europa, il fuso orario vi è "amico" almeno in questo). Prima destinazione: Central Park. Per una corsetta. Prima che protestiate dicendo "ma avevo appena letto che mi devo riposare", sappiate che in ogni caso nei giorni prima della gara un pochino le gambe vanno sgranchite. Qualche migliore destinazione di Central Park?
Per raggiungere il parco dovete arrivare alla fermata 5 Av / 59 Street delle linee N, R. Usciti dalla metro, entrate nel parco e correte lungo la salita che vi porta su East Drive e proseguite verso nord costeggiando il lato est del parco rimanendo sulla strada principale. Passate dietro il Metropolitan Museum e sbirciate, nelle vetrate a nord, il meraviglioso padiglione egizio. Arrivate al Reservoir all'altezza dell'Engineer's Gate (E 90th Street). Correte intorno al grande bacino (il giro completo sono due chilometri e mezzo) in senso antiorario. Completato il giro uscite dal parco all'altezza della E 90th, passando proprio davanti alla statua di Fred Lebow ed arrivate su Fifth Avenue. Dovreste aver corso poco più di 5 km. Su Fifth Avenue fermatevi ad ammirare il Guggenheim Museum (E 89th Street). Poi poi prendete un taxi fino all'hotel per doccia / colazione. Senza rimanere inchiodati in hotel più di tanto riprendete la

subway ed arrivate a Grand Central (linee 4, 5, 6, 7 ed S da Times Square). Ammirate la fantastica hall della stazione ed uscite dal lato sud su Park Avenue per guardare da vicino e da sotto il Chrysler Building. Rientrate nella *subway* e prendete la metro 7, direzione Queens, per una sola fermata (scendete a Vernon Boulevard - Jackson Avenue). Di qui dovrete camminare verso ovest, ovvero verso l'East River, per circa 500 metri.

Arrivati sul fiume fermatevi ad ammirare il panorama dell'East Side di Manhattan con le Nazioni Unite in primo piano. A nord potrete scorgere il Queensboro Bridge che vi aspetta solo pochi giorni dopo. Camminate verso sud e raggiungete il molo di imbarco del NYC Ferry. Prendete il piccolo traghetto linea ER in direzione *downtown*. Mentre viaggiate sull'East River Ferry, standovene comodamente seduti sul tetto del traghetto, potrete ammirare Brooklyn che vi scorre a sinistra e Manhattan che vi scorre a destra. Nel tragitto di circa venticinque minuti passerete anche davanti al bellissimo Domino Park (lato Brooklyn), sotto al Williamsburg Bridge, vi fermerete al Brooklyn Navy Yard e passerete sotto il Manhattan Bridge. Scendete alla fermata Dumbo subito dopo essere passati sotto il Ponte di Brooklyn. Qui godetevi il panorama di Lower Manhattan nello spigolo del Brooklyn Bridge Park accanto al molo di attracco e poi puntate verso nord, passando nel cuore di Dumbo fino a raggiungere la deliziosa spiaggia Pebble Beach, ospitata nel piccolo parco Main Street Park, incastonato tra il Manhattan Bridge ed il Brooklyn Bridge. Approfittate di uno dei tanti bar e *food truck* che popolano le strade ciottolate che si insinuano tra gli ex magazzini della zona e poi tornate a prendere il traghetto al medesimo molo dove siete scesi.

Riprendete il Ferry linea ER, sempre direzione *downtown* per una sola fermata per raggiungere Manhattan (dovrete purtroppo acquistare un altro biglietto). Prima che protestiate... la risposta è "sì": potreste anche salire sul Brooklyn Bridge e attraversare il ponte a piedi. Ma c'è la maratona in agguato e l'affollato attraversamento può essere molto pesante sulle gambe. Quindi riprendete il traghetto. Arrivati alla fermata finale del NYC Ferry a Manhattan, puntate verso Wall Street, esattamente di fronte al molo d'arrivo. Camminate per circa seicento metri lungo Wall Street, fino a raggiungere la celebre sede della New York Stock Exchange all'angolo con Broad Street.

Foto e selfie di rito e poi proseguite sempre lungo Wall Street fino all'incrocio con Broadway. Girate a sinistra su Broadway e camminate verso sud fino a Battery Park per circa altri quattrocento metri. Godetevi il piccolo parco e la sua vista magnifica sulla Statua della Libertà e poi dirigetevi verso il terminal dello Staten Island Ferry. Qui prendete il traghetto gratuito (che parte ogni 15/30 minuti a seconda dell'orario in cui capitate lì) e godetevi la gita di venticinque minuti fino a Staten Island. Proprio come farete domenica mattina se avete scelto il traghetto come mezzo di trasporto (anche se il ferry sarà pieno di runner e l'ora decisamente più mattutina...). Andando sul ferry scegliete di sedervi sul lato destro per poter ammirare la Statua della Libertà da vicino o su quello sinistro per una vista panoramica sulla costa di Brooklyn e sulla piccola Governor's Island. Durante il tragitto potrete scorgere anche il Verrazzano-Narrows Bridge.

Arrivati a Staten Island, potete decidere di fermarvi per un pochino sull'isola o reimbarcarvi immediatamente sul medesimo traghetto tornando indietro. Una volta rientrati a Manhattan incamminatevi lungo la costa ovest, attraversando nuovamente Battery Park e proseguite camminando lungo i parchi che si susseguono lungo il fiume Hudson fino a raggiungere il molo per imbarcazioni di lusso North Cove Yacht Harbor ed il vicino centro commerciale Brookfield Center. Questa è la camminata più impegnativa di tutta la giornata, circa due chilometri. Entrate nel Brookfield Center e, usando il sottopassaggio, raggiungete il 9/11 Memorial, le sue due enormi fontane commemorative ed il non lontano Oculus. È il momento di salire sul One Observation Tower e la sua incredibile terrazza panoramica. È possibile acquistare i biglietti in largo anticipo sul sito web, in modo da garantirsi la salita all'orario prestabilito, evitando anche le code che peserebbero molto sulle gambe. L'ideale sarebbe entrare verso le 17:15, in modo da essere già su per l'ora del tramonto che ad inizio novembre è intorno alle 17:50, per poter scoprire la geografia della città da questo punto di vista incredibile (il Verrazzano si identifica chiaramente) e godere dei "due" panorami profondamente differenti che la città può offrire nell'arco di poco tempo. È anche l'ora giusta per concedersi una meritata birra nel caro bar in quota.

Una volta scesi, sarà ora di cena. Potete decidere di ritornare verso l'hotel utilizzando la subway. Ci sono diverse fermate a vostra disposizione disseminate intorno al World Trade Center. Se risiedete in zona Times Square, è molto meglio che ceniate nei pressi del World Trade Center prima di tornare al vostro hotel: i ristoranti zona Times Square sono tra i peggiori di tutta la città per rapporto qualità / prezzo. Prima di dormire un giro tra le luci di Times Square è praticamente d'obbligo. Più tardi riuscirete ad andare, più il caos tenderà a sparire e tutto sarà più accettabile e fotografabile. Ed accecante.

Venerdì

Sperando che l'effetto del fuso orario sia più clemente, in vista della gara di domenica si comincia a prendersela un pochino più comoda ed iniziare la giornata con più calma. Chi vuole può ripetere un giro a Central Park lungo il medesimo itinerario del giorno precedente o utilizzare uno dei diversi percorsi di running segnalati nella terza sezione di questa guida.

La prima destinazione della giornata è davvero dedicata alla maratona: il Marathon Expo. L'Expo è ospitato al Javitz Center, per raggiungerlo prendere la metro 7 (passa anche da Times Square) e la fermata (capolinea) 34th Street - Hudson Yards. Usciti dalla metro basta attraversare la strada ed entrare nel cubo di vetro che si affaccia sul fiume Hudson. L'Expo vi prenderà almeno due ore tra coda all'entrata, ritiro pettorale, shopping compulsivo e vagabondaggio tra decine di stand. Il consiglio dopo l'Expo è quello di tornare subito in hotel per depositare il preziosissimo (e non duplicabile!) pettorale ed i tanti inevitabili acquisti fatti in fiera che peserebbero, letteralmente, per il resto della giornata. Il punto di partenza della giornata turistica è comunque il Javitz Center. Subito di fronte è sorto, di recente, Hudson Yards, un modernissimo quartiere ricco di ristoranti, negozi e strutture ultramoderne tra cui il peculiare The Vessel, la cui visita conviene rimandare ai giorni post gara, considerato che è costituito solo da scalini.

A ridosso di Hudson Yards inizia una delle meraviglie turistiche di New York: la bellissima passeggiata sulla High Line. In poco più di due chilometri, questo bellissimo parco sopraelevato si insinua tra alcuni degli edifici più moderni della città. È una passeggiata imperdibile anche se non brevissima. Arrivati alla fine, poco a sud della 14th Street, è tempo di concedersi una pausa, magari approfittando delle tante opzioni culinarie offerte dal vicino Chelsea Market. Dopo il meritato riposo, incamminatevi per poco meno di un chilometro in direzione est lungo la 14th Street, fino alla fermata 8th Avenue - 14th Street. Qui prendete la linea L, direzione Brooklyn, fino a Bedford Avenue.

Arriverete nel cuore di Williamsburg, proprio nel tratto di Bedford Avenue dove la maratona passerà solo poche ore dopo. Incamminatevi lungo N 7th verso ovest fino a raggiungere l'East River e godetevi il panorama dalla piccola spiaggia offerta dall'East River State Park. Dopo un meritato relax e qualche fotografia ultra panoramica camminate lungo il fiume, verso sud, fino a raggiungere il molo del NYC Ferry (fermata North Williamsburg). Prendete il traghetto, linea ER, in direzione Midtown.

Arrivati al capolinea scendete e prendete un secondo traghetto, stavolta linea AST, direzione Astoria. Scendete dopo due fermate, subito dopo essere passati sotto il Queensboro Bridge, alla fermata Roosevelt Island. Attraversate la piccola isola da est ad ovest e godetevi il panorama della vista su Manhattan, subito sotto il Queensboro Bridge. Se davvero avete voglia di camminare, potete raggiungere anche il parco nel punto più a sud dell'isola, in circa un chilometro aggiuntivo a piedi. Quando siete pronti per ritornare a Manhattan recuperate la MetroCard e prendete la teleferica Roosevelt Island Tramway, per volare accanto al ponte (dove correrete durante la maratona) ed in mezzo ai grattacieli dell'East Side di Manhattan.

Arrivati a destinazione su Second Avenue ed E 60th Street, prendete un taxi giallo, fermandolo come avete visto mille volte nei film dopo esservi assicurati che abbia la luce sul tetto accesa, e fatevi portare all'incrocio tra W 63rd Street e Central Park West per assistere alla parata delle nazioni che inizia nel parco alle 17:30 e che è seguita anche da uno spettacolo di fuochi d'artificio. Rilassatevi a Central Park e, se possibile, uscendo dal parco dal lato ovest, cercate dove cenare nei pressi del Lincoln Center o poco più a nord lungo Broadway, Columbus o Amsterdam Avenue. Rientrate in albergo. La gara si avvicina.

Sabato

Il giorno prima della maratona non si dovrebbe fare quasi niente. O meglio, si dovrebbe cercare di stare in piedi il minor tempo possibile. La giornata inizia con una corsetta o, addirittura, una gara di cinque chilometri se avete deciso (pre iscrivendovi) di correre la "Abbott Dash to the Finish Line 5k". La gara parte proprio al cospetto della Nazioni Unite, passa davanti a Grand Central, accanto alla New York Public Library, e raggiunge, appunto, la Finish Line a Central Park. Un bel giro, da prendere con estrema calma, in vista dei 42 chilometri del giorno dopo. Allenamento o gara che sia, in tarda mattinata sarete liberi di girare per New York, ma non liberi da una certa ansia, da impresa o da prestazione, a seconda del carattere e degli obiettivi prefissati per il giorno dopo. La cosa migliore che possiate fare è... niente, oppure, meglio ancora, farvi portare in giro. Per fortuna le possibilità non mancano. L'idea migliore, condizioni climatiche permettendo, è quella di concedersi una crociera panoramica intorno all'isola di Manhattan. Il servizio "Best Of NYC Cruise" (proposto da Circle Line Sightseeing Cruises) è eccellente ed anche non troppo caro: 44 dollari per gli adulti, 37 per i bambini. La crociera dura circa due ore e mezza e parte a mezzogiorno. Se l'orario non è compatibile con gli impegni della giornata si può ripiegare su un tour più breve come il "Landmark of NYC Cruises" che parte alle 15:30 e dura solo un'ora e mezza. Il tour notturno è fantastico, ma inizia alle 19 ed il giorno dopo la giornata si preannuncia impegnativa, sarà per la prossima volta. Se non siete "gente di mare" e preferite rimanere con i piedi per terra, il classico tour di New York in bus rosso multi fermata (come ad esempio il servizio offerto da Bug Bus, ma ci sono tanti operatori simili) può essere una soluzione semplice, riposante ed economica. A patto che non vi ammazziate di chilometri intorno ai luoghi dove i bus si fermano. Fatevi semplicemente portare in giro, anche due volte se volete. Infine, per i tanti atleti arrivati in città con un ITO, spesso le agenzia organizzano bus privati che portano in giro in città i quasi maratoneti facendoli accompagnare anche da guide molto preparate e poliglotte. Qualunque cosa decidiate di fare, in ogni caso, assicuratevi di essere liberi per le 17. Per quell'ora cercate di essere già a casa oppure in albergo, dove potrete, con calma, ricontrollare tutto quel che vi serve per la gara e per la lunga attesa del mattino successivo a Fort Wadsworth. Per cena, cercate di non andare troppo lontano da casa. Provate a mangiare cibi conosciuti (se potete cucinare a casa o in hotel, tanto meglio) e soprattutto non fatevi trascinare in uscite di gruppo da 200 atleti in giro per la città che rischiano di farvi cenare fuori orario, forse male e probabilmente di farvi rientrare tardi alla base.

Be Ready

Se vi siete attenuti, grosso modo, alle indicazioni di questo capitolo, alla fine di questi tre giorni avrete visto solo poche delle cose che New York ha da offrirvi, ma vi sarete fatti una idea, sufficientemente precisa, della dimensione della Grande Mela. Tranquilli. Il giorno dopo farete una vera "scorpacciata" della bellezza e della varietà che la città ha da offrivi, in "soli" 42 chilometri. In bocca al lupo!

In giro per New York dopo la maratona

Anche se, probabilmente, appena terminata la maratona penserete di non voler correre (e probabilmente camminare) mai più, vi sbagliate: dopo una cena, meritata e pantagruelica, ed una nottata ristoratrice sarete pronti ad affrontare nuovamente le bellezze di New York in veste di turista e neo maratoneta.

Lunedì

"Congratulations!" ve lo diranno in tanti sconosciuti in *subway* o per la strada, basta portare la sudata medaglia al collo. Non a caso il giorno dopo la gara si chiama ufficialmente "Marathon Monday". La celebrazione dei runner prosegue tutto il giorno ed è dappertutto: con la medaglia in bella vista ne farete parte anche voi. Uno degli appuntamenti fissi del lunedì post gara è una visita al Marathon Pavillion, per fare incidere la medaglia con il proprio nome ed il tempo ufficiale, fare shopping tra gadget in cui c'è in bella mostra la parola "Finisher" e farsi anche qualche foto sulla Finish Line in fase di smantellamento. Vista la coda per accedere al Marathon Pavillion, specie se si sceglie l'incisione della medaglia, è probabile che buona parte della mattinata passi così (i ritmi di spostamento a piedi, va detto, non sono comunque elevatissimi).

In questa prima giornata post gara conviene massimizzare la propria presenza a Central Park e concedersi una passeggiata nella parte sud del parco, andando a visitare il celebre Strawberry Fields, la famosissima Bethesda Fountain, regalarsi un romantico giro in barca a remi su The Lake, azzardare un brunch nell'elegante Loeb Boathouse ed infine fare un bel giro digestivo e panoramico intorno al Reservoir, questa volta senza correre, ma sempre camminando in senso antiorario. Infine, può completare la giornata una visita ad uno dei tanti musei convenientemente già in zona: qui la scelta, puramente personale, può ricadere sul Metropolitan Museum o sul Guggenheim Museum, per chi vuole finire il giro del parco ad est, l'American Museum of Natural History (lato ovest del parco) oppure il non lontanissimo MoMA (su 53rd Street), per chi finisce il giro di Central Park uscendo dal lato sud. Chi fosse in viaggio con bambini potrebbe scegliere di visitare il Central Park Zoo, che va detto, è molto piccolo e può essere molto affollato. Nel tardo pomeriggio sarà ora sicuramente di festeggiare: l'ideale è rifugiarsi in un bar sul tetto di qualche edificio e godersi un panorama pazzesco. Manhattan o Brooklyn offrono decine di opzioni: alcune le trovate elencate nella sezione "Fun" più avanti in questa sezione della guida.

Martedì

Liberi dagli impegni ufficiali della maratona e con le gambe che, lentamente, cominciano a recuperare la funzionalità completa (riuscendo persino a scendere le scale della metro), si può finalmente riprendere a girare in città. Ripartite dalla fermata 5 Av / 59 Street delle linee N, R. Stavolta, invece di entrare in Central Park, prendete Fifth Avenue ed incamminatevi verso sud. Siete appena entrati nell'epicentro dello shopping mondiale. Su questo tratto di strada, che va da 59th Street a 42nd Street e lungo circa un chilometro e mezzo, si affollano tutti gli store dei brand più famosi. Non aspettatevi di trovare delle occasioni. Ma aspettatevi di trovare qualunque cosa e qualunque marca celebre abbiate mai sentito nominare, compresi molti brand di running. Scendendo lungo Fifth Avenue vi imbatterete anche in alcune note destinazioni turistiche: il Rockefeller Center, ad ovest, e la celebre St. Patrick's Cathedral ad est, entrambi nei pressi della E 50th Street. Arrivati a 42nd Street vi troverete davanti alla celebre New York Public Library che merita senz'altro una rispettosa e silenziosa visita. Il piccolo Bryant Park, proprio sul retro della biblioteca, è una destinazione fantastica per chi vuole fermarsi e procurarsi uno spuntino in uno dei chioschi nel lato ovest del parco o nei tanti ristoranti nelle *street* che circondano l'area verde. Purtroppo a novembre il prato è coperto e spesso è già in fase di allestimento una pista di ghiaccio, in vista dell'ormai prossimo natale.

Da Bryant Park prendete la *subway* che corre proprio sotto il parco ed un treno qualsiasi delle linee B, D, F, M in direzione Downtown & Brooklyn. Scendete alla fermata Broadway-Lafayette St. Spunterete su Houston Street, ovvero il confine nord del celebre quartiere Soho. Incamminatevi su Broadway in direzione sud, tagliando di fatto Soho a metà. A questo punto avete due opzioni. Visitare il dedalo di strade ad ovest ed ad est di Broadway per una seconda scorpacciata di negozi e gallerie d'arte. E poi cenare in uno dei tanti ristoranti *posh* della zona. O proseguire lungo Broadway, fino ad incrociare Canal Street ed a quel punto seguire Canal Street verso est fino a perdersi dentro Chinatown, i suoi cartelli incomprensibili ed i suoi ristoranti strani ma dal sapore decisamente orientale. Dovunque decidiate di andare, l'ultima destinazione della serata è il Lower East Side, e le strade immediatamente intorno a St. Mark's Place (dovreste in ogni caso essere non troppo lontani a piedi). Alla ricerca di uno o più bar, dove ascoltare buona musica e continuare con le celebrazioni del giorno prima.

Mercoledì

Molti runner arrivati in città hanno un piano di viaggio molto stretto ed è probabile che leggendo "mercoledì" staranno già pensando "eh, figa, ma io mercoledì sono già in ufficio" (con ovvio accento milanese forzato). Se invece siete tra i fortunati che ancora possono spendere qualche ora o qualche giorno, in città la lista dei luoghi ancora da visitare è davvero enorme. Se avete seguito le indicazioni fin qui, dovreste aver visitato già le destinazioni turistiche principali e dovreste anche avere ben chiaro cosa, invece, non avete ancora visto e vi interessa. In questo ultimo giorno di itinerari suggeriti trovate quindi un set di possibilità, che potrete seguire come (ovviamente!) preferite: del resto la gara è alle spalle e ormai dovreste aver acquisito una certa familiarità nello spostarvi a New York. Quindi ecco cosa potreste visitare in questo "ultimo" giorno in città. Trovate tutte le info più approfondite sui luoghi indicati, qualche capitolo più indietro, in questa stessa sezione della guida.

- Per collezionisti di luoghi celebri: una salita sulla terrazza panoramica dell'Empire State Building ed un giro in barca per andare a conoscere da vicino la Statua delle Libertà.

- Per gli amanti dell'arte: la visita ad uno dei tanti musei che ancora non avete fin qui visitato.

- Per chi cerca luoghi diversi: una passeggiata a Red Hook a Brooklyn, raggiungendola con il traghetto. Un sogno in cui perdersi vagando, tempo permettendo.

- Per chi odia i "ma come, non ci sei stato?": una gita a Coney Island ed una tappa obbligatoria per uno (o anche due) hot dog di Nathan's.

- Per chi viaggia con i bambini: una visita al Bronx Zoo ed anche al Domino Park a Williamsburg.

- Per chi ama i ponti: un attraversamento in fila indiana del Brooklyn Bridge, oppure uno meno affollato ma più rumoroso sul Manhattan Bridge, oppure un giro tranquillo e quasi meditativo sul Williamsburg Bridge.

- Per chi ama l'aria aperta: una lunga passeggiata a Riverside Park puntando verso nord e magari affacciandosi nel New Jersey (seguendo parte dell'itinerario suggerito nella terza parte della guida).

- Per chi vuole riprendere a correre o vuole fare una passeggiata in bici: un giro (o anche due) a Prospect Park a Brooklyn.

- Per tutti gli altri, l'offerta di New York è davvero immensa. Andate in giro, anche senza meta specifica, e rimarrete in ogni caso sbalorditi dalla bellezza della città.

Come e dove vedere la gara

Arrivati a questo punto della guida dovrebbe essere chiaro che uno degli ingredienti che maggiormente rende speciale la NYC Marathon è l'incredibile partecipazione della città e del pubblico.

D'altronde se oltre il 99% degli atleti che iniziano questa dura competizione riesce ad arrivare in fondo, il merito è senz'altro anche dell'entusiasmo e dell'energia che i quasi due milioni di persone che assistono a questo spettacolo trasmettono per tutta la gara e per tutto il giorno alle migliaia di runner che corrono lungo le vie della città.

Non è un caso quindi che, quando si raccoglie il racconto dell'esperienza di chi la gara l'ha corsa, la menzione dello "spettacolo del pubblico", inevitabilmente, salti fuori tra gli aspetti più notevoli di questa competizione.

Molto spesso, chi si reca a New York per correre la maratona approfitta dell'occasione per visitare la città con amici, parenti, famiglia. E ovviamente gli accompagnatori vogliono assistere alla maratona e "partecipare", veder passare "dal vivo" e sostenere i runner amici e, perché no, trovare anche i posti giusti per godere appieno di questo spettacolo unico.

Scopo di questa sezione è proprio quello di fornire le informazioni e le indicazioni affinché chi accompagna i runner in città possa vivere questo giorno speciale in modo altrettanto unico e, non si sa mai, magari essere anche colto dal *bug* della maratona e cominciare così a sognare (o progettare) di correrla in futuro.

Lungo il percorso

Uno degli aspetti peculiari del percorso della NYC Marathon è quello di non passare mai per lo stesso tratto di città. Molte maratone, ugualmente importanti, partono ed arrivano nel medesimo punto della città, obbligando così i runner a passare lungo lo stesso tratto di strada, magari in verso opposto, durante il percorso. Può essere seccante per chi corre, ma è una vera comodità per chi assiste (e per chi organizza l'evento).

A New York, complice anche l'estensione della città, non avviene mai che si ripassi per il medesimo tratto di strada.

Questo costringe chi vuole assistere alla gara, specialmente se si vuol vedere i "propri" runner passare, a scegliere ed individuare con precisione il punto della gara dove recarsi.

Il principale suggerimento in questo caso è quello di individuare non uno ma più punti dove assistere alla gara e spostarsi lungo il tracciato della competizione; muoversi lungo il percorso è, in effetti, anche il modo migliore per apprezzare tantissimi altri aspetti di questa gara.

Da questo punto di vista il percorso spalmato lungo tutta la città permette, abbastanza facilmente, di raggiungere diversi punti del tracciato anche molto distanti tra loro, avendo la possibilità di vivere la gara e le sue diverse fasi nello stesso giorno. A meno che non vogliate "seguire" Kipchoge ed alcuni degni competitor, ovviamente.

Inutile dire che l'unico modo veramente efficace per muoversi in città (e non solo nel giorno della gara) è quello di utilizzare la metropolitana che, per fortuna, costeggia gran parte del percorso persino nelle zone più remote di Brooklyn o del Bronx.

Per diversi anni un giornalista del *New York Times* ha provato a percorrere in auto l'intero percorso della maratona e ci ha messo, causa traffico, poco meno di tre ore. Ovvero quasi un'ora in più dei top runner e comunque di più di qualche migliaio di runner veloci.

Pronti, partenza... Nope!

Molti potrebbero pensare che il posto più ovvio per ammirare subito i propri runner sia quello di guardarli alla partenza. Del resto, quale momento più emozionante potrebbe esserci?

Purtroppo per tante ragioni logistiche (la partenza è di fatto su una autostrada, poco dopo un casello) ed anche di sicurezza (l'intera zona della partenza è blindata e controllata da metal detector) non è ammesso nessun tipo di pubblico alla partenza.

Nel giorno della gara, nella zona di Fort Wadsworth sono ammessi esclusivamente runner muniti di pettorale, i volontari autorizzati, lo staff di NYRR, i membri accreditati dei media, qualche VIP, lo staff della città di New York ed ovviamente le forze dell'ordine.

Chi volesse accompagnare i propri beniamini "più vicino possibile" alla partenza può salutarli la mattina (molto) presto in questi luoghi:

- nei pressi della New York Public Library, dove i runner che hanno scelto il bus come mezzo di trasporto da Manhattan, partono alla volta di Staten Island;
- nei pressi del MetLife Stadium Parking Lot K (New Jersey), dove i podisti che hanno scelto il bus con partenza dal New Jersey come mezzo di trasporto si muovono verso Fort Wadsworth;
- nei pressi del Whitehall Terminal (Manhattan), qualora i runner abbiano scelto di partire con lo Staten Island Ferry;
- nei pressi del parcheggio bus del St. George Ferry Terminal Terminal (Staten Island), per chi fosse già sull'isola o volesse imbarcarsi assieme ai runner sul traghetto gratuito e pubblico che fa la spola (ogni 15 minuti) tra Manhattan e Staten Island;
- alle porte di Fort Wadsworth, per quei pochissimi runner che risiedono nei pressi del parco la notte prima della gara.

In ogni caso, nessuno nel giorno della competizione, in assenza di pettorale o credenziali opportune, può entrare nell'area sigillata di Fort Wadsworth.

In giro per New York

I motivi per spostarsi lungo il percorso per seguire la gara ed i "propri" runner possono essere molteplici.
Anche solo uno dei motivi elencati di seguito dovrebbe bastare a convincere anche i più "pigri da spostamento in *subway*" a partecipare in qualità di spettatore attivo alla gara.

Il primo ed ovvio motivo è che spostandosi lungo il percorso si ha la possibilità di salutare, acclamare, incitare, fotografare più di una volta i runner che si è venuti sino a New York a sostenere.
Se non bastasse spesso, dato l'incredibile numero di runner che passano contemporaneamente, si rischia davvero di perdere il momento preciso in cui passano la o le persone che si intende vedere. Più punti lungo il percorso danno, ovviamente, più chance di vedere transitare gli amici che corrono la gara.

Un'altra ragione, molto importante, è che la città cambia moltissimo durante il percorso e solo spostandosi lungo il tragitto si riesce a percepire, in modo efficace, la ricchezza e la varietà offerta da New York.
In poche fermate ed in poche ore si possono davvero acclamare i runner, freschi ed in velocità appena scesi dal Verrazzano, esaltati nel cuore di

Downtown Brooklyn, nel silenzio surreale di South Williamsburg, "belli carichi" poco prima del punto di mezza maratona a Greenpoint, mentre si apprestano tesi ad affrontare il Queensboro Bridge, nell'ovazione da stadio del "Benvenuti a Manhattan", lungo la interminabile First Avenue, oltre il "muro" al Bronx, nella festa di Harlem, nello splendore di Central Park, nel casino di Columbus Circle, al traguardo dagli spalti della Finish Line.

Ovviamente non tutti avranno la voglia (e la forza) di seguire i propri "beniamini" lungo tutte queste tappe: sappiate che i runner che le vivranno tutte non saranno mai soli, ma chi assiste alla gara può trovare in ciascun luogo un'occasione nuova ed unica di festa, musica, fotografia.

Un altro motivo per spostarsi è quello di avere una visione più "privata" della gara. Quando, infatti, si sceglie un solo luogo come punto di appostamento, si rischia di finire, inevitabilmente, in uno dei posti più iconici della gara: posti bellissimi, intendiamoci, ma spesso seriamente sovraffollati. Si rischia così di non poter essere in prima fila (e spesso nemmeno in seconda o in terza) per vedere, abbracciare o persino riuscire a farsi sentire dal runner che si sta pazientemente attendendo. Ci sono invece zone deliziose dove avrete un posto in prima fila tutto per voi e nessuna calca alle vostre spalle.

Se lo scopo del viaggio è anche quello di sostenere i "propri" podisti nel momento del bisogno, allora è nei luoghi del "bisogno" che ci si dovrà recare: l'indicazione dovrebbe arrivare dai runner stessi, ma in assenza di informazioni, ci sono alcuni punti strategici.

- Su Fourth Avenue: dopo appena pochi chilometri di gara, i runner potrebbero sentirsi spaesati dalla bolgia di persone e runner: una voce ed un volto amico potrebbero già fare la differenza.

- A South Williamsburg: poco dopo essere arrivati su Bedford Avenue, i runner finiscono in un silenzio che può stordire dopo tutta la festa nei primi 16 km di Brooklyn. La stanchezza rischia di iniziare a farsi sentire, un aiuto può essere gradito.

- Al Queens, poco prima del Queensboro Bridge: una barretta energetica, una pacca sulla spalla, un abbraccio al 25 km prima di una lunga salita, possono valere più di tantissimi visi amichevoli ma sconosciuti (ed urla in lingue incomprensibili!).

- Intorno ai 30 km su First Avenue: man mano che si sale verso il Bronx e si approccia il trentesimo chilometro, la stanchezza inesorabilmente arriva. In questo tratto ci sono sensibilmente meno persone per strada. Vedere amici e parenti è più facile e vale doppio.

- Al muro dei 32 km. C'è davvero bisogno di spiegare perché un aiuto ai 32k possa servire? E in più si potrà sempre rinfacciare al runner "per te sono venuto fino al Bronx!".

- Nell'interminabile salita al trentasettesimo chilometro, poco prima di entrare a Central Park: forse il punto più duro di tutto il percorso. Dove i runner devono cercare tutto dentro di loro e chi gli è vicino può esserlo davvero.

- Dentro Central Park. Anche se tecnicamente è uno dei posti dove meno ci sarebbe bisogno vista la marea di persone e lo splendore del parco... ma è uno dei posti più belli in assoluto e anche chi sostiene i runner si merita un premio.

- Negli ultimi metri, dentro Central Park, poco prima della Finish Line: mancano solo 200 metri, ma a moltissimi runner possono sembrare molti di più senza il supporto di una voce o un volto amico.

Quelli elencati sono tutti luoghi di aiuto mentale: la cosa migliore è chiedere direttamente al podista dove, in base al luogo oppure al chilometraggio, ha maggiormente bisogno di aiuto in forma di supporto, sali, barrette, liquidi, ricambi o qualunque altra necessità possa avere.

Perdersi per poi ritrovarsi

L'unico modo efficace per riuscire davvero a vedere passare (una o più volte che sia) i runner che interessano è quello di pianificare con cura la cosa. Può sembrare una esagerazione, ma chiunque abbia assistito almeno una volta all'evento potrà confermare che riuscire a vedere e farsi vedere dal "proprio" runner può rivelarsi una operazione non banale.
Per fortuna diversi elementi possono aiutare nel pianificare il meeting lungo il tragitto.
Innanzitutto l'orario di partenza può essere conosciuto con precisione: tra *wave* e griglie, l'ora in cui il runner parte si dovrebbe sapere già con una buona certezza, ammesso che il runner non salti la propria *wave* per qualche ritardo

all'avvio, in ogni caso si può ricorrere alla app ufficiale per smartphone, che permette di tracciare la posizione dei podisti fornendo, tra l'altro, proprio l'orario effettivo di partenza.

La app e l'omologo sito web LiveResults (liveresults.nyrr.org) è in grado di mostrare sulla mappa anche la posizione dei runner. Purtroppo la posizione sembra live, ma in realtà è solo stimata: di tanto in tanto il runner passa da alcuni punti di controllo ed in base a dove è passato ed al passo che sta tenendo la app mostra sulla mappa dove "dovrebbe essere".
La posizione indicata sulla mappa quindi è solo una stima, non la posizione effettiva del runner.
Se, ad esempio, in un pezzo di gara, tra i due punti di check, il runner dovesse notevolmente aumentare il proprio passo oppure, ad esempio, fermarsi, la app non ne sarebbe informata fornendo una stima completamente sballata almeno fino al prossimo punto di controllo.
In sostanza: la app aiuta la pianificazione degli incontri ma non la rende assolutamente superflua.

La "precisione" dei runner però può venire in aiuto. La maggior parte dei podisti che corrono la maratona, dopo tanti mesi di allenamento, inevitabilmente si conosce. Sa bene, cioè, quanto tempo impiegherà per correre determinate distanze, spesso con precisione incredibile.
In questo modo e sapendo l'orario di partenza effettivo, si riesce ad avere una prima indicazione di "quando vedersi". Resta da stabilire dove.
In base al quando, diventa innanzitutto abbastanza facile identificare delle distanze da calcolare: 5k, 10k, mezza maratona.
Il "dove" deriva sicuramente da quello, avendo l'accortezza di ricordare che per i primi 5k circa i tre pettorali di colore diverso corrono, in parte, su percorsi diversi.

Il lato oscuro

Un aspetto fondamentale del "dove" vedersi è, tuttavia, quello della definizione del lato della strada. Molti tratti di gara, infatti, si corrono su *avenue* larghissime (oltre trenta metri) e in un flusso costante di migliaia di altre persone.
Stabilire il lato della strada dove il runner dovrà passare ed accostarsi (e gli amici si faranno trovare) è quindi indispensabile al fine, persino, di riuscire a vedersi. Inoltre, in pratica per tutto il tragitto è vietato per gli spettatori

attraversare il percorso (barriere metalliche e polizia fanno in modo che sia davvero così).
Può sembrare folle, ma in molti tratti di gara l'unico modo che ha chi assiste per attraversare la strada è quello di scendere in metropolitana ed usare il sotto passaggio, se la stazione lo permette, ma a New York non sempre è così; in altri casi bisogna scendere in metro, prendere un treno, raggiungere la stazione successiva dove è possibile cambiare lato, prendere il treno in direzione opposta e spuntare così dall'altro lato della strada. Una operazione che, senza commettere errori (come ad esempio prendere un treno espresso), può richiedere almeno 15 minuti. Giusto il tempo di mancare il runner solo perché si era arrivati dal lato sbagliato della strada. In sintesi: concordate il lato della strada che sia facilmente raggiungibile anche in base a come prevedete di arrivare in zona.

Se vi venisse in mente di supportare i runner in punti particolarmente difficili, come possono essere i ponti, sappiate che tutti i ponti sono interdetti al pubblico, anche i ponti che hanno solitamente un passaggio pedonale parallelo alla carreggiata principale (dove i podisti corrono). Si tratta di una misura di sicurezza ferrea e che viene fatta davvero rispettare.

Una corretta pianificazione del o dei punti di meeting dovrebbe garantire l'incontro con i runner.
Eppure un buon 50% dei punti di incontro concordati potrebbe saltare senza motivi apparenti: i runner giureranno di essere passati di lì e mostreranno in maniera inequivocabile il tracciato GPS come prova, mentre gli spettatori giureranno di essere stati lì piantati "per ore" a cercarti nella folla, mostrando foto di perfetti sconosciuti passare nel punto previsto. La verità è che la marea di runner ed un minimo anche di sfiga possono impedire di vedersi, la stanchezza può sinceramente annebbiare la vista, il rumore può coprire le grida.

L'inventiva può davvero salvare in questi casi; si può preparare un cartello ben visibile ai podisti (ovvero GRANDE), riconoscibile, con il nome del runner, del run club, con un soprannome, con delle foto giganti... insomma qualcosa di davvero individuabile e memorabile che chi corre possa utilizzare (anche qualche metro prima) come riferimento per trovarvi nella folla.

Repetita iuvant

Un altro aspetto di cui tenere conto nella pianificazione è la memoria "fugace" dei runner. Può sembrare banale ma, dopo tanti chilometri, quelle che sembravano indicazioni ovvie e certe su dove incontrarsi cominciano a diventare più "fluide" nella mente di chi corre. Dopo 28 km ricordarsi con certezza "1st Avenue incrocio 67" ("o era 68?") non è più scontato. Conviene scegliere quindi indirizzi "memorabili" tipo: "First Avenue incrocio 100th Street", "Fifth Avenue incrocio 90th", "Bedford Avenue angolo Lorimer (dove finisce il parco)".

Oppure, meglio ancora, usare dei numeri (o dei nomi) peculiari per i runner, in modo che, anche nel momento di massima confusione mentale, sia comunque in grado di ricordarlo senza incertezze di sorta: ad esempio, per i runner nati nel 1974 ricordarsi "74th Street" è decisamente più semplice.

(Quasi) fino alla fine

Il modo più facile, comodo ed un pochino anche banale è quello di aspettare i runner sugli spalti della Finish Line. Il punto di vista è magnifico, ma rischia di essere molto "fugace". I podisti passano letteralmente per pochi secondi davanti agli spalti.

Inoltre, dopo che il vostro runner vi è passato proprio davanti, per poterlo davvero incontrare bisognerà fare un giro piuttosto complesso per uscire dall'area della Finish Line e ricongiungersi ai podisti. "Last but not least", l'accesso alla Finish Line è a pagamento (nell'edizione 2018 erano necessari ben 75 dollari ed i biglietti evaporano di solito in poche ore). In 42195 metri scegliere di assistere alla gara negli unici 200 metri dove si paga per vedere i runner (e dove, in ogni caso non hanno più bisogno di essere supportati), sembra un pochino uno spreco.

Passo passo lungo il percorso

Di seguito troverete un lungo itinerario che vi porterà in giro praticamente per tutta New York nel giorno della maratona, cercando di farvi vivere un'avventura unica durante una giornata speciale per l'intera città. Non sperate di essere riposati alla fine, specie se avrete voglia di seguire integralmente l'itinerario suggerito, che richiede almeno tre ore solo di spostamenti: tra "gite" in *subway*, scale, camminate di qualche centinaio di metri e folla dappertutto a fine giornata sarete anche voi, a tutti gli effetti, dei "quasi maratoneti".

Qualora non possiate o vogliate seguire l'itinerario suggerito nella sua interezza, si può tranquillamente pescare tra i luoghi segnalati utilizzando come punto di partenza la fermata della metropolitana indicata.

Sia che seguiate l'itinerario suggerito, sia che selezioniate dei posti *à la carte*, può essere saggio affidarsi alle indicazioni di una app per smartphone (come ad esempio l'ottima Citymapper), che vi permetterà in pochi tap di capire come spostarvi lungo il percorso con indicazioni super accurate ed aggiornate, proponendo eventualmente anche stazioni di arrivo alternative. Ignorate completamente però le indicazioni di spostamenti in autobus in quanto, durante la maratona, numerose strade sono chiuse ed il traffico viene deviato ed è infernale: limitatevi alla *subway*. Inoltre, se decidete di ricorrere ad una app di questo tipo ed avete fissato un appuntamento con un runner ad un orario specifico, non fidatevi troppo della stima dei tempi "al secondo" delle metro e della relativa durata dei viaggi previsti. Aggiungete sempre qualche minuto in più rispetto a quello stimato, contando su ritardi dei treni e la possibilità non remota di girare per le stazioni cercando di capire dove andare o, peggio, di sbagliare direzione del treno.

Itinerario, *subway* e punti suggeriti

L'itinerario completo suggerito inizia a Sunset Park a Brooklyn, ovvero dopo pochi chilometri di gara già percorsi dai runner, e termina sugli spalti della Finish Line (unico punto dove per accedere è necessario avere un biglietto da acquistare nei giorni precedenti alla gara all'Expo). Per ciascun punto sono indicate le fermate dove arrivare, tutte le linee che ci arrivano e indicazioni su come proseguire fino alla fermata successiva e con quale linea, qualora decidiate di seguire tutte le tappe (potrebbe richiedere più di tre ore, siete avvisati). Importante sottolineare che si deve affrontare il percorso suggerito con una MetroCard carica, meglio se a tempo, vista il cospicuo numero di fermate della *subway* dove si esce e si rientra. Per maggiori info sull'uso della metropolitana e consigli per non perdersi si veda il capitolo "Spostarsi in città" in questa medesima sezione della guida.

Partenza

Da Manhattan prendete la linea N in direzione Stilwell Avenue, Coney Island. Mentre andate approfittate della vista panoramica che all'improvviso si apre, attraversando il Manhattan Bridge in metropolitana, subito dopo la fermata Canal Street.

Fourth Avenue (Brooklyn)
Stazione Subway: 59 Street / Linee N,R

In questo punto della gara i tre colori sono finalmente mescolati. Tuttavia i runner con il pettorale arancio corrono ancora sul lato ovest della Avenue, quelli con pettorale blu e verde, invece, corrono sul lato est. Tenete conto uscendo dalla metro. In ogni caso potrete utilizzare il sottopassaggio della *subway* per cambiare lato della *avenue*. Per proseguire lungo l'itinerario: riprendete la *subway*, linea N Astoria-Ditmars, verso nord (direzione Manhattan).

Barclay's Center (Brooklyn)
Stazione Subway: Atlantic Avenue - Barclays Center / Linee 2,3 - 4,5 - B,D - N,Q,R,W.

Punto di ritrovo di migliaia di spettatori. I runner arrivano da Fourth Avenue e girano verso ovest su Flatbush Avenue. C'è un palco con musica live e di solito anche un megascreen. Ed un casino incredibile. Per farsi notare e sentire qui è necessario davvero decidere esattamente dove vedersi.
A questa fermata potete scegliere se vedere passare i runner correre negli ultimi metri lungo Fourth Avenue o lungo il lato nord di Flatbush Avenue. Nel caso di Fourth Avenue, uscite dalla metropolitana seguendo le indicazioni per uscita Pacific Street, 4 Av, Barclays Center. Seguendo queste indicazioni sbucherete su Fourth Avenue. Potete scegliere il lato della Avenue dove aspettare i runner utilizzando l'uscita Pacific St & 4 Av NW (North West) oppure Pacific St & 4 Av NE (North East).
Per raggiungere il lato nord di Flatbush Avenue conviene rientrare nella metropolitana (strisciando nuovamente la MetroCard) ed utilizzare il sottopasso.

Per uscire dal lato nord di Flatbush Avenue nel sottopassaggio della *subway* seguite le indicazioni prima per "B Q 2 3 4 5 LIRR BAM" e poi proseguite seguendo "Hanson Pl LIRR BAM" fino ad uscire dalla metro all'uscita segnata come "LIRR BAM Flatbush Avenue Hanson Place". Spunterete sul lato nord di Flatbush e vedrete così i runner correre verso di voi fino a voltare alla loro sinistra.

Per proseguire lungo l'itinerario: dal lato nord di Flatbush Avenue proseguite a piedi lungo Hanson Street, voltate a sinistra su S Portland Avenue e raggiungete la fermata della linea G Fulton Street Station - Queens (precisamente all'angolo delle due strade). Questa è l'unica entrata della G che potrete raggiungere se arrivate da Flatbush Avenue lato nord. Le altre entrate sono tutte oltre Lafayette e quindi oltre il flusso dei runner. In questa entrata non potrete acquistare una MetroCard né ricaricarla, ma solo striscarla per passare al tornello. Prendete la linea G verso il Queens direzione Court Square.

Williamsburg Bridge / Bedford Avenue (Brooklyn)
Stazione Subway: Broadway / Linea G.

Uscite dalla metro, seguite indicazioni per Broadway & Hayward Street e camminate lungo Broadway sotto la metropolitana, verso ovest, fino a raggiungere Bedford Avenue, proprio nel tratto in cui passa sotto il Williamsburg Bridge. Dall'uscita della metropolitana bisogna camminare poco più di un chilometro. Su Bedford Avenue potrete accogliere i runner appena usciti dal tratto più silenzioso di tutto il percorso, negli ultimi metri prima di una bolgia pazzesca. I podisti vi troveranno alla loro destra.

Per proseguire lungo l'itinerario: ritornate indietro alla fermata di arrivo Broadway.

In alternativa potete camminare, parallelamente al flusso dei runner, lungo il lato est di Bedford Avenue, tra una marea di persone, per circa 500 metri fino ad incrociare e voltare alla vostra destra in Metropolitan Avenue, camminare verso est per circa un chilometro fino alla fermata Metropolitan Avenue sempre della linea G. Indipendentemente da quale fermata sceglierete, riprendete la linea G verso Queens (direzione Court Square).

Pulaski Bridge / Greenpoint (Brooklyn)
Stazione Subway: Greenpoint Avenue / Linea G.

Uscite dalla metro dal lato di India Street. Proseguite camminando verso nord, lungo Manhattan Avenue, finché non incrociate Green Street, voltate a destra su Green Street e camminate per tutto il blocco verso est fino ad incrociare McGuinness Boulevard. Qui i runner che passano vi troveranno alla loro sinistra. In questo punto si è quasi ai piedi del Pulaski Bridge, punto esatto di mezza maratona.

Per proseguire lungo l'itinerario: ritornate alla fermata Greenpoint Avenue, dove se vi spingete fino alla strada Greenpoint Avenue potrete rivedere i runner passare, e prendete la subway G, verso nord, direzione Queens (Court Square).

Queensboro Bridge (Queens)
Stazione Subway: Court Square / Linee E, G, 7.

Arrivando con la linea G a Court Square seguite le indicazioni che vi portano verso la linea E ed a metà del lungo corridoio di raccordo seguite le indicazioni per l'uscita Court Square 44 Drive. Sbucherete sul lato sud di 44th Drive ed i runner vi passeranno proprio davanti (vi troveranno alla loro destra). Di qui potete decidere di incamminarvi lungo Crescent Street camminando parallelamente ai podisti, fino a raggiungere il punto dove i runner voltano a sinistra e sono all'inizio della salita sul temuto Queensboro Bridge.

Per proseguire lungo l'itinerario: ritornate indietro all'entrata della stazione della *subway* e seguite le indicazioni per le linee E, M. Seguite le direzione Manhattan e prendete un treno di una qualsiasi delle due linee (E, World Trade Ctr, oppure M, Metropolitan Av) per una sola fermata.

First Avenue 58 (Manhattan)
Stazione Subway: Lexington Av-53 St / Linee E / M.

L'arrivo del Queensboro Bridge a Manhattan è tra i punti più caldi e probabilmente imperdibili di tutto il percorso. Uscite dalla metropolitana dall'uscita 3 Av & 53 St e camminate verso nord lungo Third Avenue. Arrivati alla E 59th Street voltate a destra e camminate verso est. Il tratto che vi interessa raggiungere è il blocco di E 59th Street compreso tra Second Avenue e First Avenue. Qui sta alla vostra abilità riuscire ad avvicinarvi al ponte e sorpassare i tanti strati di folla assiepati nei pressi dello svincolo che scende dal lato sud del ponte, da dove i runner arrivano a Manhattan. I runner vi troveranno, in ogni caso, alla loro destra.

Per proseguire lungo l'itinerario: tornate indietro camminando sulla E 59th Street stavolta verso ovest e proseguite fino a raggiungere Lexington Avenue, qui entrate nella fermata della *subway* 59 St-Lexington Av, seguite le indicazioni per Uptown & The Bronx e prendete la linea 6 in direzione Parkchester o Pelham Bay Park.

First Avenue 96 / Fifth Avenue 96 (Manhattan)
Stazione Subway: 96 St / Linea 6.

Uscite dalla stazione seguendo le indicazioni 96 Street & Lexington Avenue e camminate, verso est, lungo E 96th fino all'incrocio con First Avenue (circa 600 metri). Qui incrocerete i runner mentre corrono verso nord. I podisti vi troveranno alla loro sinistra (e la Avenue qui davvero non si riesce ad attraversare). Una volta visti passare è possibile camminare, stavolta verso ovest, sempre lungo E 96th Street fino ad incrociare Fifth Avenue (poco più di un chilometro), agganciando nuovamente i podisti, che qui, invece, corrono verso sud, poco prima della loro entrata in Central Park. Questo è uno dei tratti più pesanti di tutta la gara e farsi trovare qui potrebbe davvero essere molto apprezzato da chi corre. Del resto siete qui per questo, no? Bisogna tener conto che dal momento in cui i runner vi passano davanti dall'incrocio tra E 96th e First Avenue e quello in cui incrociano sempre E 96th ma su Fifth Avenue, i podisti percorrono circa 9 km, quindi c'è tempo anche di fare una meritata pausa.

Se invece intendete proseguire lungo l'itinerario: riprendete la *subway* alla medesima fermata 96 St su Lexington Avenue, direzione Uptown & The Bronx, linea 6, direzione Parkchester o Pelham Bay Park.

138 Street "Al muro, al muro" (The Bronx)
Stazione Subway: 3 Avenue-138 St.

Questa è, forse, la tappa più importante di tutto l'itinerario. Coincide praticamente con il fantomatico "muro" che i runner potrebbero, ed il condizionale è d'obbligo, incrociare proprio in questo punto del tragitto. Il clima è festoso anche in questa parte, ma ci sono sensibilmente meno spettatori (un motivo in più ancora per venire fin qui). Per fortuna la gara passa, letteralmente, davanti alla fermata 3 Avenue-138 St. Basta quindi seguire le indicazioni per 138 Street & 3 Avenue ed uscire in strada (si può scegliere il lato della strada dove stare utilizzando il sottopassaggio della stazione). Una volta visti passare i runner potrete rientrare velocemente in *subway* e puntare verso sud. Ciao Bronx, grazie.

Per proseguire lungo l'itinerario: riprendete la linea 6 Brooklyn Bridge - City Hall, direzione Manhattan.

Harlem (Manhattan)
Stazione Subway: 125 St / Linee 4, 5, 6.

Uscite dalla metro (seguite le indicazioni Lexington Avenue & 125 Street) e siete nel vero cuore di Harlem. Con tutti i pro ed i contro del caso. Preparatevi a ballare con il pubblico in questa location super musicale, ma prestate un pochino di attenzione alle vostre cose in questa stazione un pochino di "frontiera". Per raggiungere il percorso di gara basta camminare verso ovest lungo la 125th Street fino ad incrociare Fifth Avenue (circa 400 metri). Qui i runner, che corrono verso sud, vi troveranno alla loro sinistra, subito prima di girare intorno al Marcus Garvey Park, cosa che volendo potete fare anche voi.

Per proseguire lungo l'itinerario: ritornate alla fermata 125 Street e riprendete la linea 6 verso Manhattan (Brooklyn Bridge - City Hall).

Fifth Avenue 96 (Manhattan)
Stazione Subway: 96 St / Linea 6.

Se si è scelto di salire al Bronx (o ad Harlem), ma si vuole celebrare i propri runner anche su Fifth Avenue uscite (di nuovo!) a questa stazione e camminate da Lexington verso ovest lungo la E 96th Street (si può scorgere subito il parco in fondo alla strada). Camminate fino ad incrociare Fifth Avenue dopo circa 500 metri. I runner troveranno gli spettatori venuti qui in alla loro sinistra e non è facile (ma non impossibile) attraversare Fifth Avenue in questo punto.

Per proseguire lungo l'itinerario: camminate nuovamente lungo la e E 96th Street verso est e ritornate alla fermata 96 St. Qui prendete ancora la linea 6 verso sud (Brooklyn Bridge - City Hall).

Se si vuole raggiungere il punto successivo dell'itinerario si può, in alternativa, camminare a piedi, per circa 10 isolati (800 metri), lungo Fifth Avenue, parallelamente ai runner che corrono.

Central Park - Metropolitan Museum (Manhattan)
Stazione Subway: 86 St / Linee 4 ,5, 6.

Uscite dalla metropolitana e camminate lungo E 86th Street direzione "parco", ovvero verso ovest (circa 600 metri). Qui potete entrare in Central Park e camminare dentro il parco seguendo i runner che in questo tratto corrono lungo East Drive. Arriverete alla sinistra dei runner, che corrono verso sud. Più vi addentrerete anche voi lungo East Drive, più riuscirete, presumibilmente, a ricavarvi un angolino di pace. Questo è probabilmente il posto più bello di tutto il percorso dove fermarsi ad ammirare i runner passare.

Per proseguire lungo l'itinerario: uscite dal parco da dove siete entrati e tornate a prendere la *subway* a 86 St. Attenzione che questa fermata ha entrate separate per i treni che vanno verso nord e verso sud. Dovete entrare nella stazione dalle scale che dicono 86 Street Station - Downtown & Brooklyn. Qui potete prendere un treno qualsiasi delle linee 4, 5, 6, verso sud, e dovrete fare il cambio linea alla fermata Lexington Av-59 St, segnalato nel punto successivo.

Central Park South (Manhattan)
Stazione Subway: 5 Avenue / Linee N, R, W.

Per chi arriva qui seguendo l'itinerario:
Arrivati a questo punto del percorso dovreste essere diventati esperti della metropolitana di New York e quindi un semplice cambio di linea non dovrebbe rappresentare un problema o spaventarvi più di tanto.
Arrivati con la verde (4, 5, 6) alla fermata Lexington Av-59 St, scendete dal treno e seguite le indicazioni per le linee N, R, W, senza uscire dalla stazione. Qui prendete una linea qualsiasi tra N, R, W in direzione sud (Downtown & Brooklyn). Dopo una sola fermata scendete alla fermata 5 Avenue.
Una volta arrivati alla fermata 5 Avenue delle linee N, R, W, assicuratevi di uscire dalla metro scegliendo accuratamente l'uscita in fondo alla banchina, segnalata con 59 Street & Central Park South. Infatti questa fermata della metropolitana passa esattamente sotto ai runner ed uscendo dall'uscita indicata vi garantirete un posto a scelta lungo il bordo sud di Central Park. I

runner vi troveranno così alla loro destra. Per cambiare lato dovete passare ancora nella stazione, pagando il biglietto per usare la platform della *subway* ed uscire dall'uscita 60 St & 5 Av. Potrebbe essere l'unica alternativa a vostra disposizione in quanto Central Park South è completamente sigillata con barriere lungo tutta la strada.

Per proseguire lungo l'itinerario: rientrate nella metro alla fermata 5 Avenue e prendete il treno della linea N, R, W in direzione sud (Downtown & Brooklyn) per una sola fermata fino a 57 Street.

Columbus Circle (Manhattan)
Stazione Subway: 57 Street / Linee N, R, W.

Lasciate la stazione all'uscita a nord (57 Street & 7 Avenue), incamminatevi verso ovest, lungo la W 57th Street, camminando per un isolato. Quando incontrate Broadway voltate verso nord a destra ed in meno di un blocco sarete a Columbus Circle. Qui i runner entrano definitivamente in Central Park (e mancano circa 650 metri alla fine). La folla che si assiepa qui è enorme. I runner vi troveranno alla loro sinistra, subito prima di girare verso il parco. Non è possibile per chi assiste attraversare la strada e cambiare lato, in questo punto.

Columbus Circle / NYC Marathon Finish Line
Stazione Subway: 59 St - Columbus Circle / Linee 1 / A, C / B, D.

Se avete deciso di acclamare i vostri beniamini dalla Finish Line (pagando l'apposito biglietto da 75 dollari), arrivate direttamente a Columbus Circle (utilizzando una nelle linee sopra riportate) ed incamminatevi vero nord lungo Broadway. La Finish Line è all'altezza della W 66th Street. Per raggiungere la Finish Line, pass alla mano, conviene affidarsi ai tanti volontari di NYRR presenti nell'area per farsi indirizzare all'area riservata al pubblico. I controlli di sicurezza saranno imponenti, prevedete un tempo non breve per poter accedere agli spalti.

Un ultimo consiglio

Pianificare, progettare, ricordare, preparare, spostarsi: vedere i propri runner durante la NYC Marathon rischia di diventare un vero lavoro. Ed in parte lo è.

Quando però sarete in posizione, nel luogo prescelto, all'ora prevista, dal lato giusto, con lo smartphone "pronto" ad immortalare il momento... prendevi prima qualche minuto per voi.
Osservate lo spettacolo che, costantemente, vi scorrerà davanti agli occhi. Date uno sguardo alle centinaia di persone che vi circondano e che aspettano, anche loro, di vedere "qualcuno" di speciale. Prendetevi il tempo per guardare "tutti". Mollate lo smartphone, levate le cuffie, ascoltate il "rumore" delle migliaia di altre persone che hanno deciso, per amicizia, per amore o anche solo per curiosità, di essere lungo un tratto di strada, in qualsiasi tipo di condizione atmosferica, proprio accanto a voi, ad acclamare uno, dieci o cento runner sconosciuti. Acclamate anche voi tutti quelli che passano: gli elite runner (se avete la fortuna di vederli sfrecciare), le migliaia di runner che ce la stanno mettendo davvero tutta, i disabili che corrono in carrozzina o scortati da qualche runner eroico, ed infine gli ultimi, quei podisti che tutto sembrano tranne che atleti, che passano così tanto lentamente che sembra davvero che non potranno mai arrivare al traguardo, eppure lo faranno.

Lo spettacolo della Maratona di New York è tutto questo. Lo show non è solo per chi la corre. Lo spettacolo della NYC Marathon è per chiunque partecipi.
E quindi pure per voi.

Godetevelo.

Shopping (per soli runner)

New York può essere considerata, senza grandi dubbi, il paradiso per gli appassionati di shopping. Si potrebbero scrivere intere guide e riempire decine di siti web (come fatto ampiamente) relativi all'incredibile offerta commerciale che si ritrova nei negozi nelle strade della Grande Mela.

In sostanza, in città si trova e si può comprare tutto quello che esiste: da gadget da meno di un dollaro, a copie di qualsiasi brand di moda (leggi "Chinatown"), a tele originali di Picasso, gioielli di valore, abiti carissimi, orologi rari, gadget digitali di qualunque forma e marca, oggetti di design, cibi provenienti da qualunque parte del mondo, libri antichi ed in sostanza qualsiasi cosa che l'uomo abbia prodotto e che in qualche modo possa essere venduto.

A tutto ciò si aggiunge, ovviamente, tutto quello che "mente di runner" possa mai immaginare o sognare.

L'offerta è davvero di una completezza impensabile: qualsiasi cosa di qualsiasi marca sia stata pensata o prodotta per la corsa, potrete trovarla negli store e superstore indicati di seguito. Un consiglio importante: lo spazio all'interno dei *retail* a New York è una delle risorse più preziose e care che possano esistere. I manager degli store monitorano costantemente la *performance* della merce in vendita e continuamente aggiusta l'offerta commerciale con i prodotti arrivati più di recente. L'effetto è una rotazione velocissima dei prodotti in vendita: bastano pochi giorni e la felpa che vi piaceva tanto, la misura giusta delle scarpe che avevate provato, il gel al gusto "Puffo" buonissimo potrebbero scomparire. Ergo: se vedete / trovate qualcosa che vi piace o volete a tutti i costi... non rimandate l'acquisto "ai prossimi giorni", potreste semplicemente non ritrovarlo più in vendita.

Una ultima nota: la situazione dei *retail* a New York è estremamente volatile: i negozi aprono, chiudono, si spostano. Le catene si fondono, cambiano nome. Insomma... la lista che segue è stata aggiornata e verificata a metà del 2019, ma non sarà eterna: prima di recarvi nel negozio scelto fate un passaggio su Google Maps per verificare che l'indirizzo sia confermato.

Negozi "Runners only"

Il boom del running degli ultimi anni ha fatto sì che ci sia stata in città una forte espansione e diffusione di negozi specificamente dedicati al running. La gamma di prodotti offerta è estremamente completa, i marchi venduti sono tutti i nomi principali e minori del settore. Non è raro che questi negozi specializzati dedichino uno spazio maggiore, in termini di visibilità, anche a marchi secondari, ovvero a quei brand noti ma non così tanto grandi da potersi permettere un negozio monomarca nelle via delle città.

L'offerta commerciale copre, come ci si potrebbe aspettare, l'intera gamma di materiali necessari per il running: scarpe, vestiario per tutte le stagioni, calze, orologi GPS, accessori di qualsiasi tipo, gadget digitali fino a barrette energetiche e gel in tutti i gusti e forme concepibili. In sostanza si può entrare in un negozio di questo tipo vestiti in abiti "civili" ed uscirne in assetto gara versione "Kipchoge".

Molto spesso esiste una piccola sezione del negozio marcata con "SALE" oppure "CLEARANCE", dove è possibile trovare prodotti in offerta (solitamente della stagione precedente o, nel caso di scarpe, del modello precedente).
Il personale di questi negozi è estremamente gentile e preparato: si tratta spesso di runner esperti ed appassionati in grado di dare consigli, indirizzare la scelta (o persino rimandarla!) ed indicare il prodotto ideale per le esigenze di ciascuno. Spesso si può fare anche la Gait Analysis direttamente in negozio.

Infine, questi store sono anche dei luoghi di incontro tra runner: segnalano percorsi dove allenarsi, organizzano eventi con atleti famosi, presentazioni e giornate *demo* che permettono si provare gratuitamente nuovi prodotti di tutti i tipi. Praticamente tutti gli store segnalati propongono anche allenamenti di gruppo in uno o più giorni della settimana, con deposito delle proprie cose e mini ristoro a fine allenamento. Cosa si può desiderare di più da un negozio di running?

Jack Rabbit
www.jackrabbit.com
Probabilmente la più nota catena "solo running" della città, Jack Rabbit offre tutti i servizi ed i prodotti che un runner, alle prime armi o esperto, possa sognare.

Le sue attuali sei location, di cui quattro a Manhattan (Union Square, Columbus Circle, East Side e West Side), una a Brooklyn ed una ad Hoboken (New Jersey), sono tutte facilmente raggiungibili.

Super Runners Shop
superrunnersshop.com

Super Runners Shop è un'altra catena storica della città ed è stata fondata da Gary Muckercke primo vincitore in assoluto della NYC Marathon nel 1970. Sicuramente un sigillo di qualità. La catena offre quattro negozi, tre a Manhattan ed uno a Brooklyn.

Fleet Feet
604 Washington St, Hoboken, NJ
www.fleetfeethoboken.com

Una super catena di negozi dedicati al running (oltre 250 location in tutti gli Stati Uniti), che, tuttavia, non ha ancora fatto "il salto" a New York.
Unica location nei paraggi è ad Hoboken, nel New Jersey. Consigliato per quei runner che avessero scelto di fare base nel vicinissimo stato.

NYRR RUNCENTER (featuring the NB Run Hub)
320 West 57th Street, New York
www.nyrr.org/runcenter

Lo spazio ufficiale di NYRR, non lontano da Central Park ed a pochi metri da Columbus Circle, è un punto di ritrovo fondamentale per i runner della città.
In questo spazio i runner si recano "in processione": i podisti per recuperare il pettorale e la maglia originale per la stragrande maggioranza delle gare che NYRR organizza in città durante tutto l'anno, ad esclusione degli eventi più partecipati, per ovvie ragioni logistiche.
Qui prendono vita anche tutti gli eventi pubblici organizzati da NYRR: corsi di yoga, stretching, sessioni informative sulle competizioni, presentazione di atleti e gare. Il "cuore" di NYRR batte in questa nuova sede inaugurata nel 2017, dopo aver abbandonato la storica sede di E 89th Street.

Tra i tanti servizi a disposizione gratuitamente per i runner una rete Wi-Fi, armadietti in cui lasciare la propria roba per potersi allenare in libertà a Central Park, una galleria unica con tutte le medaglie di tutte le edizioni della NYC Marathon, ed un'area con alcuni documenti, foto e reperti che ripercorrono la storia di NYRR e della Maratona di New York.

All'interno di questo bellissimo spazio, è presente un'area shop destinata alla vendita di prodotti per il running, rigorosamente New Balance, che è lo sponsor unico di NYRR.

Oltre a tutta la gamma di New Balance, in questo negozio è possibile acquistare anche edizioni limitate di scarpe ed abbigliamento marcate con una delle gare più popolari e merchandising ufficiale della TCS New York City Marathon e di New York Road Runners. Ad eccezione degli expo temporanei, che si tengono per pochi giorni in concomitanza con le competizioni più importanti, questo è l'unico store della città dove potrete trovare questi tipo di prodotti.

Brooklyn Running Company
222 Grand Street, Brooklyn
www.brooklynrunningco.com
Questo bellissimo negozio ha la sua unica sede a Brooklyn, a Williamsburg. Sostiene di avere il "muro di scarpe più lungo di New York".
L'offerta commerciale è senz'altro completa, organizza numerosi eventi in-store molto interessanti, partecipa attivamente all'organizzazione del Brooklyn Mile, la gara di un miglio che si corre a Williamsburg in estate ed è la location unica dove è possibile acquistare diversi accessori da corsa a marchio Brooklyn e North Brooklyn Runners.

Negozi multisport

Di fronte ad una offerta così variegata di negozi specializzati, si potrebbe pensare che negozi meno "verticali" possano essere poco interessanti.
In realtà esistono diversi superstore che, nonostante l'offerta commerciale ovviamente più variegata, riescono a dedicare spazio e risorse al running.
Inoltre, avendo volumi di traffico più grandi, questi negozi multi sport, spesso, offrono sconti importanti su materiale leggermente meno recente.

Paragon Sports
867 Broadway, New York
www.paragonsports.com

Probabilmente il "decano" dei negozi di articoli sportivi in città. Paragon è una vera istituzione e pur essendo un negozio multisport il suo reparto running non ha nulla da invidiare a negozi più verticali.

È nel "centro" della città, a pochi passi da Union Square. Spesso in occasione di eventi importanti, come la maratona ed alcune mezze principali, distribuisce all'Expo delle card per uno sconto in-store del 20% dedicato ai runner. L'offerta commerciale è variegata e se siete appassionati di triathlon qui potrete fare il pieno davvero per tutte le vostre necessità.

REI
303 Lafayette Street, New York
www.rei.com

REI è una catena di oltre 150 negozi dedicati in generale all'attività all'aria aperta. L'offerta commerciale spazia davvero su tutti gli sport, running incluso. L'unico bellissimo store presente in città, a Soho, non ha un reparto dedicato al running specificamente, ma in ambito accessori potrebbe avere materiale interessante. E se per caso si è interessati anche al ciclismo, allora può diventare uno store di riferimento in città.

Modell's Sports Goods
www.modells.com

Per chi fosse in cerca di affari, magari su modelli di scarpe non recentissimi o materiale da running maggiormente "usa e getta", la catena di superstore Modell's Sporting Goods può rappresentare una buona alternativa a negozi specializzati ma spesso più cari. Inoltre, coprendo con la propria offerta commerciale praticamente tutti gli sport, può essere un buon posto dove acquistare materiale e souvenir a tema baseball, football o basket. Questa catena in città ha sei negozi, sparsi un po' ovunque a Manhattan. Si può fare riferimento a Google Maps per individuare quello più comodo o raggiungibile.

FootLocker
www.footlocker.com

Una catena che non dovrebbe avere bisogno di presentazioni, FootLocker a New York, è un po' dappertutto, compreso un grande negozio nei pressi di Times Square. Di tutti i negozi segnalati in questa sezione, FootLocker è certamente quello meno specializzato, ma la sua enorme forza commerciale gli permette, di tanto in tanto, di offrire promozioni molto allettanti. Vale la pena quindi di farci un salto, se ci si passa davanti. Con ben otto negozi a

Manhattan, uno a Brooklyn ed uno a Jersey City, potrebbe capitare abbastanza facilmente.

Negozi monomarca

A New York sembra esserci in corso una vera e propria competizione tra i brand di più noti a chi riesce ad avere il negozio come il design più innovativo, più grande ed in assoluto più interessante.

Questa gara è arrivata a livelli in cui, all'interno di questi store spesso futuristici, lo spazio destinato al prodotto ed alla vendita riesce a passare addirittura in secondo piano rispetto al design dello store. Questa categoria di negozi viene definita da queste parti "flagship", ovvero "nave bandiera".

La corsa al flagship store più figo è un processo trasversale che coinvolge tutti i marchi principali e ricchi di tutte le categorie di prodotto, ed ovviamente anche i marchi sportivi.

New York ospita alcuni dei flagship store più moderni di tutto il mondo. Ed anche molti marchi sportivi che non hanno la voglia e la forza di avere negozi così tanto importanti, anche dal punto di vista economico, hanno comunque in città uno o più negozi monomarca dedicati ai loro prodotti.

Adidas
565 Fifth Avenue, New York
www.adidas.com

Adidas ha a Manhattan ben due store. Il principale, Adidas Flagship New York, è su 5th Avenue. Si tratta di un classico esempio di flagship all'avanguardia per design e spazi. È ovviamente nel tratto di Fifth Avenue più prestigioso e costoso della città.

Il secondo store, Adidas Brand Center New York, su Broadway, si trova invece al confine nord di Soho ed è un negozio più tradizionale, anche se molto grande.

In entrambi gli store molto spazio è dato al running e tutto quello che ruota intorno a questa disciplina.

Asics
579 Fifth Avenue, New York
www.asics.com

Asics, risponde con tre negozi, tutti a Manhattan. Di questi, il flagship è (guarda caso) proprio in Fifth Avenue, a pochissimi metri da quelli di Adidas e Nike. Il negozio, di recente concezione, è molto fornito ed è sede di diversi incontri e presentazioni. Ma è decisamente meno "yeah" di quelli di alcuni competitor più noti.

Anche gli altri negozi in città (Soho e Meatpacking) offrono la gamma completa della linea Asics con una store experience molto piacevole e la disponibilità di tutti i prodotti in tutte le versioni.

New Balance
150 Fifth Avenue, New York
www.newbalance.com

Lo sponsor tecnico ufficiale della NYC Marathon ha a Manhattan ben tre negozi. A differenza di altri marchi, la linea scelta da New Balance è quella di store più piccoli, decisamente più a misura d'uomo e meno *flashy*, dove il cliente può concentrarsi sulla gamma di prodotti ed essere seguito con attenzione.

Il negozio principale è su Fifth Avenue vicinissimo al celebre Flatiron Building. È un negozio tutto sommato normale, con personale molto disponibile. Probabilmente lo store più interessante è quello dentro la sede di NYRR, per la gamma unica di prodotti venduti lì. Completa il trio, un negozio nell'Upper East Side.

Nike
650 Fifth Avenue, New York
www.nike.com

A fine 2018, Nike ha aperto un nuovo flagship store, Nike NYC, nel cuore di Manhattan (ovviamente su Fifth Avenue), ed ha fatto le cose davvero in grande.

Questo bellissimo edificio di nuova concezione, con tanto di campo di basket "digitale" al suo interno, è una specie di museo di Nike. La merce in vendita sembra quasi "disturbare" lo spazio, che offre ai clienti tutte le ultime novità della gamma, per il running ma non solo, ed una serie di servizi unici (come i digital lockers) e feature addizionali per i membri del Nike Running Club.

Nike ha un secondo store su Fifth Avenue, Nike Running Flatiron, decisamente più a sud, perfettamente dirimpettaio di New Balance, esclusivamente dedicato al running. Un terzo negozio, il Nike Soho, di concezione sempre modernissima offre, su Broadway, la gamma completa dei prodotti Nike con un intero piano dedicato al running.

Infine per chi si trovasse nell'Upper East Side, il Nike Running Upper East è un altro negozio dedicato esclusivamente alla corsa.

Tutti i negozi Nike offrono sessioni di training comuni ed organizzano moltissimi eventi. Alcuni store mettono a disposizione degli esperti la cui consulenza si può prenotare online.

The North Face
510 Fifth Avenue, New York
www.thenorthface.com

Marchio storicamente più vicino al trail running (ed altri sport più avventurosi), The North Face ha una presenza retail importante a New York.

Tre gli store presenti a Manhattan, su Fifth Avenue, nell'Upper West Side ed a Soho. Si tratta di negozi simili tra loro per dimensioni e gamma di prodotti in vendita. Lo store di Fifth Avenue, vicinissimo a Bryant Park, è il più grande ed anche il più nuovo. Di recente ha aperto un nuovo store a Williamsburg, ma sembra essere orientato maggiormente al casual piuttosto che al running (ma a New York le cose cambiano rapidamente).

Reebok
1 Union Square West, New York
www.reebok.com

Reebok ha a Manhattan due negozi ed un outlet. Lo store principale, Reebok Fithub, è in Union Square, probabilmente una delle piazze più interessanti ed accoglienti della città. Il negozio offre la gamma completa dei prodotti Reebok e dei servizi (compresa una palestra) per i suoi clienti. Lo store organizza moltissimi eventi, presentazioni, corsi gratuiti. Servizi simili offerti anche dal secondo store, ovviamente in Fifth Avenue.

Interessante, e quasi unica rispetto ad altri competitor, la disponibilità di un outlet nel cuore di Manhattan (in Avenue of Americas).

Skechers
www.skechers.com

Uno dei marchi che maggiormente negli ultimi anni ha raccolto un numero crescente di runner estimatori è Skechers. L'azienda californiana, che ha creduto nella super star del running Meb Keflezighi quando Nike lo aveva erroneamente dato "a fine carriera", è ormai uno dei brand più noti per le sue scarpe da running.

Skechers ha una presenza davvero importante a New York: del resto, produce e vende scarpe di tutti i tipi e non solo per l'attività sportiva. In città ci sono tanti negozi nei quartieri principali e diversi factory store. Si consiglia di far riferimento allo store locator sul sito web ufficiale o utilizzare Google Maps.

Under Armour
185 Greenwich Street, New York
www.underarmour.com

Il popolare brand di Baltimora ha una sua presenza retail nel nuovissimo centro commerciale Westfield World Trade Center, sorto ai piedi della Observation Tower nei pressi di Ground Zero.

Altri Brand

Con una offerta così tanto vasta e variegata di negozi mono e multi marca si potrebbe pensare che non ci sia spazio per altri brand. Eppure ci sono almeno due realtà, note e molto diffuse, che meritano una visita attenta da parte degli atleti in città.

Lululemon
114 Fifth Avenue, Manhattan
shop.lululemon.com

Questo marchio di abbigliamento canadese, nato originariamente per lo yoga, si è velocemente espanso verso altre discipline, running compreso. In poco tempo, ed in maniera inesorabile, la ricerca di un design particolarmente curato e di materiali e tessuti innovativi ha reso questo brand diffuso e molto ricercato.

Ormai Lululemon è quasi un marchio di abbigliamento casual / sportivo "generalista", ma la produzione specifica per il running (e l'atletica in generale) resta di qualità elevatissima, come i prezzi di alcuni capi testimoniano.

Lululemon può contare su una diffusione capillare sul territorio della città: con ben tredici negozi a Manhattan (sparsi tra Soho, Midtown, Upper West ed Upper East Side) e due a Brooklyn (Downtown Brooklyn e Williamsburg), ma vista l'incredibile popolarità acquisita dal brand si può facilmente prevedere una ulteriore espansione del canale retail nel prossimo futuro.

Athleta

athleta.gap.com

Chiunque faccia un giro in uno store di Lululemon non potrà fare a meno di notare che la maggior parte dei prodotti è destinata ad un pubblico femminile. Athleta, azienda del gruppo Gap, porta questa considerazione all'estremo, proponendo un'intera linea di athleticware (principalmente per yoga, nuoto ed, appunto, atletica) completamente disegnata e dedicata alla atlete. Sorry boys. I prodotti, per design e materiali, ricordano abbastanza da vicino quelli di Lululemon, con una qualità di prodotto leggermente più bassa, ma in compenso con prezzi decisamente più accessibili.

Al momento Athleta ha quattro store in giro per Manhattan (Union Square, Hudson Yards, Upper West ed Upper East Side) ed uno ad Hoboken, NJ.

Sotto a chi manca

Diversi brand noti e molto popolari di running non hanno una loro presenza retail autonoma a New York. Per la stragrande maggioranza di questi marchi, i rivenditori "multi marca" e "multi sport", segnalati in precedenza, hanno a disposizione la collezione completa, o quasi, di questi "grandi assenti" nelle vie della città.

Si consiglia di far riferimento ai siti ufficiali ed utilizzare la funzionalità store locator, per individuare quale dei negozi segnalati distribuisca il marchio che interessa.

Si tenga in conto, infine, che questa situazione può essere molto fluida: è nella natura di New York veder comparire ed anche scomparire negozi ed intere catene in pochissimo tempo.

Siti online

Non si può chiudere, davvero, una carrellata di negozi senza citare, per completezza, alcuni siti online specializzati.

Bisogna infatti tenere conto che a New York i servizi di consegna possono essere estremamente efficienti e molti store online offrono servizi di *delivery* rapida, ovviamente pagando poco in più, che di solito è compresa tra 1-2 giorni, ma può arrivare ad essere effettuata persino lo stesso giorno che si fa l'ordine.

Se per qualche motivo non si ha la voglia o la possibilità di girare nei negozi della città (che comunque offrono tutti anche uno e-commerce online) o si è alla ricerca di qualcosa che sembra "introvabile" a New York, i seguenti siti possono risolvere la situazione disperata.

Running Warehouse
www.runningwarehouse.com

Letteralmente il "magazzino del running", questo sito ha praticamente tutto quello che un runner desidera e molte altre cose che nemmeno sapeva di volere.

I prezzi sono di listino per molte cose, ma la sezione "Clearance" è una vera miniera d'oro di offerte di tutti i tipi. Se si sceglie la spedizione più lenta (che impiega solitamente 2-3 giorni ad arrivare a New York), allora il costo dello *shipping* è pari zero (ed anche quello della eventuale restituzione).

ShoeKicker
shoekicker.com

Se cercate una scarpa da running in offerta e conoscete esattamente nome, taglia e modello, questo sito permette di fare una ricerca combinata online tra diversi store online e di trovarle al miglior prezzo disponibile online. Davvero notevole.

Decathlon
www.decathlon.com

La celebre catena multisport francese ha aperto il suo primo store negli USA, in California, solo nell'aprile del 2019. In attesa dell'espansione verso la East Coast, qualora si fosse affezionati a qualche prodotto della arcinota catena di articoli sportivi si può ricorrere al completissimo sito di e-commerce.

Amazon
www.amazon.com

Ok, Amazon in nessun caso può essere considerato un sito specializzato (di niente). Ma con la selezione più grande del mondo di qualsiasi cosa ed il *same day delivery* offerto a New York su moltissimi oggetti, potrebbe davvero risolvere una situazione urgente oppure una esigenza specifica, magari a sole poche ore da una corsa di 42 chilometri…

Cibo

A New York si mangia bene. Spesso benissimo. Chi dice il contrario, probabilmente, è uscito dal suo paese d'origine solo in occasione del proprio viaggio di nozze e non ha mai mangiato nient'altro che la propria cucina tradizionale, cucinata, tra l'altro, dalla nonna di turno.

New York offre, anche dal punto di vista culinario, un'esplosione di opzioni, scelte, esperimenti. Mangiare e scoprire nuovi locali a New York è una meraviglia ed è parte della bellezza di visitare la città.

Esistono letteralmente decine di guide e centinaia di siti internet dedicati completamente al tema del "dove mangiare" a New York.

Qualsiasi pretesa di costruire una lista "completa" o "definitiva" sull'argomento, oltre ad essere palesemente fuori dal tema di questo libro, sarebbe destinata miseramente a fallire, per l'incredibile vastità dell'argomento, per la totale variabilità in tema di gusti di ciascuno e per la volatilità dei locali e della qualità dei servizi offerti della ristorazione a New York. Basti pensare che ogni anno aprono e chiudono a New York centinaia di locali destinati alla ristorazione.

Questa lista non pretende, quindi, di essere in alcun modo completa, accurata o definitiva. Anzi la sua definizione corretta è proprio quella di essere una "lista senza pretese".

È semplicemente una lista "ragionata" di posti dove si mangia bene (in generale o alcune specialità) e che alcuni amici newyorkesi frequentano abitualmente.

Alcuni sono posti speciali, altri "mitici", altri "border line", altri sono semplicemente ristoranti (o qualcosa in meno) dove si mangia bene, si spende il giusto e dove mi fa piacere ritornare quando possibile mentre sono in città.

Che poi è il meglio che si possa desiderare per un locale dove si mangia.

Mangiare a Manhattan

Americano

5 Napkin Burger
5napkinburger.com - diverse location
Una piccola catena di burger orientata a prodotti di qualità e con un menu estremamente variegato.

Bareburger
www.bareburger.com - diverse location
Insalate, sandwich ed ovviamente, burger di qualità al prezzo giusto. Perfetto per un panino al volo.

Balthazar
balthazarny.com - 80 Spring Street, New York, NY 10012
Uno dei più celebri ristoranti (e bakery) di tutta New York. I prezzi della cena possono risultare davvero poco accessibili, ma il brunch ha un prezzo più "umano" ed il cestino del pane con cui viene accompagnato è imperdibile.

Beecher's Handmade Cheese
www.beechershandmadecheese.com - 900 Broadway, New York, NY 10003
A New York il *mac & cheese* ed il *grilled cheese sandwich* sono considerati una religione: qui potrete gustarli mentre assistete alla preparazione di formaggi dal vivo. Nel cuore di Manhattan.

Bill's Bar and Burger
www.billsbarandburger.com - diverse location
Una completa offerta di vero *American food*, compresi ottimi burger e le immancabili *french fries*.

Boat Basin Café
boatbasincafe.com - W 79th Street, New York, NY 10024
La vista sul fiume Hudson è magnifica e si può smaltire il pranzo o la cena a base di pesce camminando lungo l'incantevole Riverside Park.

Brooklyn Diner
www.brooklyndiner.com - diverse location
Un *diner* alla vecchia maniera dove poter assaggiare tutti i *must* della cucina americana. Compreso un ottimo sandwich al pastrami.

Bubby's
www.bubbys.com - diverse location
Ottimo ristorante per chi cerca la tradizione americana ma non disdegna ingredienti più *healthy*.

Burger Joint
www.burgerjointny.com - 119 W 56th Street, New York, NY 10019
Ottimi burger, nel cuore di Midtown. Questo locale è perfettamente nascosto nella hall di un grande albergo, il Parker Hotel, davvero "insospettabile". Per trovarlo usate l'indirizzo e seguite la coda.

Dean & Deluca
www.deandeluca.com - diverse location
Una leggenda del cibo a New York. Un po' mercato, un po' negozio, un po' bistro. Il filo conduttore è che tutto è buonissimo. Ma un po' caro.

Five Guys
www.fiveguys.com - diverse location
Se cercate un buon burger da fast food ad un prezzo accettabile, Five Guys è la scelta giusta. Le *french fries* sono ottime ed abbondanti e le arachidi gratis.

Katz
katzsdelicatessen.com - 205 East Houston Street, New York City, NY 10002
Questo storico *deli* era già celeberrimo per il suo pastrami eccezionale, i tanti cartelli surreali ed il mood che si respira. La fama di Katz è poi diventata planetaria per la scena, qui girata, del finto orgasmo del film *Harry, ti presento Sally*.

Knickerbocker Bar & Grill
www.knickerbockerbarandgrill.com - 33 University Place, New York, NY 10003
Un ricchissimo menu, molto americano, viene servito nella grande sala di questo bar / ristorante a pochi metri da Union Square. In perfetto stile

newyorchese, il venerdì ed il sabato dalle 21 si può anche ascoltare dell'ottimo jazz.

Minetta Tavern
www.minettatavernny.com - 113 Macdougal Street, New York, NY 10012
Possibilmente uno dei burger migliori di tutta la città. Il menu è molto ricco. I prezzi sono elevati e l'ambiente è un pochino formale. Occorre prenotare.

Old Homestead Steak House
www.theoldhomesteadsteakhouse.com - 56 9th Avenue, New York, NY 10011
A pochi passi dalla High Line e dal Chelsea Market, questa elegante *steakhouse* offre carne di ottima qualità ed un menu decisamente ricercato. Un posto dove celebrare la maratona più che fare uno spuntino veloce.

Shake Shack
www.shakeshack.com - diverse location
La più popolare e celebrata catena di burger di New York. Inutile girarci intorno: è tutto molto buono e saporito, anche se non leggerissimo, ed i prezzi sono abbordabili. Aspettatevi una coda, qualsiasi location scegliate.

Smith & Wollensky
www.smithandwollenskynyc.com - 49th Street & Third Avenue, New York, NY 10022
Celebrata e popolare *steakhouse*, è una delle destinazioni più note di New York. Inutile dire che la carne è buonissima, il menu molto ricercato ed i prezzi non proprio popolari.

The Dutch
www.thedutchnyc.com - 131 Sullivan Street, New York, NY 10012
Un ricchissimo menu, una bellissima atmosfera ed un bar super fornito rendono questo bel ristorante la destinazione ideale per una cena in compagnia o anche per l'ottimo brunch del weekend.

The Grey Dog
www.thegreydog.com - diverse location

Che scegliate di recarvi da Grey Dog per colazione, un pranzo *healthy* o una cena americana, non rimarrete senz'altro delusi. L'ambiente è estremamente informale, le porzioni generose ed i prezzi onesti.

The Little Owl
www.thelittleowlnyc.com - 90 Bedford Street, New York, NY 10014
Delizioso ristorante nel cuore del West Village, offre un menu ricchissimo e cibo di ottima qualità. I prezzi non sono bassissimi.

The Meatball Shop
www.themeatballshop.com - diverse location
Una piccola catena di ristoranti completamente dedicata al mito delle *meatball* (polpette). Moltissime le possibilità di personalizzazione offerte. Prezzi accessibili ed ambiente casual.

The Smith
thesmithrestaurant.com - diverse location
Una perfetta sintesi di ottimo cibo, buone birre ed un menu americano molto variegato. La location vicino al Lincoln Center è perfetta per sfamarsi subito dopo la maratona: calcolate i tempi e prenotate in largo anticipo.

The Standard Grill
thestandardgrill.com - 848 Washington Street, New York, NY 10014
Se siete alla ricerca di un menu raffinato, porzioni abbondanti ed un ambiente molto ricercato questo ristorante ai piedi dello Standard Hotel è il posto giusto per voi. I prezzi sono adeguati alla tipologia di ristorante ed alla zona di Manhattan.

The Spotted Pig
www.thespottedpig.com - 314 W 11th Street, New York, NY 10014
Uno dei gastropub più noti della città: il suo burger è considerato tra gli imperdibili di New York. Il ristorante non è enorme e non accetta prenotazioni. Preparatevi ad aspettare. Ne vale la pena.

Westville
westvillenyc.com - diverse location
Piccola catena di ristoranti molto gradevoli che offrono cibo di ottima qualità: burger, uova, *pancake* tutto accompagnato da una ampia scelta di verdure fresche e biologiche.

Bagel

Brooklyn Bagel & Coffee Company
bkbagel.com - diverse location
Buonissimi bagel appena fatti, prezzi contenuti e due comode location dove garantirsi uno dei pranzi più newyorkesi che si possa immaginare.

Ess-a-Bagel
www.ess-a-bagel.com - 831 3rd Avenue, New York, NY 10022
Possibilmente i migliori bagel di tutta Manhattan. Suggerimento prezioso: per evitare la coda ordinate online e poi mangiate direttamente al ristorante.

Russ & Daughters Cafe
www.russanddaughterscafe.com - 127 Orchard Street, New York, NY 10002
Un vero e proprio ristorante dove i bagel sono portati a livello di prelibatezza con un menu ricchissimo. Una tappa obbligata per gli amanti del genere.

Caffè, Cappuccino, Pasticceria

Bar Boulud
www.barboulud.com - 1900 Broadway, New York, NY 10023
Se siete in astinenza di dolci, croissant o caffè, questo bel bar di tradizione francese è un buon punto d'approdo. Specie subito dopo la maratona visto la sua location, a pochi metri dalla Finish Line della NYC Marathon.

Caffè Dante
www.dante-nyc.com - 79-81 Macdougal Street, New York, NY 10012
Se volete assaporare un ottimo caffè in vero stile napoletano, questo bar è il posto che fa per voi. Da non perdere anche la selezione di dolci. Ristrutturato di recente, Dante ha purtroppo perso la sua anima di storico bar italiano, ma resta un ottimo approdo per i runner in calo di zuccheri.

Gregorys Coffee
www.gregoryscoffee.com - diverse location
Una catena che ricalca abbastanza fedelmente il solco tracciato da Starbucks, rimanendo però ancorato sull'essenziale. Il caffè, espresso o americano, è bevibile ed alcuni dolci della ricca selezione sono deliziosi.

Le Pain Quotidien
www.lepainquotidien.com/us/en/ - diverse location
Catena internazionale di origine francese dove si può fare colazione in stile europeo o pranzo con ottimi sandwich. La location più spettacolare è senz'altro quella dentro Central Park, vicinissima alla Finish Line dalla NYC Marathon, anche se è inaccessibile il giorno della gara.

Maison Kaiser
maison-kayser-usa.com - diverse location
Se non avete voglia di andare al JFK e volare a Parigi per un croissant o una baguette (del resto sarebbero "solo" otto ore di volo), questa catena di *brasserie* è una validissima alternativa.

Piccolo Caffè
piccolocafe.us - 157 3rd Avenue, New York, NY 10003
"Nomen omen", dicevano i latini, e questo piccolo bar rispetta appieno le aspettative: pochissimo spazio per un bar che offre un ottimo caffè, dolci e buonissimi panini a prezzi più che onesti. Nella zona di Times Square è una vera e propria piacevole anomalia.

Veniero's
venierospastry.com - 342 E. 11th Street, New York, NY 10003
Per i nostalgici dei dolci italiani questa pasticceria (dal 1894 in città) può essere una vera e propria salvezza. Una passeggiata nel Lower East Side non può che terminare con un caffè qui.

Woops!
www.bywoops.com - diverse location
Macaron, croissant e caffè: una ricetta semplice ed efficace di questa (piccola) catena di bar dal design moderno e raffinato.

Cinese

Deluxe Green Bo Restaurant
www.deluxegreenbo.com - 66 Bayard Street, New York, NY 10013
Nel cuore di Chinatown questo piccolo ed affollato ristorante offre un ampissimo menu di tutte le specialità cinesi, note e meno note. I prezzi sono

moderati ed il locale è frequentato quasi esclusivamente da asiatici: lascia ben sperare sulla veridicità delle ricette.

Excellent Dumpling House
excellentdumpling.com - 165 W 23rd Street, New York, NY 10011
Per potersi ritrovare di colpo in Cina a volte non serve arrivare fino a Chinatown. Sulla W 23rd, non lontano dal Flatiron Building, questo vero ristorante cinese offre un ricco menu a prezzi accessibilissimi. Le porzioni sono molto abbondanti.

Great NY Noodletown
greatnynoodletown.com - 28 Bowery Street, New York, NY 10013
La specialità della casa, come suggerisce il nome, sono i buonissimi *noodle*, in questo ristorante semplice, economico e nel cuore di Chinatown. Cosa chiedere di più?

Kings County Imperial
www.kingscoimperial.com - 168 1/2 Delancey Street, New York, NY 10002
Un locale elegante e raffinato, che offre un menu ricercato e piatti buonissimi della tradizione cinese, alcuni anche rivisitati. Molto consigliato.

Xi'an Famous Foods
www.xianfoods.com - diverse location
Il successo di questa catena di piccoli ristoranti sembra inarrestabile: in effetti i piatti offerti sono eccezionali ed i prezzi più che ragionevoli. Attenzione: il piccante può essere davvero piccante.

Giapponese

Haru Sushi
harusushi.com - diverse location
Mangiar bene in zona Times Square è pressoché impossibile, giapponese poi quasi impensabile. Eccezion fatta per questo ristorante, che ha una sede anche a pochi metri dalle luci abbaglianti di Broadway, dove il menu è ottimo ed i prezzi accettabili.

Ippudo
ippudony.com - diverse location

Il *ramen* di Ippudo è uno dei più buoni e celebri di tutta New York. Per molto tempo mangiare in questo ristorante giapponese sembrava impossibile: file di ore e nessuna possibilità di prenotare. Oggi, con tre sedi in città, c'è un pochino di speranza in più.

Marumi
www.marumi.nyc - 546 LaGuardia Place, New York, NY 10012
Un piccolo ristorante, appena a sud di Washington Square Park, dove mangiare i piatti tradizionali della cucina giapponese. Non è troppo *fancy*, non c'è troppa gente, il sushi è strabuono ed i prezzi sono onesti. Perfetto.

Grab'n Go

Pret a Manger
www.pret.com/en-us - diverse location
In certe zone di Manhattan ci sono talmente tanti *Pret a Manger* che sembra quasi uno scherzo. Eppure questa catena offre buonissimi panini, insalate, zuppe, dolci e caffè. Il tutto dichiaratamente *healthy* ed *organic* (biologico). I prezzi sono onesti e le location comode e spaziose. A ridosso della pausa pranzo degli uffici può essere un pochino affollato.

Dig Inn
www.diginn.com - diverse location
Rispetto per gli ingredienti, cibo strettamente biologico, ricette semplici ma ricercate: un pranzo al volo da Dig Inn è spesso la soluzione ideale per chi visita la città e non vuole perdere troppo tempo per la pausa pranzo. Prezzi onesti e menù in costante evoluzione.

Wichcraft
www.wichcraft.com - diverse location
Questa mini catena di negozi offre un menu molto ricercato: panini, insalate, zuppe, piccoli piatti. Il tutto con ingredienti biologici, forniti da partner locali, selezionati e reinventati dallo chef Tom Colicchio.

Indiano

Dhaba
www.dhabanyc.com - 108 Lexington Avenue, New York, NY 10016
Un bel ristorante, elegante e ricercato, nel cuore della Curry Hill a Manhattan. Le generose porzioni permettono di scoprire alcuni dei piatti più noti della cucina dell'India del Nord. Prezzi abbastanza onesti. A pranzo offre un menu all-you-can-eat a prezzo fisso.

Indikitch
indikitch.com - diverse location
Una catena di fast food che offre alcuni dei piatti e delle pietanze più note della tradizione indiana con la possibilità di scegliere al volo cosa si vuole mangiare. Prezzi onesti, porzioni più che sufficienti e molto saporite. Per gli amanti del piccante.

Milon
www.milonny.com - 93 First Avenue, New York, NY 10003
Più che un ristorante una festa di luci. Questo piccolo locale nel Lower East Side offre piatti tradizionali e prezzi molto accessibili. A patto che riusciate a sedervi o farvi sentire per ordinare.

Saravanaa Bhavan
www.saravanaabhavan.us - 81 Lexington Avenue, New York, NY 10016
Nel cuore di Curry Hill questo buonissimo ristorante, frequentato per lo più da indiani, offre piatti vegetariani della tradizione dell'India del Sud. È tutto buonissimo, davvero. Ordinate anche se non capite cosa sia. Aspettatevi che sia piccante. Prezzi molto onesti.

Insalate

Chopt
www.choptsalad.com - diverse location
La perfetta pausa pranzo spesso è semplicemente una buona insalata. Chopt offre la possibilità di costruirne una su misura, con ingredienti aggiuntivi di tutti i tipi, in pochissimi istanti. Non fatevi ingannare dalla piccola ciotola, alla fine sarete sazi.

Fresh & Co
www.freshandco.com - diverse location
Insalate appena fatte, panini, zuppe: tutto biologico e freschissimo. Una soluzione ad un pranzo al volo senza troppi fronzoli e senza spendere un patrimonio.

Sweetgreen
www.sweetgreen.com - diverse location
Un ricchissimo menu di insalate, arricchite da ingredienti noti e meno noti, fa sì che questa catena sia letteralmente presa d'assalto. Le porzioni sono abbondanti e le verdure freschissime. Consigliato. Eccetto che nella pausa pranzo.

Italiano

Eataly
www.eataly.com/us_en - diverse location
La celebre catena di cibo e prodotti italiani offre a New York due grandi negozi all'interno dei quali sono offerte diverse possibilità di mangiare piatti tradizionali del Belpaese. Buona qualità e personale gentile. Tutto molto italiano, eccetto i prezzi: adeguati, nettamente, alla media newyorchese.

Kestè
kestepizzeria.com - diverse location
Un'ottima pizza verace ed una nutrita offerta di antipasti tradizionali: sembra di essere in Italia.

Mi Garba
www.mi-garba.com - 129 4th Avenue, New York, NY 10003
Vino ed aperitivi: un tradizione italiana che a New York si fa un pochino più fatica a reperire. Questo gradevole locale, pochi metri a sud di Union Square, porta i suoi ospiti "in Toscana" in pochissimi istanti. Buona selezioni di vini.

Morandi
www.morandiny.com - 211 Waverly Place, New York, NY 10014
Questo elegante ristorante offre un ricco menu di piatti della tradizione italiana. Le porzioni sono generose, gustose e la selezione di vini è eccellente. Conviene prenotare.

Nutella Cafe

www.facebook.com/NutellaCafeNewYork - 116 University Place, New York, NY 10003

Aperto a fine 2018 questo locale, a pochi passi da Union Square, prova a elevare la popolarissima crema spalmabile al cioccolato in un ingrediente con cui arricchire di tutto. In effetti, ricoperto di Nutella, si mangiare pressoché qualsiasi cosa.

Ribalta

www.ribaltapizzarestaurant.com/nyc/it - 48 E 12th Street, New York, NY 10003

Il teletrasporto esiste e collega New York a Napoli: basta entrare da Ribalta per essere catapultati nella città partenopea. La pizza è eccellente ed indistinguibile da quella fatta a Napoli, così come la selezione di primi piatti. Per il massimo dell'esperienza "verace", è consigliato assistere ad una partita del Napoli proiettata sul megascreen. Forza Napoli Sempre.

Roberta's

robertaspizza.com - diverse location

Ambiente moderno e ricercato, pizza eccellente ed una buona selezioni di formaggi e salumi. Completano l'offerta ottimi primi ed una selezione di vini italiani. Prezzi moderati.

San Matteo

www.sanmatteopanuozzo.com - 1739 2nd Avenue, New York, NY 10128

Ciro, salernitano doc, mente infaticabile dietro il successo di San Matteo, riesce a ricreare il cibo ed il feeling italiano in questo piccolo ristorante dell'Upper East Side. Pizze ed antipasti eccellenti. Ed Il bagno dietro al forno delle pizze è da Guinness dei Primati.

Sant Ambroeus

www.santambroeus.com - diverse location

Elegante catena di ristoranti con un menu raffinato e location estremamente sofisticate. Qualità eccellente del cibo ma prezzi molto newyorkesi. La cioccolata calda è strepitosa.

Settepani

www.settepani.com - 196 Malcolm X Boulevard, New York, NY 10026

Un fantastico locale, ad Harlem, per uno spuntino ed un buon bicchiere di vino. Ottima pasticceria, è perfetto anche per il brunch.

Sorbillo

www.sorbillonyc.com - 334 Bowery Street, New York, NY 10012
Uno dei nomi storici della tradizione napoletana, Sorbillo offre una delle pizze più buone ed originali di tutta New York. La qualità degli ingredienti è eccellente, il locale è accogliente ma rumoroso. L'unica differenza rispetto a Napoli sono i prezzi: decisamente adeguati alla Grande Mela.

Sottocasa

www.sottocasanyc.com - 227 Lenox Avenue, New York, NY 10027
Pizza bianca, pizza rossa, antipasti, vino e birra: la semplicità del menu e la bontà dei piatti preparati fanno di Sottocasa una delle pizzerie di riferimento in città. Prezzi onesti.

Mercati

Chelsea Market

www.chelseamarket.com - 75 9th Avenue, New York, NY 10011
Questo popolare mercato, appena sotto l'High Line, offre una serie di ristoranti grandi e piccoli per tutti i gusti e tutte le tasche. Rischia di essere seriamente sovraffollato di turisti intorno all'ora di pranzo e cena.

Grand Central Market

www.grandcentralterminal.com/grand-central-market - 89 E 42Nd Street, New York, NY 10017
Se siete in visita alla Grand Central, questa enorme area sotterranea offre numerosi bar e ristorantini dove procurarsi del cibo. Perfetto per gruppi numerosi che non sanno scegliere un'unica destinazione dove cibarsi. Essendo nel cuore di una stazione, la sera è "variamente" popolato e conviene evitare.

Union Square Greenmarket

www.grownyc.org/greenmarket/manhattan-union-square - Union Square, New York, NY 10003
Questo bellissimo mercato all'aperto, che si tiene quattro giorni a settimana, dalle 8:00 alle 18:00, offre numerosi banchi dove acquistare frutta, verdura,

formaggi e prodotti di *bakery*. È un mercato utilizzato essenzialmente dai newyorkesi e c'è un *mood* fantastico.

Whole Foods
www.wholefoodsmarket.com - diverse location
Una delle più popolari catene di supermercati di tutti gli Stati Uniti, offre all'interno dei propri negozi una gigantesca area buffet per costruirsi un pranzo veloce basato su ingredienti sani e biologici. Alcune location, come quella di Bryant Park, offrono anche dei piccoli bar / ristoranti all'interno.

Messicano

Calexico
www.calexico.com - diverse location
Piccola catena di ristoranti a forte ispirazione messicana: cibo eccellente, prezzi onesti e personale super disponibile. Ma evitate il piccante prima della gara.

Chipotle
www.chipotle.com - diverse location
Una catena di fast food presenti dappertutto, che permette di costruire il proprio burrito "live", scegliendo gli ingredienti che si preferisce. Un'ottima soluzione per un pranzo veloce ad un prezzo onesto.

Móle
www.molenyc.com - diverse location
Piccola catena di ristoranti messicani "veraci": il cibo è ottimo, le porzioni sono abbondanti ed il personale molto socievole. *Chips & Salsa* sono imperdibili, ma poi diventa impossibile smettere di mangiarle.

Rosa Mexicano
www.rosamexicano.com - diverse location
Catena di ristoranti dal design ricercato ed un menu molto ricco: i *tacos* sono tra il migliori della città Una location è a pochi passi dal Lincoln Center e, se si prenota con largo anticipo, può essere la "salvezza" post maratona. Dopo 42 km, un burrito e qualche birra ghiacciata sono il minimo sindacale.

Succhi e centrifugati

Juice Generation
www.juicegeneration.com - diverse location
Una catena che fa di succhi e frullati di frutta e verdura fresca la sua mission aziendale. Accanto ad un menu ricchissimo, vanno sicuramente segnalati gli "shot": delle piccole bottiglie di succhi concentrati che in pochi sorsi fanno seriamente sparire i sintomi di un raffreddore pre-gara (nel caso cercate "The Defender").

Juice Press
juicepress.com - diverse location
Sessantacinque punti vendita solo a New York: l'offerta di succhi e centrifugati rigorosamente biologici di Juice Press è praticamente ovunque. Ed un succo è una valida alternativa agli ettolitri di soda zuccherata che vi proporranno dappertutto.

Vegetariano, vegano e veg-friendly

by Chloe
eatbychloe.com - diverse location
Un menu 100% vegano ma incredibilmente simile ad un menu tradizionale è quello che offre questa piccola catena in forte espansione. burger, *fish & chips*, *meatball*: tutto è reinventato e super saporito.

Franchia
www.franchia.com - 12 Park Avenue, New York, NY 10016
Una cucina estremamente creativa (e molto ricercata) è alla base del menu di questo *vegan* café di forte ispirazione asiatica. Buona anche la selezione di tè.

Ilili
www.ililinyc.com - 236 Fifth Avenue, New York, NY 10001
Una cucina incredibilmente raffinata, un menu ricco di ispirazione mediorientale ed una location molto elegante: gli ingredienti di questo ristorante, non strettamente *vegan*, ma con una ricca selezione di pietanze adatte a tutti. Prezzi moderati.

Beyond Sushi
beyondsushi.com - diverse location
Questo ristorante *vegan sushi* è diventato estremamente popolare ed offre un menu molto variegato con zuppe, *dumpling*, noodle ed ovviamente sushi roll. Prezzi onesti.

Ivan Ramen
www.ivanramen.com - 25 Clinton Street, New York, NY 10002
Il *ramen* offerto da questo ristorante è una "celebrità", al punto di essere stato osannato, più di una volta, in TV. Il *veg ramen* è "da leccarsi la ciotola". Prezzi moderati.

The Butcher's Daughter
www.thebutchersdaughter.com - diverse location
Un menu ricco, molto variegato ed una serie di ristoranti estremamente curati e dal design sobrio ed accogliente. Un punto di riferimento, in vari punti della città, per un toast, un'insalata o un'omelette.

Vari

Cafe Mogador
www.cafemogador.com - 101 St. Marks Place, New York, NY 10009
Un bel ristorante, con un menu ricco di piatti della tradizione mediorientale. Humus, cous cous e buonissime tajine. L'ambiente è estremamente accogliente ed i prezzi moderati.

Dough
www.doughdoughnuts.com - diverse location
Anche se non siete Homer Simpson è sempre difficile dire "no" a delle ciambelle, quelle offerte da Dough sono eccellenti, appena fatte e davvero irresistibili.

Dun-Well Doughnuts
www.dunwelldoughnuts.com - 101 St. Marks Place, New York, NY 10009
Probabilmente i migliori *donut* di New York: l'unica difficoltà è saper scegliere tra i vari gusti incredibilmente creativi a disposizione. Un ottimo premio post maratona.

LoLo's Seafood Shack
lolosseafoodshack.com - 303 W 116th Street, New York, NY 10026
Un minuscolo locale ad Harlem che offre pasti veloci e squisiti a base di pesce.

Nanoosh
nanoosh.com - diverse location
Una catena che offre un menu semplice ed estremamente leggero di piatti della tradizione mediterranea: una perfetta pausa pranzo al prezzo giusto.

ROKC
rokcnyc.com - 3452 Broadway, New York, NY 10031
Un ottimo ramen ed eccellenti *pork bun*. Accompagnati da cocktail super creativi nel cuore di West Harlem.

Pabade Bakery
www.pabadebakery.com - 135 E 110th Street, New York, NY 10029
Forse la migliore *bakery* di tutta New York: assaggiate il pandebono. Ottima scelta anche per chi cerca prodotti *vegan* e senza glutine.

Teranga
itsteranga.com - 1280 5th Avenue, New York, NY 10029
Una deliziosa caffetteria africana ospitata in "The Africa Center".

The Poke Spot
www.pokespot.com - 120 4th Avenue, New York, NY 10003
Se siete in cerca di *poke* nei pressi di Union Square, questo piccolo ristorante offre una soluzione semplice, veloce ed economica. Perfetto per un pranzo al volo.

Mangiare a Brooklyn

Americano

Diner
dinernyc.com - 85 Broadway, Brooklyn, NY 11249
Piccolo ed accogliente ristorante a pochi passi dal ponte di Williamsburg e dal bellissimo Domino Park. Il menu è ricco ed è scritto al volo ed a mano sulla tovaglietta. I burger sono molto buoni.

Dumont Burger
www.dumontburgerbrooklyn.com - 314 Bedford Avenue, Brooklyn, NY 11211
Uno dei migliori burger di tutta New York è offerto da questo piccolissimo ristorante che si affaccia su Bedford Avenue. Anche il *mac & cheese* è imperdibile. Ci si passa davanti correndo la NYC Marathon... ma non c'è tempo di fermarsi, purtroppo.

Egg
www.eggrestaurant.com - 109 N 3rd Street, Brooklyn, NY 11249
Omelette, uova e bacon, *pancake*: qualsiasi cosa sognate del breakfast autentico qui lo troverete. Ed è squisito. Prezzi onesti e personale molto gentile. Aspettatevi di fare una coda, specie nel weekend.

Fette Sau
www.fettesaubbq.com - 354 Metropolitan Avenue, Brooklyn, NY 11211
Se volete festeggiare la maratona a base di carne Fette Sau (che tradotto significa "maiale grasso"), è uno dei posti che dovreste prendere in considerazione. Offre un menu rigorosamente legato alla "mitologia" del *barbeque*: poche cose ma buonissime. Impossibile consigliare un piatto specifico. Ma il *brisket* è davvero imperdibile. Preparatevi ad una coda.

Five Guys
www.fiveguys.com - diverse location
Se cercate un buon burger da fast food ad un prezzo accettabile, Five Guys è la scelta giusta. Le *french fries* sono ottime e le arachidi gratis.

Five Leaves

fiveleavesny.com - 18 Bedford Avenue, Brooklyn, NY 11222

Uno dei locali più popolari e *posh* di Williamsburg offre un menu ricco e ricercato: i burger sono eccellenti così come il salmone le ostriche. Durante il weekend è letteralmente preso d'assalto per il *brunch* ed è meglio evitarlo.

Nathan's Famous

nathansfamous.com - 1205 Riegelmann Boardwalk, Brooklyn, NY 11224

Più che un ristorante, una celebrità. Questo chiosco "extra large" affacciato sul *boardwalk* a Coney Island è un *must* per chi visita la zona. I suoi hot dog sono il piatto forte del menu: sono deliziosi e, come per magia, si finisce per ordinarne un altro.

Peter Luger Steakhouse

peterluger.com - 178 Broadway, Brooklyn, NY 11211

Una delle *steakhouse* più celebri di tutta la Grande Mela. Offre una selezione di carne di qualità eccellente e tagli di vario tipo, accompagnata da ottimi contorni. Prezzi elevati e non si può pagare con la carta di credito. Sarete obbligati a procurarvi contanti forse per la prima (ed unica) volta a New York. Bisogna prenotare con larghissimo anticipo.

Reynard

www.reynardnyc.com - 80 Wythe Avenue, Brooklyn, NY 11249

Delizioso ristorante al pian terreno del bellissimo Wythe Hotel, offre un menu ricercato e molto variegato. Dopo cena è impossibile non salire sul *rooftop* per ammirare il panorama di Manhattan al di là dell'East River. Prezzi moderati.

Shake Shack

www.shakeshack.com - diverse location

La più popolare e celebrata catena di burger di New York. Inutile girarci intorno: è tutto molto buono e saporito, anche se non leggerissimo, ed i prezzi sono abbordabili. Aspettatevi una coda, qualsiasi location scegliate.

Sunday in Brooklyn

www.sundayinbrooklyn.com - 348 Wythe Avenue Brooklyn, NY 11249

Astro nascente del brunch a Williamsburg, offre un menu davvero eccellente, ricco di piatti tradizionali americani ma arricchiti e reinventati. I *pancake* con salsa di nocciola sono quasi una ragione sufficiente per volare a New York. Nel weekend potrebbe esserci una coda importante. Non disperate: è una buona scusa per ammirare, nel frattempo, il vicino Domino Park.

Sweet Chick
www.sweetchick.com - 164 Bedford Avenue, Brooklyn, NY 11211
Se non pensate che il pollo con waffle e sciroppo d'acero sia una accoppiata assurda, questo è il posto che fa per voi: serve un menu di cibo in stile americano, i prezzi sono onesti ed il personale è molto disponibile. Ci si passa davanti durante la NYC Marathon.

The Meatball Shop
www.themeatballshop.com - 170 Bedford Avenue, Brooklyn, NY 11211
Una bel locale tutto dedicato al mito delle *meatball* (polpette). Moltissime le possibilità di scelta offerte. Proprio lungo Bedford Avenue a pochi passi dalla fermata della *subway* L.

The Osprey
www.theospreybk.com - 60 Furman Street, Brooklyn, NY 11201
Elegante ristorante all'interno del 1 Hotel a Dumbo. La location è strepitosa, il cibo ottimo ed i prezzi moderati. Un posto perfetto per una cena romantica ed una passeggiata con vista sul Brooklyn Bridge.

Westville
westvillenyc.com - 81 Washington Street, Brooklyn, NY 11201
Piccola catena di ristoranti molto gradevoli che offrono cibo di ottima qualità: burger, uova, *pancake*, tutto accompagnato da una ampia scelta di verdure fresche e biologiche.

Bagel

Atlas Cafe
atlas-cafe-cafe.business.site - 116 Havemeyer Street, Brooklyn, NY 11211
Questo piccolo bar offre una buonissima selezione di bagel ed un ottimo caffè. È frequentato quasi esclusivamente da residenti della zona. Personale gentilissimo.

Bagelsmith Bedford
bagelsmith.com - 189 Bedford Avenue, Brooklyn, NY 11211

Un piccolissimo locale dove procurarsi dei bagel di qualità da mangiare nel vicino McCarren Park o affacciandosi sull'East River.

Bred Brothers Cafe
breadbrotherscafe.com - diverse location
Tipico locale da bagel: ci si mette in fila, si specifica il tipo di bagel tra i tanti disponibili, se lo si vuole tostato o meno, che tipo di *cream cheese* si vuole e quale extra. Se pensate che uno non sia abbastanza, state sottovalutando il "peso specifico" del bagel.

Caffè, cappuccino, pasticceria

Fortunato Brothers
www.fortunatobrothers.com - 289 Manhattan Avenue, Brooklyn, NY 11211
Un bar pasticceria che dal 1976 propone la vera tradizione napoletana di caffè e dolci agli abitanti del quartiere. Williamsburg intorno è cambiata completamente. Non l'offerta di questo avamposto della napoletanità a Brooklyn.

Woops!
www.bywoops.com - 548 Driggs Avenue, Brooklyn, NY 11211
Macaron, croissant e caffè: una ricetta semplice ed esplosiva di questo bar dal design moderno ed arioso. A pochi passi dalla uscita della fermata Bedford Avenue della linea L.

Cinese

M Shangai
newmshanghai.com - 292 Grand Street, Brooklyn, NY 11211
Questo piccolo ristorante offre un buon menu di piatti tradizionali a prezzi accessibili. È circondato da bar e ristoranti molto *posh,* di conseguenza la sua atmosfera normale lo rende immediatamente simpatico.

Kings County Imperial
www.kingscoimperial.com - 20 Skillman Avenue, Brooklyn, NY 11211
Un ristorante elegante e raffinato che offre un menu ricercato e piatti buonissimi della tradizione cinese, alcuni anche rivisitati. Davvero imperdibile.

Xi'an Famous Foods
www.xianfoods.com - 648 Manhattan Avenue, Brooklyn, NY 11222
Il successo di questa catena di piccoli ristoranti sembra inarrestabile: in effetti, i piatti offerti sono eccezionali ed i prezzi più che ragionevoli. Attenzione: il piccante può essere davvero piccante. La location di Brooklyn si trova esattamente sul confine tra Greenpoint e Williamsburg.

Italiano

Fabbrica
fabbricanyc.com - 40 N 6th Street, Brooklyn, NY 11249
A pochi metri dall'East River, questo bel ristorante in stile *industrial* offre molti piatti della tradizione culinaria del sud Italia. Se avete voglia di pasta il giorno prima della maratona, questo è il posto che fa per voi. Il bar serve anche un ottimo espresso italiano, che in questa parte di Williamsburg sembra essere una rarità.

Have & Meyer
www.haveandmeyer.com - 103 Havemeyer Street, Brooklyn, NY 11211
Delizioso piccolo locale dove gustare salumi e formaggi italiani. L'atmosfera è estremamente conviviale e rilassata. Non è adatto a gruppi numerosi. Prezzi moderati.

Juliana's Pizza
julianaspizza.com - 19 Old Fulton Street, Brooklyn, Ny 11201
Un'accurata scelta degli ingredienti giusti ed una ricetta tradizionale rendono questo piacevole locale a Dumbo un'ottima soluzione per chi volesse una buona pizza. È proprio accanto a *Grimaldi's*, un'altra pizzeria molto rinomata della zona. Per fortuna le code per Juliana's sono più umane.

Lella Alimentari
www.instagram.com/lellalimentari - 325 Manhattan Avenue, Brooklyn, NY 11211
Una buonissima piadina romagnola nel cuore di Williamsburg. A volte la vita è fatta di cose semplici e piccole gioie.

Oregano
www.oreganowilliamsburg.com - 102 Berry Street, Brooklyn, NY 11249

Eccellente soluzione per chi cerca una pizza nel cuore di Williamsburg e vuole spendere una cifra onesta. Permette l'asporto, che con l'East River State Park a pochi passi è una possibilità allettante.

Sottocasa
www.sottocasanyc.com - 298 Atlantic Avenue, Brooklyn, NY 11201
Laura e Luca hanno inventato ed ora gestiscono questa popolare pizzeria a Downtown Brooklyn. Il nome deriva proprio dalla vicinanza del locale al loro appartamento. Le pizze sono deliziose e se avete la fortuna di incontrare Laura, che gestisce anche il sito Vivere New York (www.vivereny.it), potrete soddisfare qualunque curiosità abbiate sulla Grande Mela.

Paulie Gee
pauliegee.com - 60 Greenpoint Avenue, Brooklyn, NY 11222
Uno dei locali di riferimento di Greenpoint, Paulie Gee, prende il nome dall'eccentrico proprietario che spesso si aggira tra i tavoli alla ricerca di *feedback*. Le pizze sono tra le migliori di tutta New York, anche nelle versioni "americanizzate". Provare per credere la Greenpointer: mozzarella, rucola, parmigiano e limone.

Roberta's
robertaspizza.com - 261 Moore Street, Brooklyn, NY 11206
A Bushwick tutto è in evoluzione. La fama di questa bella pizzeria (ed il suo inconfondibile layout) è giustamente meritata. Le pizze sono buonissime. I prezzi molto più da Manhattan che da Bushwick.

Mercati

North 3rd Street Market
www.north3rdstreetmarket.com - 103 N 3rd Street, Brooklyn, NY 11249
Aperto nel 2018, questo grande spazio offre decine di *food vendor* con i menu più disparati. Molti sono succursali di ristoranti sparsi in giro per New York. L'offerta cambia costantemente, consultate il sito per una idea aggiornata dei ristoranti disponibili. Prezzi mediamente onesti.

Smorgasburg
www.smorgasburg.com - 90 Kent Avenue, Brooklyn, NY 11211 / Prospect Park
Cento diversi ristoranti offrono i loro prodotti ogni sabato mattina nell'East River Park e tutte le domeniche mattina a Prospect Park. Inutile dire che l'offerta copre qualsiasi gusto e qualsiasi tipo di cibo. Ciascuno può così scegliere di mangiare quello che vuole, affrontare una lunga fila e poi sedersi per un pranzo panoramico o nel parco. Ideale per gruppi numerosi con idee diverse.

Messicano

Calexico
www.calexico.com - diverse location
Piccola catena di ristoranti a forte ispirazione messicana: cibo eccellente, prezzi onesti e personale super disponibile. Evitate il piccante prima della gara.

La Superior
lasuperiornyc.com - 295 Berry Street, Brooklyn, NY 11249
Piccolo avamposto del Messico in terra di Brooklyn. Il menu è ricchissimo ed offre tutti i piatti più noti della tradizione messicana. Non si può prenotare, non consegnano a domicilio, non accettano carta di credito. Viva Mexico!

Móle
www.molenyc.com - 178 Kent Avenue, Brooklyn, NY 11211
Un ottimo ristorante messicano: il cibo è eccellente, le porzioni sono abbondanti ed il personale molto socievole. *Chips & Salsa* sono imperdibili, ma poi diventa impossibile smettere di mangiarle. Domino Park è solo a pochi metri per una passeggiata digestiva panoramica.

Tacocina
www.heytacocina.com - 25 River Street, Brooklyn, NY 11249
Nel cuore di Domino Park, uno dei parchi più suggestivi di Brooklyn, affacciato sull'East River e su Manhattan questo chiosco offre una piccolissima selezione di *tacos*, *chips & salsa* e qualche birra. Non sarà il menù più incredibile del mondo, ma la vista, probabilmente lo è.

Seafood

Brooklyn Crab
www.brooklyncrab.com - 24 Reed Street, Brooklyn, NY 11231
Se non avete trovato un motivo per visitare Red Hook, questo ristorante potrebbe darvelo: con le sue ampie terrazze, i finestroni enormi e la vista sulla New York Bay è un posto davvero incantevole. Sembra di essere in Florida. Il menù è fortemente basato su granchi, aragoste e calamari. Cibo eccellente e prezzi modici. Si può sognare davvero poco di più.

Lobster Joint
www.lobsterjoint.com - 1073 Manhattan Avenue, Brooklyn, NY 11222
Se desiderate un sandwich con aragosta in stile "Maine", questo piccolo locale nel cuore di Greenpoint è la risposta giusta. L'offerta prevede anche *fish & chips*, burger e una variegata lista di birre. Non fatevi ingannare dalle dimensioni del sandwich.

Succhi e centrifugati

Juice Generation
www.juicegeneration.com - diverse location
Una catena che fa di succhi e frullati di frutta e verdura fresca la sua *mission* aziendale. Accanto ad un menu ricchissimo vanno sicuramente segnalati gli *shot*: delle piccole bottiglie di succhi concentrati che in pochi sorsi fanno, seriamente, sparire i sintomi di un raffreddore pre-gara (nel caso cercate "The Defender").

Juice Press
juicepress.com - diverse location
Sessantacinque punti vendita solo a New York: l'offerta di succhi e centrifugati rigorosamente biologici di Juice Press è praticamente ovunque. Ed un succo è una valida alternativa agli ettolitri di soda zuccherata che vi proporranno dappertutto.

Vegetariano, vegano e veg-friendly

by Chloe
eatbychloe.com - 171 N 3rd Street Brooklyn, NY 11211
Un menu 100% vegano ma incredibilmente simile ad un menu tradizionale è quello che offre questa piccola catena in forte espansione. burger, *fish & chips*, *meatball*: tutto è reinventato e super saporito.

The Butcher's Daughter
www.thebutchersdaughter.com - 271 Metropolitan Avenue, Brooklyn, NY 11211
Un menu ricco, molto variegato ed una serie di ristoranti estremamente curati e dal design sobrio ed accogliente. Un punto di riferimento, a pochi passi da Bedford Avenue, per un toast, un'insalata o una omelette.

Vari

Caffè Colette
cafe-colette.com - 79 Berry Street, Brooklyn, NY 11249
Fate un salto in Francia in questo delizioso ristorante nel cuore di Williamsburg. Menu variegato, ottimi croissant e prezzi medi.

Café Mogador
www.cafemogador.com - 133 Wythe Avenue, Brooklyn, NY 11249
Un bel ristorante, con un menu ricco di piatti della tradizione mediorientale. *Humus*, *cous cous* e buonissime *tajine*. L'ambiente è estremamente accogliente ed i prezzi adeguati.

Dough
www.doughdoughnuts.com - 448 Lafayette Avenue, Brooklyn, NY 11238
Anche se non siete Homer Simpson, è sempre difficile dire "no" a delle ciambelle e quelle offerte da Dough sono eccellenti, appena fatte ed irresistibili.

Dun-Well Doughnuts
www.dunwelldoughnuts.com - 222 Montrose Avenue, Brooklyn, NY 11206

Probabilmente i migliori *donut* di New York: l'unica difficoltà è saper scegliere tra i vari gusti incredibilmente creativi a disposizione. Un ottimo premio post maratona.

Karczma
karczmabrooklyn.com -136 Greenpoint Avenue, Brooklyn, NY 11222
Greenpoint è stata, per molti anni, la capitale polacca di Brooklyn. Questo ristorante in stile fortemente mitteleuropeo offre un menu completo e porzioni giganti. Per gli amanti della carne e delle patate. Prezzi accessibili.

Sage Thai
www.sageongraham.com - 299-301 Graham Avenue, Brooklyn, NY 11211
Uno dei migliori ristoranti tailandesi di tutta New York. Il menu offre piatti deliziosi con una vera esplosione di sapori, porzioni abbondanti ed un'ottima selezione di birre. I *chicken curry puffs* sono imperdibili. Prezzi accessibili e staff alla mano. Super consigliato.

Steve's Authentic Key Lime Pies
keylime.com - 185 Van Dyke Street, Brooklyn, NY 11231
Se avete deciso di avventurarvi a Red Hook vi spetta un premio: le deliziose crostate alla crema di lime preparata artigianalmente da Steve, in un magazzino sull'East River. Una prelibatezza impossibile da raccontare. E non importa essere amanti dei dolci.

Fun

Nella città che non dorme mai, le occasioni di divertirsi, tra bar, *rooftop* e locali dove ascoltare musica, sono pressoché illimitate. L'offerta è, se possibile, forse persino più variegata e ricca di quella dedicata alla ristorazione.

Come nel caso del cibo anche solo immaginare di stilare una qualsiasi forma di lista completa, precisa o definitiva di luoghi dove divertirsi o passare una serata di festa in città sarebbe risibile e completamente "fuori tema" rispetto ai contenuti di questo libro.

Considerate, quindi, la lista dei locali che seguono più come una serie di "esempi" della varietà e delle possibilità offerte dai locali della *night life* newyorkese, piuttosto che una lista (impossibile) del tipo "i locali definitivi dove divertirsi in città".

Sono tutti locali testati sul campo e che rappresentano "il rifugio" serale di tanti amici che vivono in città.

Sono tutti? No.

Sono solo i migliori? Nemmeno per sogno.

Sono i più celebri? Solo qualcuno.

Sono un luogo giusto dove celebrare la propria performance alla maratona o ascoltare del buon jazz prima della gara o prima di tornare a casa?

Assolutamente si.

Ed è un'ottima cosa.

Buon divertimento.

Divertirsi a Manhattan

Aldo Sohm Wine Bar
www.aldosohmwinebar.com - 151 West 51st Street, New York, NY 10019
Questo wine bar ha una fantastica atmosfera ed una ottima selezione di vini.
Consigliato anche il cibo, specie per le porzioni piccole per accompagnare i
drink.

Arthur's Tavern
www.arthurstavernnyc.com - 57 Grove Street, New York, NY 10014
Un locale piccolo ma seriamente affollato quando, secondo un ricco
programma di intrattenimento, si esibiscono sul minuscolo palco band dal vivo
con un ricco repertorio jazz, blues, soul e funky.

Bar Arcade
barcadenewyork.com - 148 W 24th Street, New York, NY 10011
Quando un bar incontra i videogiochi, il risultato non può che essere esplosivo.
Per gli amanti dei giochi "di una volta" e degli ottimi cocktail.

FatCat
www.fatcatmusic.org - 75 Christopher Street, New York, NY 10014
Un incredibile bar sotterraneo, frequentato prevalentemente da studenti, dove
accanto ad un immancabile concerto jazz è possibile giocare a ping pong, o
biliardo, e bere birra.

Jimmy
www.jimmysoho.com - 15 Thompson Street, New York, NY 10013
Se cercate un elegante *rooftop bar* dalle parti di Soho dove celebrare la vostra
epica impresa alla Maratona di New York, Jimmy's dovrebbe essere il posto
giusto per voi. Ottimi drink con vista.

La Diagonal Agaveria
ladiagonalnyc.com - 185 St. Nicholas Avenue, New York, NY 10026
Nel cuore di Harlem questa agaveria, l'unica della zona, è un fantastico bar
dove bere cocktail o farsi tentare dal menu di forte ispirazione latina.

McSorley's
mcsorleysoldalehouse.nyc - 15 East 7th Street, New York, NY 10003

Entrare nella più antica birreria di New York (risale al 1854) è quasi scioccante: si passa dalla modernissima Manhattan ad un luogo, davvero, d'altri tempi. In Europa potrebbe essere un "vecchio pub" come tanti. Ma a Manhattan è giustamente un'istituzione. Imperdibile per una rumorosa birra tra amici.

Mr Purple Rooftop
www.mrpurplenyc.com - 180 Orchard Street, New York, NY 10002
Questo bellissimo bar occupa il quindicesimo piano dell'Hotel Indigo al confine tra il Lower East Side e l'East Village. Le viste sono strepitose, il locale offre anche una piscina ed una nutritissima offerta di cocktail. C'è veramente da chiedere poco di più.

Old Town Bar
www.oldtownbar.com - 45 East 18th Street, New York, NY 10003
A pochi passi da Union Square, questa vecchia birreria offre un ambiente vibrante e buoni piatti con cui sfamarsi. Intorno alle 18, quando gli uffici in zona tendono a svuotarsi, può essere difficile trovare da sedere.

Paris Blues
parisbluesharlem.webs.com - 2021 Adam Clayton Powell Jr Boulevard, New York, NY 10027
Un'istituzione nel mondo della musica ad Harlem (fondata nel 1968). Offre concerti jazz, sette giorni su sette, dalle 21 di sera all'una di notte. Non si paga all'entrata.

Refinery Rooftop
refineryrooftop.com - 63 W 38th Street, New York, NY 10018
Un bellissimo *rooftop bar* con una vista incredibile sull'Empire State Building. Offre anche cibo ed una lunghissima lista di cocktail ed alcolici.

The Cantor Roof Garden Bar
www.metmuseum.org/visit/food-and-drink - Metropolitan Museum, 1000 5th Avenue, New York, NY 10028
Un vero gioiello nascosto di New York: un bar sul tetto del Metropolitan Museum. La vista su Central Park è incredibile, specie in autunno quando gli alberi tendono al rosso ed al giallo. Aperto solo da aprile ad ottobre. Il venerdì ed il sabato chiude alle 22.

The Grange Bar
thegrangebarnyc.com - 1635 Amsterdam Avenue, New York, NY 10031
Un piccolo bar e ristorante a pochi metri dalla CUNY, nel cuore di Harlem. Ottimo cibo di ispirazione americana, realizzato con ingredienti locali e stagionali, accompagnato da un ricco menu di cocktail e birre artigianali.

The Skylark
theskylarknyc.com - 200 W 39th Street, New York, NY 10018
A pochi metri da Times Square, questo elegante bar offre una vista eccezionale (ed inaspettata) dall'alto del suo trentesimo piano. Chiuso durante i weekend e spesso per eventi privati. Consultate il sito per evitare chiusure a sorpresa.

The Vine
www.thevine.nyc - 851 6th Avenue, New York, NY 10001
Ospitato all'interno dell'Hotel Eventi, questo bellissimo bar offre cibo con un aperitivo in stile italiano, vino e cocktail. Può essere una buona soluzioni per gruppi numerosi alla ricerca di spazio in una città che, solitamente, ne offre poco.

The Top of the Standard
www.standardhotels.com/new-york/features/top-of-the-standard - 848 Washington Street, New York, NY 10014
Uno dei *rooftop bar* più fighi di tutta Manhattan: offre viste mozzafiato della città e del New Jersey. Occupa la sommità dello Standard Hotel ed offre due sale, con stili molto diversi, oltre ad una terrazza panoramica all'ultimo piano.

Village Vanguard.
villagevanguard.com - 178 7th Avenue South, New York, NY 10014
Una vera e propria istituzione cittadina per quanto riguarda il jazz a New York. Se siete amanti della buona musica, un tavolo ed un cocktail in questo piccolo e storico locale sotterraneo non può assolutamente mancare nella vostra esperienza newyorchese.

Divertirsi a Brooklyn

Bar Arcade
barcadenewyork.com - 388 Union Avenue, Brooklyn, NY 11211
Quando un bar incontra i videogiochi, il risultato non può che essere esplosivo.
Per gli amanti dei giochi "di una volta". Ottimi cocktail ed ambiente super
rilassato.

Brooklyn Bowl
www.brooklynbowl.com - 61 Wythe Avenue, Brooklyn, NY 11249
Giocare a bowling oppure assistere ad un concerto? Questo locale vi evita di
dover scegliere. E quando sarete fuori non perdetevi il panorama di Manhattan
visto dall'East River.

Harriet's Rooftop & Lounge
www.1hotels.com/brooklyn-bridge/taste/harriets-rooftop-lounge - 60
Furman Street Brooklyn, NY 11201
Pochi *rooftop bar* possono vantare la vista offerta da questo nuovo e bellissimo
bar in cima al 1 Hotel di Dumbo. Lower Manhattan, Brooklyn Bridge, l'East
River saranno "ai vostri piedi" dalla terrazza del decimo piano.

Lemon's Rooftop
www.lemonsbk.com - 80 Wythe Avenue, Brooklyn, NY 11249
Il *rooftop* del Wythe Hotel è stato per anni uno dei bar più popolari e ricercati di
tutta Brooklyn. Purtroppo le troppe nuove costruzioni nate nei pressi dell'East
River hanno in parte chiuso la vista di questo bar rinnovato di recente. Eppure
resta uno dei posti più magici in cui potrete festeggiare la vostra NYC
Marathon.

Spritzenhaus33
www.spritzenhaus33.com - 33 Nassau Avenue, Brooklyn, NY 11222
Per gli amanti della buona birra, del casino e della carne. Perfetto per gruppi
numerosi che vogliano festeggiare.

Surf Bar
brooklynsurfbar.com - 139 N 6th Street Brooklyn, NY 11249
Se entrare in un piccolo bar tutto in legno, in mezzo a palazzi modernissimi, e
ritrovarvi con i piedi immersi nella sabbia come in un lido qualsiasi non vi fa

effetto, allora questo bar non fa per voi. Peccato perché i cocktail sono buonissimi, i prezzi onesti, l'atmosfera assurdamente marittima ed il bel giardino nel retro è una vera oasi di pace.

Tacocina
www.heytacocina.com - 25 River Street, Brooklyn, NY 11249
Dimenticate i *tacos* o le *chips*; raggiungete Tacocina e regalatevi un paio di birre panoramiche nel più bel parco di Brooklyn. Rimanete nell'area riservata a chi beve per evitare sorprese.

The Brooklyn Barge
www.thebrooklynbarge.com - 79 West Street Brooklyn, NY 11222
Cosa ci può essere più panoramico di una barca davanti a Manhattan? Il Brooklyn Barge è proprio questo: un barcone ormeggiato sull'East River, a Greenpoint, che offre un ricco bar e tavolini vista "tutto". Sulla terra ferma è anche possibile procurarsi del cibo: ma con una vista del genere *who cares?* Stagionale: aperto da giugno a settembre.

Union Pool
www.union-pool.com - 484 Union Avenue , Brooklyn, NY 11211
Se volete sentire musica dal vivo, bere, celebrare, divertirvi e spendere il giusto, Union Pool è il posto che fa per voi.

Westlight
westlightnyc.com - 111 N. 12th Street Brooklyn, NY 11249
Questo elegante bar, che occupa il ventiduesimo piano del William Vale Hotel offre, probabilmente, la vista più incredibile di Manhattan che si possa immaginare e sognare. I prezzi di cocktail, alcool e cibo sono un pochino fuori norma. Ma sarete talmente rapiti dalla vista che, in tutta sincerità, non vi importerà. Aspettatevi di fare una fila piuttosto impegnativa, specie a ridosso del tramonto. Come bonus, stando in cima all'Hotel, oltre alla vista magnifica si riesce anche ad evitare di vedere l'edificio stesso su cui siete: l'unico *building* modernissimo ma dal design inguardabile di tutta Williamsburg.

TERZA PARTE

/// Run and the City

"I'm never going to run this again."

"Non correrò mai più una gara così."

Grete Waitz

Correre a New York

New York è considerata uno dei luoghi simbolo per i runner di tutto il mondo. La maratona contribuisce, senz'altro, a permetterle di raggiungere questo status, ma, in larga parte, deriva dalla enorme estensione della città e dei suoi distretti, dalla sua conformazione orografica, dall'elevatissimo numero di parchi grandi e piccoli (oltre 1700!) e dalle numerosissime strutture destinate all'attività fisica.

In breve: correre a New York è proprio una figata. Ci sono percorsi per tutti i gusti: di pochi o tanti chilometri, panoramici, collinari, sterrati, tra i boschi e tra i grattacieli. Inoltre la città è estremamente "runners friendly": capita spesso che gli automobilisti o i pedoni si fermino o si scostino per far passare un runner in arrivo. Ma, per favore, non attraversate la strada con troppa disinvoltura, fidandovi eccessivamente di questa indicazione.

Lo scopo di questo parte della guida è quello di segnalare e raccontare alcuni itinerari di New York dove è particolarmente suggestivo e raccomandato correre.

Di tutte le sezioni del libro questa, per via della lunghezza della maggior parte dei percorsi suggeriti, è probabilmente quella meno utile a chi si trova in città solo in occasione della maratona, visto che, al massimo, potrà permettersi un piccolo allenamento di rifinitura. Ma chiunque visiti New York in qualsiasi altra occasione, o magari si sta preparando per qualche competizione, può utilizzare i percorsi suggeriti e correre nelle vie e nei luoghi più suggestivi della città.

Qualche suggerimento prima di andare a correre

New York è una città molto estesa e si può correre davvero un po' ovunque. Correndo, però, specie se si va oltre la soglia dei 15-20 km e si segue l'istinto, si rischia di finire in zone completamente diverse da quelle di partenza. Nessun problema, ma avere con sé l'indirizzo di casa o dell'albergo dove si risiede può essere il metodo più semplice e sicuro per poter tornare alla base. L'indirizzo preciso può essere un dato essenziale data l'estensione della città. Ad esempio, ricordarsi semplicemente che il proprio hotel è "su Broadway" potrebbe non bastare ad un tassista: Broadway è lunga oltre 53 chilometri, inizia a Battery Park, attraversa Manhattan per circa 21km, passa per il Bronx per poco più di 3km, e prosegue verso nord, attraversando una serie di cittadine (anche pittoresche) fino a raggiungere Sleepy Hollow.

Oltre all'indirizzo di casa, un altro elemento da portare sempre con sé è la carta di credito: a New York viene accettata dovunque anche per cifre irrisorie di pochissimi dollari. Ed ovviamente sui taxi. Quindi, portando a correre anche la propria carta di credito (o in alternativa dei contanti), si è sicuri di potersi rifocillare e muovere con metro o taxi. Moltissimi esercizi commerciali ormai accettano anche i pagamenti cardless, offerti dai vari smartphone e smartwatch. Ma non tutti. Quindi la carta di credito tradizionale è il metodo più sicuro per acquistare beni durante o dopo la corsa.

Portare lo smartphone può essere una buona idea: non solo per ascoltare la musica o i podcast, ma principalmente per orientarsi e per fare foto durante l'allenamento. Se state pensando "non mi fermerei mai per fare un foto mentre mi alleno", probabilmente non vi siete allenati troppo spesso a New York: si rimane letteralmente rapiti da certi punti panoramici, da alcuni scorci o dalla luce che sbatte sulle pareti dei grattacieli, tra gli alberi di Central Park o sui ponti. E moltissimi dei percorsi suggeriti in questa sezione della guida sono pensati proprio per portarvi in giro nei posti più belli della città. Ergo: potrebbe valere la pena di portare con sé lo smartphone (se già non lo fate abitualmente).
Molti degli itinerari suggeriti cercano di evitare, appositamente, le strade cittadine. Ovviamente non è possibile per tutti gli itinerari ed inoltre, se siete runner del tipo che escono di casa e vogliono cominciare l'allenamento, allora vi troverete a correre, anche qualche chilometro, nel dedalo delle vie cittadine fatte per lo più di strade parallele e perpendicolari che si incrociano ossessivamente per raggiungere un determinato punto di partenza o di destinazione.

Oltre al traffico veicolare il problema che troverete sono i semafori: sono letteralmente ad ogni angolo di un *block* (ovvero ogni 80 metri), il che si traduce in una corsa estremamente frammentata e frustrante. A meno che non teniate a mente che i semafori agli incroci sono perfettamente sincronizzati tra loro e quindi quando arrivate ad un incrocio un semaforo sarà sempre rosso ma l'altro sarà sempre verde, o lo starà per diventare. Di conseguenza potete decidere di correre senza fermarvi (quasi) mai al semaforo rosso, ma, tenendo conto della destinazione finale che si vuole raggiungere, saltare da un lato all'altro della strada in una peculiare ed estremamente tipica corsa a zig zag. Gli amanti dei tracciati GPS "curiosi" apprezzeranno tantissimo.

Se decidete, invece, di utilizzare gli attraversamenti "alla newyorkese", ovvero guardare che non sopraggiungano veicoli ed attraversare anche se è rosso, assicuratevi di non avere cuffie: auto, bici, monopattini elettrici, skateboard potrebbero comparire "alla velocità della luce" proprio nel momento in cui state attraversando la strada.

A proposito del GPS va ricordato che, per come funziona la tecnologie sulla quale si basano tutti gli smartwatch per runner, c'è la necessità che gli orologi "vedano" il cielo. Più cielo libero hanno, maggiore sarà la ricezione e quindi si avrà una traccia ed una posizione più accurata.

Può capitare, e capita con molta frequenza, che nel budello di grattacieli che affollano alcune zone di Manhattan, ad esempio intorno a Times Square, il GPS che fino a pochi minuti prima era stato in grado di registrare il proprio allenamento in maniera accurata, svalvoli seriamente e per un pezzo di percorso registri posizioni, e quindi dati dell'allenamento, completamente errate. Non c'è praticamente niente da fare. Ma runner avvisato...

Correre in gruppo

New York è una città piena zeppa di runner. Chiunque sia appassionato dell'argomento e si trovi a visitare la città non potrà non notarlo. Letteralmente ad ogni ora, ogni giorno, si vedono passare podisti che corrono in solitaria o in gruppo, praticamente dovunque. Se poi si fa un giro a Central Park si rischia di pensare che ci sia una gara, vista la moltitudine di runner che si allenano nel parco praticamente sempre.

Se si è amanti del correre in gruppo o semplicemente non ci si sente troppo sicuri nel correre in giro per la città in solitudine, esistono diverse valide alternative.

Innanzitutto, la maggior parte dei negozi di running organizzano allenamenti settimanali (prevalentemente serali), completamente gratuiti, che partono ovviamente dallo store e accompagnano gruppi di runner di vario livello su percorsi scelti. Spesso al termine dell'allenamento c'è anche un mini ristoro o qualche promozione speciale proprio per chi si è allenato con il gruppo.

Inoltre, nei giorni immediatamente precedenti la NYC Marathon, esistono moltissime opportunità, offerte sempre dai medesimi negozi, di allenarsi sul tracciato della maratona, come ad esempio correre lungo le ultime 10 miglia della competizione (trovate l'itinerario più avanti in questa sezione), o di rifinitura in Central Park, con consigli sulla gara da runner veterani (*tip*: serve conoscere l'inglese in questo caso). Trovate la lista completa dei *running stores* che organizzano gli eventi nel capitolo "Shopping (per soli runner)", nella seconda parte di questa guida.

Se si è in cerca, invece, di qualcosa di più organizzato, Fit Tours NYC (www.fittoursnyc.com) organizza a pagamento allenamenti di gruppo di vario tipo a Central Park.
City Running Tours (www.cityrunningtours.com) espande ulteriormente, se possibile, il concetto, proponendo a pagamento itinerari turistici guidati, a passo di corsa, attraverso la città.
Il tour più interessante è, tuttavia, il NYRR Central Park Running History Tour organizzato da New York Road Runners (www.nyrr.org).
Si tratta di un giro quasi completo di Central Park, con numerose pause nei punti turistici più importanti del parco, ciascuno però legato al running in qualche modo. Il tour è guidato da uno dei coach di NYRR ed è estremamente "formativo" e gratuito. Per maggiori informazioni, prenotazioni ed il calendario di date / disponibilità (il tour è disponibile due volte al mese) si veda qui: link.maratona.nyc/cptour.

Inoltre NYRR offre moltissimi altri eventi gratuiti legati al running (yoga per runner, stretching, meeting con coach ed esperti) nei pressi della propria sede NYRR RUNCENTER, non lontano da Columbus Circle.
Infine New York Road Runners organizza moltissime competizioni a pagamento (oltre quaranta all'anno) e, con un pochino di fortuna, si può correre una gara nel periodo in cui si visita la città, assieme a migliaia di altri runner. È possibile registrarsi e pagare il corrispettivo direttamente sul sito ufficiale di New York Road Runners.

36 itinerari suggeriti

In questa sezione del libro sono raccolti trentasei differenti itinerari di running sparsi, praticamente, su tutto il territorio della città di New York. Sono tutti itinerari sperimentati sul campo, molti sono anche estremamente noti e popolari tra i podisti della città (difficilmente vi ritroverete da soli) e sono consigliati per runner di tutti i livelli e di tutte le abilità. La tipologia e la lunghezza dei percorsi indicati è molto variabile: il più breve è lungo, appena, 2,55 km mentre il più impegnativo arriva a 34 km. In totale gli itinerari suggeriti coprono all'incirca 480 chilometri di strade a New York. Dovrebbe essere abbastanza per farsi una idea della città.

Si è scelto, dove possibile, di individuare itinerari circolari (vengono indicati con *loop* nel nome) in modo che chi legge possa decidere di entrare nel percorso dove gli è più comodo, a seconda, per esempio, di dove alloggia o di dove sbuca dalla metro, invece che nel punto di inizio suggerito.

Gli itinerari sono divisi per distretto, con le due eccezioni di Central Park e dei percorsi multi distretto, sono elencati in ordine crescente di lunghezza e per ciascun itinerario sono segnalate le informazioni di base (lunghezza, dislivello, dove partire), ma anche alcune indicazioni prettamente turistiche, in modo da poter considerare la corsa come un modo addizionale, e sicuramente peculiare, di vistare la città. Completano le info di ciascun percorso alcuni suggerimenti, una cartina ed un link ad una pagina web per poter analizzare e studiare il medesimo percorso anche online.
Gli utenti di Strava che volessero scaricare sul proprio smartphone (o sul proprio smartwatch) gli itinerari segnalati, trovano tutti i percorsi ed i relativi file GPS da scaricare qui: www.strava.com/athletes/la-corsa-infinita. Infine, chi volesse farsi una idea "visuale" degli itinerari suggeriti trova una ricostruzione animata in 3D qui: www.instagram.com/la_corsa_infinita

Central Park
routes.run/centralpark

"Correre a New York" e "correre a Central Park" sono considerati, dai runner di tutto il mondo, praticamente sinonimi. E non a torto.

Il grande polmone verde della città è uno spazio davvero fantastico per allenarsi. Il parco offre percorsi per tutti i gusti e, fortunatamente, dal 2018 le auto sono tenute fuori dal parco in tutte le strade principali (eccezion fatta per le cosiddette *transverse roads* che però sono riservate ai soli veicoli e parzialmente sotterranee). Nel parco è possibile correre sull'asfalto o anche sullo sterrato. E quando si corre a Central Park non si corre mai soli: decine di persone, che diventano centinaia nei weekend, a qualsiasi ora del giorno e della sera, si allenano in tutte le zone del parco. Senza considerare che, come testimoniano gli oltre 25 milioni di visitatori ogni anno, Central Park è anche una delle principali destinazioni turistiche di New York. Il parco è aperto tutti i giorni dell'anno, dalle 6:00 del mattino alle 1:00 del mattino successivo.

Central Park occupa la parte nord di Manhattan (Uptown), è un gigantesco rettangolo largo 850 metri e lungo 4 chilometri, compreso tra la 59th Street e la 110th Street e 5th ed 8th Avenue. Si estende su una superficie di 3,41 chilometri quadrati (il 6% circa dell'intera Manhattan), che lo rende il quinto parco cittadino per estensione. Il più grande è il Pelham Bay Park nel Bronx che occupa una superficie più che tripla rispetto a Central Park.

All'interno del parco ci sono due strade principali ed asfaltate, West Drive ed East Drive, che di fatto fanno il giro del parco, ed alcune altre strade, oltre a decine di sentieri e percorsi da seguire e dove perdersi.

Central Park non é stato progettato per i runner bensì per le carrozze: il risultato è che tutti i percorsi all'interno del parco sono molto mossi con collinette, salite e discese. Perfetto per un allenamento misto.

Perdersi nel parco, correndo o vagando, per fortuna è estremamente difficile e rimanendo sulle strade principali è praticamente impossibile. Qualora dovesse succedere, però, basta incamminarsi verso una qualsiasi direzione e prima o poi si andrà a sbattere su uno dei tanti elegantissimi edifici che seguono il perimetro esterno del parco.

Per orientarsi a Central Park si possono anche usare i lampioni: ciascuno è dotato infatti di un etichetta che indica la strada esterna al parco più vicina (e se si è ad est oppure ad ovest). Un piccolo segreto, comodissimo.

All'interno del parco si può correre dove si vuole, ma è necessario fare attenzione a rispettare le corsie per i ciclisti, che letteralmente sfrecciano, spesso sfruttando le tante discese, nelle *lanes* a loro riservate all'interno del parco. Dentro il parco girano anche tante carrozze trainate da cavalli con turisti a bordo (ricchi, visto il costo dell'esperienza). Correndo potrebbe essere necessario fare attenzione agli "scarichi" del "motore" delle carrozze.

Central Park offre servizi di tutti i tipi: bagni, 125 fontanelle (chiuse, però, durante l'inverno), cinque bar, tre ristoranti, sparsi dappertutto decine di *cart* (bancarelle su ruota) che vendono cibo e bibite ed oltre 9000 panchine per riposarsi. In sostanza si può correre tranquillamente sapendo che tutte le esigenze che potrebbero sorgere durante il proprio allenamento potranno essere facilmente accontentate. Non resta che godersi il parco più celebre del mondo e correre felici.

Reservoir Loop

Distanza	2,5 Km / 1.58 mi
Dislivello	pianeggiante
Mappa interattiva	routes.run/reservoir

Partenza
Entrare a Central Park all'altezza di E 90th Street (Engineer's Gate).
Stazione Subway: 86th Street / Linee 4, 5, 6.

Descrizione
Uno degli itinerari più noti e classici di Central Park. Un giro di appena due chilometri e mezzo intorno al bacino Jacqueline Kennedy Onassis Reservoir, su un percorso pianeggiante e sterrato. Il giro completo è poco impegnativo ed offre una vista incredibile sui vari lati della città, man mano che si gira intorno al Reservoir. È anche un allenamento perfetto da compiere nei giorni precedenti la maratona, che proprio all'altezza della E 90th entra a Central Park.

Subito accanto c'è anche il percorso Bridle Path Loop che compie lo stesso giro del Reservoir Loop: è leggermente più ampio (2,7 km / 1.66 miglia) ma decisamente meno panoramico. Tuttavia, proprio sul Bridle Path, nei giorni immediatamente precedenti alla NYC Marathon, può capitare di incrociare qualche elite runner nel pieno degli allenamenti di rifinitura.

Punti di interesse
Bridle Path, Engineer's Gate, Guggenheim Museum, Jacqueline Kennedy Onassis Reservoir, Metropolitan Museum, primo punto di ingresso a Central Park della NYC Marathon, Statua di Fred Lebow.

Indicazioni & suggerimenti
Intorno al Reservoir è obbligatorio correre e camminare in senso antiorario.

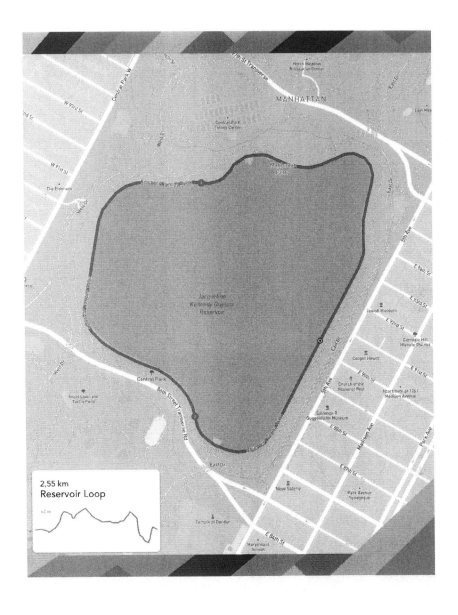

2,55 km
Reservoir Loop

±2 m

North Loop

Distanza	6,25 Km / 3.88 mi
Dislivello	45 metri
Mappa interattiva	routes.run/cpnorth

Partenza
Entrare a Central Park all'altezza di E 90th Street (Engineer's Gate).
Stazione Subway: 86th Street / Linee 4, 5, 6.

Descrizione
Questo itinerario porta alla scoperta della parte nord di Central Park, zona vagamente meno turistica e battuta del parco. La presenza di alcune salite rende il percorso abbastanza impegnativo ma decisamente allenante.
Si parte con mezzo giro sullo sterrato che costeggia il Jacqueline Kennedy Onassis Reservoir, lo si abbandona dopo circa 1,5 km e si imbocca l'asfalto di West Drive in direzione nord. Poco dopo il terzo chilometro si affronta la prima salita, seguita da una ripida discesa verso Central Park North e si è in zona Harlem. Appena si entra su East Drive si affronta subito la seconda salita del percorso, più lunga ma meno ripida della prima. Anche questo percorso può essere un buon allenamento nei giorni immediatamente precedenti la maratona, avendo l'accortezza di non spingere troppo lungo le salite.

Punti di interesse
Engineer's Gate, Guggenheim Museum, Jacqueline Kennedy Onassis Reservoir, Metropolitan Museum, primo punto di ingresso a Central Park della NYC Marathon, Statua di Fred Lebow.

Indicazioni & suggerimenti
È possibile percorrere il giro proposto anche in senso inverso, facendo attenzione però a non correre lungo il Reservoir in senso orario, ma proseguendo lungo il bordo sud del bacino.

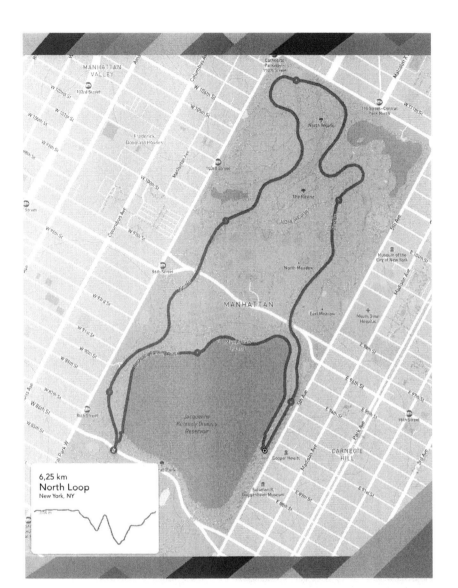

6,25 km
North Loop
New York, NY

NYRR 4 Miles

Distanza	6,5 Km / 4 mi
Dislivello	50 metri
Mappa interattiva	routes.run/4miles

Partenza

Entrare a Central Park da Central Park South e camminare lungo East Drive per circa 1km.
Stazione Subway: 5th Avenue - 59 Street / Linee N,R,W.

Descrizione

Lungo questo percorso NYRR organizza, durante tutto l'anno, numerose competizioni per la distanza 4 miglia. È un "quasi giro" piuttosto classico per chi corre a Central Park ed anche impegnativo a causa del continuo dislivello offerto dal parco, specie se si prova a tenere un ritmo di gara. Si parte dal lato est del parco, si affronta subito la temuta salita di Cat Hill, si prosegue lungo East Drive e poco a nord del Reservoir si volta verso Ovest su 102nd Street Crossing. Si affronta quindi il lato ovest del parco, molto impegnativo per il cambio di dislivello continuo, si passa accanto prima al Reservoir, che da questa parte si riesce a scorgere, e quindi accanto al laghetto The Lake ed il celebre Bow Bridge. Si termina il giro voltando a sinistra su 72nd Traverse e fermandosi proprio all'altezza della Bethesda Terrace.

Punti di interesse

Bethesda Fountain, Bethesda Terrace, Bow Bridge, Cat Hill, Guggenheim Museum, Jacqueline Kennedy Onassis Reservoir, Loeb Boathouse, Metropolitan Museum, primo punto di ingresso a Central Park della NYC Marathon, Statua di Fred Lebow, The Lake, The Mall, The Obelisk.

Indicazioni & suggerimenti

La maggior parte delle gare *4 Miles* che NYRR organizza nel parco corrono lungo questo tracciato. Prendere parte ad un competizione qui può essere una esperienza da non perdere.

6,53 km
NYRR 4 Miles

South Loop

Distanza	8,2 Km / 5.1 mi
Dislivello	50 metri
Mappa interattiva	routes.run/cpsouth

Partenza
Iniziare il percorso nei pressi del NYRR RUNCENTER su W 57 Street.
Stazione Subway: 59 Street Columbus Circle / Linee: A,C - D,B.

Descrizione
Questo percorso permette di scoprire le meraviglie della parte meridionale di Central Park ed ammirarne alcuni degli scorci più caratteristici. Si parte proprio davanti al negozio / sede di NYRR, si corre brevemente su 8th Avenue e poi su Central Park South, contromano rispetto alla direzione in cui si corre la maratona. Si entra nel parco attraverso 7th Avenue, nel celebre punto dove Germán Silva sbagliò strada, si corre lungo Central Park Drive, voltando a sinistra si percorrono i 400 metri del rettilineo di The Mall, dopo aver sceso alcuni gradini si passa accanto alla Bethesda Fountain e si riprende East Drive all'altezza dell'inizio della temuta salita Cat Hill. Si prosegue verso nord, si passa il Metropolitan Museum ed all'altezza della 90th Street si entra sul *loop* del Reservoir, se ne percorre circa metà e poi si passa sullo sterrato del Birdle Path fino a ritornare su West Drive che si abbandona per passare proprio davanti al celebre mosaico di Strawberry Field. Si ritorna su West Drive, si prosegue in direzione sud e si esce a Columbus Circle esattamente dove il percorso della maratona entra definitivamente nel parco.

Punti di interesse
Bethesda Fountain, Bethesda Terrace, Birdle Path, Cat Hill, Finish Line NYC Marathon, Guggenheim Museum, ingresso a Central Park della NYC Marathon (E 90th, Columbus Circle), Jacqueline Kennedy Onassis Reservoir, Loeb Boathouse, Metropolitan Museum, Statua di Fred Lebow, Strawberry Field, The Mall, The Obelisk.

Indicazioni & suggerimenti

NYRR organizza lungo un percorso molto simile il tour gratuito) Central Park Running History Tour. Può essere un buon modo per correre piano lungo questo itinerario e sentirsi raccontare moltissimi aneddoti legati alla corsa in Central Park e alla NYC Marathon.

Complete Loop

Distanza	9,8 Km / 6.1 mi
Dislivello	120 metri
Mappa interattiva	routes.run/cploop

Partenza
Entrare a Central Park da Columbus Circle e camminare fino a raggiungere West Drive.
Stazione Subway: 59 Street Columbus Circle / Linee: A,C e D,B.

Descrizione
Il più classico degli itinerari a Central Park: un giro completo di circa 10km lungo le strade asfaltate del parco. Se avete a disposizione un solo giorno per correre a New York e riuscite a correre 10km abbastanza impegnativi per via delle collinette, questo è il giro che dovete fare. Si corre, solitamente, in senso antiorario. Si parte su West Drive nei pressi di Columbus Circle, si prosegue lungo Central Park Drive e nei pressi di The Mall si passa su Est Drive. Si prosegue lungo la strada verso nord passando nei pressi del Metropolitan Museum, del Reservoir, che da questo lato non si riesce a sbirciare, si prosegue fino all'estremo nord del parco dove si piega verso ovest, lungo una salita alla Harlem Hill, cui segue una gradita discesa ed un tratto piuttosto mosso di West Drive. Si passa accanto al bordo ovest del Reservoir, accanto a The Lake, accanto a Tavern on the Green, dove si trova la Finish Line dalla NYC Marathon, e si prosegue verso sud, destinazione Columbus Circle.

Punti di interesse
Bethesda Fountain, Bethesda Terrace, Birdle Path, Bow Bridge, Cat Hill, Finish Line NYC Marathon, Guggenheim Museum, ingresso a Central Park della NYC Marathon (E 90th, Columbus Circle), Jacqueline Kennedy Onassis Reservoir, Loeb Boathouse, Metropolitan Museum, Statua di Fred Lebow, Strawberry Field, The Mall, The Obelisk.

Indicazioni & suggerimenti

La maggior parte dei runner corre in senso antiorario, ma è possibile correre anche in senso orario ed in tal caso il percorso risulta sensibilmente diverso, molto consigliato anche perché, in questo modo, si corre in Central Park nello stesso verso che si corre durante la NYC Marathon.

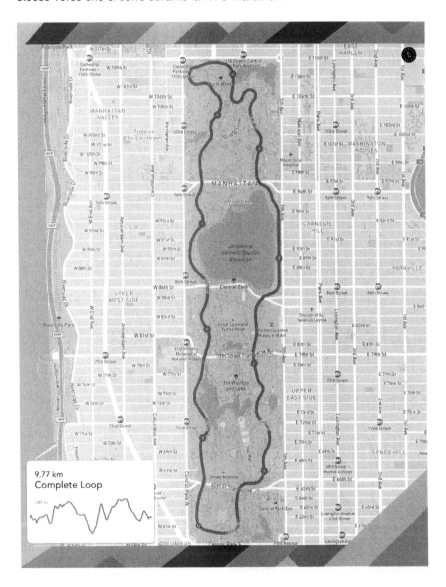

Manhattan

Correre a Manhattan è un sogno per tantissimi podisti. Il distretto, che ha una estensione di circa 60 km quadrati, è una vera miniera d'oro di destinazioni turistiche, panorami incredibili, grattacieli modernissimi e zone estremamente rilassate e molto eleganti. E date le dimensioni dell'isola si potrebbe davvero correre "per sempre" a Manhattan, scovando e seguendo sempre nuovi itinerari.

Come già accennato, correre nel labirinto di strade parallele e perpendicolari, con il traffico ed i semafori può essere anche molto stressante.

Per questo motivo si è scelto di selezionare, per la maggior parte dei dieci itinerari proposti per Manhattan, percorsi che per lo più si sviluppassero lungo le rive del fiume Hudson, che scorre ad ovest dell'isola, e dell'East River, che, invece, scorre ad est.

Oltre ad essere estremante panoramici, gli itinerari lungo i fiumi hanno anche il pregio di correre spesso dentro parchi con corsie riservate a runner e ciclisti, fontane per abbeverarsi e punti di sosta strategicamente con vista.

Ovviamente, anche se Central Park è tecnicamente parte di Manhattan, non figurano in questo capitolo percorsi che si sviluppano esclusivamente nel parco, cui è dedicato il capitolo "Central Park" di questa stessa sezione della guida.

Roosevelt Island Loop

Distanza	6,6 Km / 4.13 mi
Dislivello	pianeggiante
Mappa interattiva	routes.run/roosloop

Partenza

Partire sulla costa ovest dell'isola proprio davanti alla stazione della funivia Roosevelt Island Tramway.

Arrivare sull'isola utilizzando la funivia (la partenza a Manhattan è all'incrocio tra Second Avenue ed E 60th Street). In alternativa sull'isola stazione Subway: Roosevelt Island / Linea F.

Descrizione

Ci sono luoghi a Manhattan in cui... non sembra proprio di essere a Manhattan: Roosevelt Island è uno di questi posti. Questa piccola isola pianeggiante incastrata sull'East River tra Manhattan ed il Queens viene letteralmente scavalcata dal Queensboro Bridge. Dal punto di partenza, proseguire lungo la costa ovest correndo verso sud. Subito dopo essere passati sotto il Queensboro Bridge, si costeggia la nuovissima Cornell Tech, mentre in aprile si può correre sotto un tetto di alberi di ciliegi in fiore. Continuare verso sud e raggiungere il parco Franklin D. Roosevelt Four Freedoms Park. Dall'estremo sud del parco si gode di una vista magnifica sulle Nazioni Unite e su Long Island City. Proseguendo lungo la costa est dell'isola si ha un assaggio dell'anima industriale del Queens. Proseguendo lungo il bordo est, si passa nei pressi dell'unico ponte, completamente in acciaio ed elevatoio "in verticale", che collega l'isola alla città. All'estremo nord dell'isola un piccolo faro guarda verso il Robert Fitzgerald Kennedy Bridge in lontananza. Ritornando verso sud, si può ammirare nuovamente l' Upper East Side di Manhattan e raggiungere al punto di partenza davanti alla partenza della funivia.

Punti di interesse

Franklin D. Roosevelt Four Freedoms Park, Long Island City Waterfront, Queensboro Bridge, Roosevelt Island Tramway, United Nations, Upper East Side Waterfront.

Indicazioni & suggerimenti

Si consiglia caldamente di arrivare e ripartire dall'isola usando la funivia (vale la MetroCard come biglietto): la vista del Queensboro è magnifica volandoci accanto ed anche il rientro a Manhattan è estremamente suggestivo. Il Franklin D. Roosevelt Four Freedoms Park apre solo alle 9 del mattino.

6,65 km
Roosevelt Island Loop
New York, NY

Northern Manhattan Loop

Distanza	7,3 Km / 4.5 mi
Dislivello	140 metri
Mappa interattiva	routes.run/mannorth

Partenza
Iniziare il giro nei pressi di Fort Tyron Park.
Stazione Subway: 190th Street / Linea A.

Descrizione
Questo giro, poco più lungo di 7km, porta a spasso nella parte nord-ovest, estremamente residenziale, di Manhattan, area raramente visitata dai turisti. Si parte entrando nel parco di Fort Tyron, si prosegue completando un giro intorno al The Met Cloisters, si rientra nel parco passando all'interno della Billing Mansion, si ritorna su Cabrini Boulevard, puntando verso sud fino a scavalcare la Highway per immettersi su una discesa lungo Fort Washington Park Greenway. Appena passati sotto il ponte George Washington si raggiunge il piccolo faro Little Red Lighthouse, con una magnifica vista panoramica. Si prosegue ancora lungo il fiume Hudson per qualche centinaio di metri e poi si riprende a salire tramite alcune passerelle pedonali che si infilano tra gli svincoli verso Riverside Drive, si passa accanto al George Washington Bridge, sotto alla fermata degli autobus su Fort Washington Avenue e poi si punta dritti, verso nord, fino alla fermata della *subway* di partenza.

Punti di interesse
Billing Mansion, Fort Tryon Park, Fort Washington Park Greenway, George Washington Bridge, Little Red Lighthouse, The Met Cloisters.

Indicazioni & suggerimenti
La vista del New Jersey appena sotto il George Washington Bridge è particolarmente suggestiva all'ora del tramonto.

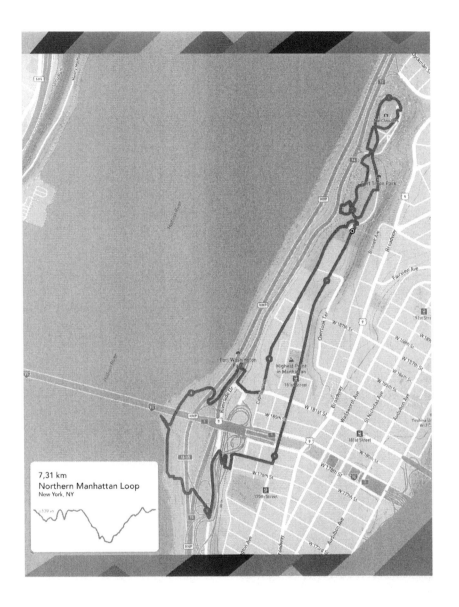

7,31 km
Northern Manhattan Loop
New York, NY

Lower Manhattan Tip

Distanza	8 Km / 4.9 mi
Dislivello	pianeggiante
Mappa interattiva	routes.run/mantip

Partenza
Partire alla base del Williamsburg Bridge (lato Manhattan).
Stazione Subway: Delancey St - Essex St / Linee F, M - J, Z.

Descrizione
Si parte nei pressi del Williamsburg Bridge, ma si punta direttamente verso l'East River, scavalcando la *highway* ed arrivando sul bel parco East River Promenade. Qui si segue il fiume ammirando il panorama offerto da Brooklyn, passando sotto il Brooklyn Bridge ed il super commerciale Pier 17. Si arriva alla punta sud di Manhattan, si passa davanti al terminal della Staten Island Ferry (da dove circa la metà dei partecipanti alla NYC Marathon parte alla volta di Staten Island la mattina della competizione), si fa un passaggio obbligato davanti al celebre toro di Wall Street e poi si punta verso il fiume Hudson passando accanto a Battery Park, da dove si può scorgere la Statua della Libertà. Si corre lungo il fiume, puntando verso nord e passando intorno ad un porto per yacht e, poco dopo, voltando verso est, si arriva nei pressi della Freedom Tower accanto al 9/11 Memorial e di Oculus. Nella area dove termina l'itinerario ci sono numerose fermate di Subway per diverse linee che permettono agevolmente di tornare alla base, ovunque essa sia.

Punti di interesse
9/11 Memorial, Battery Park, Brooklyn Bridge, Brooklyn Bridge Park, Charging Bull & Fearless Girl, Dumbo, East River Promenade, Manhattan Bridge, North Cove Yacht Harbor, One World Trade Center, Pier 17, Staten Island Ferry, Statua della Libertà, The Oculus, Wall Street, Williamsburg Bridge.

Indicazioni & suggerimenti
Lower Manhattan è una zona popolata specialmente durante le ore ed i giorni lavorativi. Nei weekend lo stesso itinerario può essere molto più tranquillo ma

poco rappresentativo della normalità di questi luoghi. L'ora del tramonto può essere particolarmente suggestiva nei pressi di Battery Park.

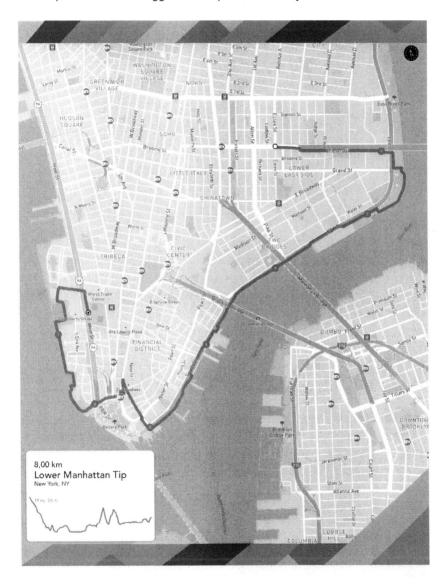

8,00 km
Lower Manhattan Tip
New York, NY

Times Square / Staten Island Ferry Terminal

Distanza	10 Km / 6.23 mi
Dislivello	pianeggiante
Mappa interattiva	routes.run/timessq

Partenza

Partire da Times Square.
Stazione Subway: Times Square - 42nd Street / Linee 1,2,3 - N,Q,R,W - 7.

Descrizione

Questo percorso di 10km parte da Times Square, dove purtroppo la maggior parte dei turisti risiede solitamente, ed arriva fino allo Staten Island Ferry Terminal (punto di imbarco per i maratoneti alla volta di Staten Island, nel "fatidico" giorno della maratona). Per la maggior parte del percorso si corre lungo la riva dell'Hudson River lungo un tracciato pianeggiante, all'interno di diversi parchi che si susseguono ed in totale assenza di semafori. Da Times Square prendere la W 42 Street e puntare dritti verso ovest fino a raggiungere il fiume Hudson. Voltare verso sud e seguire il percorso pedonale / ciclabile. All'altezza della 34th Street, si passa accanto al Javitz Center, luogo deputato all'Expo della NYC Marathon, e si costeggia l'High Line. Il tragitto corre praticamente sempre lungo il fiume, ad esclusione delle puntata panoramica all'altezza del Pier 25. Terminato l'Hudson River Park, si prosegue sempre costeggiando il fiume, si passa nel Rockefeller Park, si oltrepassano i moli di North Cove Yacht Harbor, si corre al cospetto del One World Trade Center e si punta verso Battery Park, da dove si ha una ottima vista della Statua della Libertà. Si costeggia il parco fino a raggiungere lo Staten Island Ferry Terminal.

Punti di interesse

9/11 Memorial, Battery Park, Brooklyn Bridge, Brooklyn Bridge Park, Charging Bull and Fearless Girl, Dumbo, East River Promenade, Manhattan Bridge, North Cove Yacht Harbor, One World Trade Center, Pier 17, Staten Island Ferry, Statua della Libertà, The Oculus, Wall Street, Williamsburg Bridge.

Indicazioni & suggerimenti

Durante il percorso lungo il fiume ci sono diversi punti con fontane e servizi igienici. Il percorso è estremamente popolato di runner, turisti e biciclette. Non invadere la corsia delle bici. Per viste mozzafiato, si suggerisce l'ora del tramonto. Per ritornare a Times Square, prendere la Subway, linea 1 alla fermata South Ferry Station.

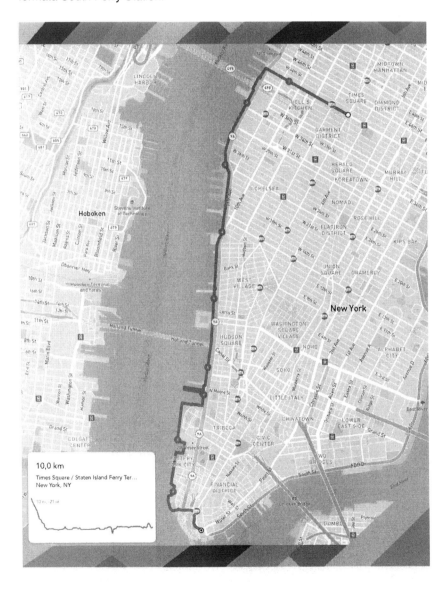

Lower Manhattan Loop

Distanza	16 Km / 10 mi
Dislivello	40 metri
Mappa interattiva	routes.run/lowerman

Partenza

Partire dal Chelsea Waterside Park. Dalla metro suggerita camminare verso ovest lungo la W 23rd Street per circa 1km fino a raggiungere il fiume Hudson. Stazione Subway: 23 Street / Linee A,C,E.

Descrizione

"Tieni il fiume alla tua destra" è l'indicazione di massima che basterebbe seguire per poter compiere gran parte di questo giro intono alla punta meridionale di Manhattan. Un giro panoramicissimo, immerso tra alcune delle destinazioni turistiche più note della città ed estremamente tranquillo, grazie alla maggior parte dei chilometri percorsi lungo i parchi che si adagiano e si susseguono lungo i due fiumi principali della città.

Si parte nel West Side, accanto alla High Line, si segue il percorso pedonale e ciclabile puntando verso sud fino a raggiungere l'Hudson River Park ed in seguito il Rockefeller Park. Si prosegue puntando verso Battery Park, per ammirare la Statua della Libertà, si passa davanti allo Staten Island Ferry Terminal e, proseguendo verso nord, si corre lungo l'East River, passando sotto i Brooklyn, Manhattan e Williamsburg Bridge. Si prosegue la corsa nell'East River Park, ammirando la costa ovest di Brooklyn, fino a poco dopo la gigantesca centrale di Con Edison. Arrivati alla E 23rd Street, si volta verso sinistra (ovest) e si corre lungo la 23rd Street, passando davanti al Flatiron Building, fino a completare il giro al punto di partenza dinanzi ai Chelsea Piers. L'ultimo pezzo, che chiude il *loop*, è estremamente cittadino, non privo di semafori e traffico di vario tipo. Ma anche questo fa parte di correre a New York.

Punti di interesse

Brooklyn Bridge, Brooklyn Waterfront, Chelsea Piers, East River Park, Flatiron Building, High Line, Hudson River Park, Manhattan Bridge, North Cove Yacht

378

Harbor, One World Trade Center, Rockefeller Park, Staten Island Ferry Terminal, Statua della Libertà, Wall Street, Whitney Museum of American Art, Williamsburg Bridge.

Indicazioni & suggerimenti

È possibile percorrere l'itinerario suggerito anche in verso opposto. Si suggerisce di correre la mattina presto per evitare il traffico nel tratto della 23rd Street, oppure all'ora del tramonto per una vista incredibile nel tratto che si corre ad ovest sul fiume Hudson.

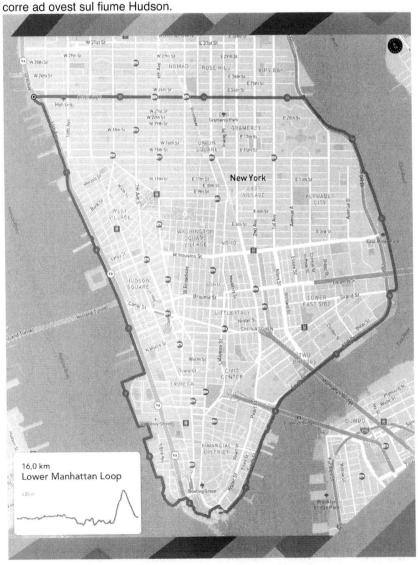

16,0 km
Lower Manhattan Loop

East River Path & Randall's Island Loop

Distanza	16,5 Km / 10.2 mi
Dislivello	70 metri
Mappa interattiva	routes.run/eastrand

Partenza

Partire dall'inizio dell'E 60th Pedestrian Bridge all'angolo con York Avenue. Stazione Subway: Lexington Avenue - 59th Street / Linee N,R,W - 4,5,6.

Descrizione

Questo percorso prova a portare i runner in zone nettamente meno battute dal turismo di massa e dai podisti cittadini in generale. Si parte subito a nord del Queensboro Bridge e prosegue in salita proprio accanto al Roosevelt Island Tramway, che con un pochino di fortuna sfreccerà sopra a chi corre. Il percorso si snoda quindi verso nord lungo la John Finley Walk (parte del percorso di gara originale della prima edizione della New York City Marathon nel 1976), mentre sulla destra scorre la costa ovest di Roosevelt Island prima e del Waterfront di Astoria subito dopo. Si raggiunge la 103rd Street ed attraverso i circa 400 metri del Wards Island Bridge, che passa sopra l'Harlem River, si raggiunge la piccola Randall's Island, dove vivono appena 1700 persone.

Il percorso porta in giro per l'isola attraverso i parchi e le tante aree dedicate all'attività fisica. Le viste dal Waterfront sono magnifiche e permettono di avere una visione del Bronx (proprio della parte che si attraversa durante la Maratona di New York), del Queens e dell'Upper East Side di Manhattan. Finito il periplo dell'isola non resta che tornare indietro attraverso il percorso che ha portato fino a lì e andare verso sud, direzione Queensboro Bridge.

Punti di interesse

Astoria Park, Faro di Blackwell Island, Queensboro Bridge, Randall's Island, Robert Fitzgerald Kennedy Bridge, Roosevelt Island, Roosevelt Island Tramway.

Indicazioni & suggerimenti

Su Randall's Island, all'interno dei parchi che si incontrano, sono presenti numerosi punti dove ristorarsi, bagni e fontane.

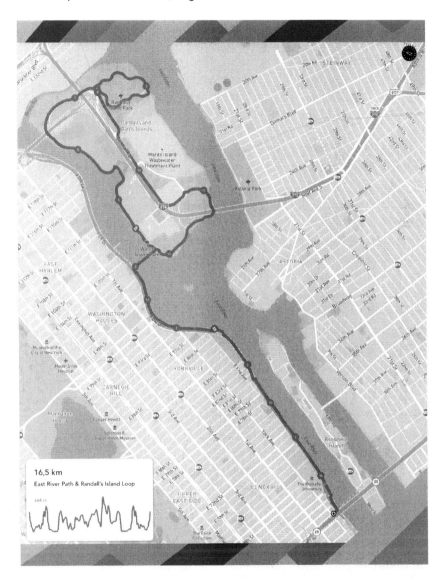

Last 10 Miles

Distanza	16,6 Km / 10 mi
Dislivello	100 metri
Mappa interattiva	routes.run/last10

Partenza

Partire su First Avenue all'angolo con E 59th St.
Stazione Subway: Lexington Avenue - 59th Street / Linee N,R,W - 4,5,6.

Descrizione

Dei tanti percorsi illustrati in questa sezione questo è quello che, più di tutti, avvicina al percorso della NYC Marathon sviluppandosi, come suggerito dal nome, proprio lungo le ultime 10 miglia del percorso della gara. Nei giorni immediatamente precedenti la maratona, diversi negozi e running club organizzano allenamenti su questo tratto di strada proprio per saggiare quelli che sono, per tanti motivi, i chilometri più impegnativi di tutto il percorso.

Partire a sud del Queensboro Bridge e prendere First Avenue verso nord. Si passa dall'Upper East Side ad East Harlem all'altezza della 96th Street e si prosegue sempre dritto, eventualmente cercando di zigzagare tra i semafori. Quando sulla destra si sorpassa il piccolo Jefferson Park si è raggiunto il trentesimo chilometro in maratona. Dopo circa 3,5 km si affronta il Willis Avenue Bridge e si arriva al Bronx. Subito dopo si tocca il punto del fatidico "muro" dei 32 km. Il percorso piega quindi verso ovest e dopo qualche curva passa sul lato nord del Madison Avenue Bridge dal quale appena scesi si gira a destra per poi prendere Fifth Avenue in direzione sud. Si prosegue su 5th Avenue, passando intorno al Marcus Garvey Park. Arrivati alla E 110th si comincia a costeggiare Central Park lungo la dura e faticosa salita che termina solo all'altezza di E 90th, quando si entra nel parco appena prima del Guggenheim Museum. Si passa dietro al Metropolitan Museum e correndo lungo East Drive e le sue tante collinette, si esce dal parco all'altezza di Grand Army Plaza. Si percorre Central Park South fino a raggiungere Columbus Circle. Si rientra nel parco e si piega a sinistra su West Drive per correre sui 400 metri finali della maratona fino a raggiungere la Finish Line proprio davanti al ristorante Tavern on the Green.

Punti di interesse
Central Harlem, Central Park, Columbus Circle, Fifth Avenue, Grand Army Plaza, Guggenheim Museum, Madison Avenue Bridge, Metropolitan Museum, NYC Marathon Finish Line, Queensboro Bridge, Willis Avenue Bridge.

Indicazioni & suggerimenti
Per chi utilizzasse metodologie di "visualizzazione di gara" questo percorso può essere particolarmente utile ad affrontare la competizione con animo più preparato e leggero. First Avenue durante la maratona rischia di sembrare infinita ed averla già affrontata, senza stanchezza, nei suoi effettivi 3,5 km, può essere un vantaggio mentale importante. Le tante salite nei pressi di Central Park, invece, sono pesanti anche dopo solo 10 miglia.

16,6 km
Last 10 Miles
New York, NY

Battery Park / The Cloisters

Distanza	24 Km / 15 mi
Dislivello	170 metri
Mappa interattiva	routes.run/batclo

Partenza

Partire a Battery Park di fronte alla Statua della Libertà.
Stazione Subway: Bowling Green / Linee 4, 5. In alternativa Stazione Subway:
South Ferry / Linea 1.

Descrizione

"Seguire il fiume Hudson per tutta la lunghezza di Manhattan da sud a nord" è,
grossomodo, la descrizione di questo lungo e bellissimo itinerario che si
sviluppa tutto lungo la costa ovest della celebre isola. Si parte da Battery Park,
proprio di fronte alla Statua della Libertà, e si prosegue verso nord passando
nei pressi del One World Trade Center, il Rockefeller Park, Hudson River Park,
Chelsea Piers. Si passa accanto a Whitney Museum, High Line, Hudson Yards
e si prosegue, sempre verso nord, tra parchi grandi e piccoli, piste ciclabili e
corsie riservate a podisti e pedoni. Oltre, si corre dentro il Riverside Park fino a
raggiungere il George Washington Bridge (unico ponte che collega Manhattan
al New Jersey). Lungo il percorso, si corre di fianco a campi di calcio, basket,
handball e persino accanto alla ferrovia, con il fiume costantemente alla
propria sinistra. Dopo il bel faro Little Red Lighthouse (circa a 20km) si
abbandona il tratto pianeggiante e si comincia a salire lungo il Fort Washington
Park Greenway che si abbandona solo all'altezza di Dyckman Street quando si
può, finalmente, attraversare oltre la *highway*. Un'ultima ripida salita porta
all'entrata del Met Cloisters per un deciso salto indietro nel tempo. Si termina
davanti alla fermata 190th Street della linea A che permette di tornare, senza
cambi, fino alla zona di Times Square.

Punti di interesse

Battery Park, Chelsea Piers, Fort Tryon Park, Fort Washington Park Greenway,
George Washington Bridge, High Line, Hudson River Park, Intrepid Museum,
Little Red Lighthouse, North Cove Yacht Harbor, One World Trade Center,

Riverside Park, Rockefeller Park, Statua della Libertà, The Met Cloisters, Whitney Museum of American Art.

Indicazioni & suggerimenti

Il percorso, panoramicissimo, si affaccia costantemente sul fiume Hudson e sul New Jersey. L'orario ideale per correre è quello del tramonto. Durante l'itinerario si attraversano numerosi parchi che offrono tutti i servizi necessari (fontane e bagni), ma anche qualche bar e ristorante.

Ad eccezione degli ultimi 4km, il percorso è completamente pianeggiante ed è ideale per allenamenti intensivi. Si può tranquillamente correre in verso opposto a quello indicato. Rispettare sempre le corsie dei ciclisti.

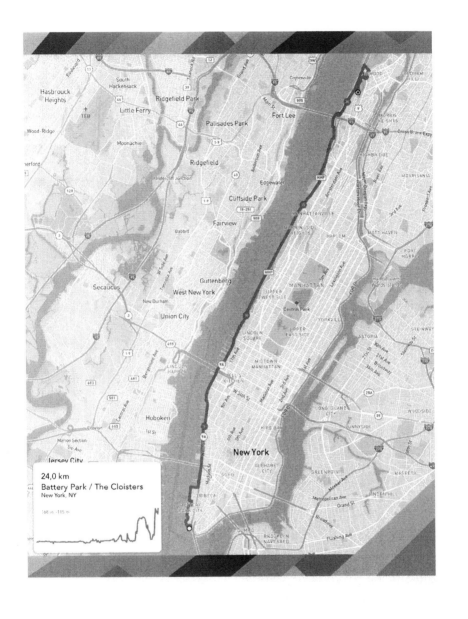

24,0 km
Battery Park / The Cloisters
New York, NY

Hudson River Path Loop

Distanza	25,7 Km / 16 mi
Dislivello	pianeggiante
Mappa interattiva	routes.run/hudson

Partenza

Partire dal Chelsea Waterside Park. Dalla metro suggerita camminare verso ovest lungo la W 23rd Street per circa 1km fino a raggiungere il fiume Hudson. Stazione Subway: 23rd Street / Linee A, C, E.

Descrizione

Correre lungo il fiume Hudson in una sequenza, quasi senza sosta, di parchi di tutte le dimensioni è la sintesi di questo itinerario nel *west*. Si parte dal Chelsea Waterside Park subito a nord dei celebri Chelsea Piers. Si punta verso nord correndo accanto al Whitney Museum, all'High Line, ai nuovissimi Hudson Yards ed al Javitz Center (sede dell'Expo della NYC Marathon). Il percorso prosegue lungo l'Hudson, passando accanto alla celebre portaerei museo Intrepid, si attraversa la zona riservata all'attracco delle grandi navi da crociera fino a raggiungere il bellissimo Riverside Park. Tra un parco e l'altro si giunge al cospetto del George Washington Bridge ed al piccolo faro Little Red Lighthouse, poco dopo aver raggiunto i 12 km. A questo punto si inverte la rotta e si punta verso sud, rischiando di rimanere anche sbalorditi da quanto il medesimo itinerario, percorso in verso opposto, possa offrire punti di vista e panorami nuovi.

Punti di interesse

Chelsea Piers, Chelsea Waterside Park, George Washington Bridge, High Line, Hudson River Park, Hudson Yards, Intrepid Museum, Javitz Center, Little Red Lighthouse, Riverside Park, Rockefeller Park, Whitney Museum of American Art.

Indicazioni & suggerimenti

Il percorso si affaccia costantemente sul fiume Hudson e sul New Jersey. L'orario ideale per correre è quello del tramonto. Durante l'itinerario si

attraversano numerosi parchi che offrono tutti i servizi necessari (fontane e bagni), ma anche qualche bar e ristorante.
Il percorso è pianeggiante ed è ideale per allenamenti intensivi.
Rispettare sempre le corsie dei ciclisti.

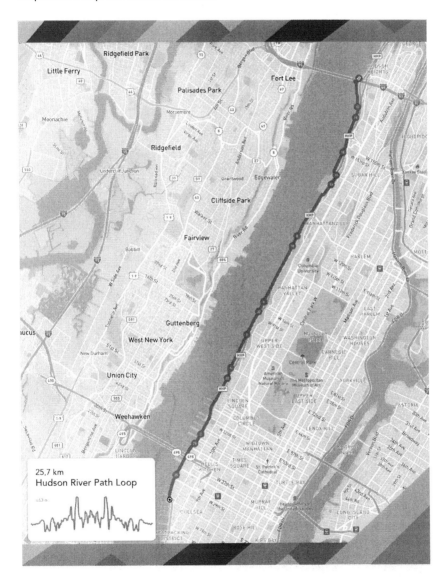

25,7 km
Hudson River Path Loop

Manhattan Loop 30k

Distanza	29,2 Km / 18.1 mi
Dislivello	110 metri
Mappa interattiva	routes.run/manloop

Partenza
Partire dal lato nord del Rockefeller Park.
Stazione Subway: Chambers Street / Linee 1,2,3.

Descrizione
A Manhattan si può correre "per sempre". Le distanze sono enormi e le possibilità, davvero, illimitate. Questo lungo *loop* di 30 km circa porta i runner in giro per l'isola passando davanti, accanto, sopra e sotto un numero incredibile di attrazioni turistiche correndo quasi sempre in percorsi riservati e panoramicissimi. Questo itinerario è una specie di riassunto di tanti percorsi suggeriti in questo capitolo e, per chi avrà la forza di correrlo tutto, permette davvero di percepire l'incredibile varietà e bellezza di Manhattan. Si parte correndo lungo il fiume Hudson dal Rockefeller Park e si punta diritti verso sud, passando davanti al 9/11 Memorial ed al One World Trade Center. Si passa di fronte alla Statua della Libertà, Battery Park, al terminal dello Staten Island Ferry e si passa sull'East River correndo subito sotto il Brooklyn Bridge, il Manhattan Bridge e proseguendo verso nord sotto il Williamsburg Bridge, con Brooklyn che scorre costantemente alla destra dei runner. Arrivati all'East River Esplanade ci si sposta su First Avenue, si passa proprio davanti agli edifici delle Nazioni Unite e poi sotto il Queensboro Bridge. Passato il ponte si volta verso sinistra (ovest) e correndo lungo la E 61st Street si raggiunge il confine est di Central Park, nel quale si entra salendo lungo East Drive. Si percorre East Drive dentro al parco ("contromano" rispetto al percorso della NYC Marathon), si affronta Cat Hill, si passa dietro al Metropolitan Museum ed al Guggenheim. Dopo essere passati davanti alla statua di Fred Lebow si sale sullo sterrato che passa intorno al Reservoir e, rigorosamente in senso antiorario, si corre lungo il bacino. Si esce dal Reservoir vicino a West Drive lungo la quale si corre, puntando verso sud, e si esce dal parco all'altezza del W 81st Street proprio davanti all'American Museum of National History. Si

corre nei pressi del museo e subito dietro ci si infila lungo la W 79th Street puntando sempre verso ovest. Si arriva sul fiume Hudson e nei pressi della rotonda stradale che ospita anche il Boat Basin Café si torna sull'acqua in Riverside Park. Si corre lungo il fiume Hudson, con il New Jersey sulla destra, puntando verso sud e passando dai moli destinati agli attracchi delle grandi navi da crociera, l'Intrepid Museum, il Javitz Center e la High Line. Si corre lungo l'Hudson River Park accanto a giardini, aree per bambini e diversi moli. Arrivati al Pier 25 si compie un giro dell'intero molo per spingersi verso il New Jersey un pochino in più ed arrivare alla fatidica soglia dei 30 km.

Punti di interesse

American Museum of National History, Brooklyn Bridge, Brooklyn Waterfront, Central Park, Chelsea Piers, East River Park, Flatiron Building, Guggenheim Museum, High Line, Hudson River Park, Intrepid Museum, Jacqueline Kennedy Onassis Reservoir, Manhattan Bridge, Metropolitan Museum, North Cove Yacht Harbor, One World Trade Center, Pier 25 at Hudson River Park, Queensboro Bridge, Riverside Park, Rockefeller Park, Staten Island Ferry Terminal, Statua della Libertà, Statua di Fred Lebow, United Nations, Wall Street, Whitney Museum of American Art, Williamsburg Bridge.

Indicazioni & suggerimenti

Si consiglia di iniziare il *loop* nel punto più vicino possibile al proprio albergo. Lungo il percorso, nei vari parchi, sono disseminate fontane e servizi igienici. Il giro è bellissimo a qualsiasi ora e merita numerose pause fotografiche.I trenta chilometri sono, ovviamente, una distanza impegnativa ma nella maggior parte del percorso si corre su tratti pianeggianti.
Rispettare sempre le corsie destinate ai ciclisti.

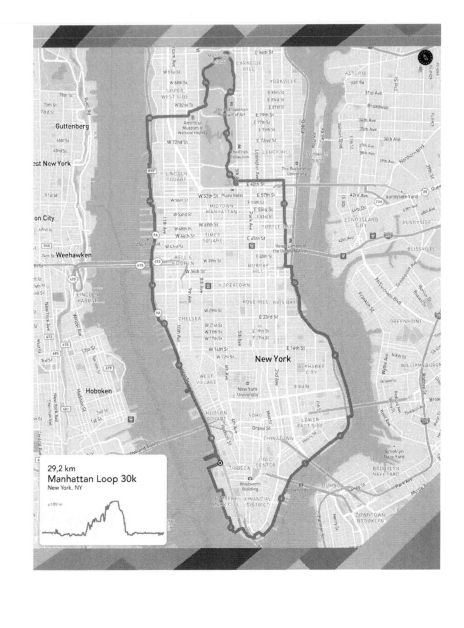

29,2 km
Manhattan Loop 30k
New York, NY

Brooklyn

Con una superficie di oltre 180 chilometri quadrati, Brooklyn è una destinazione semplicemente fantastica dove correre. Pur essendo vicinissima a Manhattan e nel pieno di una espansione incredibile, questo gigantesco distretto ha mantenuto, in ampie zone, la sua originale anima industriale, con strade poco trafficate e viste mozzafiato lungo l'East River. L'effetto è di una bellezza indescrivibile: si può correre letteralmente per ore lungo il fiume, nei parchi del *borough*, passando da zone in espansione pienissime di gente a quartieri praticamente isolati che conservano ancora, in parte, l'impronta di questo notissimo distretto.

I sette percorsi segnalati in questa sezione tentano di dare una visione completa della diversità e delle bellezze del distretto: si corre in parchi lungo il fiume, a Prospect Park (il parco principale di Brooklyn), lungo l'East River e persino lungo l'oceano a Coney Island.
Per anni chi visitava New York si limitava a passare per Brooklyn semplicemente attraversando l'omonimo ponte e spendendo solo qualche minuto a Dumbo, il bel quartiere, ricco di gallerie d'arte, che si sviluppa proprio sotto il Manhattan Bridge — non a caso Dumbo sta per "Down Under the Manhattan Bridge Overpass", ovvero (all'incirca) "proprio sotto il ponte di Manhattan",

Oggi Brooklyn è una destinazione turistica molto più popolare ed importante, eppure per lo più sconosciuta alla maggior parte dei turisti che passano del tempo in città. Gli itinerari segnalati in queste pagine, più che quelli di altri distretti, hanno l'aspirazione di essere una specie di tour turistico di corsa per le tante bellezze meno note di questo *borough* incredibile. Al punto da poter essere considerati come itinerari anche da poter fare a piedi o in bici.

Prospect Park Loop

Distanza	5,6 Km / 3.5 mi
Dislivello	60 metri
Mappa interattiva	routes.run/prospect

Partenza
Partire dall'estremo nord del parco nei pressi di Grand Army Plaza.
Stazione Subway: Grand Army Plaza / Linee 2, 3 - 4.

Descrizione
Prospect Park è il più popolare parco di Brooklyn e di questo distretto eredita senz'altro un'aria di calma e relax. Il parco offre moltissime aree dedicate all'attività all'aria aperta e tanti sentieri da esplorare. L'itinerario suggerito corre lungo la strada asfaltata principale, su quello che è il percorso preferito delle tante competizioni che si corrono dentro e fuori Prospect Park, tra cui la celebre Brooklyn Half. I 5,6 km del *loop* rappresentano una distanza ottimale per uno degli ultimi allenamenti di rifinitura prima della NYC Marathon.
Partire dall'estremo nord del parco ed immettersi su West Drive correndo in senso antiorario. Il percorso è costantemente mosso, mai davvero pianeggiante, ma estremamente piacevole. Dopo il primo miglio comincia una discesa verso la riva sud ovest del Prospect Park Lake, intorno al quale si gira correndo su South Drive che dopo circa un chilometro diventa East Drive e presenta una piccola collina piuttosto impegnativa che prosegue fino al punto di inizio del *loop*.

Punti di interesse
Grand Army Plaza, Prospect Park, Prospect Park Lake, Prospect Park Zoo.

Indicazioni & suggerimenti
È possibile percorrere il giro proposto anche in senso inverso, facendo molta attenzione ai ciclisti che sono obbligati a correre in senso antiorario e che sfrecciano veloci a causa delle tanti discese lungo il percorso.
Nel parco ci sono fontane e servizi igienici, facilmente accessibili lungo il tracciato indicato.

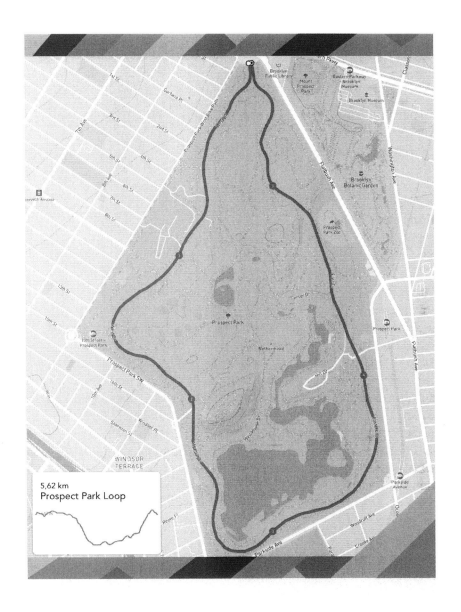

5,62 km
Prospect Park Loop

Brooklyn Waterfront / Brooklyn Heights Promenade Loop

Distanza	7,5 Km / 4.6 mi
Dislivello	60 metri
Mappa interattiva	routes.run/bkwaterfront

Partenza

Partire da York Street sotto il Manhattan Bridge.
Stazione Subway: York Street / Linea F.

Descrizione

Questo itinerario corre lungo l'East River, a Dumbo, in una delle zone più panoramiche di tutta Brooklyn. Da York Street puntare verso nord fino a raggiungere l'East River, poco ad est del Manhattan Bridge. Seguire il parco lungo il fiume passando sotto il ponte e proseguire verso ovest correndo vicino alla celebre giostra Jane's Carousel, puntare verso il Brooklyn Bridge, passandogli sotto e raggiungere la grande area verde nei pressi del Pier 1. Da qui si gode di una vista incredibile di tutta la parte meridionale di Manhattan ed anche, in lontananza, della Statua della Libertà. Proseguire lungo il fiume tentando di rimanere sui vari moli che si incontrano correndo ed allungando così verso il centro del fiume. All'altezza del Pier 6 (dopo circa 4,5 km) prendere Atlantic Avenue e voltare poi a sinistra su Hicks Street. Correndo, leggermente in salita, tra i bellissimi *brownstone*, arrivare all'all'incrocio con Remsen Street e voltare a sinistra. Dopo un solo *block* si arriva all'inizio delle elegantissima Brooklyn Heights Promenade, da dove di può ammirare un panorama incredibile. Proseguire fino al termine della *promenade* e scendere verso Old Fulton Street. Passare sotto il Brooklyn Bridge su Front Street fino a ritornare al punto di partenza.

Punti di interesse

2, 3, Atlantic Avenue, Brooklyn Bridge, Brooklyn Bridge Park, Brooklyn Bridge Park, Brooklyn Heights Promenade, Dumbo, Hicks Street, Jane's Carousel, Manhattan Bridge, Manhattan Bridge Viewpoint, Pier 1, Statua della Libertà.

Indicazioni & suggerimenti

È possibile percorrere l'itinerario suggerito anche nel verso opposto. Si suggerisce di correre all'ora del tramonto per una vista incredibile sia lungo il fiume nel Brooklyn Bridge Park che sulla Brooklyn Heights Promenade. Nei parchi sono disponibili fontane e servizi igienici nei pressi del Pier 1 e 2.

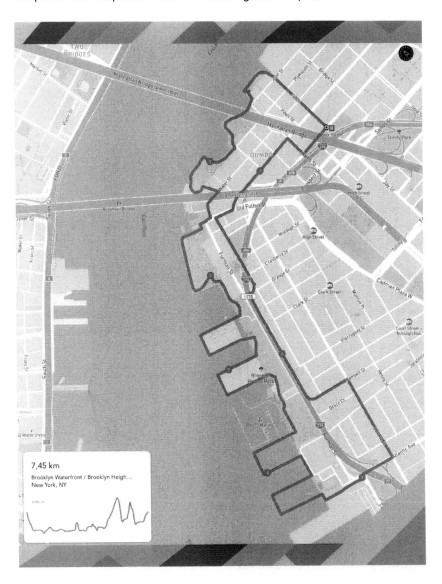

7,45 km

Brooklyn Waterfront / Brooklyn Heigh...
New York, NY

Coney Island Boardwalk Loop

Distanza	9,5 Km / 5.8 mi
Dislivello	pianeggiante
Mappa interattiva	routes.run/coney

Partenza

Partire da Surf Avenue.
Stazione Subway: Coney Island - Stillwell Avenue / Linee N, Q - F, D.

Descrizione

Se "correre a New York" può far pensare solo ad un allenamento in una giungla di grattacieli o al massimo ad un giro dentro Central Park, questo itinerario vi farà cambiare idea, perché si sviluppa completamente lungo l'Atlantico, sulla celebre passeggiata a mare davanti al Luna Park, e passa nel cuore di due dei quartieri più diversi di tutta Brooklyn.

Partire su Surf Avenue e puntare verso ovest, continuare per circa un chilometro e mezzo ed arrivati alla W 37th Street, voltare verso l'oceano e salire sul *boardwalk* più famoso di New York. Correre sulla passeggiata a mare, affacciarsi sul mare approfittando del lungo molo proprio di fronte al peculiare Parchute Jump, proseguire lungo la passerella passando davanti al celeberrimo chiosco degli hot dog Nathan's, davanti alle montagne russe Cyclone, al Lunapark ed al piccolo NY Aquarium. Proseguire lungo la spiaggia, arricchita da stranissime palafitte che ospitano servizi vari e lungo l'oceano. Di colpo da Coney Island si passa a Brighton Beach (detta anche Little Odessa), quartiere base di una delle comunità russe più imponenti di tutta New York. Alla fine del *boardwalk*, puntare verso nord fino a Brighton Beach Avenue. Proseguire lungo la Avenue ammirando i tanti negozi di matrice sovietica. Arrivati a Ocean Parkway voltare a sinistra e farsi portare su Surf Avenue e seguire la strada fino al punto di partenza.

Punti di interesse

Brighton Beach, Coney Island Beach, Coney Island Boardwalk, Coney Island Lunapark, Cyclone, MCU Park, Nathan's Famous Hot Dog, NY Aquarium, Wonder Wheel.

Indicazioni & suggerimenti

È possibile percorrere l'itinerario suggerito anche nel verso opposto. Lungo il *boardwalk* sono disponibili servizi igienici e fontane. Arrivare a Coney Island da Manhattan in *subway* può richiedere un'ora o anche di più. Conviene far coincidere l'allenamento con una visita al quartiere, un giro sulla ruota panoramica o, almeno, con una pausa hot dog da Nathan's.

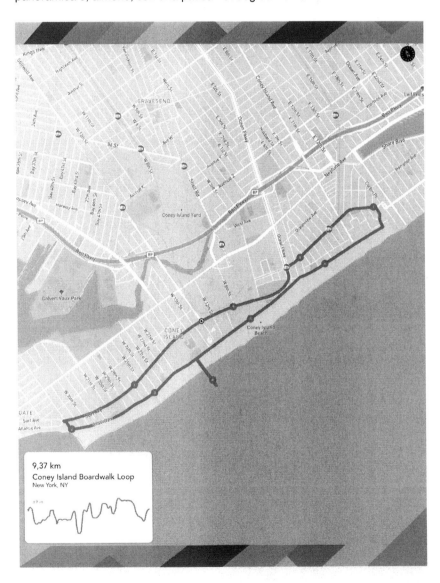

9,37 km
Coney Island Boardwalk Loop
New York, NY

North Brooklyn Loop (Small)

Distanza	9,7 Km / 6 mi
Dislivello	40 metri
Mappa interattiva	routes.run/bknorthsm

Partenza
Partire su Bedford Avenue.
Stazione Subway: Bedford Avenue / Linea L.

Descrizione
Con questo itinerario si attraversano Williamsburg e Greenpoint, i due quartieri a nord Brooklyn che negli ultimi dieci anni hanno avuto una vera esplosione in termini di popolarità e sviluppo edilizio e commerciale. Il giro offre alcune delle viste più memorabili di Manhattan in diversi punti del percorso.

Partire correndo verso nord lungo Bedford Avenue (lungo il medesimo itinerario che si corre durante la NYC Marathon). Arrivati a N 12th al bordo sud di McCarren Park, voltare a destra e correre fino all'incrocio tra Union Avenue e Bayard, entrare nel parco e correre lungo la (nuovissima!) pista d'atletica, proseguire seguendo Lorimer fino a incrociare nuovamente Bedford Avenue, voltare a destra e poi subito a sinistra su Manhattan Avenue. Benvenuti a Greenpoint, cuore della comunità polacca a New York. Proseguire su Manhattan Avenue, correre verso nord oltre Greenpoint Avenue (dove invece il percorso della maratona volta a destra) ed arrivare fino ad Ash Street, voltare a sinistra e prendere Franklin Street, anima della vita notturna del quartiere. All'incrocio con Eagle Street voltare a destra verso West Street. Arrivati a Kent Street voltare nuovamente a destra per una "deviazione" panoramica sul bel molo del Greenpoint Transmitter Park. Ritornare su West Street passando dal piccolo tratto di Greenpoint Avenue. West Street finisce nuovamente su Franklin. Correre lungo il fiume in direzione sud (Franklin Street ad un certo punto cambia nome e diventa Kent Avenue) e rientrando così in Williamsburg. All'altezza di N 9th Street deviare nuovamente verso il fiume attraverso il Bushwick Inlet Park. La vista qui è incredibile. Ritornare su Kent Avenue e proseguire lungo sud per appena un blocco. Infilarsi tra i grattacieli sul fiume di N 6th e raggiungere il bellissimo molo accanto all'attracco del NYC Ferry.

Proseguire lungo il fiume fino a Grand Street ed entrare nello spettacolare Domino Park, subito a nord del Williamsburg Bridge. Proseguire lungo il parco, davanti alla celebre Domino Sugar Refinery ed appena passati oltre il ponte voltare verso est su Broadway (nessuna "parentela" con la omonima strada di Manhattan). Proseguire lungo Broadway e voltare a sinistra su Bedford Avenue. Proseguire nel cuore di Williamsburg lungo Bedford Avenue fino al punto di inizio del percorso.

Punti di interesse
Bedford Avenue Marathon Mile, Domino Park, Domino Sugar Refinery, East River State Park, Greenpoint Historic District, Greenpoint Transmitter Park, McCarren Park, NYC Ferry North Williamsburg Pier, Williamsburg, Williamsburg Bridge.

Indicazioni & suggerimenti
Nei parchi che si incontrano lungo il percorso sono disponibili fontane e servizi igienici.
La vista all'ora del tramonto è particolarmente suggestiva dal Domino Park.
Per chi volesse allungare il percorso, si può facilmente aggiungere all'itinerario un panoramicissimo giro sul ponte di Williamsburg (4 km addizionali per andata e ritorno con circa 100 metri di dislivello totale), prendendo la passerella pedonale che corre sul lato sud del ponte e che inizia su Bedford Avenue a pochi metri dall'angolo con S 6th Street.

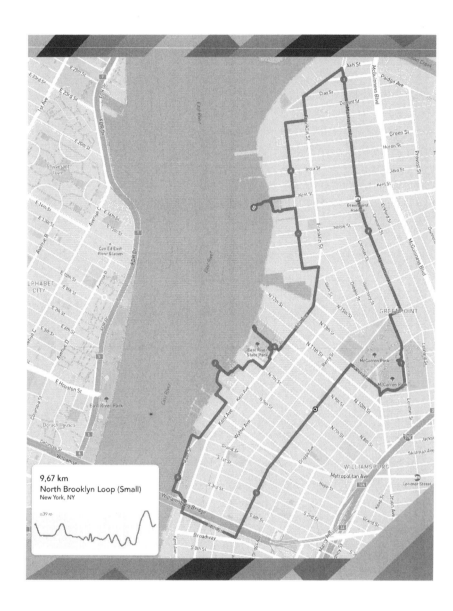

9,67 km
North Brooklyn Loop (Small)
New York, NY

≈39 m

Dumbo / Prospect Park (via Red Hook)

Distanza	11,6 Km / 7.2 mi
Dislivello	70 metri
Mappa interattiva	routes.run/dumboredhk

Partenza

Partire da Cadman Plaza West.

Stazione Subway: High Street / Linee A, C.

Descrizione

Questo percorso, lungo poco meno di 12 km, porta dal cuore di Dumbo, una delle zone che maggiormente si è trasformate negli anni, a Red Hook, una zona ancora splendidamente originale, fino poi ad arrampicarsi verso Prospect Park attraverso i *brownstone* Park Slope.

Partire da Cadman Plaza puntando verso nord-ovest su Old Fulton Street e raggiungere il Brooklyn Bridge Park sull'East River. Correre lungo il fiume, inserendo nel proprio percorso un giro dei Pier 2 e 3, e proseguire sempre lungo il fiume fino alla fine del parco. Seguire il percorso ciclabile accanto ai moli e proseguire verso sud lungo Columbia Street. Voltare a destra su Degraw Street e proseguire sempre verso sud su Van Brunt Street fino a alla svolta a destra su Summit Street (che diventa Imlay Street). Sempre nel tentativo di rimanere il più vicino possibile al fiume, voltare a destra su Browne Street e correre lungo Clinton Wharf (che diventa poi Ferris Street). All'incrocio con Coffey Street entrare nel piccolo Louis Valentino Junior Park, con il gradevole molo vista Statua della Libertà e Verrazzano Bridge. Uscire su Van Dyke Street e sempre lungo il fiume passare nel Pier 44 Waterfront Garden, poi su Conover Street proprio dietro il supermercato Fairway ed accanto ad un vecchio tram abbandonato, riprendere Van Brunt in direzione nord fino ad incrociare Beard Street e voltare a destra verso l'Ikea Brooklyn. Oltre il grande magazzino attraversare il Red Hook Park fino a Court Street. Puntare verso nord, passare sotto l'enorme Gowanus Expressway e voltare a destra su W 9th Street, passare sul Gowanus Canal, accanto alla strana fermata della subway Smith - 9th Street (la più alta di tutta New York). Proseguire in direzione sud est su 9th Street attraversando il quartiere Gowanus fino a raggiungere l'incrocio con Fourth Avenue (cuore del percorso della NYC Marathon nel suo tratto che corre a Brooklyn). Proseguire sempre su 9th Street; oltre Fourth Avenue si entra ufficialmente in Park Slope, come testimonia il tratto di qui in avanti tutto in salita ("slope" significa appunto "pendenza"). Proseguire fino a "sbattere" sul bordo sud ovest di Prospect Park. Arrivati su Prospect Park West voltare a destra fino alla fermata 15th Street Prospect Park delle linee G ed F.

Punti di interesse
Brooklyn Bridge, Brooklyn Bridge Park, Dumbo, Gowanus, Gowanus Canal, Ikea Brooklyn, Louis Valentino Junior Park, Lower Manhattan Waterfront, Park Slope, Pier 2, Pier 3, Pier 44 Waterfront Garden, Prospect Park, Red Hook Park, Statua della Libertà, Verrazzano-Narrows Bridge.

Indicazioni & suggerimenti
Lungo il Brooklyn Bridge Park ed il Red Hook Park sono disponibili fontane e servizi igienici. All'occorrenza anche al pian terreno dell'Ikea.
Per chi volesse allungare l'itinerario, è possibile aggiungere un giro competo di Prospect Park (circa 5,6 km con un dislivello addizionale di circa 60 metri). Si può entrare nel parco proprio accanto alla fermata della subway segnalata a fine itinerario.

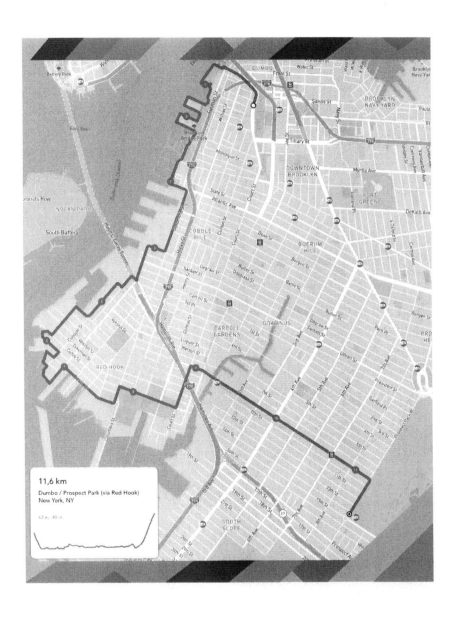

11,6 km

Dumbo / Prospect Park (via Red Hook)
New York, NY

63 m, -40 m

North Brooklyn Loop (Medium)

Distanza	21,4 Km / 13.3 mi
Dislivello	100 metri
Mappa interattiva	routes.run/bknorthmed

Partenza

Partire su Bedford Avenue.
Stazione Subway: Bedford Avenue / Linea L.

Descrizione

Può una mezza maratona raccontare l'incredibile varietà e diversità di un distretto enorme come Brooklyn? Questo itinerario ci prova, portando i runner in giro per alcuni dei quartieri più noti e popolari, ma anche attraverso le aree che in qualche modo li raccordano. Il percorso offre innumerevoli punti panoramici imperdibili in alcuni dei parchi più belli di Brooklyn,
Partire correndo verso nord lungo Bedford Avenue ed arrivati a N 12th, al bordo sud di McCarren Park, voltare a destra e correre fino all'incrocio tra Union Avenue e Bayard, entrare e correre lungo la pista d'atletica dentro il parco. Proseguire seguendo Lorimer, fino ad incrociare nuovamente Bedford Avenue, voltare a destra e poi subito a sinistra su Manhattan Avenue e proseguire verso nord fino ad arrivare all'estremo nord di Brooklyn ad Ash Street. Qui voltare a sinistra e prendere Franklin Street (cuore della vita notturna di Greenpoint). All'incrocio con Eagle Street voltare a destra verso West Street e proseguire. Arrivati a Kent Street voltare nuovamente a destra per una prima deviazione panoramica sul bel molo del Greenpoint Transmitter Park. Ritornare su West Street passando dal piccolo tratto di Greenpoint Avenue. West Street finisce nuovamente su Franklin. Correre lungo il fiume in direzione sud (Franklin Street ad un certo punto cambia nome e diventa Kent Avenue). All'altezza di N 9th Street deviare nuovamente verso il fiume attraverso il Bushwick Inlet Park. Ritornare su Kent Avenue e proseguire lungo sud per appena un blocco. Infilarsi tra i grattacieli sul fiume di N 6th e raggiungere il molo accanto all'attracco del NYC Ferry. Proseguire lungo il fiume fino a Grand Street ed entrare nello spettacolare Domino Park, subito a nord del Williamsburg Bridge. Proseguire lungo il parco, davanti alla celebre

Domino Sugar Refinery e continuare verso sud lungo Kent Avenue. Gradualmente gli edifici si trasformano da palazzi modernissimi ad enormi magazzini: benvenuti al Brooklyn Navy Yard. Proseguire verso sud, dopo circa 9 km già percorsi, fino a voltare a destra su Flushing Avenue e costeggiare l'immensa area di magazzini oggi sede anche di uffici di alcune famose startup di successo. Arrivati a Navy Street voltare a destra e proseguire fino a alla svolta a destra su Hudson Avenue e le sue piccole case. Voltare a sinistra su John Street fino al primo dei tanti parchi che si susseguono e che assieme costituiscono il Brooklyn Bridge Park. Correre lungo il fiume passando sotto il Manhattan Bridge, accanto alla Jane's Carousel e sotto il Brooklyn Bridge. Arrivati nel cuore di Dumbo puntare verso il Pier 1 e oltre il parco fare un giro del Pier 2. Tornare indietro lungo il Brooklyn Bridge Park e salire lungo Old Fulton Street fino ad incrociare sulla sinistra Front Street. Proseguire fino all'incrocio con Gold Street e voltare a destra. Correre lungo un paio di blocchi nei pressi di alcuni edifici popolari e poi voltare a sinistra su Nassau Avenue, che poi diventa nuovamente Flushing Avenue. Correre lungo Flushing sullo stesso tratto di strada dell'andata, andare oltre Kent Avenue e proseguire su Williamsburg Street W fino ad incrociare Bedford Avenue. Voltare a sinistra su Bedford Avenue e correre per circa 2 km lungo Bedford Avenue (sul medesimo tratto della NYC Marathon) fino al punto di partenza.

Punti di interesse
Bedford Avenue Marathon Mile, Brooklyn Bridge, Brooklyn Bridge Park, Brooklyn Navy Yard, Domino Park, Domino Sugar Refinery, Dumbo, East River State Park, Greenpoint Historic District, Greenpoint Transmitter Park, Jane's Carousel, Manhattan Bridge, McCarren Park, NYC Ferry North Williamsburg Pier, Pier 2 Brooklyn Bridge Park, Williamsburg, Williamsburg Bridge.

Indicazioni & suggerimenti
Nei parchi che si incontrano lungo il percorso sono disponibili fontane e servizi igienici.
La vista all'ora del tramonto è particolarmente suggestiva dal Domino Park e dalla piccola spiaggia nel parco appena a sud del Manhattan Bridge. Per chi volesse ancora allungare il percorso, si può facilmente aggiungere all'itinerario un panoramicissimo giro sul ponte di Williamsburg (4km addizionali per andata e ritorno con circa 100 metri di dislivello totale), prendendo la passerella pedonale che corre sul lato sud del ponte e che inizia su Bedford Avenue a pochi metri dall'angolo con S 6th Street.

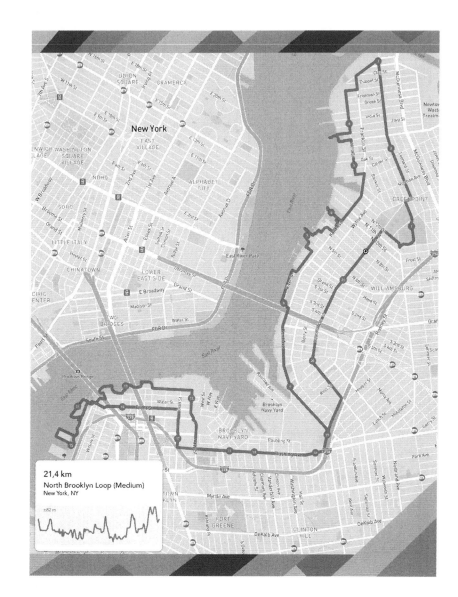

21,4 km
North Brooklyn Loop (Medium)
New York, NY

±82 m

Greenpoint / Redhook Loop "Dino"

Distanza	30,7 Km / 19.1 mi
Dislivello	150 metri
Mappa interattiva	routes.run/bklyndino

Partenza

Partire a Greenpoint, angolo Huron Street e Manhattan Avenue.
Stazione Subway: Greenpoint Avenue / Linea G.

Descrizione

Questo itinerario propone un "lungo" di oltre 30 km tra le strade, i quartieri e l'incredibile varietà offerta da Brooklyn a chi abbia la voglia di cimentarsi con questo percorso vagamente a forma di dinosauro, impegnativo ma bellissimo.

Partire da Greenpoint lungo Huron Street direzione ovest e poi puntare verso sud correndo lungo West Street, Franklin Street e Kent Avenue. Lungo questo tratto, deviare per ammirare il panorama sul fiume nei pressi del NYC Ferry Pier (North Williamsburg) e attraversando il Domino Park e sotto il Williamsburg Bridge. Puntare verso sud direzione Dumbo, girando intorno al Brooklyn Navy Yard, correndo lungo Flushing Avenue e dopo essere passati sotto il Manhattan Bridge, correndo lungo Plymouth Street, entrare nel Brooklyn Bridge Park. Correre lungo il profilo del Pier 2 per avvicinarsi a Manhattan e poi ritornare a correre lungo fiume, seguendo la pista ciclabile che punta verso il bellissimo quartiere Red Hook. Ammirare la Statua della Libertà ed il Verrazzano Bridge (dove parte la NYC marathon) dal molo del Louis Valentino Junior Park, sempre seguendo il fiume passare dietro al supermercato Fairway e proseguire verso l'Ikea Brooklyn. Correre dentro il Red Hook Park, attraversare il canale Gowanus e salire verso Prospect Park lungo 9th Street. Entrare in Prospect Park e correre in senso antiorario fino ad incontrare alla sinistra Center Drive. Tagliare il parco su Center Drive ed uscire dal lato est di Prospect Park lungo il breve tratto di E Lake Drive. Proseguire lungo Empire Boulevard e poco dopo il ventiduesimo chilometro voltare a sinistra su Bedford Avenue (che più diversa non potrebbe essere rispetto al tratto *posh* di nord Brooklyn). Correre per circa 7 km su Bedford Avenue che si trasforma metro dopo metro, attraversando zone e quartieri diversissimi per tradizioni ed abitanti. Dall'incrocio tra Lafayette Avenue e Bedford Avenue in poi, si corre sul medesimo tratto di strada dell'itinerario della NYC Marathon. Proseguire lungo Bedford Avenue e, poco dopo il ventinovesimo chilometro e dopo aver tagliato in due McCarren Park, voltare a sinistra su Manhattan Avenue e puntare dritto verso nord per l'ultimo chilometro del giro.

Punti di interesse

Bedford Avenue Marathon Mile, Brooklyn Bridge, Brooklyn Bridge Park, Brooklyn Bridge Park, Brooklyn Navy Yard, Domino Park, Domino Sugar Refinery, Dumbo, Dumbo, East River State Park, Gowanus, Gowanus Canal, Greenpoint Historic District, Ikea Brooklyn, Jane's Carousel, Louis Valentino Junior Park, Lower Manhattan Waterfront, Manhattan Bridge, McCarren Park, NYC Ferry North Williamsburg Pier, Park Slope, Pier 2 Brooklyn Bridge Park, Pier 44 Waterfront Garden, Prospect Park, Red Hook Park, Statua della Libertà, Verrazzano Bridge, Williamsburg, Williamsburg Bridge.

Indicazioni & suggerimenti

È possibile entrare nell'itinerario ovunque sia più comodo.

Nei parchi sono sempre disponibile servizi igienici e fontane.

Si consiglia di portare una MetroCard per poter eventualmente usufruire di una delle tante fermate di subway che si incontrano lungo il percorso.

Portare anche qualche dollaro (o meglio, la carta di credito) per un eventuale stop / pausa lungo il percorso.

Il giro è bellissimo a qualsiasi ora e merita numerose pause fotografiche, portare lo smartphone se possibile.

I circa trentuno chilometri sono, ovviamente, una distanza impegnativa, ma nella maggior parte del percorso si corre su tratti pianeggianti ad eccezione della salita verso Prospect Park, del mezzo giro del parco e di un primo tratto di Bedford Avenue.

Rispettare sempre le corsie destinate ai ciclisti.

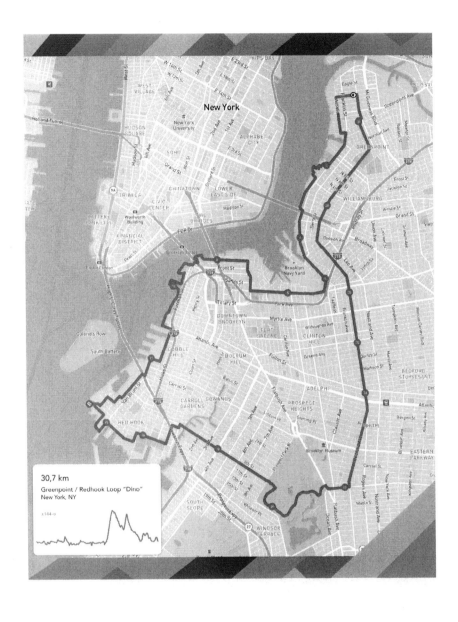

New York

30,7 km
Greenpoint / Redhook Loop "Dino"
New York, NY

↗144 m

Fuori dagli itinerari turistici più classici, il Queens è il *borough* più esteso dei cinque che costituiscono New York City. Occupa una superficie di oltre 281 chilometri quadrati ed ospita circa due milioni e quattrocentomila persone. Il Queens, in sostanza, è da solo, una città intera. Ed è una città popolata da persone provenienti da tutto il mondo, con intere aree occupate specificamente da residenti originari di singole zone del pianeta o culture affini. Il Queens è una meraviglia di colori, diversità, sapori.

Se si vuole mangiare etnico e sul serio, il Queens è probabilmente la destinazione più originale ed economica dove recarsi in tutta New York.

Immaginare dei percorsi di running in un quartiere così grande, composto da centinaia di parchi e parchetti, due aeroporti (JFK e La Guardia), decine di chilometri di costa... non è facile e nemmeno immediato, visto che, si presume, pochissimi turisti risiedano al Queens, con le dovute eccezioni di Long Island City ed Astoria.

Ci si è quindi limitati a selezionare quattro itinerari (cui vanno aggiunti alcuni pezzi dei percorsi multi distretto che passano anche dal Queens), nel tentativo di dare un assaggio di questo quartiere immenso e raccontare alcune delle sue attrattive turistiche principali. Probabilmente, non è abbastanza. Ma per un assaggio del Queens dovrebbe essere sufficiente. E l'appetito, è risaputo, vien mangiando.

LIC Loop

Distanza	8 Km / 4.95 mi
Dislivello	pianeggiante
Mappa interattiva	routes.run/licloop

Partenza

Partire su 50th Avenue (all'angolo con Vernon Boulevard).
Stazione Subway: Vernon Blvd - Jackson Avenue / Linea 7.

Descrizione

Il *waterfront* di Long Island City offre alcuni dei panorami più belli sull'east side di Manhattan. Il lungofiume è costituito da una sequenza quasi ininterrotta di parchi.

Da 50th Avenue correre verso ovest e voltare alla sinistra su 2nd Street. Proseguire fino ad arrivare sul fiume, all'intersezione con il canale Newton Creek. Entrare nel parco e seguire l'East River sul piccolo percorso a zig zag lungo l'acqua ed affrontare le varie deviazioni e moli che si estendono sul fiume. Lungo il percorso è possibile ammirare gli edifici delle Nazioni Unite, l'Empire State Building ed il Chrysler Building lungo l'east side di Manhattan. Proseguire lungo gli Hunter's Point Parks fino all'estremo nord ed attraverso la 46th Avenue immettersi, voltando a sinistra, su Vernon Boulevard. Su questo tratto passa anche il tracciato della NYC Marathon. Proseguire verso nord su Vernon Boulevard passando sotto il Queensboro Bridge e subito dopo entrare nel piccolo Queensbridge Park. Da qui si gode di una vista magnifica del ponte e della riva est di Roosevelt Island. Proseguire nel parco ed uscendo correre in direzione sud voltando poi subito a sinistra su 41st Avenue. Correre fino ad incontrare 21st Street e quindi voltare a destra. Proseguire su 21st Street fino all'incrocio con Jackson Avenue (dove c'è il MoMA PS1). Prendere Jackson Avenue e, subito prima del Pulaski Bridge (punto di mezza maratona della NYC Marathon), voltare a destra per raggiungere il punto di partenza.

Punti di interesse

Chrysler Building, Empire State Building, Hunter's Point Parks, MoMA PS1, Newton Creek, Pepsi-Cola Sign, Pulaski Bridge, Queensboro Bridge, Queensbridge Park, Roosevelt Island, United Nations.

Indicazioni & suggerimenti

Durante il percorso lungo il fiume ci sono diversi punti con fontane e servizi igienici. Il percorso è poco frequentato da turisti ed offre viste impareggiabili.Si suggerisce l'ora del tramonto per panorami e fotografie memorabili.

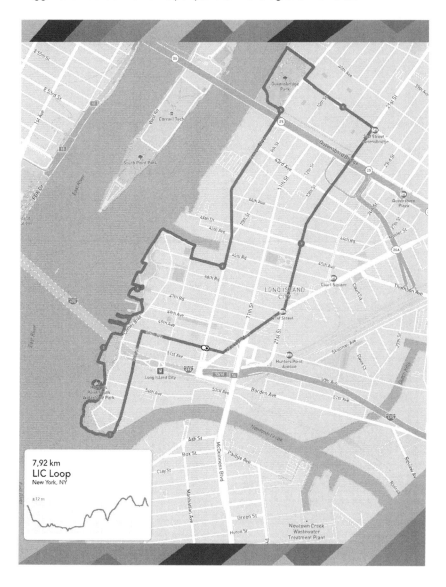

7,92 km
LIC Loop
New York, NY

Rockaway Beach Loop

Distanza	10 Km / 6.2 mi
Dislivello	pianeggiante
Mappa interattiva	routes.run/rockaway

Partenza
Partire appena si è fuori della metro.
Stazione Subway: Beach 98th Street / Linee A - S.

Descrizione
Se i 90 minuti di metropolitana da Times Square non spaventano troppo questo giro lungo l'Atlantico, nel cuore della destinazione di mare tra le più celebri della Grande Mela, offre un suggestivo itinerario panoramico ed una visione della città diametralmente opposta a tutto quello che si presume di sapere su New York.

Puntare verso nord su Beach 98th Street e voltare a sinistra su Beach Channel Drive. Proseguire fino ad incrociare Beach 116th Street e voltare a sinistra verso sud e continuare fino a raggiungere la Ocean Promenade Walkway. Voltare a sinistra e correre lungo il mare passando proprio alle spalle della gigantesca spiaggia che si affaccia sull'oceano. Proseguire per circa 4 chilometri fino a Beach 60th Street e voltare ancora a sinistra. Arrivati su Rockaway Beach Boulevard prendere nuovamente a sinistra e poi voltare a destra su Beach 73rd Street. Proseguire fino ad incrociare Beach Channel Drive e voltare ancora a sinistra. Proseguire dritto fino alla fermata della metro di partenza.

Punti di interesse
Jamaica Bay, Ocean Promenade Walkway, Oceano Atlantico, Rockaway Beach.

Indicazioni & suggerimenti
Il giro può essere allungato oppure accorciato a proprio piacimento fino al chilometraggio desiderato sfruttando la struttura a griglia della strade.
Sulla *promenade* sono disponibili servizi igienici e fontanelle.

Visto il tempo necessario per arrivare a Rockaway è consigliabile fermarsi post allenamento in uno dei tanti bar sul lungomare per una birra, oppure, ancora meglio, uno spuntino panoramico a base di arepas.

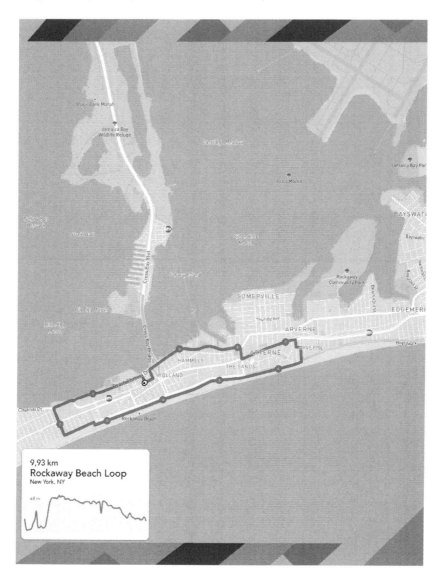

9,93 km
Rockaway Beach Loop
New York, NY

Flushing Meadows-Corona Park Loop

Distanza	10 Km / 6.3 mi
Dislivello	pianeggiante
Mappa interattiva	routes.run/flushingcorona

Partenza

Partire sul *boardwalk* appena fuori dalla fermata della metro, uscita sud. Stazione Subway: Mets - Willets Point / Linea 7.

Descrizione

Andare alla scoperta di uno dei più celebri parchi del Queens, nonché teatro della Queens 10k di NYRR, può essere sorprendente. Questo parco, sede degli Expo del 1939 e del 1964, offre grandi spazi pianeggianti ed alcune strutture notissime come la Unisphere, un grande globo in acciaio di 37 metri di diametro rappresentante la Terra.

Partire lasciandosi alle spalle il Citi Field, stadio di casa dei New York Mets. Proseguire lungo la pensilina in legno ed arrivati alla fine voltare a sinistra. Seguendo la strada asfaltata fare il giro intorno alla grande vasca Industry Pond e proseguire verso sud passando da Avenue of Asia e poi Avenue of Peace. Passare sopra il Long Island Expressway e, seguendo il percorso, fare un giro del grande Meadow Lake in senso orario. Terminato il giro del lago, dopo circa 6 km affacciarsi dalla Ederle Terrace per ammirare il panorama, decisamente più selvaggio, offerto dal parco. Puntare verso nord, ripassare sopra il Long Island Expressway e poi voltare a sinistra lungo Avenue of Peace. Passare accanto al New York State Pavilion, proseguire verso il Queens Zoo, poi voltare a destra, passando accanto al Queens Museum of Art e fare un giro intorno alla celebre Unisphere. Ritornare verso il punto di partenza passando accanto agli impianti di tennis sede del famoso torneo US Open.

Punti di interesse

Astro-View Observation Towers, Campi tennis US Open, Citi Field, Flushing Meadows-Corona Park, Fontana dei Pianeti, Meadow Lake, New York State Pavilion, Queens Museum of Art, Queens Zoo, Unisphere.

Indicazioni & suggerimenti

417

Durante il percorso ci sono diversi punti con fontane e servizi igienici. Il percorso è poco frequentato da turisti ed offre viste molto suggestive. Si può tranquillamente vagare nel parco secondo l'itinerario che si ritiene più opportuno.un'altra fermata della subway che si può utilizzare per ritornare indietro, qualora si esca dal lato sud-ovest del parco, è Forrest Hills - 71st Avenue delle linee E, F-M ed R.

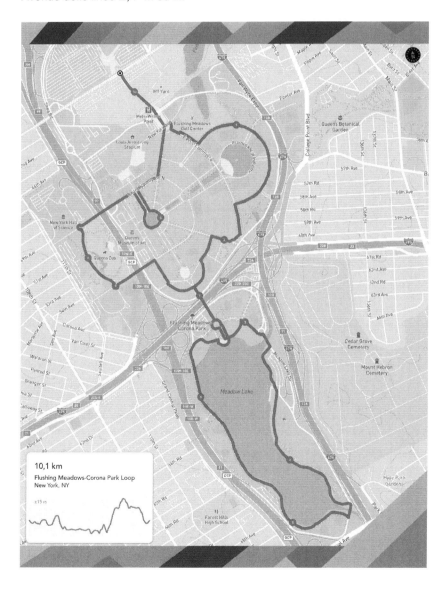

Queens Waterfront

Distanza	12,2 Km / 7.6 mi
Dislivello	50 metri
Mappa interattiva	routes.run/quewaterfront

Partenza

Partire su 50th Avenue (all'angolo con Vernon Boulevard).
Stazione Subway: Vernon Blvd - Jackson Avenue / Linea 7.

Descrizione

Il *waterfront* di Long Island City offre alcuni dei panorami più belli sull'East Side di Manhattan. Questo itinerario lungo fiume corre attraverso una sequenza quasi ininterrotta di parchi e collega la lussuosa Long Island City alla decisamente più popolare Astoria,

Da 50th Avenue correre verso ovest e voltare alla sinistra su 2nd Street. Proseguire fino ad arrivare sul fiume, proprio dove si riversa nel canale Newton Creek. Entrare nel parco e seguire l'East River sul percorso a zig zag lungo l'acqua e usufruire delle varie deviazioni e moli che si estendono sul fiume. Lungo il percorso è possibile ammirare le Nazioni Unite, l'Empire State Building, il Chrysler Building e passare proprio davanti al popolare cartellone della Pepsi Cola. Proseguire lungo gli Hunter's Point Parks fino all'estremo nord ed attraverso la 46th Avenue immettersi, voltando a sinistra, su Vernon Boulevard. Proseguire verso nord passando sotto il Queensboro Bridge ed entrare nel Queensbridge Park. Da qui si gode di una vista magnifica del ponte e di Roosevelt Island. Proseguire oltre il parco lasciandosi alla sinistra la grossa centrale Racenswood ed il ponte in metallo che porta a Roosevelt Island. Proseguire verso nord su Vernon Boulevard. Arrivati all'altezza della 34th Avenue entrare nel Rainey Park e proseguire lungo il fiume fino a raggiungere il Socrates Sculpture Park che in qualche modo "tradisce" la matrice profondamente greca di Astoria. Arrivati a Goodwill Park, seguire ancora la costa lungo il fiume, passare oltre il molo del NYC Ferry e puntare verso nord girando intorno al grosso dedalo di edifici che costruiscono le Astoria Houses. Puntare ancora verso nord su 9th Street e raggiungere il bellissimo Astoria Park. Continuare lungo l'East River passando sotto il Robert

F. Kennedy Bridge e proseguire verso nord. Raggiunta la fine del parco voltare a destra e correre su 20th Avenue fino ad incrociare e voltare su 31st Street. Proseguire fino a raggiungere la fermata della subway Astoria - Ditmars Boulevard delle linee N, W.

Punti di interesse
Astoria Park, Chrysler Building, Empire State Building, Hunter's Point Parks, Newton Creek, Pepsi-Cola Sign, Pulaski Bridge, Queensboro Bridge, Queensbridge Park, Rainey Park, Robert F. Kennedy Bridge, Roosevelt Island, Socrates Sculpture Park, United Nations.

Indicazioni & suggerimenti
È possibile percorrere l'itinerario suggerito anche in verso opposto.
Nei parchi sono disponibili fontane e servizi igienici.
In alternativa si può correre da Long Island City al molo del NYC Ferry ad Astoria, accorciando il percorso a poco più di 6 km, e ritornare a Manhattan usando il traghetto (serve acquistare un biglietto separato, non vale la MetroCard).

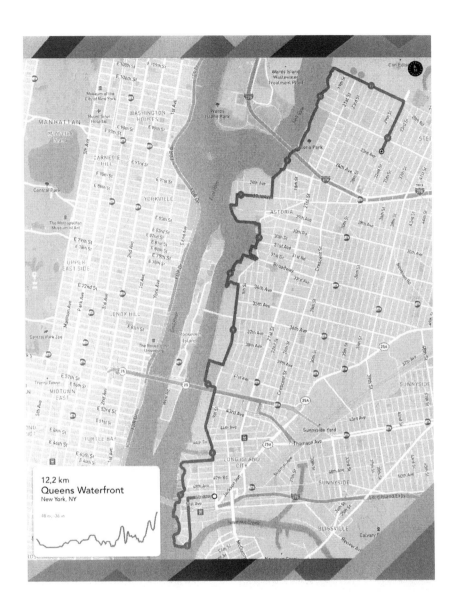

12,2 km
Queens Waterfront
New York, NY

The Bronx
routes.run/thebronx

Probabilmente uno dei distretti più popolari di New York, il Bronx, il cui nome corretto include sempre l'articolo "The", è stato per anni sinonimo di povertà e degrado.

Ormai si tratta in parte di un lontano ricordo, grazie ad una politica attenta a rilanciare questo "quartiere" che ospita circa un milione e mezzo di persone. Negli anni '60 la fama di questo *borough* era, a ragione, pessima, eppure non ha impedito a The Bronx di essere la culla in cui sono nate e cresciute New York Road Runners e la Cherry Tree Marathon, da cui in seguito è nata proprio "Sua Maestà" la NYC Marathon.

È proprio sulle strade del Bronx, tra auto e ragazzini lancia sassi, che il running è nato in città. Ed è qui che un giovane Fred Lebow ha scoperto la meraviglia di questo sport. Due sono gli itinerari segnalati: entrambi permettono di avvicinarsi ad alcune bellezze poco note di questo gigantesco quartiere, dove è possibile ritrovare, ancora, l'anima in parte perduta di una New York ormai lontana nel tempo.

High Bridge Bronx Loop

Distanza	5,6 Km / 3.45 mi
Dislivello	140 metri
Mappa interattiva	routes.run/highbridge

Partenza
Partire su Jerome Avenue (all'angolo con E 170th St).
Stazione Subway: 170 Street / Linea 4.

Descrizione
Bisogna ammetterlo: questo percorso dovrebbe, di regola, stare nella sezione dedicata ai percorsi multidistretto. Questo breve itinerario, infatti, si sviluppa per metà nel Bronx e per metà ad Harlem. Ma l'High Bridge, che si percorre correndo, è uno dei simboli turistici del Bronx ed in tutta sincerità passando ad Harlem non si ha l'impressione netta di aver cambiato quartiere.

Partire nel Bronx dalla fermata della metro puntando vero ovest seguendo E 170th Street e affrontando subito una breve ma impegnativa salita. Entrare nel lato est dell'High Bridge Park e puntare dritto verso ovest passando sul famoso ponte High Bridge che passa sulla *highway* e sul fiume Harlem. Il punto di vista è quello celebre con la Water Tower proprio di fronte a chi corre. Attraversato il ponte e giunti ad Harlem, Washington Heights, voltare a sinistra e farsi portare dagli itinerari del parco High Bridge Park procedendo verso sud. Uscire dal parco ed infilarsi su W 162nd Street per un tuffo nel passato nelle piccole case di Sylvan Terrace. Girare intorno all'isolato e rientrare nel parco. Correre lungo il bordo ovest del parco e rientrarvi nei pressi della torre. Scendere le scale e attraversare nuovamente l'High Bridge e ritornare al punto di partenza.

Punti di interesse
High Bridge, High Bridge Park, High Bridge Water Tower, Sylvan Terrace.

Indicazioni & suggerimenti
Si consiglia di correre durante le ore diurne.
All'interno del parco sono disponibili fontane e servizi igienici.

Per chi volesse allungare l'itinerario è possibile fare alcuni giri anche più ampi del parco dal lato di Harlem.

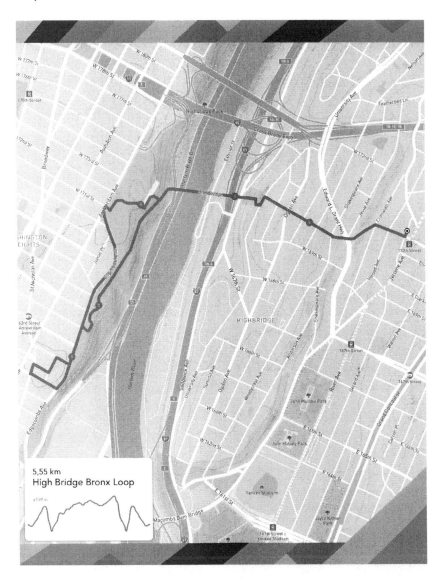

5,55 km
High Bridge Bronx Loop

Van Cortlandt Park Loop

Distanza	5,7 Km / 10 mi
Dislivello	65 metri
Mappa interattiva	routes.run/vancort

Partenza

Partire davanti alla fermata della metropolitana.
Stazione Subway: Van Cortlandt Park - 242nd Street / Linea 1.

Descrizione

Chi immagina che correre in un parco a New York sia necessariamente sinonimo di folla rimarrà senz'altro sorpreso dalla quiete offerta dai numerosi percorsi offerti dal Van Cortlandt Park e dai suoi tanti alberi.

Il giro parte dal lato ovest del parco e corre verso nord, passando subito accanto alla piscina Van Cortlandt Pool e nei pressi del Van Cortlandt House Museum. Attraversare la Parade Ground prima di infilarsi tra gli alberi seguendo lo Yonkers Branch. Poco dopo il terzo chilometro e la salita che lo precede, piegare verso est e poi verso sud, puntando verso il Van Cortlandt Lake, e chiudere il giro al punto di partenza.

Punti di interesse

Parade Ground, Van Cortland House Museum, Van Cortland Lake, Van Cortland Pool.

Indicazioni & suggerimenti

Il giro del parco è consigliato a tutte le ore e vista l'abbondanza di alberi lungo il percorso è consigliato anche durante le torridi estati newyorkesi. Il parco offre fontane e servizi igienici.È possibile allungare il percorso per coprire anche la parte est del parco, per distanze fino ai 10-15km.

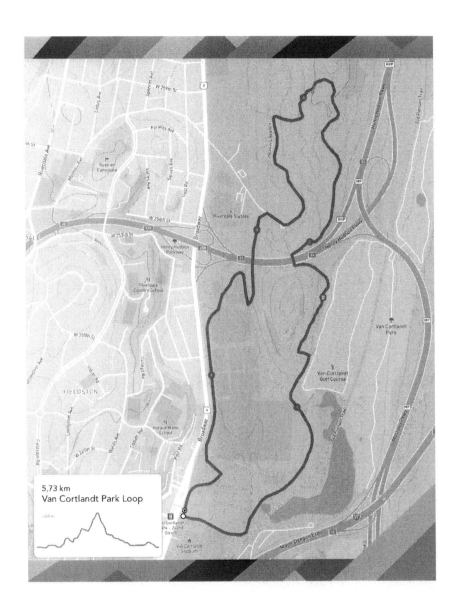

5,73 km
Van Cortlandt Park Loop

Staten Island
routes.run/statenisland

Ogni famiglia ha un lontano parente di cui non si ricorda quasi mai, se non nelle occasioni comandate. Di solito non c'è un motivo specifico o qualche demerito particolare per cui si determina una situazione del genere, eppure accade frequentemente.
Staten Island è "quel parente". Tutti sanno dov'è. Nessuno ha particolari opinioni negative a riguardo. Chi la conosce e la frequenta l'adora. Eppure in moltissimi la ignorano. E se ne ricordano in pochissime occasioni, la più importante delle quali è sicuramente la NYC Marathon, che parte proprio da qui.

Dopo questa premessa si potrebbe pensare che a Staten Island non ci sia tanto da vedere: la realtà è che non c'è tanto da vedere di quella New York che ci si aspetta arrivando nella Grande Mela. C'è una New York diversa: meno cosmopolita, più "americana", tranquilla, quasi di provincia, dimensione che a New York è difficilissimo trovare.

Eppure la gita in traghetto arancione (gratis) è una delle più belle escursioni che si possano fare. La zona nei pressi del Terminal del ferry è accogliente, con diversi ristoranti abbordabili, un bello stadio di baseball ed un gigantesco centro commerciale in costruzione. Staten Island ha persino una metropolitana, che gli altri newyorkesi giurano di non aver mai preso.
I due itinerari suggeriti permettono di fare conoscenza con questa parte sicuramente più remota della città di New York e obbligano a fare una gita lontano dai percorsi tradizionali.
Se sognate di correre a New York e non imbattervi in nessun turista questi sono gli itinerari per voi.

Silver Lake Park Loop

Distanza	7,5 Km / 4.65 mi
Dislivello	120 metri
Mappa interattiva	routes.run/silverpark

Partenza
Partire su Bay Street.
Ferry Terminal: St. George Terminal, Staten Island.

Descrizione
Un giro a Staten Island non può che partire davanti al St. George Terminal, dove i runner della NYC Marathon sbarcano, nel giorno della gara, per poi poter essere trasportati da un servizio speciale di navette fino alla partenza nei pressi del Verrazzano Bridge.
Seguire Bay Street fino all'incrocio con Victory Boulevard dove si volta destra. Proseguire lungo Victory Boulevard e la sua salita, lunga ed un pochino impegnativa, fino a giungere all'estremo nord est del Silver Lake Park. Entrare nel parco e correre intorno al lago in senso orario. Il giro del parco è lungo circa 2,5 km. Uscire dal parco e scendere nuovamente lungo Victory Boulevard proseguendo fino al tratto lungo l'acqua che voltando a sinistra prende il nome Bay Street Landing. Proseguire passando davanti al National Lighthouse Museum fino a giungere, nuovamente, al punto di partenza del percorso su Bay Street.

Punti di interesse
National Lighthouse Museum, Silver Lake Park, St. George Terminal, Staten Island Ferry, Verrazzano-Narrows Bridge.

Indicazioni & suggerimenti
Nel parco sono disponibili fontane e servizi igienici.
Si consiglia di correre con la luce del giorno.
Fare attenzione a bici ed auto nel tratto "misto" di Victory Boulevard.
Per allungare il percorso è possibile aggiungere qualche giro addizionale del parco oppure, in alternativa, correre lungo il fiume sulla riva nord lungo Bank

Street. Il viaggio gratis in traghetto verso e di ritorno da Staten Island è incantevole e vale da solo la gita fin lì.

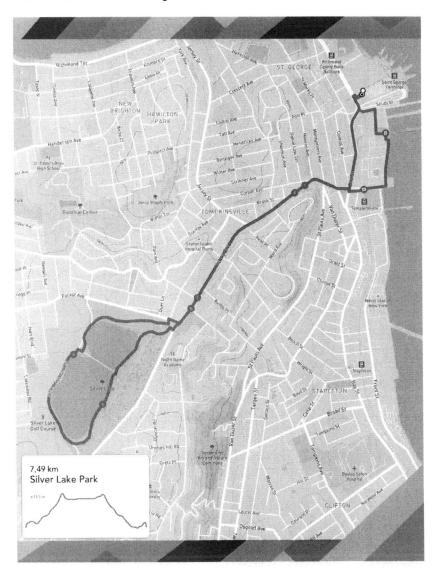

7,49 km
Silver Lake Park

Staten Island Half Loop

Distanza	21,1 Km / 13.1 mi
Dislivello	110 metri
Mappa interattiva	routes.run/sihalf

Partenza

Partire su Bay Street davanti al St. George Post Office Station.
Ferry Terminal: St. George Terminal, Staten Island.

Descrizione

Per la maggior parte dei New Yorkers non residenti nel distretto correre a Staten Island significa, inevitabilmente, misurarsi con il percorso della Staten Island Half. Questa gara, che si corre a metà ottobre, è considerata il banco di prova finale per chi si prepara a tornare sull'isola solo tre settimane dopo per la partenza della NYC Marathon. Il percorso è impegnativo, mai pianeggiante, e con delle salite dispettose proprio dove non si vorrebbe.

Correre su Bay Street per circa 3 km e poco prima dell'entrata in Fort Wadsworth voltare a destra su Lincoln Avenue, passare sotto il Verrazzano Bridge e proseguire verso sud lungo la discesa che porta al rettilineo di Lily Pond Avenue che, al quinto chilometro circa, piega verso destra su Father Capodanno Boulevard. Correre lungo la Boulevard fino al nono chilometro e dopo una decisa inversione ad U correre lungo la medesima strada per altri quattro chilometri circa. Appena completata la salita di Lily Pond Avenue voltare a destra ed entrare in Fort Wadsworth. Correre dentro l'area del forte facendo un loop praticamente nell'area destinata ai villaggi dei runner nel giorno della TCS NYC Marathon e poi, passando sotto il Verrazzano Bridge, correre verso nord lungo il fiume. Dopo un breve tratto nuovamente su Bay Street il percorso piega a destra e presenta diverse piccole discese e salite nel tratto per lo più industriale lungo il fiume su Front Street e Murray Hulbert Avenue. Gli ultimi 500 metri offrono una impegnativa salita lungo Hannah Street nel tratto che risale verso Bay Street e verso la finish line della Staten Island Half.

Punti di interesse

Fort Wadsworth, Midland Beach, St. George Terminal, Staten Island Ferry, Verrazzano-Narrows Bridge.

Indicazioni & suggerimenti

Il percorso è estremamente cittadino e si corre, ad esclusione del tratto dentro Fort Wadsworth, sempre tra auto (non troppe) e bici.

La Staten Island Half è tristemente nota per le pessime condizioni meteorologiche che di solito accompagnano la gara. In altri periodi dell'anno non ci dovrebbero essere problemi particolari.

Il viaggio gratis in traghetto verso e di ritorno da Staten Island è incantevole e vale da solo la gita fin lì.

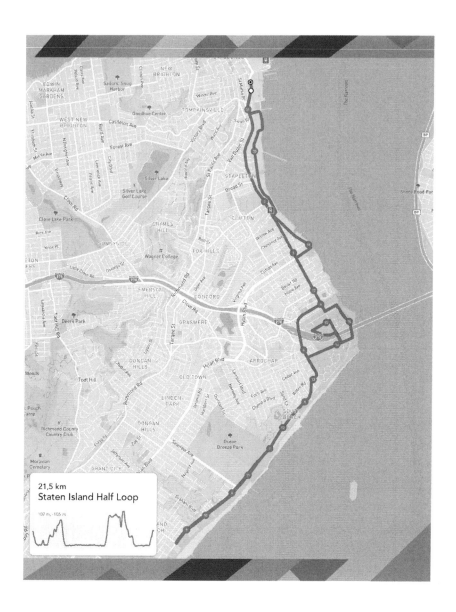

21,5 km
Staten Island Half Loop

Multi borough
routes.run/multiborough

Uno degli aspetti più magici del visitare New York consiste nel repentino cambio di scenario che, di solito, anche solo pochi *blocks* possono determinare durante un itinerario.

Correre attraverso diversi distretti amplifica in maniera incredibile questo effetto e permette, davvero, di avere una idea più precisa e profonda di quanto questa città possa cambiare letteralmente sotto i piedi di chi la visita, metro dopo metro.

I sei itinerari multidistretto proposti in questo capitolo provano a fornire questo punto di vista sulla città cercando al tempo stesso di raccontare le tante zone dei *borough* della città — con addirittura una escursione "extra" in New Jersey!

Brooklyn & Manhattan Bridges Loop

Distanza	9,5 Km / 6 mi
Dislivello	90 metri
Mappa interattiva	routes.run/bkmanbridge

Partenza

Partire da Cadman Plaza West.
Stazione Subway: High Street / Linee A,C.

Descrizione

Questo itinerario permette di correre tra Manhattan e Brooklyn percorrendo due dei più celebri ponti della città ed ammirando il panorama dalle due sponde dell'East River.

Partendo da Cadman Plaza a Brooklyn salire sul percorso pedonale che passa al centro del Brooklyn Bridge e puntare verso Manhattan. Il percorso sul ponte è costituito da travi in legno, quindi non agevolissimo da correre, ed è estremamente denso di turisti. Meglio correre nella zona riservata ai pedoni cercando di ignorare il più possibile la corsia riservata alle bici dove i ciclisti sfrecciano senza troppa attenzione per chi invade la *lane*. Arrivati a Manhattan, proprio davanti al City Hall, voltare a destra passando davanti al celebre edificio della New York Supreme Court e raggiungere Bowery. Salire sul Manhattan Bridge usando la corsia ovest del ponte e correre, verso Brooklyn.

Correre sul Manhattan Bridge è decisamente più agevole e tiene compagnia il frequente passaggio di *subway* che sul ponte salgono in superficie per attraversare l'East River. Arrivati a Jay Street, a Brooklyn, proseguire verso sud e girare a destra su Tillary Street. Proseguire dritto fino a piegare a sinistra su Clinton Street e proseguire verso sud fino ad incontrare Atlantic Avenue. Girare a destra e seguire Atlantic Avenue fino a raggiungere l'estremo sud del Brooklyn Bridge Park. Correre lungo il parco fino al Pier 1, nel cuore di Dumbo. Voltare a destra e seguendo Old Fulton Street raggiungere il punto di partenza del percorso.

Punti di interesse
Brooklyn Bridge, Brooklyn Bridge Park, Dumbo, Manhattan Bridge, New York City Hall, New York Supreme Court.

Indicazioni & suggerimenti
Sul ponte di Brooklyn fare estrema attenzione alle biciclette.
Per evitare la calca indescrivibile sul Brooklyn Bridge, si raccomanda di correre molto presto al mattino o tardi la sera.
All'interno del Brooklyn Bridge Park sono disponibili fontane e servizi igienici.
È possibile allungare l'itinerario proposto correndo lungo il perimetro esterno dei moli del Brooklyn Bridge Park.

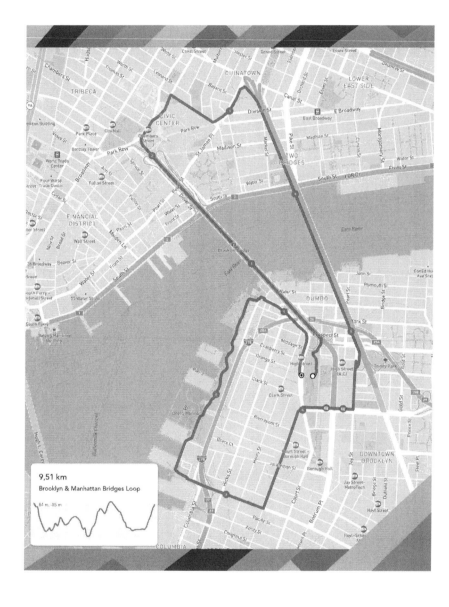

9,51 km
Brooklyn & Manhattan Bridges Loop

Three Bridges

Distanza	11,2 Km / 6 mi
Dislivello	110 metri
Mappa interattiva	routes.run/3bridges

Partenza

Partire su Bedford Avenue.
Stazione Subway: Bedford Avenue / Linea L.

Descrizione

Questo itinerario permette di correre tra Manhattan e Brooklyn percorrendo tutti e tre i ponti che collegano i due *borough*.

Correre lungo Bedford Avenue in direzione sud fino ad arrivare al Williamsburg Bridge, salire sul ponte utilizzando il passaggio pedonale che corre sul lato sud, nei pressi dell'incrocio Bedford Avenue - S 6th Street. Percorrere i due chilometri del bellissimo ponte rosa e grigio ammirando il panorama ed apprezzando l'estrema calma che si respira (sarà molto diverso sul Brooklyn Bridge). Arrivati a Manhattan alla fine del percorso pedonale invertire la marcia passando su Delancey Street e puntare verso il fiume.

Utilizzando la passerella che corre sopra l'FDR raggiungere l'East River Park e puntare verso Lower Manhattan seguendo il fiume correndo prima lungo il percorso pedonale e poi utilizzando la pista ciclabile nel tratto in cui si infila sotto la *highway*. Voltare a destra su Pike Street e puntare verso nord fino a raggiungere Canal Street, passare quindi dal lato ovest del Manhattan Bridge per raggiungere la passerella pedonale. Correre sul ponte verso Brooklyn ed arrivati alla fine della passerella su Jay Street, voltare subito a destra fino a raggiungere Prospect Street e poi salire sul percorso pedonale che passa al centro del Brooklyn Bridge.

Puntare nuovamente verso Manhattan. Il percorso sul ponte è costituito da travi di legno, quindi non agevolissimo da correre, e decisamente denso di turisti. Correre nella zona riservata ai pedoni cercando di ignorare, il più possibile, la corsia riservata alle bici, dove i ciclisti sfrecciano senza troppa attenzione per chi invade la *lane* a loro riservata. Terminare il percorso davanti alla New York City Hall.

Punti di interesse
Brooklyn Bridge, East River Park, Manhattan Bridge, New York City Hall, Williamsburg Bridge.

Indicazioni & suggerimenti
Sul ponte di Brooklyn fare estrema attenzione alle biciclette.

Per evitare la calca indescrivibile sul Brooklyn Bridge si raccomanda di correre molto presto al mattino o tardi la sera.

Per ritornare indietro utilizzare la fermata della *subway* Brooklyn Bridge - City Hall delle linee 4, 5, 6.

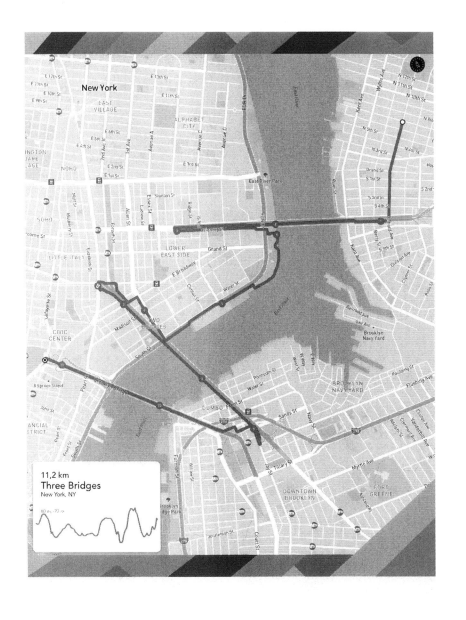

New York

11,2 km
Three Bridges
New York, NY

New Jersey Discovery Loop

Distanza	16 Km / 9.9 mi
Dislivello	340 metri - percorso misto
Mappa interattiva	routes.run/newjersey

Partenza
Partire davanti alla fermata della metro.
Stazione Subway: 181 Street / Linea A.

Descrizione
Più che un itinerario multi distretto questo è un percorso "multi stato": nel corso dei 16 km suggeriti si attraversa il fiume Hudson, si entra ufficialmente nel New Jersey e, dopo alcuni chilometri corsi in un bosco totalmente incontaminato e praticamente deserto lungo il fiume, si torna indietro nello stato di New York nel cuore di Harlem.

Correre lungo la W 181st Street fino ad incrociare Broadway e voltare a sinistra. Proseguire fino all'incrocio con la W 178th Street e voltare a destra, correndo lungo il George Washington Bus Station e l'inizio del George Washington Bridge. Salire sul ponte utilizzando la passerella (ad uso misto pedoni / bici), che corre lungo il lato sud del ponte. Arrivati nel New Jersey, passare sotto il ponte ed entrare nel Palisades Interstate Park ed il percorso, solo pedonale, che corre sulla collina che si affaccia sul fiume Hudson. Proseguire in questo piccolo tratto di trail running fino ad incontrare delle scale in pietra che scendono in maniera decisa verso la strada sottostante, nei pressi della rotonda su Henry Hudson Drive.

Correre lungo la corsia ovest di Henry Hudson Drive puntando verso nord. La strada si infila tra gli alberi correndo lungo il fiume e scende, gradualmente, avvicinandosi alla quota del fiume. Dopo circa 7 km, poco a nord del Englewood Boat Basin, fare inversione a U e riprendere Henry Hudson Drive, stavolta nel suo sviluppo lungo il corso del fiume. Seguire il fiume fino a circa 10 km, dopo essere passati sotto il George Washington Bridge, e seguire il percorso che si infila tra le piccole case nei pressi del Fort Lee Historic Park ed lungo Henry Hudson Drive, che sale fino all'inizio della passerella per attraversare il ponte. Correre sul George Washington Bridge fino al punto di partenza seguendo il medesimo itinerario.

Punti di interesse
Fort Lee Historic Park, George Washington Bridge, New Jersey, Palisades Interstate Park.

Indicazioni & suggerimenti
Per allungare l'itinerario si può correre verso nord lungo Henry Hudson Drive per moltissimi chilometri (il Palisades Interstate Park è lungo 20 chilometri).

Ad un certo punto la strada asfaltata diventa un percorso da trail.

Il panorama è incantevole e pur essendo a pochissimi chilometri da New York City il parco offre una quiete incredibile ed i servizi necessari.

Il percorso è estremamente popolare tra i ciclisti.

Prestare attenzione al percorso misto con le bici sul George Washington Bridge.

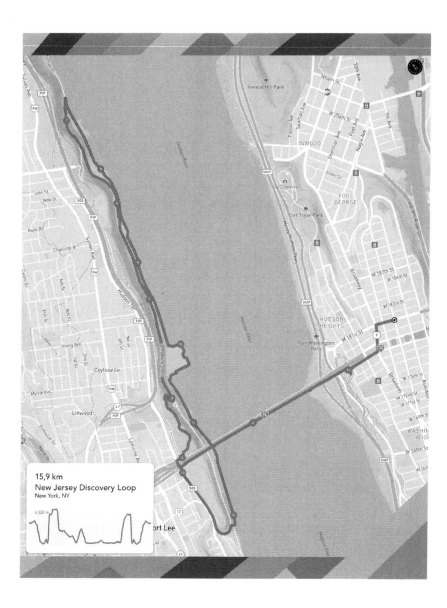

15,9 km
New Jersey Discovery Loop
New York, NY

Tri-borough Loop

Distanza	19,2 Km / 12 mi
Dislivello	110 metri
Mappa interattiva	routes.run/3borough

Partenza

Partire su Lexington Avenue angolo E 59th Street.
Stazione Subway: Lexington Avenue - 59th Street / Linee N,R,W - 4,5,6.

Descrizione

Correre in tre distinti *borough* in meno di una mezza maratona si può: basta seguire questo bellissimo itinerario che mostra una città profondamente diversa e che cambia, chilometro dopo chilometro.

Procedere verso est lungo la E 59th Street correndo accanto al Queensboro Bridge, proprio nel punto più "caldo" di pubblico di tutta la NYC Marathon. Voltare a destra su First Avenue e proseguire verso sud, passando proprio davanti alle Nazioni Unite e procedere fino all'incrocio con la E 37th Street. Voltare a sinistra e, passando sotto l'FDR, raggiungere l'East River Esplanade proprio sul fiume.

Correre seguendo l'East River. Il percorso si snoda correndo ad est della *highway*, per lo più vicino all'East River con delle viste spettacolari su nord Brooklyn. Dopo circa quattro chilometri e mezzo si arriva nell'East River Park. Correre lungo il parco e, subito dopo essere passati sotto il Williamsburg Bridge, voltare a destra ed utilizzando la passerella pedonale, passare sopra l'FDR e prendere Delancey Street verso ovest. All'incrocio tra Delancey e Clinton Street voltare a destra e salire sul percorso pedonale che corre sul lato sud del Williamsburg Bridge.

Correre per i due chilometri di ponte fino a raggiungere Bedford Avenue: benvenuti a Brooklyn! Voltare a sinistra su Bedford Avenue e, seguendo il medesimo itinerario della NYC Marathon, correre verso nord per circa 2 km. Voltare a sinistra su Manhattan Avenue e, sempre lungo la *route* della maratona, voltare a destra su Greenpoint Avenue e poi a sinistra su Mc Guinness Boulevard. Dopo circa 13,5 km, si raggiunge così il Pulaski Bridge, punto di mezza maratona durante la TCS NYC Marathon e alla fine del ponte si arriva a Long Island City, nel Queens. Voltare a sinistra su 48th Avenue e poi a destra su Vernon Boulevard. Proseguire verso nord e raggiunto il km 15, voltare a destra su 44th Drive.

Proseguire verso est e piegare a sinistra su Crescent Street. Passare sotto il Queensboro Bridge e, utilizzando la passerella destinata a pedoni e bici che corre sul lato nord del ponte, correre verso ovest in direzione Manhattan. Il ponte passa proprio sopra Roosevelt Island, accanto alla teleferica ed arriva a Manhattan. Prendere E 61st Street verso ovest e raggiungere Lexington Avenue fino al punto di partenza.

Punti di interesse
Brooklyn Waterfront, East River Esplanade, East River Park, Long Island City, Marathon Route, McCarren Park, MoMA PS1, NYC Marathon Half Marathon Mark, Pulaski Bridge, Queensboro Bridge, Roosevelt Island Tramway, United Nations, Williamsburg Bridge.

Indicazioni & suggerimenti
Il percorso può essere anche corso in verso contrario rispetto a quanto indicato. In tal caso il tratto sul Queensboro Bridge risulta più impegnativo.
Sui ponti rispettare le corsie delle bici.
Nei parchi sono disponibili fontane e servizi igienici.
I tratti su First Avenue, Bedford Avenue e Vernon Boulevard sono estremamente cittadini e potrebbero richiedere alcune pause ai semafori.

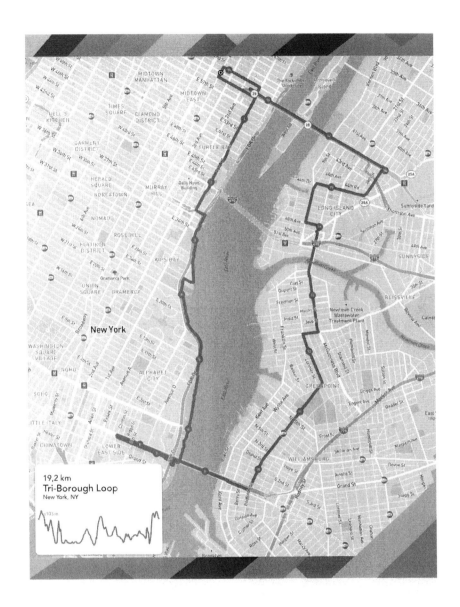

19,2 km
Tri-Borough Loop
New York, NY

BQM Half Loop

Distanza	21,1 Km / 13.1 mi
Dislivello	60 metri
Mappa interattiva	routes.run/bqmloop

Partenza
Partire a Greenpoint, angolo Greenpoint Avenue e Manhattan Avenue.
Stazione Subway: Greenpoint Avenue / Linea G.

Descrizione
Questo percorso di circa ì 21km corre in alcune delle zone più panoramiche ma anche meno note di New York. Parte dal punto più a nord di Brooklyn, passa per il *waterfront* di Long Island City e raggiunge Manhattan per un giro completo di Roosevelt Island, uno dei luoghi meno noti ai turisti.

Correre verso est su Greenpoint Avenue fino a raggiungere McGuinness Boulevard. Voltare a sinistra e puntare verso nord, verso il Pulaski Bridge, lungo l'itinerario della NYC Marathon che proprio sul ponte taglia la soglia dei 21,1 km di gara.

Appena scesi dal ponte voltare a sinistra su Jackson Avenue ed immettersi, a destra, su 50th Avenue.

Correre verso ovest e voltare alla sinistra su 2nd Street. Proseguire fino ad arrivare sul fiume (all'intersezione con il canale Newton Creek). Entrare nel parco e seguire l'East River sul piccolo percorso a zig zag lungo l'acqua. Lungo il percorso è possibile ammirare gli edifici delle Nazioni Unite, l'Empire State Building ed il Chrysler Building lungo l'east side di Manhattan. Proseguire lungo gli Hunter's Point Parks fino all'estremo nord, poco dopo il celebre Pepsi Cola Sign, ed attraverso la 46th Avenue immettersi, voltando a sinistra, su Vernon Boulevard. Proseguire verso nord su Vernon Boulevard passando sotto il Queensboro Bridge e subito dopo entrare nel piccolo Queensbridge Park. Da qui si gode di una vista magnifica del ponte e della riva est di Roosevelt Island. Proseguire nel parco ed uscendo, correre in direzione nord. Voltare a sinistra all'altezza di 36th Avenue e raggiungere Roosevelt Island attraverso il piccolo ponte levatoio in metallo. Utilizzare lo svincolo

stradale circolare e raggiungere la costa est dell'isola. Correre lungo la costa in senso antiorario sempre accanto al fiume.
All'estremo nord dell'isola girare intorno al piccolo faro e proseguire lungo la costa ovest di Roosevelt Island. Proseguire verso sud, passare sotto il Queensboro bridge, accanto agli alberi di ciliegio nella zona dell'isola occupata dagli edifici del campus della Cornell Tech. Proseguire verso sud ed entrare nel piccolo South Point Park e poco dopo nel Franklin D. Roosevelt Four Freedoms Park. Dalla punta sud dell'isola si gode di una vista impareggiabile sulle Nazioni Unite. Proseguire verso nord lungo la costa est dell'isola, appena a sud del Capobianco Field ritornare su Main Street voltando a sinistra, risalire sullo svincolo circolare e ritornare nel Queens utilizzando il medesimo ponte in metallo.
Proseguire lungo 36th Avenue oltre Vernon Boulevard in direzione est fino ad incrociare 21st Street. Voltare a destra e puntare verso sud per circa due chilometri. Voltare ancora a destra su Jackson Avenue e risalire sul Pulaski Bridge, sfruttando nuovamente la passerella pedonale sul lato ovest del piccolo ponte. Ritornati a Brooklyn voltare a destra su Green Street fino a raggiungere West Street. Correre su West in direzione sud. All'incrocio con Kent Street voltare a destra e affacciarsi sul piccolo panoramicissimo molo del parco. Uscire dal Transmitter Park su Greenpoint Avenue e ritornare al punto di partenza.

Punti di interesse
Chrysler Building, Empire State Building, Franklin D. Roosevelt Four Freedoms Park, Hunter's Point Parks, MoMA PS1, Newton Creek, NYC Marathon Half Marathon Mark, NYC Marathon Route, Pepsi-Cola Sign, Pulaski Bridge, Queensboro Bridge, Queensbridge Park, Roosevelt Island, Transmitter Park, United Nations.

Indicazioni & suggerimenti
Durante il percorso lungo il fiume ci sono diversi punti con fontane e servizi igienici.
Il percorso è poco frequentato da turisti ed offre viste impareggiabili, sia all'alba che al tramonto.
Il Franklin D. Roosevelt Four Freedoms Park apre alle nove del mattino e quindi chi corre presto rischia di perdere la visita alla punta sud dell'isola e di accorciare di qualche centinaio di metri il proprio allenamento.

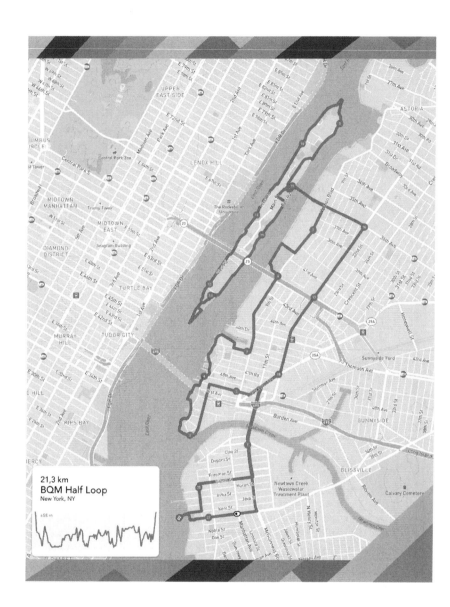

21,3 km
BQM Half Loop
New York, NY

±58 m

The Big Loop

Distanza	34 Km / 21.1 mi
Dislivello	190 metri
Mappa interattiva	routes.run/bigloop

Partenza

Partire davanti all'Apple Store in Grand Army Plaza.
Stazione Subway: 5th Avenue - 59 Street / Linee N,R,W.

Descrizione

Questo lunghissimo loop di 34 km porta i runner in giro per New York permettendo di vedere, correndo, un numero incredibile di attrazioni turistiche e di allenarsi, per lunghi tratti, in percorsi riservati e panoramicissimi. Il giro attraversa tre distretti (Manhattan, Brooklyn e Queens) e tre ponti (due dei quali celeberrimi). Questo itinerario è una specie di "riassunto" di tutto quello che la città di New York ha da offrire a chi la visita e che ha l'ardire di correre questo lungo percorso o anche, perché no, girarlo in modo più facile in bicicletta.

Correre lungo Central Park South ed entrare nel parco da Columbus Circle. Correre lungo East Drive. Il primo chilometro e mezzo coincide esattamente con l'ultimo chilometro e mezzo della NYC Marathon. Proseguire su East Drive e, passato The Lake, uscire dal parco all'altezza del W 77th Street proprio accanto all'American Museum of National History. Correre nei pressi del museo e quindi prendere la W 79th Street puntando verso ovest. Si arriva sul fiume Hudson e nei pressi della rotonda stradale che ospita anche il Boat Basin Café si torna sull'acqua in Riverside Park.

Si corre lungo il fiume Hudson con il New Jersey alla destra, puntando verso sud e passando dai moli destinati agli attracchi delle grandi navi da crociera, l'Intrepid Museum, il Javitz Center e la High Line. Proseguire lungo l'Hudson River Park, accanto a giardini, aree per bambini e diversi moli. Continuare sempre lungo il fiume fino a raggiungere il Rockefeller Park e successivamente Battery Park. Passare davanti allo Staten Island Ferry Terminal e sotto l'FDR. Risalire verso il City Hall lungo Fulton Street e prendere la passerella pedonale che attraversa il Brooklyn Bridge.

Proseguire verso Brooklyn ed, arrivati a Dumbo, prendere York Street fino a raggiungere Navy Street e, voltando a sinistra, Flushing Avenue. Correre lungo il bordo sud del Brooklyn Navy Yard e proseguire lungo Kent Avenue (voltando a sinistra). Procedere verso nord e, subito dopo essere passati sotto il Williamsburg Bridge, voltare a sinistra per raggiunger l'East River attraverso il Domino Park. Proseguire seguendo il percorso lungo il fiume e rientrare su Kent Avenue all'altezza di N 7th Street. Proseguire verso nord, direzione Greenpoint. Voltare a destra su Greenpoint Avenue e poi a sinistra su McGuinness Boulevard.

Dopo circa 27 km percorsi si raggiunge così il Pulaski Bridge, punto di mezza maratona della TCS NYC Marathon. Alla fine del ponte si arriva a Long Island City, nel Queens. Voltare a sinistra su 48th Avenue e poi a destra su Vernon Boulevard. Proseguire verso nord e, raggiunto il km 15, voltare a destra su 44th Drive. Proseguire verso est e piegare a sinistra su Crescent Street. Passare sotto il Queensboro Bridge e, utilizzando la passerella destinata a pedoni e bici che corre sul lato nord del ponte, correre verso ovest in direzione Manhattan. Il ponte passa proprio sopra Roosevelt Island, accanto alla teleferica, ed arriva a Manhattan poco dopo la fatidica soglia dei 32km. Prendere E 61st Street verso ovest. Correre lungo E 61st Street fino a raggiungere Fifth Avenue, voltare a sinistra e raggiungere il punto di partenza del percorso. Complimenti!

Punti di interesse

American Museum of National History, Battery Park, Brooklyn Bridge, Brooklyn Navy Yard, Brooklyn Waterfront, Central Park, Chelsea Piers, City Hall, Domino Park, Dumbo, East River Park, High Line, Hudson River Park, Intrepid Museum, Manhattan Bridge, North Cove Yacht Harbor, NYC Marathon Punto di mezza maratona, One World Trade Center, Queensboro Bridge, Riverside Park, Rockefeller Park, Staten Island Ferry, Statua della Libertà, United Nations, Whitney Museum of American Art, Williamsburg Bridge.

Indicazioni & suggerimenti

Si consiglia di iniziare il loop nel punto più vicino possibile al proprio albergo. Lungo il percorso, nei vari parchi, sono disseminate fontane e servizi igienici. Il giro è molto impegnativo ma bellissimo a qualsiasi ora e merita davvero numerose pause fotografiche.

I trentaquattro chilometri sono, ovviamente, una distanza molto impegnativa, ma nella maggior parte del percorso si corre su tratti pianeggianti, escludendo i

ponti ed il piccolo tratto in Central Park. Rispettare sempre le corsie destinate ai ciclisti.
Portare una MetroCard, una carta di credito e l'indirizzo del proprio albergo.

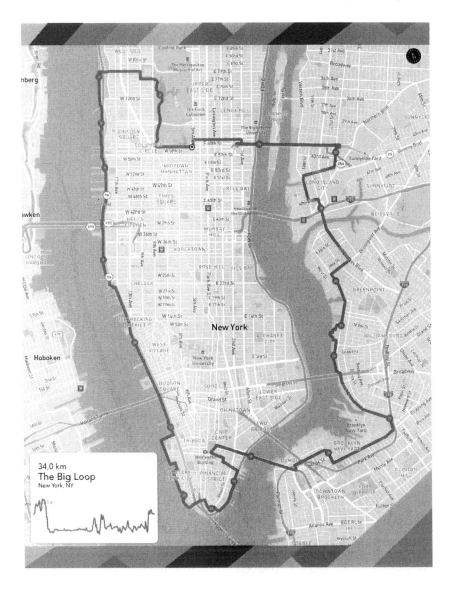

34,0 km
The Big Loop
New York, NY

Non solo NYC Marathon

Oltre alla NYC Marathon, New York Road Runners organizza, nel corso dell'anno, decine di altre competizioni in tutta New York. L'offerta è estremamente variegata con gare da 4 miglia, 5k, 10k, 10 miglia, 15k, qualche mezza maratona, persino una 60k (che si corre tutta in Central Park). Si tratta di gare molto partecipate (anche per via del programma "9+1", si veda "Come partecipare" nella prima parte della guida) e perfettamente organizzate. Tutte le competizioni includono nel prezzo sempre una maglia tecnica celebrativa o qualche gadget da running a marchio New Balance, deposito borse, bagni e ristoro a base di bagel e mela alla fine. Sono gare molto sentite, corse da almeno 10000 runner ciascuna, anche per via dei tanti running club che competono in città.

Le gare possono essere a tema: alcune celebrano qualche evento particolare, un runner "mitico" nella storia di NYRR, altre hanno lo scopo di raccogliere fondi per la ricerca medica, altre ancora celebrano uno specifico paese come il Giappone, gli Emirati Arabi e dal 2018 è nata (o meglio è stata reintrodotta) anche una Italy Run sponsorizzata da Ferrero e che si corre a giugno in occasione della Festa della Repubblica italiana.

Le gare sono a pagamento; i prezzi sono estremante variabili a seconda della lunghezza del percorso e dall'importanza dell'evento. I posti sono limitati e spesso si esauriscono qualche settimana prima della data della competizione; la disponibilità per le gare più note termina, a volte, persino mesi prima.
Si può completare la procedura d'acquisto direttamente sul sito di NYRR, effettuando il pagamento con una carta di credito. Negli Stati Uniti non è richiesto alcun certificato medico per poter partecipare alle competizioni: i runner si assumono, semplicemente — e forse anche troppo —, tutte le responsabilità al momento dell'iscrizione.

Il pettorale (che include un chip) e la maglia si ritirano direttamente al NYRR RUNCENTER nei pressi di Columbus Circle, nei giorni prima della gara o direttamente il giorno della gara stesso nei pressi della partenza (ma non è possibile nel caso di eventi più importanti).
In pratica, se si progetta di visitare New York e sono già note le date del viaggio in città, si può dare uno sguardo al ricchissimo calendario di

competizioni direttamente sul sito di NYRR e, con un pochino di fortuna, far coincidere la propria presenza in città anche con una gara locale. Ci si ritroverà così all'improvviso, in silenzio, in mezzo a migliaia di runner mentre, prontissimi per la partenza, ascoltano l'inno nazionale americano con una performance live che spesso è emozionante, anche se non si è cittadini USA o dotati di un particolare senso patriottico in generale.

Five Borough Series

Tra le tantissime gare organizzate, cinque eventi sono sono considerati speciali: si tratta delle gare dedicate a ciascun quartiere della città. Vengono raggruppate anche sotto il nome "Five-borough Series" e ciascuna competizione offre una t-shirt particolarmente curata ed una medaglia pesante da conservare.

Per chi volesse vivere l'esperienza di una gara importante a New York, senza, tuttavia, doversi cimentare con l'impegno richiesto dalla preparazione della maratona, alcune gare tra le "Five-borough Series" rappresentano, con buona ed ovvia approssimazione, una valida alternativa. Le competizioni sono sempre organizzate durante il weekend (si corrono il sabato o la domenica) nel medesimo periodo dell'anno. Quindi la data esatta dell'evento varia da edizione ad edizione. Di seguito sono indicate, a titolo di riferimento, le date per le edizioni del 2019.

United Airlines NYC Half

Data	Marzo (ultima edizione 17 marzo 2019)
Distanza	21,1 km / 13.1 mi
Sito	www.nyrr.org/races/2019unitedairlinesnychalf

La United Airlines NYC Half è considerata da molti, a ragione, la vera Mezza maratona di Manhattan. E fino al 2017 lo era anche formalmente, con un percorso che iniziava a Central Park e terminava dalle parti di Battery Park non lontano da Wall Street.

Tuttavia, nel 2018 il percorso stato completamente stravolto (in meglio). E con una differenza importante: il via è ora a Brooklyn mentre l'arrivo è in Central Park. Un altro segnale (qualora ce ne fosse ancora bisogno) della centralità acquisita da Brooklyn nella vita della città.

Il percorso è bellissimo. Si parte alle 7:30 del mattino, divisi in ben cinque *wave*, nel cuore di Prospect Park (il parco più importante di Brooklyn), si fa circa metà giro del parco, si corre un tratto su Flatbush Avenue per poi compiere una inversione ad U e correre, un pochino in discesa, il che non guasta, nuovamente lungo Flatbush Avenue in senso opposto. Si passa poi sul Manhattan Bridge che, per l'occasione (unica, tra l'altro), viene chiuso al traffico nel suo piano superiore. Dal ponte la vista è semplicemente sublime, da qualsiasi lato si guardi.

Giunti a Manhattan si attraversa la parte est di Chinatown, si corre lungo l'East River, si sale poi sull'FDR Drive (la "tangenziale est" di Manhattan), dove si corre per qualche chilometro e da dove i runner possono ammirare Brooklyn alla loro destra (ad est).

Arrivati all'altezza della E 42nd Street, il percorso svolta verso ovest fino ad incrociare Broadway, passaggio obbligato in Times Square (per la verità a quell'ora pressoché deserta e quindi, forse, persino piacevole), si imbocca 7th Avenue e si punta dritto verso nord, direzione Central Park.

Si corrono gli ultimi due chilometri circa dentro il parco, contromano rispetto ai chilometri finali che si corrono sempre qui durante la Maratona di New York. La Finish Line è, praticamente, dove è quella della NYC Marathon, proprio davanti al ristorante Tavern-on-the-Green.

La gara è bella, impegnativa per via del ponte e delle tante colline e saliscendi, il giro è decisamente interessante ed atipico. Non c'e da aspettarsi però maree umane di gente per strada. Sarà anche la città che non dorme mai, ma in marzo, la domenica mattina alle 8, c'è davvero poca gente (parenti esclusi) che al freddo sia disposta ad incitare qualche migliaio di sconosciuti. È una gara comunque molto sentita e partecipata: nel 2019 l'hanno completata in 24659 (12305 uomini e 12354 donne) e l'idea di NYRR è quella di farla cresce sensibilmente in termini di partecipanti negli anni a venire. Le modifiche di percorso tra l'edizione 2018 e 2019 fanno pensare che si stiano studiando ancora dei modi per permettere alla gara di crescere ulteriormente.

Per iscriversi c'è un sorteggio (che nel 2018 ha chiuso il 28 novembre) ed il costo è di 145 dollari da pagare immediatamente via carta di credito qualora si sia estratti. Non poco. Oppure ci si può rivolgere ad uno degli International Tour Operator (i medesimi che si occupano della maratona) per l'acquisto di un pacchetto completo di viaggio + pettorale.

La gara è assolutamente consigliata, specie se per qualche motivo non si può o non si vuole correre la Maratona di New York.
Se invece si è già corsa la New York City Marathon va tenuto in mente che sarà tutto molto diverso perché si corre in una zona della città che la maratona non sfiora nemmeno. Quindi è l'occasione per scoprire, correndo, un altro pezzo della Grande Mela.

Popular Brooklyn Half

Data	Maggio (ultima edizione 18 maggio 2019)
Distanza	21,1 km / 13.1 mi
Sito	www.nyrr.org/races/popularbrooklynhalf

Nel 2019 ben 26802 runner hanno tagliato il traguardo, sul *boardwalk* di Coney Island, di quella che è considerata, di fatto, la mezza maratona più partecipata degli Stati Uniti.

Non si può non amare questa gara a cominciare dall'Expo. Il pettorale infatti va ritirato al Brooklyn Bridge Park a Dumbo, con tanto di *live music, food cart*, birra con vista ponte di Brooklyn e Lower Manhattan e feste serali, per celebrare la vera primavera che da queste parti a volte arriva un pochino dopo. Insomma chi ben comincia...

La gara è impegnativa. Si parte alle 7 del mattino divisi in due *wave* da Prospect Park, nei pressi del Brooklyn Museum, si gira dentro e fuori il parco per circa 10 km, un tratto ricco di collinette che davvero spezzano il fiato e le gambe e poi via... si entra su Ocean Parkway (riservato eccezionalmente ai runner) e giù, verso sud, fino al mare. Qui in pianura, lanciati verso Coney Island, i runner iniziano una specie di esperimento psicologico lungo circa 9 km, in cui si vede scorrere in quello che sembra un rettilineo infinito tantissimo strade ed *avenue* (da Avenue C ad Avenue Z) che sembrano scandire il ritmo della corsa. Se non altro non ci si può perdere. L'arrivo sull'oceano (sulla famosissima passeggiata *boardwalk*), dopo aver passato il celebre parco divertimenti di Coney Island, è indimenticabile. Contribuisce alla festa una folla festante e numerosa all'arrivo, che acclama i runner in volata per l'ultimo sprint davanti al celeberrimo Nathan's.

Finita la gara, finita le festa? Non a Brooklyn. Il concerto post-gara all'interno dello stadio MCU Park di Baseball dove giocano i Brooklyn Cyclones è imperdibile. Magari accompagnato da birra ed hot-dog (che da queste parti è quasi religione). Ovviamente tempo permettendo. In più di una edizione ha diluviato (a dir poco).

Per iscriversi, bisogna essere lesti. Fino all'ultima edizione, infatti, le iscrizioni aprono sul sito di NYRR in un determinato giorno (che nel 2019 è stato il 30 gennaio) e nel giro di 15/20 minuti i posti si esauriscono. Quindi bisogna tenersi pronti al computer all'ora giusta (solitamente mezzogiorno, ora di New York), con account già configurato sul sito NYRR e carta di credito già inserita, per iscriversi al volo. Come a dire: la gara inizia subito!

Il costo di iscrizione si aggira sui 100 dollari. E se per caso non si sia stati abbastanza svelti a cliccare per iscrivervi (o semplicemente non ci si è iscritti), i runner internazionali possono acquistare un pacchetto di viaggio dagli usuali ITO (salvo disponibilità di pettorali, ovviamente).

NYRR Queens 10k

Data	Giugno (ultima edizione 15 giugno 2019)
Distanza	10 km / 6.2 mi
Sito	www.nyrr.org/races/nyrrqueens10k

Il Queens, il distretto più popoloso, grande e multietnico di New York, ospita in estate questa gara di 10km all'interno del bel Flushing Meadows Corona Park. Questa è una gara estiva. Molto estiva. Ovvero: fa un caldo incredibile. Lo sa anche NYRR che infatti per l'occasione fornisce ai runner una canotta invece della tradizionale T-shirt commemorativa.

Pur partendo alle 7:45 del mattino, i podisti verranno letteralmente innaffiati per lunghi tratti di gara e non vedranno l'ora di arrivare alla fine del percorso che si snoda dentro il parco, passando accanto al Citi Field (www.mlb.com/mets/ballpark) dove giocano i New York Mets, il Queens Museum, il Queens Zoo, la famosissima Unisphere (en.wikipedia.org/wiki/Unisphere), celebre anche per un "cameo" nella Stark Expo di *Iron Man 2*. Il tracciato di gara termina nei pressi della grande vasca, dove tutti vorrebbero rinfrescarsi, ma che purtroppo non sarà consentito.

Di tutte le gare delle "Five-borough Series", questa è probabilmente la meno interessante: è l'unica competizione non cittadina, assistono pochissimi spettatori e si ha la sensazione che, in fin dei conti, si potrebbe essere davvero un po' dovunque (se si esclude la vista Expo). Il percorso per fortuna è pianeggiante, iscriversi è facilissimo: basta andare sul sito NYRR, pagare i circa 50 $ richiesti e farlo in anticipo con un tempo ragionevole di due, tre mesi. In sostanza, se, per caso, si è a giugno a New York e si ha voglia di una 10k, una canotta rara ed una bella medaglia, questa gara è sicuramente da prendere in considerazione.

New Balance Bronx 10 Miles

Data	Settembre (ultima edizione 29 settembre 2019)
Distanza	16,6 km / 10 mi
Sito	www.nyrr.org/races/newbalancebronx10mile

Il Bronx è probabilmente il quartiere più *upcoming* dopo Brooklyn (che però ormai non è più una novità). Niente a che vedere con quello che si immagina quando si pensava "Bronx".

È un quartiere ricco di differenze culturali, al margine della "solita" New York, che pochi conoscono, pochissimi visitano e che persino la maratona sfiora solo per un paio di chilometri. I pochi turisti che "rischiano" di venir qui di solito non vanno oltre Arthur Avenue o il Bronx Zoo.

La Bronx 10 Miles (attenzione: 10 miglia... ovvero 16,0934 metri... quindi vanno conservate le energie se si vuole arrivare alla fine) è una gara davvero cittadina e si sviluppa per quasi tutta la sua lunghezza su Grand Concourse, una spina dorsale del distretto.Inoltre non è in pianura. Per niente. Mai. Nemmeno un metro. E la distanza "strana" rischia di essere sottovalutata. È meno di una mezza quindi si pensa di poter spingere un pochino di più. Invece le salite si vendicano. Siete stati avvisati. Inoltre potrebbe ancora far molto caldo anche se si corre a fine settembre. Sul percorso c'è poco da dire. Si corre in direzione nord per circa sette chilometri, si fa un giro e poi si torna giù lungo la stessa strada. Non bello, non brutto, ma molto sentito. Dopo Brooklyn, sicuramente il tifo più acceso lo si trova qui. Notevole, invece, l'arrivo in discesa. Si vede la fine, il traguardo e si spinge più che si può con l'aiuto della discesa... più arrivo in volata di così!

Da qualche anno le t-shirt di questa gara sono sempre quelle con il design più curato. Forse varrebbe la pena di correre questa gara anche solo per questo. Iscriversi è facile, basta andare sul sito NYRR. Di solito fino a qualche settimana prima della competizione c'è ancora disponibilità. Partecipare costa circa 50 dollari.

NYRR Staten Island Half

Data	Ottobre (ultima edizione 13 ottobre 2019)
Distanza	21,1 km / 13.1 mi
Sito	www.nyrr.org/races/nyrrstatenislandhalf

Chiude la cinquina delle gare della "Five-borough Series" la Mezza maratona di Staten Island. Una delle gare considerate più diverse da tutte le altre. Innanzitutto perché si corre a Staten Island, quinto ed ultimo distretto di New York, che molti runner newyorkesi frequentano solo in due occasioni: per questa gara ed appena tre settimane dopo, perché è proprio qui che parte la NYC Marathon. Ma la Staten Island Half è anche tristemente nota per le condizioni atmosferiche che la contraddistinguono e che ha portato diversi runner a "giurare" che non la avrebbero mai più corsa. Negli ultimi anni, infatti, tra pioggia, vento e freddo improvviso e fuori standard, questa gara, si è fatta notare e ricordare da chi corre in città.

Il percorso è molto variegato (anche qui pochi tratti in pianura, non c'è troppo da illudersi). Si parte non molto distante dal St. George Ferry Terminal (il terminale dei traghetti da cui si scende all'arrivo sull'isola), si corre per circa cinque chilometri in "città" (sembra in realtà più un paese, pur essendo a tutti gli effetti parte di New York), si passa nei pressi del Verrazzano Bridge, si affronta poi una discesa, un bel tratto in rettilineo molto ventoso di circa cinque chilometri, si fa una decisa inversione a U, si corrono nuovamente i cinque chilometri precedenti, si affronta la "maledetta" salita del miglio 8, e poi si entra nel parco della partenza della New York City Marathon, si passa letteralmente sotto il ponte di Verrazzano (che guarda i runner come a dire "See you in 3 weeks...") e via di nuovo in città, seguono circa tre chilometri di lungo fiume molto panoramico (Manhattan è a soli 25 minuti di traghetto ma sembra lontanissima) e dopo una piccola ultima, maledetta, odiosa, impegnativa salita si arriva al traguardo.

L'ultima edizione del 2018 è stata completata da circa 11500 persone. Ed il tempo è incredibilmente stato più che clemente. Forse non tutto il *global warming* viene per nuocere. Si fa per dire, ovviamente.

Iscriversi è semplice: la gara costa circa 60 dollari e si può acquistare direttamente sul sito NYRR. Di solito c'è disponibilità di posti fino ad un paio di mesi prima della gara.

Squadre di corsa
Martina Di Marco Angeli

All'inizio del 2013 ho corso la mia prima gara: "ben" cinque chilometri in un loop a Roosevelt Island. Meno di otto mesi dopo, ho tagliato il traguardo della Maratona di New York. Se in cosi poco tempo sono passata a correre da cinque a quarantadue chilometri lo devo alla mia squadra di running: i Dashing Whippets (www.dashingwhippets.org).

Al contrario dell'Italia, infatti, negli Stati Uniti non è obbligatorio essere iscritti ad una squadra di corsa o avere la Run Card per partecipare ad una gara. Nonostante questo però far parte di una squadra è molto comune: basti pensare che a New York ci sono oltre quattrocento running club diversi. Tra questi, dodici team competono alle "Club Points Races" (results.nyrr.org/clubstandings) organizzate da New York Road Runners. Le "Club Points Races" sono nove competizioni che vanno da una distanza di 5 km fino alla NYC Marathon. Alla fine di ciascuna gara vengono sommati i tempi dei primi cinque uomini e delle prime cinque donne classificati di ogni squadra: la squadra con il tempo più veloce diventa la prima in classifica. Alla fine dell'anno vincono le tre squadre che, sommati i tempi di tutte e nove le gare, sono state le migliori. Competizione a parte, queste gare sono un vero e proprio spasso! Chi non gareggia si presenta carico di entusiasmo per fare il tifo sia per i propri compagni che per gli avversari. E non è raro vedere runner di squadre diverse, con obiettivi in comune, che gareggiano insieme per aiutarsi a vicenda. Insomma, la competitività c'è, ma alla fine si corre per divertirsi.

Ma cosa significa esattamente far parte di una squadra? Solitamente una squadra ha uno o più allenatori: uno che supervisiona gli allenamenti per le distanze più brevi ed un altro che, invece, si occupa della preparazione delle gare più lunghe, come la mezza maratona e la maratona. Si possono di conseguenza seguire due tabelle diverse, a seconda di quale tipo di gara si voglia preparare. Le tabelle si basano, solitamente, sulla preparazione delle gare più popolari: le nove gare della Club Points Race, la Maratona di Boston in primavera e la Maratona di New York in autunno. Nel caso dei Dashing Whippets ci sono tre allenamenti ogni settimana: ripetute o "tempo run" a Central Park il martedì sera, allenamento in pista il giovedì sera ed una corsa lunga al sabato mattina. Il percorso per il lungo cambia di settimana in settimana e si rivela sempre un'ottima occasione per scoprire un pezzettino di New York e dintorni correndo. Il bello di far parte di una squadra è che non capita mai di correre da soli: è infatti pressoché impossibile non riuscire a trovare qualcuno che vada al tuo stesso ritmo. Inoltre, una volta trovato il proprio gruppo all'interno della squadra, si possono organizzare degli allenamenti meno ufficiali, dove ci si incontra per fare qualche chilometro al mattino presto per iniziare al meglio la giornata o alla sera dopo il lavoro.

Per quanto riguarda quale squadra scegliere, a New York c'è veramente l'imbarazzo della scelta. Siete amanti della corsa ma non disdegnate un bicchiere di birra per reintegrare? I Dashing Whippets sono famosi per il loro party post-gara e per organizzare, ogni anno, il *beer mile*: 1600 metri in pista dove è obbligatorio scolarsi una lattina di birra prima di ogni giro di campo.
Molte squadre, inoltre, devono il loro nome alla zona in cui sono nate e dove si allenano principalmente: i Queens Distance Runners sono la squadra principale del Queens, mentre nel Bronx c'è il Van Cortlandt Track Club, che deve il suo nome al Van Cortlandt, il terzo parco più grande di New York. Le squadre principali di Manhattan sono due: i West Side Runners ed il Central Park Track Club, che è nato proprio a Central Park. A Brooklyn ci poi sono ben tre squadre molto competitive: i North Brooklyn Runners, per chi abita nella zona nord di Brooklyn; i South Brooklyn Runners, per chi invece abita più a sud, ed il Prospect Park Track Club, che domina i sentieri del parco più grande di Brooklyn.

Ci sono poi squadre il cui nome deriva dai membri che ne fanno parte: il Latin Runner Club è composto principalmente da runner di origine latino-americana, mentre gli United Mexican Runners sono principalmente runner di provenienza messicana.
Infine, ci sono squadre come i Front Runners New York che sono molto attive nella lotta e nella conquista dei diritti della comunità LGBT.

I requisiti per entrare a far parte di una squadra variano da club a club. I Dashing Whippets e i North Brooklyn Runners, ad esempio, sono aperti a tutti a prescindere dall'esperienza e dalla velocità ed infatti sono entrambe squadre con un numero altissimo di iscritti: alle gare più popolari, come ad esempio la Brooklyn Half o la Maratona di New York, si possono contare fino a 300 partecipanti per ciascuna squadra. Per questo motivo c'è molta più competizione all'interno della squadra stessa, ma è anche più facile trovare una o più persone con le quali allenarsi. Correre con i North Brooklyn Runners è gratuito, i Dashing Whippets offrono, invece, un periodo di prova della durata di tre mesi. Se poi si decide di continuare ad allenarsi con la squadra, il costo è di 30 dollari l'anno. Entrambe le squadre danno importanza non solo all'aspetto competitivo ma anche a quello sociale. Per i Dashing Whippets, ad esempio, è tradizione dopo ogni Club Points Race organizzare un brunch o un aperitivo per ritrovarsi tutti insieme e parlare di come è andata la gara. Ci sono poi squadre come quella dei Central Park Track Club che, nonostante non abbiano dei requisiti specifici riguardo a esperienza e velocità, sono composte quasi esclusivamente da runner di medio ed alto livello e non hanno, di conseguenza, un numero di iscritti altrettanto alto. Ad una Club Point Race si conteranno poco meno di un centinaio di iscritti. Con il risultato che sono quasi sempre gli stessi runner ad accumulare punti per la squadra e che i gruppi di persone con le quali allenarsi scarseggiano. Infine, ci sono squadre come il New York Athletic Club ed i West Side Runners, che sono aperte esclusivamente ad atleti che hanno già corso ad alti livelli durante gli anni universitari. Meb Keflezighi, vincitore della Maratona di Boston e di New York, è ad esempio un membro del New York Athletic Club. Molti di questi atleti sono runner professionisti e se ne contano appena una cinquantina alla partenza delle gare più importanti. Se c'è una Club Point Race in atto, potete stare sicuri che il vincitore farà parte di una di queste due squadre.

Perché Dashing Whippets

Se dovessi dire perché ho deciso di iniziare ad allenarmi con i Dashing Whippets, o meglio, perché ho continuato a farlo, non saprei indicarlo con esattezza. Fino al 2013 avevo sempre e solo corricchiato qua e là per tenermi in forma: per una come me che odia la palestra con tutta se stessa, la corsa è sempre stata la maniera più efficace per tenere a bada i chili di troppo fra un esame universitario e un turno come cameriera al ristorante. Mezz'oretta di jogging al giorno ha sempre tolto di torno le maniglie dell'amore, nel mio caso.

Poi, nel 2012, mi sono laureata, ho iniziato un lavoro d'ufficio come contabile dal lunedì al venerdì ed ho smesso di lavorare nei ristoranti. Abituata a studiare e lavorare a tempo pieno sette giorni su sette, improvvisamente mi era parso di essere in vacanza e mi sono ritrovata con un sacco di tempo libero a disposizione. Le corsette di mezz'ora erano diventate noiose e monotone e così ho comprato il mio primo orologio GPS e mi sono iscritta alla mia prima gara: i 5 km intorno a Roosevelt Island dove, tra l'altro, abitavo all'epoca. Poi un giorno, stanca di fare le ripetute da sola ascoltando Gigi D'Agostino "on repeat", sono andata su MeetUp, un sito dove si possono incontrare gruppi e persone con i tuoi stessi interessi. Non chiedetemi perché alla fine ho scelto i Dashing Whippets.

Come per le più grandi storie d'amore (e il mio è un amore solido che dura ormai da oltre sei anni), penso sia stato il destino a farci incontrare. Di quel giorno ricordo solo che era un martedì di metà marzo e che l'ora legale era già entrata in vigore perché alle sei e mezza di pomeriggio c'era ancora un luce a Central Park. All'epoca non c'erano tanti iscritti come adesso, soprattutto durante i mesi invernali. Saremmo stati sì e no una ventina. Ci saranno stati appena un paio di gradi sopra lo zero, ma la maggior parte della gente aveva indosso pantaloncini corti. Io mi presentai in felpa e con sopra un gilet con tasche porta-borraccia. Quasi tutti i partecipanti si stavano preparando per la "mitica" Maratona di Boston: io all'epoca non sapevo perché Boston fosse cosi famosa e, sinceramente, non avevo neppure idea di quanto fosse lunga una maratona. Mi sentivo letteralmente come un pesce fuor d'acqua. Fortunatamente una ragazza, vedendomi spaesata, si è proposta di farmi da *pacer* durante le ripetute in salita. Quelle ripetute non me le dimenticherò mai: sei minuti al chilometro con il cuore in gola e i polmoni in fiamme. Ho avuto male alle gambe per una settimana. Ma il martedì successivo mi sono ripresentata all'allenamento.

Poi, un giovedì sera, mi sono decisa a provare un lavoro in pista: mentre la maggior parte della gente iniziava il loro terzo giro, io ancora dovevo completare il primo. Il bello di essere l'ultima a completare l'allenamento? Avere il resto della squadra che fa il tifo per te. L'enorme supporto dimostratomi dai miei compagni di squadra sin da subito è ciò che mi ha fatto innamorare cosi pazzamente della corsa. I miei ricordi più belli sono legati alle persone che hanno condiviso con me gli allenamenti più duri ed estenuanti sotto la pioggia gelida di febbraio e il sole cocente dei lunghi di fine luglio. Il momento più bello di ogni gara, per me, non è tagliare il traguardo, ma sentire i miei compagni gridare il mio nome. Non sarei mai e poi mai riuscita ad allenarmi e completare la mia prima maratona senza di loro. Grazie alla mia squadra ho corso in posti fantastici dei quali non conoscevo neppure l'esistenza. Scoprire posti nuovi correndo è infatti uno dei miei passatempi preferiti e farlo in compagnia rende il tutto ancora più bello (e sicuro!). Ad esempio, Central Park è fantastico, ma lo sapevate che è solo al quinto posto per grandezza e che ci sono parchi più grandi e altrettanto belli nel Bronx e a Staten Island? Io l'ho scoperto solamente grazie ai lunghi di gruppo fatti in preparazione della Maratona di New York.

Per la maggior parte delle squadre presenti a New York non è obbligatorio essere iscritti per partecipare ad un allenamento: basta presentarsi ed iniziare a correre con gli altri membri del club. Se passate in città e avete voglia di farvi un giro a Central Park o di scoprire le bellezze di Brooklyn, non vi resta che ricordarvi di mettere le scarpe in valigia e scegliere la squadra che fa al caso vostro: non c'è niente di meglio infatti che scoprire una città di corsa guidati da gente del posto.

Altre gare

Leggendo questa guida si potrebbe trarre l'impressione che le gare in città siano organizzate esclusivamente da New York Road Runners: in effetti con un programma di eventi e competizioni che, in certi periodi dell'anno, è praticamente settimanale si rischia davvero di pensare così. In realtà l'offerta è ancora più variegata, con altre associazioni che organizzano diversi eventi ed altre gare singole in tutta la città e durante tutto l'anno.

NYCRuns
nycruns.com

Un'altra associazione, in città, che organizza numerose competizioni podistiche di varia natura è NYCRuns. L'approccio è molto simile a quello di NYRR con dimensioni (ovviamente) diverse ed un impegno nel sociale, inevitabilmente, meno marcato anche se molto sentito.

Il programma di gare ed eventi di NYCRuns, tuttavia, è estremamente interessante sia dal punto di vista della lunghezza dei percorsi (5k, 10k, 21k e persino una 42k) che dei luoghi dove organizza oltre trenta gare ogni anno. Sapientemente, infatti, il team che gestisce NYCRuns sceglie location alternative rispetto ai programmi tradizionali di New York Road Runners.

Correndo con NYCRuns vi può così capitare di correre a Roosevelt Island, a Governor's Island, nel New Jersey o persino misurarvi in una maratona intera, correndo solo a Brooklyn (nei pressi di Prospect Park). NYCRuns ha anche, in qualche modo, ereditato da NYRR la curiosa competizione che si corre sulle scale all'interno dell'Empire State Building.

Le gare sono organizzate da NYCRuns in modo estremamente professionale con percorsi misurati e certificati, maglie commemorative molto curate, medaglie (in alcuni casi), bagel e party post gara. Inoltre, essendo NYCRuns meno conosciuta e diffusa, lo spirito nelle gare è ancora molto cittadino. Alcuni eventi sono, in ogni caso, anche molto partecipati sorpassando i 10000 runner.

CityTri
www.citytri.com

CityTri da qualche tempo prova a proporre eventi podistici alternativi a quelli offerti da NYRR e NYCRuns. Accanto ad una serie di competizioni per il triathlon, negli ultimi anni CityTri ha cominciato ad organizzare una serie di mezze maratone su percorsi leggermente diversi ai soliti, sempre in città. Nel caso delle gare gestite da CityTri, sia il numero dei partecipanti che il livello della competizione è sensibilmente ridotto rispetto alle altre gare cittadine, ma lo spirito artigianale che li contraddistingue può ricordare, anche con simpatia, i primi anni di NYRR. In una città grande come New York c'è spazio per tutti.

Brooklyn Mile
brooklynmile.com

Il Brooklyn Mile è una gara di un miglio (1,6 km), che si corre a Williamsburg in giugno. È una gara di velocità su strada dove i team di running della città si sfidano, ormai dal 2016. La competizione è molto sentita ed è organizzata per raccogliere fondi per l'associazione *Girls on The Run*. La gara parte poco lontano dal Domino Park, corre lungo Kent Avenue, passando sotto il ponte di Williamsburg, e termina all'altezza di N 8th, nei pressi dell'East River State Park. Se capitate a metà giugno in città, allora Brooklyn Mile è probabilmente la gara più *local* che vi possa capitare di correre.

Finish

La prima domenica di novembre il mondo diventa, per qualche ora, un posto migliore. All'improvviso tutto ciò che, da sempre, tende a separare il genere umano, sembra finalmente sparito. Come per incantesimo. Non esistono più differenze di colore, di religione, di classe. Non esistono più i paesi oppure i confini, al più esistono tutte le lingue del mondo. Non esistono differenze, discriminazioni, guerre e nessun tipo di distinguo. Non esiste il razzismo, l'odio, l'egoismo, l'arroganza o la prevaricazione. Di colpo, tutto quel che di peggiore l'essere umano riesce ad esprimere sembra svanito.

Nel lungo percorso che si snoda tra le vie della città non ci sarà mai un urlo contro qualcuno, fischi riservati ad un atleta, un cartello che inveisce contro qualcosa, una discussione o, peggio, qualsiasi manifestazione di violenza. Per un giorno, o poco meno, il mondo, tutto assieme, si riunisce intorno a questo evento e le persone che lo rendono possibile. E l'effetto è magico. Questa capacità di prendere tutta l'umanità, mescolarla per bene e poi metterla in fila indiana, per quarantadue chilometri di festa senza barriere di alcun tipo, è la vera meraviglia della New York City Marathon. Una gara dove non c'è un primo e non c'è un ultimo arrivato. Una competizione dove tutti i runner si sentono, e sono, protagonisti del giorno. Un evento in cui gli spettatori sono, costantemente, il motore che spinge o trascina i runner avanti. Un giorno in cui sorrisi, coraggio, canti, forza, musica, gioia, fatica, emozioni, sacrificio, umorismo, amore e determinazione si mischiano e si confondono regalando a chiunque decida di partecipare (come runner o come spettatore) un ricordo speciale ed indelebile.

L'energia che si percepisce durante la Maratona di New York dimostra quanto gli esseri umani possano raggiungere, collettivamente, quando ignorano le differenze che li separano, spesso forzatamente. In un momento storico in cui, per biechi motivi e per puro calcolo, in molti cavalcano le differenze, soffiano sulla paura del "diverso" e degli altri, incitano alla separazione ed invocano un "prima io" non si sa bene basato su cosa, la Maratona di New York è la prova che le persone sono molto migliori di quel che si possa credere o che le cronache a volte raccontano.

La New York City Marathon dimostra che la solidarietà, l'amicizia, il coraggio, la volontà, il rispetto e la fratellanza sono valori profondi, veri e sinceri per migliaia di persone.

E questo è un pensiero incoraggiante.

//// Appendici

Race Day

Se siete arrivati a leggere fin qui, allora permettetemi di presentare un progetto "fratello" de "La corsa infinita" il mio libro e reportage fotografico "Race Day / la Maratona di New York in immagini" ovvero la NYC Marathon raccontata attraverso 150 immagini e dal punto di vista di chi la corre.

Il modo migliore per descrivere il libro è, probabilmente, quello di attingere alla introduzione di "Race Day":

Nell'ottobre del 2019, mentre mi accingevo a completare la preparazione per la mia settima partecipazione alla Maratona di New York, mi sono infortunato. Niente di veramente grave ma abbastanza da compromettere il mio tentativo di migliorarmi nella gara che mi aspettava appena due settimane dopo. Mesi di preparazione sembravano così persi. E persino la possibilità di completare la competizione appariva ottimista se avessi forzato troppo il ritmo di gara.

Dopo qualche ora di cocente di delusione, però, all'improvviso tutto si è "collegato".

Non potevo correre come volevo. Ma forse potevo, finalmente, riuscire a raccontare la NYC Marathon in un reportage. Correndola e fotografandola senza essere costretto a rubare scatti dai margini dell'evento.

Rispetto al mio primo approccio fotografico con la gara, questa volta, avevo anche tutti gli "ingredienti" giusti: ero diventato un runner esperto in tema di maratona, ero iscritto alla competizione, conoscevo molto bene il tracciato e le sue peculiarità, avevo vissuto già diverse volte le varie fasi pre e post gara e, infortunio a parte, ero allenato per poter arrivare alla fine "con calma".

Come se non bastasse da qualche tempo avevo iniziato a trascorrere diversi mesi all'anno a New York, che era diventata, di fatto, la mia seconda città, e, last but not least, sempre nel 2019 mi ero cimentato nella scrittura di una intera guida dedicata proprio alla

Maratona di New York ("La corsa infinita"), ragione per cui avevo studiato in maniera approfondita tutta la gara e camminato, per ore, lungo il percorso della competizione.

Insomma, ero il "colpevole perfetto". Avevo tutto: movente, preparazione, opportunità. Non avevo davvero alibi. Dovevo tentare. Dovevo provare a raccontare uno degli eventi sportivi più incredibili che esistano, mentre ne facevo parte.

Così la mattina del 3 Novembre 2019 ho affrontato la TCS NYC Marathon come mai avevo fatto prima. Con un obiettivo completamente diverso. E non è solo un gioco di parole.
Per la prima volta lo scopo non era quello di completare la gara nel tempo desiderato ma di raccontare tutta la giornata che mi attendeva. Prendendomi tutto il tempo che mi serviva. Violando coscientemente tutti i consigli pre gara usuali e dimenticandomi, davvero, del Garmin e del tempo che scorreva. Sperando solo che le gambe reggessero e che l'infortunio mi permettesse, in ogni caso, di arrivare in fondo.

Così, sono partito armato di due iPhone (uno fisso in mano, l'altro bloccato in un marsupio che inquadrava e scattava automaticamente alle mie spalle), un piano dettagliato dei momenti che avrei dovuto raccontare e un'idea precisa di cosa volevo fotografare e dove.

Il risultato di questo lavoro è "Race Day".

È il frutto di una delle giornate più incredibili, intense, entusiasmanti e divertenti della mia vita. Di un momento in cui alcune delle mie più grandi passioni, magicamente, si sono allineate ed hanno convissuto in totale armonia.

Race Day è disponibile:

- su Amazon (https://link.maratona.nyc/itaraceday) in formato digitale kindle ebook.
- su Blurb (https://link.maratona.nyc/hcraceday) in formato cartaceo con copertina rigida.

Per saperne di più: https://www.raceday.nyc

RACE DAY
LA MARATONA DI NEW YORK IN IMMAGINI   LORENZO MARIA DELL'UVA

Numeri, statistiche & curiosità

Un evento delle dimensioni della TCS New York City Marathon, che si svolge ininterrottamente, con la sola eccezione del 2012, da quasi 50 anni, permette di raccogliere moltissimi aneddoti, dati, particolarità da meritare un capitolo apposito in questa guida.

Scavare nel web, nei libri e nei racconti per tirare fuori il contenuto di questo testo è stato, probabilmente, insieme al lavoro fatto per la storia della NYC Marathon stessa, il compito più interessante e particolare. L'aspetto più intrigante, inoltre, è che ciascuna edizione, inevitabilmente, finisce per arricchire questa lista di record, numeri, persone e leggende.

Dei vari capitoli che compongono questo libro, questo è senz'altro quello che è destinato a subire il numero maggiore di aggiornamenti nel corso degli anni. Ogni edizione di questa incredibile gara porterà alla luce un nuovo record, un aneddoto incredibile, una statistica imprevista.

Il percorso

Circa l'11.5% del percorso della NYC Marathon si corre sui cinque ponti che i runner incontrano durante la gara.

Degli oltre 120.000 blocchi che compongono la città di New York, il percorso della TCS NYC Marathon ne tocca poco più di 360, attraversando oltre 300 incroci.

Lungo il percorso, nel giorno della gara, sono sistemati oltre 10000 volontari che assistono i runner con diverse mansioni.

Brooklyn è il distretto dove i runner sono più veloci con un passo medio pari a 5:10 a chilometro.

Il costo di un viaggio in taxi lungo l'intero percorso della TCS NYC Marathon è pari a $ 68,50 e richiede, in una giornata normale con traffico standard, più del tempo che impiegano i top runner a completare la gara.

I 42195 metri del percorso della maratona equivalgono a 4,35 giri di Central Park, che è stato esattamente il percorso di gara nelle edizioni dal 1970 al 1975.

Impatto sociale

Nell'ultima edizione sono state sostenute da oltre 9500 runner più di 380 charity riconosciute da NYRR.

Nel solo 2017 sono stati raccolti dai runner più di 35 milioni di dollari; di questi oltre sei milioni provenivano dal NYRR Team for Kids.

Dal 2006, anno in cui ufficialmente è stato avviato il programma di sostegno alla charity, sono stati raccolti oltre 300 milioni di dollari.

Nel solo 2017, oltre 14 tonnellate di cibo inutilizzato sono state donate a City Harvest (www.cityharvest.org), un'associazione che si occupa della lotta alla fame a New York. Nel corso degli anni, la NYC Marathon ha aiutato oltre due milioni di newyorkesi ad avere un pasto caldo.

Grazie alla raccolta dei vestiti abbandonati nei pressi della linea di inizio della TCS NYC Marathon, mediamente negli ultimi anni sono stati raccolte oltre 40 tonnellate di indumenti che sono stati poi lavati e ridistribuiti tramite Goodwill (www.goodwillnynj.org)

Record

Il record maschile del percorso (2:05:05) è stato fissato da Geoffrey Mutai (Kenya) nell'edizione del 2011.

Il record femminile è detenuto dal 2003 da Margaret Okayo (Kenya) che vinse la gara in 2:22:31.

Tra gli atleti in wheelchair il record degli uomini risale al 2006 ed è detenuto da Kurt Fearnley (1:29:22). Per le donne in carrozzina olimpica, Tatyana McFadden nel 2015 ha fatto registrare il miglior tempo chiudendo la gara in 1:43:04.

Nella classifica dei venti atleti che hanno completato la NYC Marathon con i tempi più veloci figura un solo atleta statunitense (Alberto Salazar, 1981). Nessuna atleta donna statunitense compare nei primi venti top *performers*, dove, invece, Paula Radcliffe (UK) è presente ben tre volte così come Mary Keitany (Kenya).

Il maggior numero di vittorie in assoluto (nove) è detenuto dall'atleta norvegese Grete Waitz con l'ultimo successo che risale al 1988. Tra gli uomini l'atleta statunitense Bill Rogers ha collezionato quattro vittorie (l'ultima risalente al 1979).

Il runner che ha completato il maggior numero di edizioni della NYC Marathon è lo statunitense Dave Obelkevich, che ha terminato quarantatré volte la gara, di cui quarantadue di seguito. Tra le donne, Connie Brown ha completato la competizione quaranta volte, tutte di seguito.

Spettatori

Oltre due milioni di persone si affollano lungo le strade dei cinque distretti durante l'intero arco della gara nelle edizioni in cui bel tempo lo permette.

La zona più rumorosa dell'intero percorso è su First Avenue.

Si stima che i 7500 spettatori che si affollano mediamente lungo un singolo *block* siano in grado di produrre rumore oltre 127 decibel.

Premi (2018)

Dai primi orologi da un dollaro e trofei di baseball riciclati della prima edizione del 1970, la NYC Marathon ha fatto molta strada anche dal punto di vista dei premi.

Per l'edizione 2018 il montepremi totale ammontava a 825.000 dollari. Diviso come segue.

Per vincitori della gara nella categoria "Open Division":

- primo posto: 100.000 dollari;
- secondo posto: 60.000 dollari;
- terzo posto: 40.000 dollari;
- quarto posto: 25.000 dollari;
- quinto posto: 15.000 dollari;
- sesto posto: 10.000 dollari;
- settimo posto: 7.500 dollari;
- ottavo posto: 5.000 dollari;
- nono posto: 2.500 dollari;
- decimo posto: 2.000 dollari.

Per un totale di 534.000 dollari (267.000 dollari per gli uomini e 267.000 dollari per le donne).

Per i vincitori della gara nella categoria "Wheelchair Division":

- primo: 20.000 dollari;
- secondo: 15.000 dollari;
- terzo: 12.000 dollari;
- quarto: 8.000 dollari;
- quinto: 5.000 dollari;
- sesto: 2.500 dollari.

Per un totale di 125.000 dollari (62.500 dollari per gli uomini e 62.500 dollari per le donne).

Il restante montepremi (166.000 dollari) è stato distribuito tra le categorie "Usa Division", "Master Division" e "NYRR Member Division". Ogni anno sono previsti dei bonus aggiuntivi per il raggiungimento di record personali e del percorso.

Curiosità

Dalla prima edizione del 1970 a quella del novembre 2018, 1.229.360 runner hanno completato la gara.

L'edizione che ha registrato la più alta percentuale di podisti arrivati al traguardo è stata quella del 2010 quando il 99,5% degli atleti partiti da Staten Island è arrivato al traguardo in Central Park.

Per coprire l'intera distanza della maratona un runner dovrebbe scalare i 104 piani dell'Empire State Building ben 101 volte.

Secondo una curiosa statistica, diffusa da NYRR, alcuni degli animali che vivono nella città di New York completerebbero l'intero percorso della NYC Marathon nei seguenti tempi:

- piccione: 31:26;
- scoiattolo: 2:06:04;
- procione: 2:37:12;
- ratto: 3:16:30;
- scarafaggio: 7:42:36.

Per coprire l'intera distanza della NYC Marathon sarebbero necessari 34584 carretti di hot dog uno in fila all'altro.

Se la Statua della Libertà decidesse di correre la NYC Marathon avrebbe bisogno di una scarpa di misura 879 (US), ovvero taglia 1147 in Europa.

Nel 1980, Ernest Condor ha fatto l'intero percorso di gara correndo all'indietro.

Il più giovane runner ad aver completato la NYC Marathon è stato Wesley Paul di Columbia, Missouri. Paul completò la gara in 3:00:37 a otto anni di età, nel 1977.

Nel 1981 l'età minima di partecipazione fu innalzata a sedici anni. L'età minima fu in seguito portata a diciotto anni, qualche anno più tardi.

Alla partenza e lungo il percorso

Oltre 850 autobus sono utilizzati per trasportate i runner alla partenza a Staten Island.

Circa 24000 runners scelgono il traghetto per raggiungere Staten Island.

Sessantacinque *pacer* sono a disposizione dei runner alla partenza per chi preferisce avere una passo di gara costante.

Oltre 40000 barrette energetiche, 50000 bottiglie d'acqua, 16000 bottiglie di Gatorade e 65000 tazze di caffè vengono distribuite nei villaggi di partenza. Lungo il percorso vengono distribuiti oltre 250000 litri d'acqua ed oltre 120000 litri di Gatorade, in oltre un milione e seicentomila bicchieri di carta. Al ventottesimo chilometro vengono distribuiti, mediamente, circa 60000 gel e 15000 banane (già tagliate a pezzi). Lungo il percorso sono disseminati 87 orologi che riportano il tempo ufficiale ed il passaggio dei runner viene registrato allo start, ogni 5 chilometri, al punto di mezza maratona, ogni miglio dall'ottavo al ventiseiesimo ed, ovviamente, alla finish line. Per le impellenze durante la competizione, sul tracciato sono disponibili circa 400 punti toilette, ad ogni miglio del percorso.

La NYC Marathon è anche una festa musicale: ci sono due palchi principali, nei pressi della Brooklyn Academy of Music ed a Columbus Circle, tredici "Cheer Zones" e 150 band che si esibiscono dal vivo. In media ci sono cinque esibizioni musicali per miglio (un record per qualsiasi maratona) per un totale di oltre dieci ore di musica live ininterrotta.

Tra lo start, il percorso e la Finish Line, sono disponibili circa quaranta zone di supporto medico, sessanta ambulanze sono dislocate lungo il percorso ed oltre 1500 volontari, con preparazione medica di vario tipo, sono a disposizione dei runner lungo il tracciato e nei pressi della Finish Line.

Statistiche e dati dell'ultima edizione (2018)

Alla partenza erano presenti 53315 runner di cui 30970 uomini e 22345 donne.

Nel 2018 ci sono stati 52813 *finisher* di cui 30659 uomini (58.05%) e 22154 donne (41.95%).

La percentuale d'arrivo media è stata del 99.05%.

Tra gli uomini, la percentuale dei *finisher* è stata pari al 98.99%.

Tra le donne, la percentuale dei *finisher* è stata pari al 99.14%.

I *finisher* dell'edizione 2018 hanno corso complessivamente un totale di 2.218.708 chilometri: quasi 6 volte la distanza media tra la Terra e la Luna.

27477 atleti che hanno completato la gara nel 2018 erano alla loro prima edizione della TCS NYC Marathon: oltre il 52% dei partecipanti.

Il tempo medio di arrivo nel 2018 è stato pari: 4:40:22. Gli uomini hanno fatto registrare un tempo medio di arrivo pari a 4:26:55, le donne 4:53:20.

Il runner più veloce in assoluto, Lelisa Desisa (Etiopia), ha impiegato appena 2:05:59 a chiudere la gara. Quello più lento, David Brinker (USA) ha chiuso la sua prestazione in 11:44:10.

Tra gli atleti disabili il più rapido è stato Daniel Romanchuk (USA) in carrozzina olimpica, che ha chiuso la gara in 1:36:21. Il più lento, il neozelandese John Langford, ha completato la sua gara in 8:53:56, sempre in carrozzina olimpica.

Il paese con il maggior numero di *finisher* è stato gli Stati Uniti (28310, di cui 13635 runner dello stato di New York) seguito dall'Italia (3125) e dalla Francia (2620). La gara è stata completata da atleti provenienti da 150 paesi e da tutti e 50 gli stati americani.

Il gruppo d'età che ha fatto registrare il numero più alto di *finisher* è stato quello dei 40-44 anni per gli uomini (5112 atleti) ed il gruppo 25-29 anni per le donne (3611).

Il più giovane atleta a completare la gara è stato il diciottenne Killian McBride (5:54:53) del New Jersey. Il più anziano Richard Gonzalez (Louisiana), che ha completato la maratona in 8:26:49.

Tra le donne la più giovane a tagliare la Finish Line è stata la diciottenne Carly Lieder (Connecticut, USA) in 4:32:55. La più anziana *finisher* è stata Rosalie Ames, 88 anni, di New York, in 4:10:03. (su *handbike*).

Analisi di dati Strava

Da un'analisi che si è effettuata dei dati presenti sul social network Strava relativi agli atleti che si sono misurati con l'edizione 2018 della TCS NYC Marathon (www.strava.com/running-races/2018-tcs-new-york-city-marathon), è possibile ricavare alcune informazioni interessanti sulle prestazioni ed alcune scelte effettuate dai runner.

La dimensione del campione (12877 runner) rappresenta circa il 25% del totale dei runner e risulta quindi sufficientemente attendibile per poter ricavare un'idea più generale dei dati del bacino completo.

Questa è la classifica dei brand di device GPS utilizzati (su un totale di 11236) per tracciare *l'effort* durante la gara:

Percentuale	Numero atleti	Brand
77.42%	8700	Garmin
9.85%	1107	Strava (App)
3.83%	431	Apple
2.72%	306	Suunto
2.51%	283	TomTom
2.06%	232	Polar
1.22%	138	Fitbit
0.13%	15	Huami
0.10%	12	Samsung
0.03%	4	Timex
0.03%	4	Coros
0.01%	2	Android
0.01%	2	Soleus

Più nel dettaglio, questi sono i venti device che sono stati preferiti dai runner durante la TCS NYC Marathon 2018:

Numero atleti	Dispositivo
1931	Garmin Forerunner 235
943	Strava iPhone App
828	Garmin Forerunner 935
762	Garmin Forerunner 735XT

683	Garmin fēnix 3
582	Garmin Forerunner 920XT
463	Garmin Forerunner 230
443	Garmin fēnix 5
370	Garmin fēnix 5S
349	Garmin Forerunner 35
328	Garmin Forerunner 220
283	TomTom
236	Garmin fēnix 5X
233	Apple Watch Series 3
180	Garmin Forerunner 630
178	Garmin vívoactive 3
175	Garmin Forerunner 645 Music
166	Garmin Forerunner 620
163	Strava Android App
163	Garmin Forerunner 225
9459	Altri Device

Piuttosto interessante verificare come il tipo di dispositivo utilizzato cambi a seconda del passo medio che si è tenuto in gara.

Per i runner con un tempo passo medio a chilometro inferiore a 3:00 (10 device più utilizzati):

Numero atleti	Dispositivo
119	Garmin Forerunner 235
69	Garmin Forerunner 935
43	Garmin Forerunner 230
37	Garmin Forerunner 735XT
37	Garmin fēnix 3
28	Garmin Forerunner 920XT
25	Garmin Forerunner 630
24	Garmin fēnix 5
20	Garmin Forerunner 220
16	Garmin Forerunner 645 Music
183	Altri Device

Per i runner con un tempo passo medio a chilometro compreso tra i 3:01 e 4:00 (10 device più utilizzati):

Numero atleti	Dispositivo
692	Garmin Forerunner 235
349	Garmin Forerunner 935
326	Garmin Forerunner 735XT
287	Garmin fēnix 3
246	Garmin Forerunner 920XT
203	Strava iPhone App
201	Garmin fēnix 5
191	Garmin Forerunner 230
120	Garmin Forerunner 220
114	Garmin Forerunner 35
1368	Altri Device

Per i runner con un tempo passo medio a chilometro compreso tra i 4:01 e 5:00 (10 device più utilizzati):

Numero atleti	Dispositivo
751	Garmin Forerunner 235
426	Strava iPhone App
296	Garmin Forerunner 935
275	Garmin Forerunner 735XT
259	Garmin fēnix 3
203	Garmin Forerunner 920XT
171	Garmin fēnix 5S
164	Garmin fēnix 5
156	Garmin Forerunner 230
138	Garmin Forerunner 35
1503	Altri Device

Per i runner con un tempo passo medio a chilometro compreso tra i 5:01 e 6:00 (10 device più utilizzati):

Numero atleti	Dispositivo
274	Garmin Forerunner 235
197	Strava iPhone App
99	Garmin Forerunner 935
87	Garmin Forerunner 735XT
79	Garmin Forerunner 920XT
79	Garmin fēnix 3

63	Garmin Forerunner 35
56	Garmin fēnix 5S
50	Garmin Forerunner 230
48	Strava Android App
576	Altri Device

Per i runner con un tempo passo medio a chilometro compreso tra i 6:01 e 7:00 (10 device più utilizzati):

Numero atleti	Dispositivo
72	Garmin Forerunner 235
61	Strava iPhone App
29	Garmin Forerunner 735XT
20	Garmin Forerunner 920XT
19	Garmin Forerunner 230
19	Garmin Forerunner 35
19	Garmin fēnix 3
16	Garmin vívoactive 3
15	Strava Android App
13	Apple Watch Series 3
151	Altri Device

Per i runner con un tempo passo medio superiore a 7:00 al chilometro (10 device più utilizzati):

Numero atleti	Dispositivo
51	Strava iPhone App
23	Garmin Forerunner 235
8	Garmin Forerunner 735XT
7	Apple Watch Series 3
6	Strava Android App
6	Garmin Forerunner 935
5	Fitbit Ionic
5	Garmin Forerunner 920XT
5	Garmin fēnix 5S
4	Garmin Forerunner 35
33	Altri Device

In generale, per l'intero campione analizzato, questi sono stati i brand di scarpe da running maggiormente utilizzati:

Percentuale	Numero atleti	Brand
22%	696	Nike
15%	486	Brooks
12%	387	ASICS
10%	308	New Balance
9%	292	Adidas
9%	288	Saucony
7%	237	HOKA
4%	141	Mizuno
3%	87	Altra
2%	70	On
1%	43	Newton
<1%	15	Skechers

Va ricordato che, a differenza di quanto avviene per il GPS, l'indicazione delle scarpe su Strava è completamente manuale e volontaria per l'utente. I dati si riferiscono a 3164 utenti che hanno indicato il brand delle scarpe utilizzate.

Per quanto riguarda lo sforzo sostenuto dai runner, per il campione completo di 12877:
- il 57% dei runner ha utilizzato una fascia cardiaca (oppure era dotato di dispositivo in grado di misurarla al polso);
- il battito cardiaco medio è stato pari a 158 battiti / minuto;
- il passo medio dell'intero campione è stato pari a 6:09 min / chilometro;
- il tempo medio registrato è stato: 4:19:51.

Utilizzando l'informazione sul sesso degli utenti, anche questa opzionale, i dati per gli 8038 uomini:
- il 61% dei runner ha utilizzato una fascia cardiaca (oppure era dotato di dispositivo in grado di misurarla al polso);
- il battito cardiaco medio è stato pari a 157 battiti / minuto;
- il passo medio è stato pari a 5:53 min / chilometro;
- il tempo medio registrato è stato: 4:08:30.

Mentre per le 4205 donne:

- il 51% delle runner ha utilizzato una fascia cardiaca (oppure era dotato di dispositivo in grado di misurarla al polso);
-il battito cardiaco medio è stato pari a 161 battiti / minuto;
-il passo medio è stato pari a: 6:40 min / chilometro;
-il tempo medio registrato è stato: 4:40:59.

Medagliere - aggiornato al novembre 2018

Paese	Runner - M	Runner - F	Wheelchair - M	Wheelchair - F	Totale
USA	14	8	1	9	32
Kenya	14	11	0	0	25
Svizzera	0	1	3	7	11
Norvegia	0	9	0	0	9
GB	1	5	1	0	7
Messico	4	1	2	0	7
Australia	0	1	5	0	6
Italia	4	1	0	1	6
Sud Africa	2	0	4	0	6
Etiopia	2	2	0	0	4
Brasile	2	0	0	0	2
Lettonia	0	2	0	0	2
NZ	1	1	0	0	2
Eritrea	1	0	0	0	1
Germania	0	1	0	0	1
Giappone	0	0	1	0	1
Marocco	1	0	0	0	1
Polonia	0	1	0	0	1
Romania	0	1	0	0	1
Russia	0	1	0	0	1
Tanzania	1	0	0	0	1
Tunisia	0	0	1	0	1
Vietnam	0	0	0	1	1

Meteo 1978-2018

La temperatura media registrata durante la competizione è stata di quattordici gradi centigradi.

Anno	Data	Temperatura (Celsius)
1978	22 ottobre	24°
1979	21 ottobre	27°
1980	26 ottobre	10°
1981	25 ottobre	12°
1982	24 ottobre	11°
1983	23 ottobre	15°
1984	28 ottobre	23°
1985	27 ottobre	23°
1986	2 novembre	18°
1987	1 novembre	14°
1988	6 novembre	19°
1989	5 novembre	11°
1990	4 novembre	18°
1991	3 novembre	14°
1992	2 novembre	12°
1993	14 novembre	21°
1994	6 novembre	19°
1995	12 novembre	5°
1996	3 novembre	8°
1997	2 novembre	10°
1998	1 novembre	11°
1999	7 novembre	8°
2000	5 novembre	8°
2001	4 novembre	13°
2002	3 novembre	6°
2003	2 novembre	18°
2004	7 novembre	18°
2005	6 novembre	19°
2006	5 novembre	8°
2007	4 novembre	13°
2008	2 novembre	8°
2009	1 novembre	8°
2010	7 novembre	7°

2011	6 novembre	12°
2013	3 novembre	9°
2014	2 novembre	6°
2015	1 novembre	17°
2016	6 novembre	14°
2017	5 novembre	13°
2018	4 novembre	11°

International Tour Operator - Italia

Come già segnalato nel capitolo "Come partecipare" nella prima parte di questo libro, è possibile garantirsi il pettorale per la New York City Marathon in tanti modi, il più usuale dei quali è quello di rivolgersi ad un operatore specializzato, ufficialmente chiamato International Tour Operator (ITO).

Nel 2019 le agenzia autorizzate in Italia sono cinque e sono sparse grossomodo su tutto il territorio nazionale:

- Born2Run (Reggio Emilia)
- Effetto Sport (Roma)
- Rosa & Associati (Brescia)
- Terramia (Ferrara)
- Victory (Milano)

Nessun altro operatore, all'infuori di queste cinque agenzie, può vendere pettorali, pacchetti di viaggio o qualsiasi altro servizio ufficiale ed ufficioso relativo alla TCS New York City Marathon.

L'offerta delle agenzie indicate è molto variegata per pacchetti, prezzi e sevizi addizionali offerti ai runner ed agli accompagnatori. Tutte hanno piani di viaggio che ovviamente permettono di partecipare alla competizione, ma ciascuna è speciale in qualche modo. Per lo sviluppo di questo capitolo sono state contattate direttamente le cinque agenzie ed a tutte è state offerta la possibilità di raccontarsi in prima persona in queste pagine, in modo da offrire una descrizione più vera ed efficace della storia e dei servizi offerti da ciascuno. Si tenga presente che, per vincoli imposti da New York Road Runners, nessuna agenzia può vendere solo il pettorale per partecipare alla gara: tutti gli ITO sono obbligati a vendere un pacchetto che comprende almeno il volo oppure il soggiorno.

Born2Run - Reggio Emilia

www.born2run.it

Born2Run è tour operator sportivo specializzato nel podismo e da anni si rivolge a tutti i runner innamorati della corsa e della maratona in particolare. Le origini sono importanti e testimoniano professionalità ed un'esperienza sul campo di oltre trent'anni.

Born2Run nasce dall'agenzia viaggi Melville, fondata da Attilio Ravelli e Claudio Caroni, che dal 1997 offre servizi su misura ai propri clienti, mettendoli sempre al primo posto. L'obiettivo è quello di coniugare turismo e pratica sportiva, e per raggiungerlo uno staff specializzato lavora ogni giorno con la stessa passione che il runner mette nella corsa, per consigliare gli eventi più interessanti al mondo e assistere nella scelta del più adatto a ciascuno.

Born2Run non si limita a selezionare le migliori strutture alberghiere e compagnie aeree, ma si propone di unire le esigenze del turismo ai tempi che regolano la giornata sportiva, con risultati sempre più soddisfacenti con il passare degli anni.
Non è raro infatti assistere a una vera e propria fidelizzazione da parte di diversi partecipanti agli eventi podistici in tutto il mondo, che hanno trovato in Born2Run una perfetta base d'appoggio per coltivare la propria passione e farlo con servizi di assoluta qualità, dal momento della partenza a quello dell'arrivo, passando per un'assistenza sul posto di grande esperienza e pronta a fare fronte a qualsiasi necessità o imprevisto.

Born2Run ogni anno muove più di 3000 persone e promuove oltre 30 appuntamenti podistici a livello internazionale. La punta di diamante è il vanto di essere Tour Operator Ufficiale della 42 km più famosa e desiderata al mondo, la New York Marathon, e delle altre maratone che completano il ciclo delle Abbott World Marathon Majors, ovvero quelle di Londra, Boston, Berlino, Chicago e Tokyo, completando la programmazione con tante altre maratone in Europa e allargando l'area operativa a eventi podistici e campi di allenamento che raggiungono luoghi come Kenya e Australia.

Born2Run inoltre distribuisce per l'Italia anche tutti gli eventi firmati Zitoway: 100 km of Namib Desert e Formentera to Run. Lo staff tecnico collabora inoltre con tanti altri professionisti del settore come Fulvio Massini, Laura Fogli e il fotografo sportivo Pierluigi Benini.

Da questo punto di vista, Born2Run vanta una capacità di gestione dei servizi offerti a 360 gradi, fornendo tutto il necessario e affiancando professionisti per qualsiasi aspetto che una trasferta finalizzata alla maratona possa richiedere.

Il proposito è quello di crescere insieme ai propri runner, dando vita a un vero e proprio rapporto di fiducia reciproca, e al contempo aprirsi sempre di più alle esigenze del nuovo millennio con strumenti all'avanguardia, come prenotazioni online senza il bisogno di relazione con l'agenzia, fidelity card elettroniche e App di assistenza in tempo reale che garantiscono sicurezza e contatto diretto 24 ore su 24 e in ogni parte del mondo.

In questo modo esperienza e attenzione al progresso vengono coniugate in un'offerta che si adatta alla perfezione al runner di ogni età, disponibilità ed allenamento.

Effetto Sport - Roma

www.effettoitaly.com

Effetto Sport è uno degli International Tour Operators (ITO) italiani della TCS NYC Marathon.
Basato a Roma, Effetto Sport è il dipartimento dei viaggi sportivi di Effetto Italy, operatore estremamente diversificato che opera anche nel settore del turismo *incoming*, meeting e congressi, con 15 dipendenti fissi e numerosi collaboratori.
La diversificazione delle attività aziendali costituisce il punto di forza della compagnia ed è alla base
della sua solidità.

La esperienza di Effetto Sport alla NYC Marathon è ultra trentennale, avendo iniziato ad organizzare la trasferta nel 1986 (anche se sotto un nome differente); in 34 anni di attività ininterrotta, sono stati serviti oltre 20000 partecipanti, di cui il 60% iscritti alla gara.
Effetto Sport si avvale a New York della consulenza e presenza di due grandi atleti italiani:

- Franca Fiacconi, unica italiana a vincere la NYC Marathon nel 1998;
- Giacomo Leone, ultimo italiano (e caucasico) a vincere la NYC Marathon nel 1996.

Oltre ai due grandi campioni, sono regolarmente presenti a New York con il gruppo Effetto Sport molti nomi noti del running italiano, come Mariella Dileo, Piergiorgio Conti, Roberto Tognalini, che contribuiscono ad animare e coordinare le attività di tutto il gruppo.

Effetto Sport offre ai runner italiani due differenti tipologie di pacchetti:

- pacchetti *freedom*, adatti ai runner più esperti e indipendenti, nonché a coloro che vogliono personalizzare il proprio viaggio a New York;
- pacchetti *inclusive*, organizzati e comprensivi di tutti i servizi e di tutte le assicurazioni, con assistenza dedicata in tutti gli alberghi di questa tipologia.

Entrambi i pacchetti possono essere acquistati con o senza i voli.
I pacchetti comprensivi di voli offrono la possibilità di poter partire da tutti gli aeroporti italiani.

Le sistemazioni offerte variano dall'ostello, all'hotel 5 stelle, all'aparthotel, e sono tutte situate nella
zona di Midtown, tra la 40th e la 59th Street.

Il programma a New York di Effetto Sport è particolarmente intenso, ma allo stesso tempo non "invasivo", in quanto tutti gli appuntamenti sono assolutamente facoltativi.
Il programma tecnico per i runner prevede appuntamenti ogni mattino a Central Park per le sgambate di rifinitura in vista della gara e un allenamento specifico defatigante il lunedì mattino.
Completano il programma tecnico il briefing pre-gara del sabato pomeriggio.
Tutto il programma tecnico è compreso nel prezzo ed è seguito e coordinato da Franca Fiacconi e Giacomo Leone.

Il programma turistico prevede diverse attività ed escursioni facoltative, come il City Pass, i tour alla Statua della Libertà e Manhattan, la escursione a Harlem con gospel, la ricognizione in pullman del percorso della maratona, escursioni a Washington e Cascate del Niagara.

Tutte le attività ed escursioni sono facoltative e su pagamento di un supplemento.

Effetto Sport sarà presente alla edizione 2019 con un gruppo di 700 persone, di cui 400 iscritti alla gara.

Rosa & Associati - Brescia
www.rosassociati.it

Rosa & Associati è un *travel partner* un po' diverso dagli altri. Undici atleti che hanno vinto la maratona la accompagnano a New York, con la preparazione ed il supporto del dottor Gabriele Rosa, uno degli allenatori più importanti e celebri nel panorama mondiale del running professionistico.
A latere di questi successi, da qualche anno, Rosa & Associati si occupa di progetti speciali e di accompagnare atleti disabili a partecipare alla NYC Marathon.

Per l'edizione 2019, Rosa & Associati accompagnerà alla TCS NYC MARATHON sette atleti con sclerosi multipla, tre runner con morbo di Parkinson e tre pazienti oncologici.

Di seguito la descrizione di alcuni dei progetti realizzati da Rosa & Associati in questo ambito negli ultimi anni.

Oltre Il traguardo
Di corsa verso New York. Per dimostrare che è possibile raggiungere qualsiasi traguardo e dire che dalla droga si può uscire. Perché la corsa altro non è che una metafora della vita, fatta di fatica e soddisfazioni, di superamento dei propri limiti e di momenti di difficoltà in cui magari un tuo compagno di squadra è pronto a sostenerti.
Tutto questo, dal 2013, è "Oltre il traguardo", ambizioso progetto della comunità di San Patrignano, in collaborazione con la Rosa Associati del dottor Gabriele Rosa, sostenuto da Cimberio e Kappa, volto a portare il "San Patrignano running team" a partecipare alla Maratona di New York.
Fu la dottoressa Letizia Moratti ad introdurre il dottor Rosa, con la sua grande esperienza in termini di recupero sociale attraverso lo sport, nei progetti della Comunità.
«A San Patrignano la corsa è da sempre uno degli sport più praticati,» spiega il dottor Antonio Boschini, responsabile terapeutico della comunità e del progetto. «Tutti i ragazzi sono sottoposti ad una visita medica per poter fare attività sportiva non agonistica, che sia corsa, calcio, basket o pallavolo. L'attività educativa e di recupero passa anche attraverso queste discipline. Sono uno strumento per trasmettere importanti valori di vita».

NOTHINGSTOPSPINK

Dall'importante collaborazione tra la Rosa & Associati e la Fondazione Umberto Veronesi, nel 2014 nasce il progetto #NOTHINGSTOPSPINK.

Il progetto ha visto il reclutamento di 38 donne operate di tumore al seno che, grazie all'esperto team di Rosa & Associati che si è occupato di monitorarle e allenarle, hanno corso la Maratona di New York 2014. Per cinque mesi le candidate idonee hanno preso parte agli allenamenti bisettimanali nelle città di Brescia e Milano e, alla fine di questo percorso, dieci atlete hanno partecipato alla famosa maratona. Il progetto #NOTHINGSTOPSPINK ha coinvolto direttamente 38 donne, ma è dedicato tutte le donne che hanno dovuto combattere contro il tumore: una coraggiosa testimonianza che è davvero possibile cominciare una nuova vita, ancora più intensa e ricca di entusiasmo e di emozioni.

Un esempio di sport, ma anche un invito a non arrendersi mai, per raggiungere con grinta anche i traguardi che sembrano impossibili. Come le 10 donne Pink che hanno sfidato il resto del mondo alla Maratona di New York.

Correre oltre... la sclerosi multipla

Un progetto nato dopo l'incontro del dottor Rosa con l'avvocato Maria Luisa Garatti di Brescia, alla quale nove anni fa hanno diagnosticato la sclerosi multipla. Maria Luisa, da un paio d'anni, ha "abbracciato la corsa" per contrastare la malattia e ci è riuscita tanto che a Brescia nel marzo dello scorso anno ha debuttato per la prima volta sulla distanza dei km 42,195.

Un risultato, il suo, senza precedenti. Da qui la proposta del dottor Rosa di provare a correre la Maratona di New York nel novembre 2016. Ma non da sola. Il progetto ha previsto, infatti, la selezione di sette persone colpite allo stesso modo, due uomini e cinque donne, che, compatibilmente con il loro stato di salute, hanno seguito le indicazioni dei tecnici del Centro Marathon e, con lei, si sono allenati in modo adeguato per partecipare alla maratona della Grande Mela. Fino a qualche anno fa per questa patologia degenerativa si sconsigliava la pratica di qualsiasi sport, ma oggi il punto di vista è cambiato e i medici consigliano ai malati di sclerosi multipla un'attività fisica regolare, anche se sotto la guida di tecnici.

Special Olympics

Luca ha compiuto 30 anni lo scorso 3 gennaio e, fin da bambino, emulo di Forrest Gump, ha sempre dimostrato tanta voglia di correre.

Nel 2010 Luca è stato convocato ai Giochi Europei Special Olympics di Varsavia, in Polonia. Ha partecipato alle gare dei 100 metri piani, del getto del peso e della staffetta 4 x 100, ottenendo un oro, un argento ed un quinto posto. Per Luca lo sport è un mezzo fondamentale per relazionarsi, per scaricare le tensioni, per mettersi alla prova e per mantenersi in buona salute, essendo infatti diabetico di tipo 1 da ormai 14 anni. Due anni fa, Brescia Art Marathon, ha ospitato i Giochi Nazionale di Special Olympics sulla distanza della mezza maratona. Luca ha fatto parte della rappresentativa nazionale e con i compagni ha portato a termine con successo i 21,097 km.

Il grande sogno di Luca è sempre stato quello di poter partecipare, in occasione del compimento del suo 30° compleanno, alla Maratona di New York e, grazie al pettorale offerto dal Comitato Organizzatore della BAM e al supporto della sua famiglia, il suo sogno si è realizzato affrontando la prova accompagnato dal coach Mario Rumi che da sempre condivide con lui gioie e fatiche.

Progetto Fedemo a NYC

Francesco Fiorini, Enrico Mazza, Luca Montagna. Sono tre degli otto atleti emofilici che hanno partecipato alla 45esima edizione della Maratona di New York che si è disputata il 1° novembre 2015. Grazie ad un progetto della Federazione delle Associazioni degli Emofilici (FedEmo), Francesco Fiorini (Bologna), Enrico Mazza (Bergamo) e Luca Montagna (Parma) ce l'hanno fatta: hanno tagliato il traguardo di uno degli eventi sportivi più importanti al mondo. Hanno oltrepassato la frontiera del possibile e iscritto i propri nomi nella storia.

Il progetto ha avuto la finalità che pazienti emofilici, controllati dai loro medici di riferimento, testati e allenati, abbiano potuto partecipare alla Maratona di New York.

Questo è servito a dimostrare che anche soggetti affetti da questa non facile patologia, se ben gestiti, possano svolgere una soddisfacente attività motoria (soprattutto il cammino e la corsa) e superare un'importante limitazione psicofisica che li costringe a ridurre o annullare la loro attività fisico-motoria.

GP Dream Run 2018

È l'esperienza molto emozionante vissuta da due runner bresciani, Luigi Bertanza e Marco Zingarelli, entrambi con disabilità visiva, che nel 2018 hanno corso la Maratona di New York accompagnati dalle loro guide, Mattia Di Beo e Alessandro Zani, per dimostrare ancora una volta che le barriere possono essere abbattute.

Un viaggio nell'amicizia e fiducia reciproca.

Road to New York 2018
Un progetto innovativo, nato in via sperimentale nel 2016 in collaborazione con Albergo Etico di Asti, un'associazione che opera per creare una cultura dell'indipendenza e dell'autonomia di persone con sindrome di Down. Allora a New York gareggiò Niccolò Vallese, accompagnato dal presidente Alex Toselli. Replicato nel 2017, con la partecipazione di due giovani runner, nel 2018 il progetto ha consentito a sei ragazzi e ai loro rispettivi accompagnatori di correre la quarantadue chilometri più famosa del mondo, vivendo un'esperienza fortemente emozionante e non solo per i protagonisti!
Alessandro Amato, Maria Bresciani, Andrea Degli Esposti, Niccolò Vallese, Diego Zannier, Lorenzo Zulberti i loro nomi.

Terramia - Ferrara
www.terramia.com

Terramia è il principale ITO in Italia per la Maratona di New York. Oltre alla trasferta nella Grande Mela, si occupa anche della Maratona di Londra, Parigi, Berlino e di altri trentacinque eventi nel mondo del running. Il team di Terramia organizza il vostro viaggio, prenota il vostro albergo, si prende cura del pettorale, del trasferimento alla maratona e di tutto il resto.Voi dovete solo pensare a correre.

(tratto dal profilo Facebook ufficiale).

Victory - Milano
www.victoryevents.net

Victory ha iniziato la sua attività nel mese di marzo 2007.
Opera nel campo degli eventi podistici nazionali ed internazionali, proponendo, tramite il proprio sito web www.victoryevents.net , sia pacchetti turistici per partecipanti a maratone, mezze maratone e altre manifestazioni podistiche in Italia e all'estero sia servizi di segreteria alberghiera per conto di Comitati Organizzatori di manifestazioni podistiche nazionali.
Victory è infatti anche Tour Operator ufficiale della Maratona di Milano dal 2009, della Cortina-Dobbiaco Run (sempre dal 2009) e della Pisa Marathon per la gestione logistica dei pernottamenti alberghieri.

Nel dettaglio, l'attività imprenditoriale di Victory, ha come fiore all'occhiello del proprio business il rapporto ormai da tempo consolidato con Gianni Poli (vincitore nel 1986 della Maratona di New York) per la commercializzazione dei pacchetti di viaggio legati ai "pettorali" della Maratona di New York.
Quando si parla di maratona il primo pensiero che salta alla mente è proprio New York.
Statisticamente abbiamo anche visto che moltissimi amatori maratoneti, come prima esperienza internazionale, scelgono proprio la Maratona di New York.
Fare New York diventa perciò un traguardo fondamentale!

In notevole incremento anche le altre destinazioni internazionali di uguale impatto emozionale nel mondo del running amatoriale quali Boston, Chicago, Parigi, Berlino, Amsterdam, Valencia, Atene eccetera.

Esistono poi eventi podistici che diventano occasione di vacanza, quali ad esempio Honolulu, Las Vegas, San Francisco, San Pietroburgo, Sud Africa.
In questi casi il pacchetto di viaggio non si limita ai classici 4 giorni / 3 notti, ma diventa un vero e proprio viaggio / vacanza.

Quali sono le specificità legate alla scelta di Victory quale proprio tour operator?

La provenienza dal settore dei viaggi "Incentive" garantisce un accurato servizio sia in termini di gestione del pacchetto di viaggio che per la duttilità nella proposta dei programmi, unitamente alla dimensione dell'azienda che consente un approccio di tipo realmente personale con i propri Clienti

Victory, in realtà, non è solo un tour operator specializzato ma anche e soprattutto un vero consulente capace di offrire ai propri clienti un supporto professionale sia nella ricerca che nella organizzazione della trasferta.

Risorse

Si dice che tutti noi "siamo in piedi sulle spalle dei giganti" e nel caso di questa guida non potrebbe essere più vero. Relativamente alla NYC Marathon tra libri, documentari, podcast e siti web si trova davvero di tutto. Sinceramente troppo. Questa è stata una delle sfide più ardue nella costruzione di questo libro: tirare fuori da "tutto" solo le informazioni essenziali e, si spera, corrette. Senza le risorse elencate di seguito, semplicemente, questo libro non avrebbe le tante informazioni, storie e curiosità che offre.

Bibliografia

Chiunque fosse davvero interessato al tema della NYC Marathon (ed al running più in generale) non può mancare di leggere i libri di seguito elencati.

Averbuch, Gloria and Fred Lebow.
The New York Road runner Club Complete Book of Running.
Random House, 1992.

Craig, Marco.
NYC Marathon: Do Not Cross.
Damiani, 2016.

Gambaccini, Peter.
The New York City Marathon: Twenty-Five Years.
Rizzoli, 1994.

Glover, Bob, and Jack Shepherd.
The Runner's Handbook: The Bestselling Classic Fitness Guide for Beginning and Intermediate runner.
Penguin, 1996.

Keflezighi, Meb, and Scott Douglas.
26 Marathons: What I've Learned About Faith, Identity, Running, and Life From Each Marathon I've Run.
Rodale Books, 2019.

Lebow, Fred, and Rochard Woodley.
Inside the World of Big-Time Marathoning.
Rawson Associates, 1984.

Linus.
Parli sempre di corsa.
Mondadori, 2010.

Lonely Planet New York City (Travel Guide) 2019.
Lonely Planet, 2018.

Massini, Fulvio.
Andiamo a correre.
Rizzoli, 2016.

Massini, Fulvio.
Tipi che corrono. Le nuove tecniche per i nuovi runner.
Rizzoli, 2018.

Mitrovich, Daniel, and Bill Clinton.
Forever at the Finish Line: The Quest to Honor New York City Marathon Founder Fred Lebow with a Statue in Central Park.
Skyhorse, 2017.

Murakami, Haruki.
What I Talk About When I Talk About Running.
Vintage, 2014.

Not For Tourists Guide to New York City 2019.
Not For Tourists, 2018.

Robbins, Liz.
A Race Like No Other: 26.2 Miles Through the Streets of New York.
Harper, 2008.

Rubin, Ron.
Anything for a T-Shirt: Fred Lebow and the New York City Marathon, the World's Greatest Footrace.
Syracuse University Press, 2004.

Samson, Sébastien.
My New York Marathon.
Humanoids, 2018.
Switzer, Kathrine, and Roger Robinson.
26.2: Marathon Stories.
Rodale Books, 2006.

Tanser, Toby.
The Essential Guide to Running the New York City Marathon.
Berkley Publishing Group, 2003.

Documentari

Un evento come la NYC Marathon può essere raccontato magnificamente (anche) attraverso un documentario. Di seguito i principali, da non perdere, a tema maratona (non solo quella di New York).

Dunham, Jon.
Spirit of the Marathon.
2008

Dunham, Jon.
Spirit of the Marathon II.
2013

Ehrilich, Judd.
Run for Your Life.
2008

Morath, Pierre.
Free to Run.
2016

Vassey, Liz.
The Human Race.
2019

Podcast

I podcast (assieme agli audiolibri) possono essere un compagno di corsa prezioso. Specie durante gli allenamenti lenti e lunghi ci può, letteralmente, perdere nelle parole e nei racconti che tanti appassionati ed esperti di running ci regalano, spesso ogni settimana.

Di seguito sono elencati i tanti podcast che sono stati fonte di informazione preziosa per storie raccolte questo libro. E, più in generale, sono anche ottimi "compagni" di corsa.

Athletes Unfiltered - Strava.
strava.simplecast.com

Deejay Training Center.
www.deejay.it/deejay-training-center

Runners of NYC.
soundcloud.com/runners-of-nyc-podcast

The BibRave.
www.bibrave.com/podcast

The Running Lifestyle Show.
www.therunninglifestyle.com/the-podcast/

We Are Runlovers.
www.audible.it/pd/We-are-Runlovers-La-serie-completa-Audiolibri/
B07BHNT74X

Risorse Internet

Il web può essere, ed è se "scavato" con cura, una miniera d'oro di informazioni, numeri, statistiche, storie e contatti. Elencare le decine di post, articoli, siti, link, numeri e pdf in cui si è pescato rischierebbe di occupare diverse pagine di questo libro, e molti link sarebbero "morti" per il momento in cui vi troverete a leggere queste righe. Di seguito, quindi, i siti principali da cui si è attinto per questo testo.

TCS NYC Marathon

www.tcsnycmarathon.org
Il sito ufficiale della TCS NYC Marathon. Fonte ufficiale (ed in molti casi definitiva) di tutte le informazioni aggiornate relative alla competizione.

New York Road Runners

www.nyrr.org
Il sito ufficiale di NYRR. Tutte le informazioni sull'attività di New York Road Runners e tutte le competizioni che organizza durante l'anno.

NYRR Results

results.nyrr.org
La graduatoria ufficiale gestita da NYRR di tutte le gare (e di tutte le prestazioni di tutti gli atleti che hanno partecipato da sempre). Una miniera d'oro di dati e numeri. E curiosità.

NYRR Running Routes

www.runningroutes.nyrr.org
I percorsi suggeriti da NYRR dove correre a New York.

Strava

www.strava.com
Il popolare social per runner (e ciclisti) è stata una fonte preziosa di dati sulle prestazioni degli atleti nelle passate edizioni della NYC Marathon.

Strava Local Guide (New York)

link.maratona.nyc/stravalocal
I percorsi suggeriti da Strava dove correre a New York.

New York City Marathon - Runar Gundersen
www.runarweb.com
link.maratona.nyc/runarfb

Un sito web (ed un gruppo facebook) ricco di informazioni e curiosità gestito da Runar Gundersen, atleta che ha completato 40 volta la gara, entusiasta ed estremamente disponibile.

Nyc.Gov
www1.nyc.gov/site/planning/data-maps/nyc-population/population-facts.page
Dati e statistiche ufficiali sulla città di New York.

Youtube
www.youtube.com
Il popolare sito è una fonte inesauribile di video, curiosità, archivi storici, documenti unici relativi alla NYC Marathon ed al running in generale.

New York Times
www.nytimes.com
Il New York Times è stata una vera miniera di informazioni. L'archivio storico ha permesso di comprendere l'evoluzione della gara ed il "peso" che ha assunto nel corso degli anni. E di raccogliere anche decine di storie per questo testo.
In particolare l'articolo: "Diary of a New York City Marathon, Now With a Finishing Kick" di Brian Fidelman
www.nytimes.com/2016/11/04/sports/new-york-city-marathon-preview.html
È stato una preziosa fonte di informazioni e di ispirazione per il capitolo "Il percorso di gara".

Webarchive
web.archive.org
È incredibile la mole di dati che sul web "evapora" negli anni. Webarchive ha permesso di ritrovare informazioni altrimenti perdute e ricostruire tante storie ed informazioni in un fantastico "puzzle" di elementi.

Let's Run

www.letsrun.com

Uno dei principiali forum dedicati al running. Sono moltissimi i racconti dei runner riportati negli anni relativi alle esperienze e le storie legate alla NYC Marathon.

Runlovers

www.runlovers.it

Uno dei siti italiani più popolari in tema di running. I primi passi di questo libro sono stati fatti proprio tra le pagine di questo popolare sito (e la sua community di appassionati).

Vivere New York

www.vivereny.it

Una sito web ma in realtà una vera e propria miniera di informazioni sulla città e tutto quello che c'è da vedere e da scoprire.

Wikipedia

en.wikipedia.org/wiki/New_York_City_Marathon
en.wikipedia.org/wiki/List_of_winners_of_the_New_York_City_Marathon
en.wikipedia.org/wiki/Demographics_of_New_York_City

Autori

Lorenzo Maria dell'Uva

Nato a Napoli, vive tra Bologna e Brooklyn. Nel 2008 ha scoperto la corsa e la maratona totalmente per caso ma da allora non l'ha mai più mollata. Lavora da sempre nel campo delle tecnologie digitali. Lorenzo è giornalista, runner, fotografo, imprenditore, startupper e viaggiatore (non necessariamente in quest'ordine). Non potendo sognare di vincere una maratona, per un ritardo rispetto ai top runner di "appena" un'ora e trenta minuti circa, spera almeno, di qualificarsi per Boston. Ha corso al momento la TCS NYC Marathon sette volte ed, ovviamente, sogna di entrare a far parte dei "15+ Marathoners". Tifa per il Napoli e per i Brooklyn Nets.

Co-autori – in ordine di apparizione

Fulvio Massini

Uno dei più celebri, apprezzati e preparati coach Italiani. Fiorentino doc, Fulvio è una vera e propria autorità nel campo del running: con i suoi libri, i suoi articoli su magazine specializzati, i suoi suggerimenti e nei suoi camp di training si sono formate intere legioni di podisti italiani, noti e meno noti. Innovativo nei metodi e nell'approccio, entusiasta da sempre della corsa, appassionato ed estremamente competente, è direttore del centro "Fulvio Massini - Consulenti Sportivi" (www.fulviomassini.com) a Firenze.

Martino Pietropoli

Dimostrazione vivente che "nella botte piccola c'è il buon vino". Martino è fotografo, designer (© The Guardian), architetto, illustratore e scrittore. Sa fare quasi tutto ed anche molto bene, suscitando spesso l'invidia degli amici. Corre piano ma con estrema soddisfazione. È, tra le altre cose, co-fondatore di Runlovers (www.runlovers.it), un sito specializzato in tematiche di running e "casa" di una delle comunità a tema corsa più vivaci (e loquaci) in Italia.

Francesca Martin

Giovane e dinamica giornalista e blogger padovana. Francesca si occupa da anni, con passione e competenza, di raccontare il mondo della disabilità per la testata giornalistica Disabili.com (www.disabili.com). Appassionata e preparata, ha vissuto per la prima volta, come spettatrice, la Maratona di New York nel 2018, rimanendone affascinata. Poco dopo è stata coinvolta in questo progetto editoriale. Non esclude di inforcare le scarpe e riuscire, un giorno, a vivere la magia della New York City Marathon da protagonista.

Lucia Francesca Carbone

Quando non si occupa della piccola Sarah, Lucia studia, viaggia, scrive, legge, presenta, esamina, approfondisce. Nata a Roma, si è spostata a New York diversi anni fa e tutto lascia pensare che ci rimarrà a lungo. Si occupa professionalmente, con passione e competenza, di monete antiche e di una serie di altre discipline collegate, troppo intellettuali per essere "vere". Ogni giorno riesce a comprimere trentasei ore lavorative in ventiquattro e trovare anche il tempo per quasi tutto il resto. Corre, va in bici ed anche a SoulCycle. È una vera fortuna che non abbia scritto il suo contributo in greco antico.

Andrea Busi

Torinese di origine ma newyorkese di animo e di istinto, Andrea passa, spesso e volentieri, parte del suo tempo libero nella Grande Mela. Cerca di andare sempre alla scoperta della città, in tutti i modi, anche oltre i limiti "ovvi". Ha sempre cercato di avvicinarsi alla Maratona di New York (una volta riuscendoci oltre quel che si pensava possibile) e in più di una occasione ha deciso di dare una mano come volontario. Aveva anche iniziato a correre seguendo le orme del fratello, runner super veloce, poi è stato battuto dal divano e da *Sex and the City*.

Martina Di Marco Angeli

Romana di origine e *New Yorker* di adozione, Martina si divide tra il lavoro, la corsa, il piccolo CJ e le attività del running club di cui fa parte: i Dashing Whippets (dashingwhippets.org). Per la maratona, come per New York, è stato amore a prima vista, dopo aver fatto la volontaria nel 2009. Ha corso la NYC Marathon già quattro volte e non sembra voler smettere. Ma non si è fermata certo lì, arrivando a qualificarsi ed a correre Boston. È una runner veloce ed una blogger spigliata. È dotata di super poteri che le permettono di piangere all'istante per poter entrare in un *corral* anche se arriva in ritardo.

Thanks!

Pur essendo giornalista da molti anni, sono piuttosto atipico rispetto a tanti "colleghi": scrivere non è proprio per niente il mio lavoro principale (e nemmeno secondario), non mi ha mai incuriosito più di tanto come professione, non ho alcuna vena intellettuale particolare (chi mi conosce sa bene che non sto mentendo). Inoltre ho un blocco pazzesco quando si tratta di scrivere.

Ciononostante, negli anni, ho sempre collaborato con quotidiani, riviste e siti web. L'unico filo conduttore è sempre stato quello di scrivere di argomenti che mi appassionassero davvero: l'informatica e le tecnologie digitali prima, il running ed i viaggi, in seguito.

Ma con un progetto grande come un libro non avevo mai minimamente pensato di cimentami: "conosci te stesso" è una delle poche cose di cui mi ricordo bene dei tempi del liceo.

Ed invece eccomi qui ad essermi cimentato con un progetto decisamente molto grande per me, che però ha avuto il merito di fondere quasi tutte le mie passioni assieme: il running, New York, il viaggio, la maratona.

Tuttavia senza l'aiuto di tantissime persone non sarei mai arrivato fino qui. Mi sarei probabilmente fermato "al muro" della scrittura e delle troppe cose da sapere, da fare, da studiare, da pensare, oppure, peggio ancora, ad uno dei tanti argomenti che non avrei saputo mai come affrontare.

Quindi potrà sembrare una frase fatta, ma, davvero, senza l'aiuto ed il contributo delle persone sotto elencate questa guida semplicemente non esisterebbe. Qualcuno ha dato un contributo importante, una mano preziosa, un consiglio, un contatto fondamentale, un'idea brillante, un suggerimento oppure ha mosso qualche critica impietosa ma onesta. Ciascuna persona ha fatto in modo, in sostanza, che questo libro potesse esistere davvero.

Grazie a chi ha partecipato attivamente alla creazione di parti di questo libro arricchendolo con un capitolo prezioso: Andrea Busi, Lucia Carbone, Martina Di Marco Angeli, Francesca Martin, Fulvio Massini, Martino Pietropoli.

Grazie a tutti i runner che mi hanno regalato il loro tempo per raccontarmi "dal vivo" la loro esperienza: Mario Bollini, Mauro Casciari, Peter Ciaccia, Franca

Fiacconi, Runar Gundersen, George Hirsch, Giacomo Leone, Linus, Orlando Pizzolato, Gianni Poli, Francesca Porcellato, Sébastien Samson, Germán Silva, Alex Zanardi.

Grazie a Michael Saltiel, per avermi portato inconsapevolmente, ai confini di una nuova avventura incredibile.

Grazie a Rosa Oliveros Arasa e Tanai Baculo, per tutto il tempo che mi hanno dedicato, per il sostegno ed i consigli che mi hanno regalato e per aver accettato di trasformare questo progetto in un'altra lingua (in un lontano futuro).

Grazie a Gabriele Maci, per aver aver dato forma a questo libro che altrimenti sarebbe molto ma molto più banale.

Grazie a Serena D'Elia, per avermi portato a scoprire angoli bellissimi di Brooklyn ed aver arricchito a dismisura la lista dei ristoranti che trovate in queste pagine.

Grazie a Monica Zecchino per il miliardo di suggerimenti social e non solo.

Grazie a Yan Raber, per aver scavato tra i meandri di Strava ed averne tirato fuori dati che avessero senso.

Grazie a Duccio Patanè, anche se non leggerà mai questo libro.

Grazie a Francesca Magnani per la foto che mi racconta più di tante parole.

Grazie ad Andrea "Ripa" Ripamonti, per avere accettato di aiutarmi con questo mio progetto ed avermi così evitato infinite brutte figure. Ed aver eliminato mille parentesi di troppo (quasi).

E ancora grazie a: Danielle Aquino Roithmayr, Alessandro Cappelletti, Mara Carraro, Simone Celli Marchi, Francesco Cerotto, Silvia Cocco, Diana Damanti, Giacomo D'Angelo, Giuseppe D'Arpino, Vittorio dell'Uva, Dario Di Zanni, Paolo Domante, Cecilia Frielingsdorf, Marzio Fulfaro, Betta Graceffa, Tommaso Guaita, La Lalla, Silvia Lombardi, Antonio Mannucci, Marcello "Diamond Dog" Mascia, Manuela Mattioda, Giancarlo Panini, Alessio Petracchi, Francesco Piattelli Palmarini, Alberto Ricci, Alberto Sabbatini, Umberto Saraceni, Rosario Simeoli, Sandro Siviero, Federica Tassoni, Massimo Varrone, Moira Venanzi, Mattia Verzella, Alice Vezzaro, Enrico Zanon.

Grazie ai miei (quasi) quotidiani compari di running per le tante chiacchiere in movimento: Gianni "Gianna" Aiello, Giovanni "President" Auriemma, Max "Hero" Chillà, Franz "Del Genio" Tassi, Paolo "Always late" Zanotti.

Grazie a Fred Lebow, perché se non ci fosse stato lui, oggi semplicemente non sarei qui a scrivere di maratona e probabilmente neppure starei allenandomi per la prossima.

Ed, ovviamente, grazie a chi leggerà, racconterà, commenterà, comprerà, regalerà, presterà e porterà con sé a New York questo mio libro dedicato ad un evento così tanto grande.

E dai, dai, dai!

Restiamo in contatto

Questa è la prima edizione de *La corsa infinita*. Seppure abbia messo davvero il massimo impegno per far sì che non ci fossero inesattezze, imprecisioni, informazioni sommarie o semplicemente sbagliate, errare è umano. Ed alla prima versione (di qualunque cosa) è anche estremamente probabile.

Per fortuna, nel 2019, tenersi in contatto, scambiarsi segnalazioni, informazioni, suggerimenti, consigli e pareri è molto facile.

Ecco tutti i modi per farlo:

Email: lorenzo@maratona.nyc

Twitter: @LaCorsaInfinita

Facebook: www.facebook.com/maratona.nyc

Instagram: www.instagram.com/la_corsa_infinita

Strava: www.strava.com/athletes/la-corsa-infinita

"We choose to go to the Moon in this decade and do the other things, not because they are easy, but because they are hard."

John Fitzgerald Kennedy

Indice

Start 1

Come usare questa guida 5

Prima Parte / La Gara

Una gara come nessun'altra 11

Il percorso di gara 15

   Mappa 17

   Miglio dopo miglio 18

Come partecipare 41

La storia della NYC Marathon 53

Strategia di gara 91

32 imperdibili consigli + uno 97

Il racconto dei protagonisti 115

   Mario Bollini 117

   Leo Cenci (con Mauro Casciari) 119

   Peter Ciaccia 123

   Franca Fiacconi 127

   Runar Gundersen 130

   George Hirsch 134

   Giacomo Leone 137

   Linus 139

   Orlando Pizzolato 143

   Gianni Poli 146

   Sébastien Samson 149

   Germán Silva 151

   Alex Zanardi 153

Una storia raccontata attraverso i pettorali 157

La maratona e gli atleti con disabilità 167

Una medaglia come nessun'altra 179

Volontari 189

Seconda Parte // New York

Welcome to New York 195

Qualche info di base 197

   Spostarsi in città 201

   Info essenziali 211

   Essere un New Yorker 213

Consigli per il viaggio 215
Alla scoperta di New York 221
  New York Basics 222
    Manhattan 223
    Brooklyn 237
  New York Specials 239
    Manhattan 240
    Brooklyn 247
    Queens & The Bronx 252
  New York: off the beaten path 255
    Manhattan 256
    Brooklyn 259
    Queens & The Bronx 264
  One more thing 267
Itinerari In città 269
  In giro prima della maratona 270
  In giro dopo la maratona 276
Come e dove vedere la gara 281
  Passo passo lungo il percorso 289
  Un ultimo consiglio 297
Shopping (per soli runner) 299
Cibo 311
  Mangiare a Manhattan 312
  Mangiare a Brooklyn 328
Fun 339
  Divertirsi A Manhattan 340
  Divertirsi A Brooklyn 343

Terza Parte /// Run and the City

Correre a New York 349
36 itinerari suggeriti 353
Central Park 355
  Reservoir Loop 358
  North Loop 360
  NYRR 4 Miles 362
  South Loop 364
  Complete Loop 366
Manhattan 369
  Roosevelt Island Loop 370
  Northern Manhattan Loop 372
  Lower Manhattan Tip 374
  Times Square / Staten Island Ferry Terminal 376

Lower Manhattan Loop...378
East River Path & Randall's Island...........................380
Last 10 miles...382
Battery Park / The Cloisters.................................385
Hudson River Path Loop.......................................388
Manhattan Loop 30k...390
Brooklyn..393
Prospect Park Loop...394
Brooklyn Waterfront / Brooklyn Heights Promenade Loop........396
Coney Island Boardwalk Loop..................................398
North Brooklyn Loop (Small)..................................400
Dumbo / Prospect Park (via Redhook)..........................403
North Brooklyn Loop (Medium).................................406
Greenpoint / Redhook Loop "Dino"Queens.......................412
LIC Loop...413
Rockaway Beach Loop..415
Flushing Meadows-Corona Park Loop............................417
Queens Waterfront..419
The Bronx..423
High Bridge Bronx Loop.......................................424
Van Cortlandt Park Loop......................................426
Staten Island..429
Silver Lake Park Loop..430
Staten Island Half Loop......................................432
Multi borough..435
Brooklyn & Manhattan Bridges Loop............................436
Three Bridges..439
New Jersey Discovery Loop....................................442
Tri-borough Loop...445
BQM Half Loop..448
The Big Loop...451
Non solo NYC Marathon..455
United Airlines NYC Half.....................................457
Popular Brooklyn Half..459
NYRR Queens 10k..461
New Balance Bronx 10 Miles...................................462
NYRR Staten Island Half......................................463
Squadre di corsa...465
Altre gare...471

Finish...**475**

//// Appendici

Race Day 481
Numeri, statistiche & curiosità 484
International Tour Operator - Italia 501
   Born2Run 502
   Effetto Sport 504
   Rosa & Associati 506
   Terramia 510
   Victory 511

Risorse 513
   Bibliografia 514
   Documentari 516
   Podcast 517
   Risorse Internet 518

Autori 523
Thanks! 527

Restiamo in contatto 531

Printed in Poland
by Amazon Fulfillment
Poland Sp. z o.o., Wrocław

91657200R00307